U0940549

本书由上海适达公益基金会赞助出版

特奥口述史
Special Olympics Oral History

总主编 廖 梅

这一次 请听我说

特奥运动会运动员卷

本卷主编 沈一民 赵文铎

上海人民出版社

谨以此书向致力于

促进智力障碍人士的尊严和社会包容、创造更美好世界的

个人和机构致敬

To people and organizations dedicated to promoting dignity and social inclusion of persons with intellectual disabilities and a better world for all

总　序　一

国际特奥会主席　蒂姆·施莱佛博士

50 年前，一项运动诞生了。

1968 年 7 月 20 日，第一届国际特殊奥林匹克运动会在美国伊利诺伊州芝加哥市战士体育场举行，来自美国和加拿大的 1 000 位运动员参加了比赛。如今，在世界各地，每天都有 108 000 余项运动和比赛正在上演，吸引了超过 500 万运动员。

特奥的历史广阔而深邃，由数百万个人的故事构筑而成，讲述了我们在 172 个国家的成长历程。这是变革的故事：家庭如何从自卑到自豪，运动员如何从面对不公到通过快乐找到公正。这是被告知“你不行”到向世界展示“我可以”的故事。

我们集体的故事编织在一起，创造出一幅美丽的包容之锦。

特奥中国是我们第一个到达 100 万名运动员的成员组织，并继续成为我们在全球的最大家庭成员。这个国度各地人民的故事，印证了为智障人士打开机会之门，是一件多么惊人的工作。愿这些规则改变者激励新一代——融合一代——在这一基础上再接再厉。

总 序 二

国际特奥会东亚区前总裁 顾抒航

我首次接触特殊奥林匹克运动是在1999年，当时国际特奥会、民政部和上海市民政局一起筹划做一个大型宣传活动，呼吁领导人和社会各界支持特奥运动和智障人士，将中国的特奥运动员人数从5万名发展到50万名。我非常荣幸受到时任上海市民政局局长施德容先生的邀请，作为志愿者帮助策划上海站的筹款活动。转眼之间我与特奥结下渊源已经19年了。从一名志愿者，到参与2007年上海世界夏季特殊奥运会，在组委会里负责开幕式、筹款、火炬跑，再到2011年正式加入国际特奥会组织，担任东亚区总裁，我从各个角度体会到了这项工作的意义与艰辛，同时也从各个维度看到了智障人士在学习、生活和工作中所面临的挑战。

无论是作为社会参与者还是专职工作者，我必须说，中国各级政府和社会中坚力量对特奥运动非常支持，也十分理解智障人士亟需解决的问题是融入社会。

基于这一认知，在过去20年里，中国的特奥运动员从5万发展到了近120万。其中相当一部分参与基层特奥运动，少部分参加全国运动会乃至世界运动会。

在我担任国际特奥会东亚区总裁时，承蒙教育界专家和中国残疾人联合会的支持，特奥的课程进入了全国近2 000所特教学校，让社会通过体育运动看到智障人士的能力，并愿意接纳他们。

鉴于亚洲教育的特殊现象，融合教育难以真正在主流学校发展，我们在整个东亚区推出了融合学校的项目，让普通学校和精英学校的同学们与特教学校的特奥运动员一起开展体育运动，增进友谊，同时也让未来的社会引领者更早了解到特殊人群的需求。

虽然因2007年世界夏季特奥运动会在中国举办，特奥的知晓度得到了前所未有的提高，但是我们与特奥家庭成员或者特教学校老师交流，依然发现他

们充满各种无奈，生活中满是困惑。当历史学者廖梅博士提出要做一套特奥口述史来纪念特奥 50 周年时，我特别赞同。智障人士因自身特点，无法表达自己的心声；监护人、家长、老师或者朋友、同事也没有更多渠道去分享大家的感受和经历。关于特奥运动的记录，在本书之前大多来自官方记录和新闻报道。因为口述史和特奥口述史项目，首次有了智障人自己记录下来的历史。50 年前尤尼斯・肯尼迪・施莱佛夫人成立特奥会，便是希望通过这项运动向世界证明，所有像妹妹罗斯玛丽・肯尼迪这样的智障人士都应该得到社会的基本尊重和接纳。50 年后的今天，这套特奥口述史除了记载中国特奥发展中的点滴故事，更向社会发表了一项重要的声明——智障人士同样应该成为历史的一部分。

在本书的筹备过程中，我有幸参加了一些访谈活动，再次遇到了让我灵魂为之震撼的特奥运动员家长，也被一直致力于为智障人士提供平等机遇的普通人感动着。我相信这套口述史不仅仅是对过去的回顾和总结，更是翻开了特奥发展史的新篇章。

祝愿特奥事业蒸蒸日上，也感谢每一位为之付出辛勤劳动的参与者。

总　序　三

廖　梅

一

1941 年，23 岁的年轻姑娘罗斯玛丽突然从家中消失了。

兄弟姐妹们不知道她的去向。此后二十多年里，她似乎是一个不存在的人。

罗斯玛丽是约瑟夫·肯尼迪和罗斯·肯尼迪的第三个孩子，第 35 任美国总统约翰·肯尼迪的妹妹，出生时因为缺氧而导致智力障碍。此时，她被送往威斯康星州的一家天主教修道院，由专人照顾。她的父亲再也没有去看望过她。

1960 年代，罗斯玛丽的妹妹尤尼斯·施莱佛夫人在自家后院发起“施莱佛训练营”，带领智障孩子们进行各种体育活动。她立志帮助罗斯玛丽回归肯尼迪家庭，帮助无数像罗斯玛丽一样的人们回归美国社会，结束另一种意义上的“种族隔离”。

这是国际特奥会主席蒂姆·施莱佛在《让生命闪耀》（*Fully Alive*）中讲述的家族故事。蒂姆出生时，罗斯玛丽已成为施莱佛家的常客，一起打牌、游泳、散步，“家人们终于见到她了，美国人民也见到她了”。

邀请那些似乎在公共场所不存在的人，那些总是躲在帘幕后面的人，走到前台，和公众分享自己的人生故事与生命体验，让社会听见智障人士的声音，这就是“特奥口述史”的初衷。

二

现代口述史学发轫于 1948 年的美国。目前，全球范围内的人物口述史在两个领域非常发达，一是精英阶层，一是弱势群体。

口述史的最大特征是主观性，即口述史描述的世界是透过讲述者的眼睛看到的世界。

精英人物往往参与重大历史事件，其口述回忆除了展现个人生平和思想外，还为重大事件和相关知名人物的活动提供细节补充。在研究精英人物个人思想时，其口述史是重要的一手资料。在研究历史事件时，由于记忆误差等主客观原因，精英人物所讲述的史实，必须与现有文字材料或他人口述互证，才值得采信。因此，作为补充性的二手史料，口述史具有天然缺陷。

以往，普通人物很少为官方文档所记载。19 世纪以前的历史，可以说是英雄的历史。二战以后，英美学者受到社会史思潮和平权运动影响，开始研究农民、工人、妇女、少数族裔等普通人物和弱势群体，兴起了普通人物和弱势群体的口述史。这些口述史的主要目的，不是为重大事件补充现有文献记录，即不是作为二手史料存在，而是作为理解弱势群体本身的一手材料而诞生，通过口头讲述，让文档未曾记录的社群进入人类记忆，多角度、多层次构建全民历史。因而，口述史又被称为“人民的史学”，被视为是一场追求社会平等的运动。口述史所具有的主观性，恰恰契合了弱势群体研究的需求——真实反映弱势群体的生命体验及其对外部世界的主体认知。一言以蔽之，将口述史用于弱势群体，能够最大限度发挥口述史的特点。

在国内，近年来，知青、抗战老兵、农民、手艺人、少数民族妇女等普通人物和弱势群体的口述史陆续出版，学界、文化界、新闻界、机构厂矿纷纷开展口述访谈。作为蓬勃发展的新兴学科，或者说工具，口述史正在轰轰烈烈开疆拓土。目前，国内尚无残疾群体口述史问世，国外亦无智障人士口述史问世。“特奥口述史”的出版，填补了这一空白，开山辟路，抛砖引玉，希望引起全社会对残疾群体的关注。特奥口述史，不仅记录了特奥运动的璀璨瞬间，也记录了智障人士漫长的人生跋涉和独特感受，呈现智障人士家庭的生活全景。同时，通过智障人士家庭的反馈，帮助人们更好地审视特奥运动以及公共政策对于社会发展的影响与作用。

三

智障人士的亲朋好友，特奥运动的参与者，从边城到北京的残疾事业从业者，或多或少都比较了解智障人士的生活状态和面临的挑战。各大学各机构从事相关研究的专家学者，对于智障群体的困境和未来，也有着十分深刻的解读与展望。

然而，大多数普通民众，没有机会了解智障群体。这一隔膜可能造成恶性循环：父母害怕智障孩子受到伤害，将孩子关在家中。普通民众少见智障人士，在公共场合偶遇一位，便投以猎奇、害怕或厌恶的眼光。不友好的目光刺伤父母，更不愿带领智障孩子出门。

事实上，很多民众只要大致了解智障人士家庭的状况，都会伸出鼓励之手。家长为了锻炼孩子的协调性，为孩子报名游泳班遭到婉拒，站在一旁的游泳教练主动提出无偿教授孩子学习游泳。不知名的公交司机和售票员，看到母亲常年抱着孩子求医问药，或是细心为母子留座，或是特意不收车费……这样的故事大约每个智障人士家庭都能讲出一二。

无知导致恐惧和歧视，沟通带来理解与融合。

当智障人士的家庭以朴实无华的方式，向社会讲述自己的挣扎与奋斗、悲伤与欢笑，必将让更多民众对智障人士的生活感同身受，推动社会和智障人群的交流与互助。

智障人士家庭能够为社会带来什么？带来坚韧、担当和爱。体育项目有世界纪录，若人类的感情世界亦有世界纪录，这个纪录的保持者就应是智障人士的家人，残疾人士的家人。许多家庭所经历的长期的痛苦和折磨可以说触及人类的极限。他们的故事让普通人领悟，人类有着强大的精神世界，有着无限延伸的忍耐力，有着钢铁一样坚强的意志，有着不求回报、源源不断的爱。他们如同榜样，鼓励人们“勇敢尝试，争取胜利”。他们的情感经历是人类重要的精神财富。

智障人士家庭促使人们发掘自身美德，完善自我建设。孟子认为，人天生携带四种善良美好的种子：恻隐之心、羞恶之心、恭敬之心和是非之心。后世儒家追求的修身和教化，便是将内心深处这四棵小苗培育成参天大树。智障人士、弱势群体，以及所有需要包容、帮助、奉献乃至牺牲的人与事，为人们提供了成长的契机，在不断的拷问、内省和磨砺中，人们发掘并涵养同情心等美德，成为具有人道主义精神的现代公民。

智障人士家庭帮助人们培养平等、宽容的理念。一位中学教师从自己智障孩子身上懂得，并非每个学生智商皆高，她从不歧视能力差的学生，最终把一个乱班带成了地区先进集体。智障人士有智力障碍，普通人也不是十全十美，有人学不好数学，有人害怕交际，有人动作慢……每个人都有某些“障碍”，难以弥补。换一个角度考虑，这些障碍，也许并非弱点，而是另一种存在形

式。面对障碍，是隐藏还是接受？是歧视还是宽容？物理学告诉我们，能量是守恒的，不会消失，只会从一个物体转移到另一个物体，或者从一种形式转化为另一种形式。我们对待智障人士的方式，很可能形成某种社会风气，最终成为别人对待我们自身障碍的方式。设身处地，推己及人，由人及己，智障人士家庭让我们学会平等和包容。

智障人士家庭、残疾群体促使社会更加关注个人福祉，引领人类的福祉事业不断前行。与普通人相比，残疾人士在生理和心理上需要更多关怀，残疾人事业的唯一服务对象就是人，积累了大量对人本身的探讨。随着科技进步，简单劳动逐渐被人工智能取代，很多传统岗位销声匿迹。一方面，机器解放了人力，让人类有时间发展自我；另一方面，机器也夺走了人类的工作，迫使人类开发新工作。这些新工作的目的，极大可能在于满足日益多元的个体发展的需求。因而，在未来，福祉事业会成为人类的主流事业，而始终埋首于个人福祉的残疾人事业将成为当之无愧的开拓者和领路人。

在受惠于智障人士家庭的同时，社会又能为智障人士家庭带来什么呢？毫无疑问，带来鼓励、支持与发展。普通民众了解智障人士家庭的人生故事和独特需求后，将学会如何与智障人士交流，如何有的放矢帮助他们。所谓有的放矢指的是，过度的关爱和包办会阻碍智障人士的自我成长，最好的帮助是既能提升智障人士的生存质量又能促进个人能力的发展。比如，智障人士经过训练，可以提高认知和动手能力，志愿者和公益组织可围绕这一目的开展活动；智障人士需要鼓励，需要与社会交往，机构学校举办年会和庆祝活动时，可邀请同社区的智障人士前去表演；智障人士能够从事简单劳动，希望越来越多的企业分割出这部分工作，雇用更多的智障员工，等等。

我们生活在同一个地球，相濡以沫，共建家园。促进人们相互理解，成为彼此成长的养分和前进的动力，这是"特奥口述史"的第二个目的。

四

"特奥口述史"于2016年6月启动。计划在3至4年时间内，出版9卷口述史作品，包括就业卷、特奥运动卷、特奥运动会运动员卷、特奥运动员领袖卷、特奥家庭领袖卷、特奥体育教练卷、特教校长卷、特奥志愿者卷和安养卷。其中特奥运动、特奥运动会运动员、特奥运动员领袖、特奥家庭领袖等4卷，主人公都是积极参与特奥活动的家庭。就业卷和安养卷虽然与特奥联系较弱，有些受访者可能从未涉足特奥活动，但是他们代表着智障人士群体的两个极端：前者基本融入普通人的社会生活，属于智障群体中发展最好的人士；后者独自在家，与社会隔绝，是融合程度最低的群体。因而，我们也将这两个群体纳入口述史，希望尽可能广幅地展现智障人士的整体面貌。体育教练和特教校长卷，收录的是参加特奥运动的普通专业人士。教练和校长长期与智障孩子们一起学习、活动，熟谙智障学生和特奥运动员的成长经历，他们将帮助读者从相对宏观的基层教育者、管理者角度，来审视特奥运动在中国的发展壮大和国家各项政策的变迁进步。志愿者卷收录的志愿者，既不是智障人士的家属，也不是残疾事业从业者，他们各有本职工作，满怀理想与爱心，利用业余时间参与特奥活动，反映了现实社会的文明进程。

每一个案的口述史由访谈和观察两部分组成，并附有照片。智障人士家庭口述史的访谈，包括对智障人士家长、本人及其老师、同事的访谈，观察为对智障人士一天活动的客观记录。残疾事业从业者的访谈，包括对从业者及其家人、同事、学生的访谈，观察为对从业者某一时间段内活动的客观记录。

口述史文本采用问答体，不采用第一人称叙述，以便最大可能还原访谈现场。

小括号（ ）内的文字记录受访者的表情和举止动作。中括号〔 〕内的文字为记录者添加的内容。

根据受访者和家长意愿，人物或使用真名，或以姓名的拼音代替。

所有主访谈都经过受访者审阅。有些内容在访谈者看来，真实反映了智障群体的现状处境，但由于受访家长不愿公开，我们尊重家长意愿，做了删节处理。

感谢所有参与特奥口述史项目的家庭和访谈员，感谢提供支持的学校、企业和机构，众人拾柴火焰高，是大家的共同努力，促成了口述史的顺利问世。

感谢特奥口述史团队的成员：国际特奥会东亚区前总裁顾抒航女士、曹忆菊女士、刘卫萍女士、沈澄女士，她们为口述史的动员、组织付出了辛勤劳动。特别是曹忆菊女士，全程协调各方关系，随时提供中英文咨询，效率惊人。

感谢哈佛大学法学院残疾人项目中国项目主任崔凤鸣博士给予中英文方面的专业指教。

感谢上海人民出版社总编辑王为松先生，当我们提出出版智障人士口述史的愿望时，他没有询问任何细节，立刻表示接受。他的果决、信任和支持，鼓

励我们将特奥口述史做成一套高质量的作品。

我们热切期盼更多机构团体加入弱势群体的口述史事业。当拥有足够多的口述样本时，可以建立中国智障群体生活数据库。如果将口述史推广到其他残障群体，发起视障、肢障、听障、言语障碍和精神障碍家庭口述史，就可以设立分类口述史数据库，最终形成中国残障人士生活数据库，这对政府建设的残疾人数字数据库将是一个很好的感性补充，也必定会加快社会和残障群体的融合。如果其他国家和地区亦建立残疾人生活数据库，未来，人们就可以在全球合作的平台上，切磋琢磨，取长补短，加强人与人之间的相互了解，推动人类的全面发展。这个前景激动人心。

目 录

本卷主编的话

沈一民

“特奥运动会运动员卷”是“特奥口述史”9个分卷之一，主要以特奥运动员为采访对象。全卷共收录来自北京、哈尔滨、吉林、西安、武汉、上海、杭州、温州等8座城市的16位曾经或正在参与特奥运动会的智障人士的口述历史。其中13位曾参加世界特殊奥林匹克运动会。虽然不是每个人都能够成为运动会的冠军，但是他们的努力和付出换回来的是一次次自我超越，他们同样是人生的胜利者。

作为奥林匹克大家庭的一员，为全世界智障人士设立的特殊奥林匹克运动会的历史可以追溯至1968年。从1968年开始，特殊奥林匹克运动会基本上每两年举办一届，夏季和冬季交替进行。尽管中国早在1987年就参加了第七届世界夏季特殊奥林匹克运动会，上海市于2007年10月成功地举办了第十二届世界夏季特殊奥林匹克运动会，但是对于一般读者来说，特殊奥林匹克运动会仍然显得陌生。为此，本卷选取了16位特奥运动员，希望通过他们的生活轨迹和运动生涯展现特殊奥林匹克运动给智障人士带来的改变。尽管智障人士在智力上与普通人有所差异，但是他们通过运动改变自我、收获快乐则与普通人群无异。更难能可贵的是，相较于普通人群而言，失败等负面情绪在他们身上存留得最少，在他们的世界里，阳光与快乐是永恒的主题。由于他们自身表达能力的不足，加之父母亲人少有机会陪同他们参加特殊奥林匹克运动会，这使得我们无法清晰地将他们在赛事中的表现全方位地呈现给大家。但在点滴文字中，我们依然能够体会到他们愉悦的心情。这充分体现出特殊奥林匹克运动的精神：技能、勇气、分享以及超越国家、政治、性别、年龄、种族、宗教的界限所带来的快乐。

参与特奥运动是他们人生中最值得珍藏的记忆之一，而“特奥口述史”的初衷则是“希望尽可能广幅地展现智障人士的整体面貌”，更有效地促进智障人士和社会的融合，因此我们将更多的注意力集中于他们的成长经历上。作为

社会的边缘人群，智障人士被社会的接受程度至今仍然很低。他们不得不忍受来自各方的压力和歧视，有些家长为了保护自己的孩子，甚至将他们关在家中，自我隔绝于社会之外。而特殊奥林匹克运动则为他们搭建了一个与社会接触和沟通的平台，他们在运动中得到了展现自我的机会，也收获了来自四面八方的关注，赢得了更多的关爱和赞赏。正是通过特殊奥林匹克运动，16位特奥运动员都有了不同程度的改变，变得更为阳光，更为自信。作为采访员，我们时刻都会被他们身上的正能量所感染。中华女子学院的魏宏亮老师在采访贾思蕊过程中的体会极具代表性：

“无论是第一次通话还是第一次见面，作为一名特殊教育工作者，我无论如何都看不出她与别人有何不同。

坐在我面前的思蕊开朗乐观，能够很顺畅地和我交谈。她目前就职于特奥东亚区北京代表处，负责前台接待及办公室事务。访谈过程中，她会不时地去处理一些工作。可以看出她对这份工作得心应手，也很满意现在的生活状态。

我们谈到她小时候的经历。她告诉我她上过幼儿园，而且是全托式幼儿园，家长每周末接她一次。学前的那段时光，对她而言是无忧无虑的。当她进入普通小学后，学业的不利造成她被排斥的局面。连续的留级，更使她对学校产生了强烈的畏惧感和抵触情绪。在不得已的情况下，家长把她送进了西城区培智中心学校。在这所学校里，思蕊反而成为表现最好的学生。后来，她成为一名特殊奥林匹克运动员，参加了国内外不同级别的比赛。再后来，她有幸成为特奥全球信使，参加了许多重要活动，成为一名积极的特殊奥林匹克运动宣传者。

特殊奥林匹克运动不仅帮助她找回了自信心，更培养了她开朗、乐观、积极、上进的意志品质，从而使她很顺利地实现了社会融合。

是特殊奥林匹克运动，改变了思蕊的人生轨迹……”

为了更好地了解这16位特奥运动员的人生历程，我们还对特奥运动员身边的37位人士进行了采访，包括直系亲属、旁系亲属、教练、老师、工作上的领导和朋友等多个层面。通过不同人群的讲述，为读者勾勒出更为完整的特奥运动员的形象。

希望我们的采访能够让社会上更多的人了解智障人士这一群体，少一些歧视和不友好，多一分尊重和理解。他们需要的不是同情和帮助，而是如普通人那样被社会所接受，所包容。

本卷采用问答体的形式，尽可能地还原访谈现场。但是为了行文顺畅以及对个人隐私的保护，也对部分文字进行了修改。

根据口述者和家长的意愿，16 位受访的特奥运动员或使用真名，或以姓氏、姓氏的拼音代替。

本卷的顺序，首列北京，其他城市则是按照纬度进行排列，即自北到南的哈尔滨、吉林、西安、武汉、上海、杭州、温州。哈尔滨有 2 位口述者、吉林有 5 位口述者、武汉有 4 位口述者，他们的顺序则是按照口述者的年龄，由长到幼进行排序。

在收笔之时，还要由衷地感谢那些为这本书的出版默默付出的人。

首先，感谢国际特奥会东亚区的各位领导，是你们的支持，才使得这一口述计划得以正常实施。感谢廖梅博士，正是通过她的穿针引线和不断督促，让我们能够按时完成这次口述史计划。更要感谢其他 8 位分卷主编，正是他们的努力，才使得这一项跨地域的大型口述史计划能够顺利地推动下去。

其次，感谢所有参与特奥口述史的家庭，是你们的无私，才让我们有机会近距离接触智障人士这一群体。每一个个案或许是特殊的，但是 16 个个案叠加在一起，则让我们有可能看到这一群体的整体面貌。

最后要感谢来自各地的访谈员。本卷汇聚了来自中华女子学院、黑龙江大学、北华大学、陕西理工大学、华中师范大学、中南民族大学、上海师范大学、浙江大学、温州医学院等 9 所高校的 20 位师生。感谢你们在采访、撰写文字稿过程中付出的努力。

我属于西城培智

——贾思蕊口述

贾思蕊，女，1984年生，北京人。独生子女。轻度智力障碍。毕业于北京市特殊教育学校——西城区培智中心学校。曾担任特殊奥林匹克全球信使。现就职于特殊奥林匹克组织（美国）北京代表处。

口述者：贾思蕊

访谈者、撰稿者：魏宏亮，中华女子学院教师

访谈时间：2017年8月1日、2017年8月3日

访谈地点：北京建国门内大街特殊奥林匹克组织（美国）北京代表处

我的童年生活

问：能讲讲您童年的大致情况吗？

贾：我是1984年在西城区桦皮厂出生的。在我差不多六岁的时候，我们家搬到铁狮子坟儿一个叫新风南里的地方。从那儿开始上小学一年级，是一所普小，我上过几年普通小学。

问：您刚出生时状态是怎样的，您知道吗？

贾：听我爸妈说，跟普通小孩没什么区别。就是比普通的小孩脑袋要偏大一些，就是头重脚轻，走路会摇摇晃晃地走不稳。而且在学校的时候，不喜欢跟别人说话，不像现在这么外向。

问：您有兄弟姐妹吗？

贾：没有，我们家就我一个。其实，当时他们也有想法。但是后来心想如果再生一个，可能对我的爱就会移给那个孩子，他们说还是专心给她吧，因为她是一个特殊的孩子，所有的心就全都搁在我这儿了。

问：父母对您真是全心全意。从小到大，您和家里亲戚的交往多吗？

贾：多啊。我们经常一块儿出去玩，都挺好的。像姥姥家这边，还有爷爷家这边，关系都很好，都是大家一块儿玩。他们从来没有把我当成一个特殊孩子，都把我当成普通孩子。我爸妈对我也是这样的，都是当成普通孩子来教我、来对我。

问：您的小伙伴、表兄弟姐妹，和您的关系怎么样？

贾：他们对我也挺好，出去玩儿，旅游啊，或者是一块儿吃饭啊，一块儿开玩笑啊什么的。我记得有一次在姥姥家，姥姥家就住在蓟门里小区，它那中间不是有一条河嘛，这边是个公园。他们带着我去那儿玩，后来我跟他们走散了，走丢了。我爸特别着急，他怕我找不到家，也不知道我怎么回来呀！我那些哥哥姐姐也特别着急，万一把孩子丢了怎么办？没想到的是我后来自己找回去了。

问：大概是您几岁的时候？

贾：也就四五岁。因为我们在玩捉迷藏，找不着了，实在是没法了，所以我就自己回来了，他们没想到我自己回来了。

问：您那时候也没有表现出有什么与众不同？

贾：对。我家里的这些人，亲戚朋友们知道我是这种特殊孩子，就觉得：啊，你好厉害啊，你到这个学校，又去过美国，之后又见了这么多人，参加了这么多比赛，我们都不一定能做得到。就觉得我挺棒的。因为在他们心目中觉得特殊孩子比普通孩子要弱一些，不会把自己照顾好。但是到了我这儿的话，就没有这些事了，自己可以很好地照顾自己。我记得上托儿所的时候，都是自己照顾自己，因为我是整托。

问：您还上过幼儿园？

贾：对，上过。爸爸单位有幼儿园，我在那里上。一个礼拜，只有周六、周日的时候接一回。当初，我是最闹的一个孩子，比较调皮。（笑）

问：周一给您送过去，一直到周五才去接您，您整个的生活都是在幼儿园里？

贾：对，当时我也没有什么特别的感觉，觉得跟他们在一块儿挺好的。那时候还学会了自己择鱼刺、叠衣服，自己照顾自己。

问：您和班上的小朋友玩得好吗？您喜欢去幼儿园吗？

贾：头一次去的时候，我是不愿意去的，可能在外边还要大哭一场，不想去幼儿园。后来去了几次，跟小孩能玩到一块，就没什么事了。

问：您对幼儿园的生活还有印象吗？

贾：幼儿园是一个平房小院，好像是红色的大门。我们那个教室都是横着一排的那种，中间是一个很大的空场。我记得最深刻的是吃完饭，筷子必须得在碗上，这样举着给送回去。床呢，就是一个挨一个那种的。还有就是我太闹了吧，坐着椅子把头给磕了一下。我听我爸说的，他说我在幼儿园挺闹的，坐着椅子，没事老这样翘来翘去、翘来翘去。

问：不好好坐着？

贾：对，对。后来磕脑袋了（笑）。那时候也没说我是什么特殊孩子，还不知道呢，跟其他孩子生活是一样的。

问：说说您上小学的情况。

贾：小学那会，有学生说我，你是个傻子呀什么这些的。老师会说，离她远点。会给我搁一个犄角旮旯坐着。

问：完全跟幼儿园的环境不一样了。

贾：立马就不一样了。

问：能说得再具体些吗？

贾：有的小孩欺负到什么地步？就是说这里有一个坑，他会一下子把我给推下去，之后又给我弄上来。可能还会说：她是傻子！当着我妈面前，我妈好像是骂了他一句。完了老师说：离她远点儿。会把我搁到一个地方。

问：老师不管吗？

贾：老师不是刻意地去管，可能会说，啊呀，你不许这样说什么的。

问：实际上是比较维护欺负您的人？

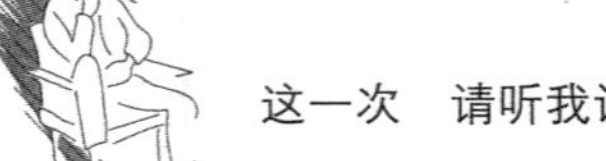

贾：因为我拉了班级的分了。我一年级蹲了两年，就一直在一年级。后来实在是上不下去了，大家都是平常的这样坐嘛，我就坐了一个犄角旮旯。

问：专门给您一个位置？

贾：对，在门的旁边，老师的斜对面，给我搁到这儿了。

问：别的同学会定期换座位，您永远坐在那个位置？

贾：嗯，我就是永远在那个位置。老师又不怎么教我，又不说你这样写错了啊，根本就没有这些。

问：老师对您的态度也比较疏远？

贾：对，我就是平常犄角旮旯，冷冷的、孤零零的那种样子。后来，我就有抵触情绪了，就从那儿离开了，在家待了一年。反而我觉得我更属于培智学校吧，培智学校的名字，可能大家都觉得怪异，但在里头生活，就觉得特别好。不管是老师还是学生，都照顾得特别好。对我们跟朋友一样说话聊天儿，不像原先在普校时会欺负你。

问：您本该上三年级了，结果您还是在一年级？

贾：嗯，那时候已经没有继续学的想法了。

问：老师都比较喜欢学习成绩好的学生？

贾：对，因为能拿分啊，毕竟是重点小学，她希望自己班的分要高一些嘛。不能拉人家分啊，你老拉人家分，到时候就给你圈起来了。

问：对您另眼相待了？

贾：对，另眼相待，但是明着不会，可能会暗的。有的学生可能直接就会说你。

问：老师会不会说您？

贾：老师肯定不会说，就放弃我了，但又不想让我拉分。她就跟校长说了，让校长找我家长。其实这样也挺好，要不然我怎么能来西城培智呢。

进入西城区培智学校

问：您是哪年去的西城培智？

贾：好像是 1997 年 9 月 1 号，我去培智学校上的学。休学之后，我爸听说西城有一个学校叫培智学校。我爸说：“可以去看看吧！”后来，就去了那所学校。

到了西城培智，我进去见到校长的时候，觉得校长挺亲切的，说话什么的也都挺好的。他们会问我很简单的问题：你叫什么名字？你多大了？

后来说你可以转过来。到了这所学校，我反而是最强的了。因为我的智商是在临界状态，到了这所学校我是最棒的。各种活动我全都是拔尖，学习什么的，对我来说都特别简单。你像什么作业呀，我基本都是在学校做完了直接回家。

问：还记得您刚去西城培智的情况吗？

贾：刚一进去的时候觉得：这里的学生为什么都是这个样子？感觉陌生吧。搞不明白为什么这里的孩子全都这么特殊。后来，知道自己也是跟他们差不多的孩子。我的第一个班主任是畅老师，挺随和的一个人。我在残联上班的时候，有一次碰见过，还打了声招呼，聊了会天。那时候畅老师来了一句："嗯，你有所改变。我第一次见你和现在见你，完全是两种感觉。"

问：您认可父母把您送到这儿来吗？

贾：嗯，在那儿上了一阵就觉得：哎呀，自己还是属于这块。因为毕竟有了朋友，学习又这么好，老师又对我这么好。而且又参加了这些活动，就觉得这个地方还是蛮不错的。

问：您用到一个词"属于"，您从来没有说过您"属于"普通学校？

贾：我觉得我跟普通学校有隔离的感觉，两个世界的人。（大笑）

问：看得出来您很认可西城培智，而且您融进去了。融进去的原因是什么呢？

贾：可能是心与心的交流，因为老师真的是对你特别好。不像刚到普校的时候都特别严格，老师都是那种气气的眼神。到了特殊学校，老师都比较温和一些。

问：同学呢？

贾：同学也挺好的。认识了几个同学，因为我们都属于轻度的孩子吧，所以都能聊到一块。他们也都围着我，觉得我也算能跟他们聊到一块，玩到一块。我到了那儿直接上三年级了。我当时的第一反应是：哎呀，我终于上了三年级了！（笑）就是突然可以上三年级了！

问：都学过什么知识？哪些方面表现得好？哪些方面比较吃力？

贾：语文、数学，基本上没什么吃力的。

问：在普校您觉得什么都不行？

贾：对，我会觉得自己什么都不行，但是到了那儿，我语文、数学都学得挺好，几乎都是满分。写字啊这些都挺好的。

问：回顾您上学的经历，特别当您提到“属于”这个词，既让我眼前一亮，也让我心里不是滋味儿，教育应该是面向所有人的。

贾：现在好多学校里都有融合的孩子了，正常的学校也有特殊的孩子在里面随班就读。我们那会儿要有随班就读就好了。

问：在上世纪80年代就有随班就读。在您上学的时候，还有一个思路，您可以作为随班就读学生。但是，没准您顶多到初中毕业。您也许没有机会去参加特奥，也不会有特教那种宽松的环境。

贾：一直绷着一根弦。

问：或许您能上个技校，学些技术，从事些简单工作。

贾：那我觉得还是现在这种安排比较好。（笑）

参加世界特奥会

问：您什么时候知道特奥这个概念？

贾：1998年年底，我们教体育的何老师问我：你知道特奥会吗？他就告诉我特奥会是一个智障人参加的体育比赛，是由美国前总统肯尼迪的妹妹尤尼斯·肯尼迪·施莱佛女士创办的，因为他们家族里有一个孩子是智障孩子。

当时，特奥会在北京选拔运动员参加体操项目，只有八个名额，这八个名额全给我们西城培智了。我的特长就是体育，所以就选到我。在1999年，我们去美国的北卡罗来纳州，参加了第十届国际特奥运动会。从那儿开始，我接触到了特奥，到今年，总共有二十年了。

问：您去北卡罗来纳州参加比赛，大概是什么时间？

贾：1999年7月。

问：在那次运动会上您拿过金牌？

贾：平衡木是金牌，跳马是铜牌，自由操第四名。预赛的时候发挥太好了，决赛的时候分就给降了下去。当时还有个小插曲，我们练习的时候，自由操是错版的，到美国又重新练，等于当时我把动作全都重新做了一遍。但当时做得太好了，预赛发挥要是太好的话，决赛的时候就会对分数有影响。因为所有动作都做得太完美了，所以就变成这样了。后来就拿了个第四名。但平衡木拿了金牌。

问：特奥培训是去哪儿培训？由谁来给你们培训？

贾：都是体育老师，都是在学校里完成的。

问：这些培训都是在学校里，由特教学校的体育老师指导你们完成？

贾：对。那时候我记得其他课都不上了，一直在训练。不像人家那种封闭式训练，我们是从早上到下午一直在训练，中午会有休息。

问：您觉得训练苦不苦？

贾：我觉得还行吧，最厉害的时候，感觉自己小腿肚子下楼梯时特别疼。回到家会叫我爸帮我揉一揉，我爸就喜欢运动，我也跟着就喜欢运动了，这点苦也就无所谓了。我比较能吃苦，像什么压腿这些，会觉得稍微有点疼。

问：1999 年在美国的比赛，您能说说当时的情况吗？

贾：当时我们一块儿从北京出发，坐了得有十多个小时的飞机，到了美国的北卡罗来纳。我们住在北卡的一所大学，大学里有训练的设施，我们在里头训练，每天都是。在那儿我还学会英语了。

问：您还会英语？

贾：嗯，在那的时候，我们跟其他国家的运动员一块儿交流，玩儿。

问：你们是老师带着，家长没跟着去吗？

贾：对，家长是不跟着的。我记着我马上就要走了，还哭了一鼻子。因为要离开那么长时间，二十多天，要去那么远的地方，当时对美国没概念，不知道是什么地方，有点儿害怕。但那时候也没当着爸妈面哭，就开始玩游戏，其实已经很伤心了。

问：比赛紧张吗？

贾：头一次参加比赛，确实有那么一点儿紧张，还好不是特别紧张。

问：观众多吗？

贾：多，那个场馆是个挺大的场馆，几乎全都坐满了。在美国这个特殊比赛还是挺有名的，他们没有歧视这些的。开幕式挺壮观，那时候一说“China，中国队”，中国队打头的那个人是施瓦辛格。

问：影星施瓦辛格？

贾：对，施瓦辛格带着我们往前走。入场走了一圈儿之后，回到自己的座位。每个人有这么大的一个小包，包里会有吃的啊、水啊这些东西。我们就到中间的草地里面坐着看节目，大家一块儿还挺开心的，最后放焰火。我们回去的时候，就跟那些教练一块儿击掌，击个掌、击个掌、击个掌。可能当中的时候会碰见一个我们自己人。（笑）当时，全都是那边的志愿者，人家出动的全都是大学的志愿者，所以我说怎么全都是老外呀？然后，突然出现一个中国人的面孔。

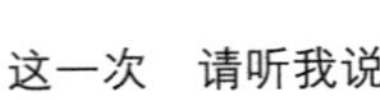

问：不是您认识的？

贾：哦，是我认识的，他们就是逗着玩呢。我们领队翻译，他应该算是华侨，中文挺好。他们把我们当作小孩对待，就是比较好一些，温柔一些，跟我们一块说话，带我们一块去玩。我记得有一回还被他教训了一次。那时候已经到最后了，我们去商场买纪念品。他说在美国走路的时候要说："对不起，借过一下。"万一撞到人家要说："对不起。"后来我突然撞了人一下，没说话就走了。那个翻译过来就说我："嗨，下回的时候一定要记住，先跟人家说对不起啊！""噢，知道了。"（笑）

问：他是在纠正您的行为，并不是训斥您？

贾：嗯，对，这是应该的，人家比较守规矩吧。他们还会开玩笑，有家长看你还不错，想把你收养了（笑）。跟我们逗着玩儿。

问：您获得金牌后，颁奖时的感觉如何？

贾：我是平衡木拿的金牌。其实我平衡能力不算特别强，但是我不知道为什么临场发挥还可以，没掉下来。一说我是第一名，就当时是翻译告诉我的，说你是第一名，当时我都愣了：啊？我是第一名！

问：您没想到？

贾：没想到，就觉得这个项目根本就不是我的（笑），根本就不是我能拿到的牌，觉得我应该是体操或是跳马能拿到奖牌，没想到我平衡木竟然能拿金牌！当时特别高兴，特别激动。上台的时候，人家给颁奖，他叫名字的时候会说思蕊贾，他没说贾思蕊。国旗立起来的时候，我们不会奏国歌，但会有本国国旗升起来，那时候就觉得特别激动，就觉得：啊！原来人家世界比赛的运动员都是这种感觉。手上会稍微有点儿抖，出个小虚汗，之后就觉得特别开心。啊，这个会在我身上出现（笑）！就是没法形容的那种喜悦。

问：很激动？

贾：对，拿着奖牌，搁嘴里头照张相。

特奥改变了我

问：从您参加完1999年的特奥运动会之后，回想起来，您觉得您变化大不大？

贾：变化挺大的。比赛之后感觉自己开朗了许多。在那边跟人交流，参加比赛，觉得自己增长了知识，开阔了那么大的一个眼界，自己一直都在学习东西，觉得自己有挺大的一个变化，开朗了，敢去跟人聊天了，说话、问问题都可以答得很清楚。

问：您原来不开朗吗？

贾：没有像现在这么开朗。

问：您为什么会开朗了呢？

贾：有我发挥的地方了吧，敢去跟人说话了，有自信了吧！就感觉自己可以做到这些事情。先头怕自己做不出来，经过这些比赛、参加活动，觉得对自己有信心了。其实自己能做好，能做得更好。

问：如果缺乏自信，您就不敢去尝试，特奥改变了您。

贾：对，对。

问：您觉得特奥运动还有什么需要改进的地方吗？

贾：应该扩大融合吧，融合一些正常的孩子来帮助这些特殊的孩子。现在有一个大学计划，大学的学生志愿者跟特奥运动员一起参加比赛，一起打篮球。这个应该再多一些就更好了。

问：需要有更多人参与进来？

贾：对，更融合一些，大家更理解一些吧，能够更深度地了解一些。

问：您现在工作的内容主要是什么？

贾：我是在前台工作，我会参加其他的特奥活动，比如出去开会，偶尔会出去参加活动。但主要的是在这里接电话；负责每个月的员工报销，我们会拿扫描仪去扫描，完了计算，跑银行；帮大家交话费；还有接电话，帮大家做一些日常工作。

问：您没有其他爱好？比如去旅游。

贾：有，去年跟朋友坐船去的韩国，在那儿玩了几天。我有好多朋友，他们都知道我是个特殊的孩子，他们都不介意。

问：您和家人相处得好不好？喜欢和谁在一起，为什么？

贾：和家人在一起我觉得都挺好的。跟爸妈在一起也挺好的，我们聊天的时候会互相逗着玩，还会打扑克，一块儿看电视，时不常地会聊聊天。我们会一块儿出去旅游，一块儿去唱歌。

拥抱多彩世界

问：您是哪一年开始工作的？您的第一份工作是做什么？

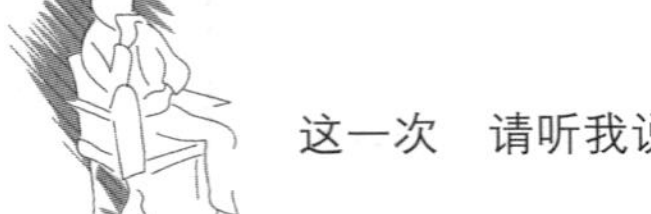

贾：2003 年，在特奥工作。那时候做的是去介绍自己，就是把自己的事迹介绍给各个大公司，让这些赞助商支持我们。

问：当宣传大使吗？

贾：那时候我还是全球信使，我也要去做宣传，推广特奥。我们会去介绍，可能中间有个环节，需要让运动员来介绍自己：叫什么名字，参加过什么比赛，得过什么奖，见过哪些人，有什么经历，这些全都介绍给这些公司。

问：这种活动多吗？

贾：当时挺多的。刚到特奥会的时候，特奥会还是挺小的，没有那么多人。从美国过来一个领导，George，他叫乔治，是东亚区的领导。那时候做的工作比较简单，做一些复印工作。后来去美国参加各种活动，把自己的事迹介绍出来。我先后去过九次美国，担任国际特奥全球信使。

问："特奥信使"您当了多长时间？

贾：2001 年至 2002 年，我一直在担任。

问：当告诉您这个消息：思蕊您被选中了，您是什么感觉？

贾：我挺高兴的，因为我没想到能选我当全球信使。

问：这个消息是谁告诉您的？

贾：是我们班主任突然告诉我这件事，我愣了一下，我心中对这个还没有什么概念，我不知道他们说的这个全球信使是干什么的。后来，等我参加这些活动，我才知道它的意义，就是宣传特奥。

问：第一次参加活动是在国内还是国外？

贾：第一次是在国内。正好有一个全球火炬跑，在北京举办的一个活动。

问：全球火炬跑？

贾：对。在中国的北京、上海、深圳这几个地方做活动。我们是在北京做的，在长城脚下有一个火炬的接力，在电影院有一个施瓦辛格的电影周，还开了一个晚宴。在这个时候，跟他们一块受到了江泽民主席的接见。2001 年 6、7 月，特奥会创始人的儿子，执行官，叫蒂姆·施莱佛，我跟他们一块参加了这个活动。到了年底的时候，我们去美国参加了在白宫举行的圣诞晚宴。

问：就是 12 月底了？

贾：对，12 月底，在美国白宫跟小布什总统见面，做了一些活动，大家一块宣传特奥。2002 年，在国内也进行一些筹款活动，让赞助商来赞助特奥会。使者的意义就是去宣传特奥，让大家了解特奥，了解特奥运动员是什么意思，2002 年年底的时候，又见到了布什总统。

问：也是圣诞慈善晚宴？

贾：对，见到了布什总统。正好是总统换届，所以我见到了两位美国总统。到了 2003 年 9 月，在西安有一个国内的特奥运动会。那时候我们参加了篮球项目比赛，得了第二名。紧接着我们又去了阿拉斯加，参加了冬奥会的比赛。特奥会是四年一届夏季，四年一届冬季。

2004 年 10 月，创始人尤尼斯·肯尼迪·施莱佛女士来到了中国，她头一次来中国，给她在学校做了一些活动，又去人民大会堂见了胡锦涛主席。胡锦涛主席当时问我："作为运动员，你有什么愿望？"我就跟他说："我希望所有特奥运动员都能够参加比赛。"

问：胡锦涛主席当时是什么表情？

贾：胡锦涛主席很高兴。他说："你的愿望会实现的！"

问：参与特奥信使的活动，您有什么收获？

贾：嗯，我觉得获得了更多自信。知道怎么去跟人家说特奥会是什么意思，可以告诉别人特奥给人带来了哪些好处。自己从一个普通的、什么都不懂的小孩，变成了一个知道怎么去跟别人交谈、介绍自己、介绍特奥会的人。感觉自己从弱弱的一个人，变成了一个很坚强的人。

问：怎么会说弱弱的呢？

贾：我觉得之前什么都不懂。

问：您所谓的坚强是指什么？

贾：可以自己照顾自己，学到了很多东西，去了那么远的地方。

问：离开父母，离开熟悉的环境。

贾：对，觉得特别惊讶，感觉自己还是蛮幸运的。

问：实际上您通过这种活动，开阔了眼界。

贾：嗯，增长了很多知识。

问：结识了很多朋友，也提高了自己的能力。

贾：嗯，能力和信心。我记着我们的教练曾经问我："你得了这么多荣誉，见了这么多名人，是不是觉得自己那个'小尾巴'翘起来了？觉得自己了不起，特别牛啊？你见过那么多人！去过好几次美国！"我跟他说："我就是我，我就是一个平常人，我只不过是完成了我的使命，我的使命就是去宣传特奥，告诉更多人要了解他们，不要去歧视他们。"

问：教练听了是什么表情？

贾：觉得好惊讶，因为他觉得：你看这个孩子这么幸运，见了那么多人，又见了那么大的领导，而且还去过好几次美国，感觉这孩子就骄傲了，谁都看不起了。给他的感觉可能会是这样的。

问：您是不是真的“翘尾巴”了呢？

贾：没有。

问：如果给自己打分的话，您觉得能打几分？

贾：十分。

问：您觉得您已经尽力了？

贾：对，我是按着目标去做的，全都做到了。

寄语未来

问：作为一名曾经参加特奥运动会的运动员，对于西城培智中心学校的校长、残障孩子的家长、培养您的教练、将来准备参与特奥运动会的小弟弟、小妹妹们，您最想告诉他们什么？

贾：嗯，我觉得教练挺辛苦的。这么多年来教我们，训练我们。不管什么样的项目，教练必须先得了解这个项目，来手把手教我们，我觉得教练蛮辛苦的。希望他以后能带出更好的特奥运动员，更好的选手，能比我们更强一些的运动员。跟我的学弟学妹们说的话，希望他们能有更多机会参加更多的比赛，享受这个比赛，享受这个过程。能有更精彩的参加比赛的经历，能学到更多东西，更好地融入社会。

问：您想对家长们说些什么？

贾：我把家长当成是一份很辛苦的职业。家长们付出了很多，因为我们本身就是一个特殊群体，他们可能会更加倍地照顾我们这些特殊的孩子。他们会很辛苦，也希望他们能继续帮助我们、了解我们，跟我们一块更好地去了解特奥的理念。不要让家长们老觉得有这样一个特殊的孩子，就不让他去接触社会，不让他去接触陌生人。可能有些孩子还会被关在家里，不让他走出这个家。但我觉得应该让他们去尝试，特奥就是要勇敢尝试。

问：特奥有一个口号，叫“勇敢尝试，争取胜利”。

贾：对，勇敢地去尝试一下，不要总是给他们关在家里。

问：关在家里解决不了任何问题。

贾：对，有个别家庭会是这样，给他关在家里，说这孩子什么都不行，什么都学不会，自己照顾不了自己，出去的时候没准儿就丢了什么的。但是，我觉得家长应该多带他们出去走走，多活动、多学些东西，还是可以的。

问：很有意义。

贾：对，很有意义。去“温馨家园”这些地方做做运动，对他们还是会有很大帮助的。

问：不要把自己封闭起来。通过跟您接触，您告诉我这样一个概念：外面的世界很精彩。

贾：很精彩，对。不要把自己老关在一个犄角旮旯，其实外面的世界还是挺繁华的。

问：对于西城区培智中心学校的校长，在体育锻炼方面能不能给她一些建议？

贾：项目，让这些特殊群体接触更多的项目。去训练特奥运动员，稍微轻一些的发展会更大一些，让他们发展，没准会变成特奥领袖。

问：特奥领袖是什么概念？

贾：我就是特奥领袖。领袖就是在运动员当中表现不错的，表现特别好的。

问：发展得比较好，成为大家身边的一个榜样，一个学习对象？

贾：对，各个方面发展得都很好。

问：通过特奥，促进了整体的融合。通过特奥，让更多的人了解了残障群体，特别是残障群体里面的智障群体。

贾：特奥主要是为这些智障的人。

问：思蕊，许多事物是一个渐进的过程，您也比较相信随着社会的发展，对智力落后群体会有更多帮助和支持。

贾：对。

特奥让世界更美好——贾思蕊同事曹忆菊女士口述

口述者：曹忆菊，女，特殊奥林匹克组织（美国）北京代表处组织发展部高级总监

访谈者、撰稿者：魏宏亮，中华女子学院教师

访谈时间：2019 年 4 月 25 日

访谈地点：特殊奥林匹克组织（美国）北京代表处

问：您和贾思蕊是怎么认识的？在一起共事了多长时间？

曹总监：我是 2002 年进入到特奥东亚区办公室工作的，我们基本上也是从那时候就认识了。当时，贾思蕊已经是一名运动员领袖，我们平时会有一些工作需要和她一起合作，到现在已经有十七年了。

问：具体时间您还记得吗？大概是在 2002 年几月？

曹总监：我来的时候是 4 月，9 月的时候正好在西安举办特奥全国运动会，应该是那时候。

问：您还记得第一次和贾思蕊见面时的印象吗？

曹总监：是因为什么事，我真的记不清了。因为第一次可能并没有什么很特别的事，大家都是做特奥的，所以有机会聚在一起。她给我的印象就是特别爱笑，这是第一眼留给我的印象。那时候，我实际上对特奥也还不熟悉，对特奥运动员也还不了解。能够有机会近距离接触特奥运动员，我感觉印象比较深，也挺意外的。她那么灿烂的笑容跟我想象中也不太一样。

问：你们的第一次见面就改变了您固有的一些看法？

曹总监：对，改变了我固有的一些看法。

问：到 2002 年，她已经是全球信使了，会有很多活动，你们在这个过程中都有过接触。

曹总监：对。

问：她是什么时候到咱们东亚区来工作的呢？

曹总监：2002 年之后曾经有几年，她每周都会过来工作一次，每次工作的时间不长。后来，她去拜耳公司工作了，我们在办公室为运动员提供的工作机会就提供给了别人。

问：她到拜耳公司工作，也是咱们帮助促成的？

曹总监：对，是我们帮助联系的。

问：她曾经提到过在拜耳公司工作的经历，大概是哪一年回到咱们东亚区办公室工作的？

曹总监：她来东亚区办公室工作，差不多是在2016年4月，到今年4月1日就满三周年了。

问：您觉得思蕊的日常工作怎么样？

曹总监：我觉得从工作角度说，首先，她是非常有热情的。交给她的工作，她都会以比较积极的态度去落实。其次，她也是比较有责任心的。她有很强的沟通能力，交给她的任务，她基本上能够比较好地去完成。当然，没有人是完美的，她也有一些需要改进的地方。在这个过程中，大家都一直保持着沟通。我们知道她在哪些方面是擅长的，就让她多做一些擅长的工作。哪些方面是她不擅长的，我们就尽可能地去避免。我们也会创造一些机会让她学习，让她能够对不擅长的领域逐渐熟悉，慢慢有所进步。

问：我觉得咱们的环境、咱们的想法是很好的，不会把所有任务一下子都直接压给她，而是一点一点培养她，先找到她的优点、她的特长，同时咱们还不断培养她的能力。

曹总监：因为大家都是在特奥的环境里面，都是特奥的工作人员，每个人都非常认同特奥运动的价值观。所以，大家为她创造的环境也是非常包容的，肯定有别于社会上其他的工作环境。

问：您提到的“包容”，我觉得确实是很难得的。

曹总监：对。在这个过程中，我们也意识到如果完全是一个包容的环境，从长远来看，有一天她可能会离开特奥会，她如果去到别的工作单位会不适应。所以，我们不会什么都从他们的角度去考虑，如果这样，她的抗压能力有可能会变弱。贾思蕊其实有很强的抗压能力，我们觉得她哪里做得不合适，或者是做得不太好，我们会比较直接地告诉她，让她有这个意识。

另外，大家都是普通的凡人，处在非常普通的工作环境中，大家的表现也是普通人的表现。我们也尽可能维持一个这样的环境，以后她万一到了别的工作环境，受到一些压力或是受到别人挑战的时候，她也能够比较好地去应对。而不是让她生活在一个被大家包容的，所有人都是从她的角度出发去考虑的环境。如果这样，她会被“娇养”，就像生活在温室里面的植物，弱不禁风。我

们觉得这样做其实对她更长远的生活并不是有利的。

问：在整个十七年的过程中，您和思蕊之间有没有发生过什么令您难忘的事情？

曹总监：我跟她认识的时间很久，跟她共同参加特奥活动的机会也很多。非常难忘的一件事是在2006年，我第一次带着几个运动员参加全球特奥运动员代表大会。这是在巴拿马举行的世界特奥运动会第二届运动员代表大会，跟第一届已经间隔了很多年。那时，巴拿马和中国还没有建立外交关系。我们办理签证、要在路上转好几次飞机，整个过程并不顺利，都有一些坎坷。尤其是我们从北京出发，先要到法国巴黎转机。我们提前办理了过境签证。到了法国以后，飞机上有很多中国人没有办理过境签证。那时候的政策是说如果不办理过境签证，还是有几个小时可以在法国停留，然后再去到其他国家。

但是，从那趟飞机上下来的所有没办过境签证的中国人，都被带到了机场警察局里。即使我们有过境签证，也被带了过去。因为持有过境签证，我们很快就被放行了，但那些没办过境签证的中国人，都被关进一间小黑屋子里。我们路过那间小黑屋子，印象特别深刻。因为经历了警察局里的冰冷，那些警察是非常严肃的，我们后面的经历，让我觉得还有一丝丝温暖。

在北京机场我们遇到一个法国人，他来中国做志愿者教英语。候机的时候，因为贾思蕊的性格热情奔放，非常外向，沟通能力相当强，她很快就和这个法国人建立了对话，两人聊得也十分愉快。我记得那位男老师带了个毽子，两人还在机场踢了一会儿，关系马上就非常融洽了。后来，贾思蕊介绍我跟这位男老师也认识了。我们乘坐同一班飞机到了法国以后，我们遇到了这件事情，这位老师也知道。当时他告诉我：如果我们在法国遇到任何问题，有不顺利的地方，让我给他打电话，并留给我电话号码。他说他哥哥家就在机场附近，他可以提供尽可能的协助。

当时我觉得，能跟一位陌生人建立联系，让人家主动提出帮助，都是因为有我们的贾思蕊。由于她热情、外向的性格和她这么强的沟通能力，我们才会得到这样的帮助。尽管后来还是挺顺利的，我们也没给这位老师打电话，没有什么需要他协助的地方，但我还是觉得那次的经历的确是挺难忘的。我那时一共带了三位运动员，另外两位运动员还都是男孩，但性格都比较腼腆内向。反倒是贾思蕊，一路上既是开心果又非常独立，即使在出了国、语言不通的情况下，我都能感觉到她是非常独立的，没有很大依赖性。那时候我自己出国的经历还不多，我又带着他们三个人，反倒是贾思蕊给了我极大帮助。所以，这件事我觉得特别难忘。

问：您觉得贾思蕊是个什么样的人？您认为特殊奥林匹克运动给她带来了哪些显著变化？

曹总监：我觉得她是一名特别典型的代表，全过程揭示了特奥运动员如何在经历了特殊奥林匹克运动以后，成长为一名更加完善的人。贾思蕊曾跟我有过多次交谈，她小时候本来是在普通学校里面学习，但因为在普校里受到歧视，有人欺负她，包括老师对她的态度可能也不是那么积极向上的、友好的，在那样一个环境里，她肯定是比较自卑的。

说起现在的贾思蕊，我觉得她充分体现了特奥运动员身上的特点：首先她勇敢，其次她坚韧，而且她还非常热情、乐观，她身上具有这四个显著特点。其实，无论是对于特奥运动员，还是对于普通人，具备这四个优秀品质，对在生活中乐观面对任何挑战或逆境，都是非常有帮助的。我觉得她有这方面的潜力，正是因为特奥运动带给她机会，她的这些潜力能够比较好、比较早地被开发出来，最后成就了她。

问：对她访谈时，我曾问过她，你觉得你身上最大的优点是什么？她绕了很久后跟我说：我觉得我自信了，我阳光了。

曹总监：对，对，对，而且我觉得她超级自信，这是她的特点。您刚才问起我她是什么样的人，她确实还是一个特别自信的人。当然，没有人是完美的，有时候超级自信也会给她带来一些问题，这个也是有的。

问：您在特奥工作了十多年，请您简单谈一谈您对特殊奥林匹克运动的认识。

曹总监：我觉得像贾思蕊这样的一个个案，很好地反映了特殊奥林匹克运动对于社会的价值和意义。她从不自信到自信，从原来的不快乐到现在的快乐，从原来的有一些怯懦到后来经过训练和比赛获得认可，最后变得很勇敢。她在训练过程中经历过的所有艰苦，使她变得坚强、坚韧，最后才能得到比较好的成绩。所有这些都反映在贾思蕊身上了。这就是特奥运动对于个体的影响，以及对社会非常积极的、正向的影响。

在特奥的体系里面，我们一直说：每个人都不同，每个人都有差异性。我们不应该因为智障人士所谓的能力弱，就把他们当成这个社会里的“累赘”，当成这个世界上“不应该有的人”，我们都不应该这样讲。正是因为每个人有差异的存在，才让这个世界特别美好。

从智障人士身上，能看到我们自身的不足。当我们去歧视，当我们去冷漠

对待，当我们去边缘化、去排斥这些弱势群体的时候，展现的是人性的弱点。正是这些残障人士，让我们看到我们有这样的弱点。所以，我们要不断追求自身的完善。当每个人都去追求自身完善，整个社会肯定会变得越来越美好。这就是智障人士带给我们的一个深度的思考，以及特奥运动带给我们的一个深度的思考，最后让我们的社会更美好。

智障人士可以说是当今全球最大的一个残疾群体。按照世界卫生组织的估算，占世界人口的3%，大概有2亿左右是智力障碍人群。相比之下，智障人士在整个残障群体里面，也成为最被边缘化的一个社会群体，他们没有能力去争取应有的社会权利。所以，特殊奥林匹克运动的使命就是要为这些智障人士，无论是儿童，还是成年人，提供参加体育训练和竞赛的机会。让他们能够有表现的机会，在这个过程中不断获得自信，让大众能够感受到他们的快乐，让他们能够获得更多的友谊，让他们的体育技能得以提高，让他们的身体变得更加健康。这本身也都能够为社会带来特别好的影响，包括从个人的改善到家庭的改变。

所以，我觉得特奥运动确实是非常有价值的。在立足体育的同时，特奥运动也注重从健康教育和社区建设这些角度去解决智障人士所面临的诸多社会问题，比如他们的教育、就业、养老等等，这些都是特奥运动带领智障人士去发现去思考所面临的挑战，从而帮助他们也帮助我们自己，去完善我们的人生。这是特奥运动的社会意义和社会价值所在。

问：我们是不是可以这么认为：特殊奥林匹克运动不仅跨越了国家的疆域、种族，还跨越了人们的思想认识、跨越了很多理念的隔阂，它是一项非常伟大的事业。

曹总监：对，在特奥世界运动会上，是不会对奖牌数进行排名的，也不会在得到金牌的时候去升国旗。它就是跨越种族，跨越国家，跨越宗教的。它的价值非常明显地体现在比如说维护人的尊严，人生来都是有尊严的，而且人生来都是平等的；勇敢、坚毅、运动和快乐；整个社会的融合，包括参与在里面的每一个人，都能发挥自己倡导变革的领袖能力——这些都特别好地体现在特奥运动的发展中。

贾思蕊生活工作观察日记

观察时间：2018 年 11 月 6 日 7:00—23:00

观察地点：家里和办公室

观察者：常芙蓉，特殊奥林匹克组织（美国）北京代表处组织发展部项目专员

时　间	活动内容	备　　注
7:00	起床	
7:30—8:00	吃早饭	
8:00—9:00	乘坐公交车上班	有时候也会坐地铁
9:00—9:30	几乎每天都是第一个到办公室，先整理办公室，打开饮水机、打印机等设备，然后准备办公	
9:30—11:00	帮助同事打印所需文件	因为办公室的彩色打印机和扫描仪连接的是前台电脑，所以每天都要帮助办公室同事打印彩色文件、扫描文件
11:00—12:00	收发快递和文件	
12:00—13:00	午餐、休息	今天总裁来北京出差，大家一起吃水饺，每次都吃饺子，代表“团圆”的意思。休息时和同事聊天，讨论一些感兴趣的话题
13:30—15:00	整理文件、归档	每天都会有各部门和财务上的文件需要整理存档
15:00—16:30	去银行结算，交电话费	这些事情都是思蕊在处理，所以做起来得心应手
16:30—18:00	盘点公司物品，整理记录	办公室公用物品的使用和借还信息，需要记录物品清单
18:00—19:30	下班回家	今天没有和朋友约会
19:30—20:00	晚餐	边吃饭边聊天，讲讲一天的事情
20:00—21:00	和父母一起做运动，锻炼身体	一个好的运动员需要每天运动，保持身体健康
21:00—22:00	和家人一起看电视剧	讨论剧情还有人物
22:00—22:30	读书，锻炼语言表达能力	
23:00	休息，一天结束	

妈，我要为你拿奖牌

——何珊母女口述

何珊，女，1989年生，黑龙江省哈尔滨市人。独生子女。智力障碍二级。毕业于黑龙江省哈尔滨市特殊教育学校——燎原学校。现在温馨家园接受职业能力培训。

口述者：何珊、何珊母亲

访谈者、撰稿者：王育文、方楚瑜，黑龙江大学本科生

访谈时间：2017年10月7日、2017年12月22日

访谈地点：何家

好老师，带来暖阳天

问：很多家长都不愿意向别人讲述孩子过往的经历，觉得这是一道不愿揭开的伤疤，您怎么看？

何母：我们觉得没有什么，相反这对于珊珊和我们都是人生的经历和财富，我们乐观地面对一切困难，战胜别人觉得不可能〔战胜的阻碍〕。

我们从来不觉得比别人哪里矮一头，我们的孩子虽然在智力方面不能和别的孩子比，但我们的孩子单纯、孝顺、懂事。而且孩子心劲儿强，做什么事不会考虑得太复杂，就一个劲儿地想着怎么完成，怎么好好滑冰。

问：可以说一下何珊的出生经历吗？

何母：珊珊是1989年1月26号在平方区东轻医院生的。我怀着珊珊的时候，产检都很正常，要是检查出来有毛病，那就该那什么〔打胎了〕。刚生下来，医生、护士谁都看不出来孩子有什么问题。

我们那个年代产检技术也挺落后，不像现在做什么B超、三维，一下就检查出来了。孩子刚生出来，看着也挺正常，就是喝奶的时候，奶老从鼻子里漏

出来。等到孩子正常发育的时候，就是孩子该说话说话了，该走路走路啦，她比别的孩子稍晚。

有那么一次，稍微大一点了，大概两三岁，我们去队医[①]那检查身体，有个老医生说，我感觉你家孩子有点毛病，你应该去领她检查检查。到妇幼保健医院一个老大夫那儿，他检查，就说这个有点，就是智力低下。那时候才知道，要不我还不知道！腭裂也是在妇幼保健医院里检查出来的，医生建议孩子稍大点再做手术，五六岁的时候，去解放军二一一医院手术，治好了。

问：家里得知孩子情况后的状态怎么样？

何母：我们家里那跟天塌下来一样，怎么可能呢？我们以及双方父母都很正常。医生说你家孩子这个病，根本就治不了的。因为这是脑袋里的病，也不用让我们浪费那个钱，根本没有任何作用，反正就是看她〔的智力〕能发展到什么程度吧。现在珊珊的智力水平可能也就是七八岁孩子的样子，可能连这个都达不到，而且她完全没有数学的概念，算不清楚数，你比如说，出去买东西别人说给多少钱，她就给。像买 5 块钱东西，掏 10 块钱找 5 块钱，这种还勉强能行，但是涉及找几毛钱这种，就完全不行了。

问：何珊的学习经历是怎样的？

何母：她上的是私人幼儿园。那个时候，我们公立的幼儿园都去不了，因为珊珊说话不是那么太整巴[②]，所以呢，一想，干脆也别去了。这附近有一个个人家成立的幼儿园，属于私企幼儿园。

珊珊那时候吧，去平房区新疆一校，在正常学校一直上到五年级。我真是感谢她的班主任宋老师，她那会儿也刚刚从师范学校毕业，我们最感谢的是老师能接纳她。

---

① 当地人对社区医院的称呼。

② 东北方言，完整。

那个时候不认识老师，我就跟老师讲了我家孩子的具体情况，宋老师说："没事，跟着上吧。"但是学习吧，这样的孩子指定是跟不上的。我就和老师一起告诉同学们："不要欺负她，要跟她团结在一起，好好玩就行。"我们觉得挺好的，最起码这些同学都跟她玩。一个星期总有班会什么的，老师总说都不许欺负何珊，大家都要跟她在一起玩，因此同学们都跟她挺好。上体育课有跳绳的，跳皮筋什么的，从来不说给她自己搁到一边，孤立她。这都跟宋老师有关系。我真的非常感谢老师照顾她，才让珊珊的小学过得跟正常孩子一样。

我们家珊珊吧，就这一点好，不像其他孩子，说上哪儿害怕，像什么人多的地方，不敢说话啥的，她不害怕。可能也是那个时候在小学和其他同学玩到一块了，估计是有关系。遇到宋老师非常重要，最起码，什么活动都让她参加。

但是要真听课，就跟鸭子听雷声似的，根本就不行。正常孩子的学校进度多快啊，她根本就不会。只要有正常孩子的地方，就避免不了被歧视、被刁难，因此就怕有的老师讨厌、歧视啥的，或者你家孩子不行，你就赶紧走，别在这边上学。也有小孩说："老师，我想给你提一个问题，我们学习不好，你为什么要批评我？何珊学习不好，那你咋不批评她呢？"这也是后来老师跟我们说的。

那时候珊珊可乐观了，她很少被欺负、被歧视，所以没感觉自己比人家低一等什么的。她自己还挺愿去学校的。宋老师人真的很好，珊珊就从一年级到五年级一直跟下来了。

等她小学五年级毕业，老师大概意思就是，到了中学，你家孩子保准不能去。为啥？就是学校让你们去了，你们也不能去。因为孩子大了，就有思想了。小的时候吧，你看他挺老实的，等到初中的时候，他保证要欺负〔珊珊〕的，所以你得找一个专门学校，就是专门为弱势群体开办的学校。咱平房区这边有，但是少，她说市里那边肯定有，你就去找一找，这个保证能找到。

我一想，老师说的也有道理。但是那个年代，对于这种学校的介绍，电视广播里还是比较少。她老师就告诉我一个电话，是咱们哈尔滨电视台的一个综艺节目。接电话的老师告诉我说，咱们哈尔滨有这么个学校，你等我一天两天的，我给你打听一下，然后留了我的电话和我的姓名。结果打听到了，这个老师告诉我是启迪学校。启迪学校吧，离我家反正也不近，校舍也不太好，我也就没太想着让珊珊去上。

后来这个老师又打来电话说："我再给你打一打听，我记得南岗那边还有个这么样的学校。"这所学校就是燎原学校，他告诉了我电话号码。完了，我就去了。这所学校还挺好，就选择了这所学校，珊珊就一直在那上学。

珊珊在燎原学校上学，是从小学开始的。她上的〔燎原学校〕有一到九年级，九年级以上是职高，也属燎原学校，专门教学生做面点，非常有特色的一所学校。上普通学校的时候，都是我们自己花钱，上燎原学校也是自己花钱去的。那个时候就是两个人上班，她爸上班，我上班，两个人挣钱都给她花，基本上我们不买啥，两个人全心全意地去供她读书上学。那个时候大家的家庭条件也都是一般，我们的家庭也一样。每天都是我们接送，不是我就是她爸。相对来说，珊珊在新疆一校上学的时候就很方便，走一走就可以，可近了，只是十分八分钟的。

妈妈患病，女儿迅速成长

问：珊珊，您觉得自己性格随谁？

何珊：性格像妈妈，还是像妈妈多。

问：在您印象中，爸爸是怎样的？爸爸带您出去玩过吗？

何珊：小时候带出去过。俺俩去年还上过动物园；还有儿童公园，在南岗那边。我爸爸个高，挺高（用手比画自己只到父亲的肩膀处），差不多一米七高，头发也全白了。我平时喜欢跟爸爸一块干活儿啥的。完了，爸爸到现在还领我出去玩。在家我喜欢跟爸爸一块看电视，以前爸爸还能抱一抱我，现在可抱不动了，现在我太沉了（笑）。我爸爸快退休了。

问：爸爸对您严格吗？

何珊：爸爸好严，从小就打，不好好学习就打。

爸爸忙，基本从早忙到晚的。周末一般在家休息。以前上小学的时候爸爸还接过我。跟爸爸挺亲，但是贴心话跟妈妈说得更多。

问：平时家人照顾何珊的时候多吗，是父亲还是母亲多？

何母：平时是我照顾珊珊更多，她爸爸工作也比较忙，他需要承担我们一家人的开支。

问：什么时候发现何珊可以自己处理很多事情？

何母：珊珊正式开始能洗衣服、做饭、买东西、干重活儿是在 2015 年。这就又要提一件事，2015 年，家里发生了天大的事，我在医院查出来得了乳腺癌，至今一说这件事我就激动。

我有病了，啥都不能做了，这才知道孩子会干活，原先根本啥都不用她

干。那时候做完手术不能动，化疗需要埋针，从这儿（用手指着自己的手臂）静脉进去，一直横贯胸口，所以我两手根本动不了。

我是2015年4月20号手术的，现在两年多一点。手术完之后，整整一年，光化疗就化了八个疗程，整个一年就没有好。洗衣服、做饭、收拾屋子、买菜全是她，一下子就懂事了。别人没说嘛，我为啥那么乐观呢？都是她支持我。她也说："妈妈，没有关系。你不能干，我帮你干，家里的活我全都干。"

我做梦都没想到她会给我做饭，什么烧水，那更不用提了，我家那个壶还沉。我起夜的时候，说："珊珊，我想去卫生间。"她马上就醒了，给我扶起来去的。

那一阶段，对她也是一种锻炼。从此以后，啥活都不用我干了，都是她干。什么事都不用费心费力地学了，自然而然就锻炼出来了。

就是遇到这件事，我才知道这孩子自理能力什么的都行。对，一下子就长大了！连老师都感觉非常惊讶。珊珊对我那是体贴入微，很怕我累着啊。我干啥的，她总是很关心。虽然智力上达不到，但是我觉得她自己的心里面已经很成熟了。得病的是我，但是珊珊总是鼓励我。

虽然2015年一年，孩子都没再去训练，但是2016年那一年，孩子心里就憋着一股劲儿，孩子虽然嘴上没说，但是训练得特别认真。

这次获得世界特奥奖牌之后，孩子才跟我说的。她说："当时心里想，妈妈，我一定好好滑，我要实现我的目标，我成绩更好，努力得金牌，让妈妈开心，我好好滑，我妈妈就好得更快些。"那时候孩子已经有了梦想，有了努力的目标。她得了金牌之后吧，真就像她心里想的一样，我就康复得特别快，我觉着我现在能恢复得这样好，我家珊珊给了我很大的动力吧！

特奥会，人生新篇章

问：何珊是从什么时候开始接触特奥的？

何母：珊珊大概在2008年左右开始接触到特奥会，首次参加全国性的特奥会比赛是2008年。在杨炎老师的带领下，珊珊在西安参加了轮滑比赛，获得了三枚金牌，有500米、100米和1 000米，当时姚楠老师还是评委。2008年从西安回来，在长春参加花样滑冰。2010年在哈尔滨参加全国性比赛，有沈阳各地的运动员。之后再没有参加什么比赛，然后就是2017年的比赛。参加了这么多项目的比赛，相比之下珊珊更喜欢滑冰。

珊珊轮滑、速滑、花样滑冰都可以，就是速滑还没参加过比赛，轮滑和花样滑冰参加过比赛，并且拿到名次。珊珊几乎每次比赛都拿到奖牌，2017 年去奥地利比赛，在北京还开了个动员大会，来了很多名人给他们加油。

何珊：刘媛媛，歌唱家。还有是谁来着？《跨界冰雪王》的主持人，张国立，还有一个奥运冠军高敏。

何母：他们在王本赫教练的带领下，跟来自法国、德国等 126 个国家的运动员比赛，最后拿到了个人花样金牌。我们觉得，趁现在孩子还年轻，体力跟得上，让孩子多参加点比赛，多拿几块奖牌！一切以孩子开心为主，让孩子多锻炼锻炼，我们付出多少都值得！

问：何珊更擅长轮滑、速滑还是花样滑冰？

何珊：滑冰更有意思！滑起来更畅快。我曾经拿到过长春双人滑冰银牌、个人滑冰铜牌。2010 年哈尔滨花样滑冰的个人金牌。

问：参加 2017 年国际特奥会，那时候心情是怎么样的？

何母：她是过后才告诉我的，说那时候在心里就是憋着一股劲儿。她说：“妈妈，虽然你有病了，但是我一定要好好滑冰，让你放心。”这是她之后告诉我的。

这不是今年 3 月的时候去奥地利嘛，花样滑冰得到了冠军嘛。临出发的时候，珊珊在北京，我俩就视频，她告诉我：“妈妈，你好好的，乖乖的，在家听话啊。”珊珊还告诉我：“妈妈，你就放心吧，那个比赛，我保证好好滑。”我说行，我说你只要自己照顾好自己就行，不用担心我。她说行。结果那天花样滑冰得到冠军，我一宿都没睡着觉，因为她的成绩是当天〔北京〕时间凌晨两点出来的。

每回我都不睡觉，因为啥？就是一觉睡醒了，便在这儿等着那头的消息。那时候，老师说了，最好不要赛前联系孩子，怕影响她成绩啥的；所以我们这些家长都不联系孩子，天天半夜在家里等成绩发布。每天大约半夜两点钟吧，老师就发图片了，或什么的，有啥消息就跟我们说。她那天是 20 号，整个比赛的第二天，她成绩就出来了，第一名。当时我还不相信呢，我寻思我再看一看，可别是看花了。（笑）再看，何珊的成绩还是第一名，这我才相信。我赶紧喊她爸，我说你姑娘得第一了。何珊爸爸说，真的吗？这一看是第一，她爸也不睡了。

问：比赛的时候有压力吗？

何母：咱的孩子，她没压力，她自己回来跟我说：“妈妈，我一点压力都

没有。”她跟我说，平时训练的孩子多，就像咱们那个大操场，人特别多，你挤我，我挤你的。她比赛时，这一个操场就她自己，整个操场都属于她。她自己回来跟我说，特别享受，老嗨了。

比赛前，教练告诉他们，就把比赛场地当作自己的训练场，放轻松，别想比赛的事。这让她比较放松，没有压力，所以她能够正常发挥，比她平时训练的成绩还要好。真正比赛开始的时候，就珊珊自己。音乐一响起来，她就按照她原先训练的动作滑。老师回来的时候，我听老师说，孩子挺不容易的，她那个项目的比赛，每一场比赛都是八个孩子，而且比了三天，孩子都是来自不同的国家。每次比赛都是一段一段的，有什么选拔的。这我都不懂，都听她说的，她比了三天，一次次地选拔。

珊珊回来跟我学，这次比赛完，等成绩，一会教练过来，那可高兴了，就说何珊花样滑冰是第一名，珊珊都觉得自己听错了，还说：“老师，是真的么！真的是我么！别看错了吧！”

王本赫老师也特别自豪特别开心，还跟珊珊说，再比赛，再带你上赛场！珊珊很乖，训练也上心认真，老师非常喜欢她。有时候生病了，不去训练，老师比我们还着急。

问：最近印象比较深刻的比赛是哪一次，可以说说吗？

何珊：2017 年 10 月末在四川成都参加比赛，我们那王教练带我们去的。一起去的朋友还有韩旭，韩是韩国的韩。

问：您是几月几号去的？

何珊：10 月 25 号。

问：这次参加哪些项目啊？

何珊：有六个项目，有 500 米，还有 300 米，还有 100 米，2×2 接力，还有 2×1 的接力，还有 4×1 的接力，我拿了四块金牌。500 米金牌，300 米拿的是铜牌，100 米拿的是金牌，2×2 是金牌，2×1 是银牌，4×1 是金牌。四个人参加接力，有王征、韩旭，还有李洋洋，还有李伊利、潘琳。一共去了六天，坐飞机去到那里，有人接到宾馆。第二天就比赛。

冰刀上的梦，缘来是你

问：是在这个学校里接触滑冰的吗？

何母：姚楠教练当时在燎原学校是老师，学校好多孩子都上冰上课。她们刚开始学的是旱冰，带两个轱辘的那种。后来冬天在操场上浇了冰场，进行冰上训练。她在学校训练咱不知道，咱也不跟着她，她自己形容刚开始滑冰跟下饺子似的，就是噼里啪啦、叽里咕噜地拽[①]。后来去了会展中心〔的训练场〕。

孩子不会系鞋带，姚老师就从系鞋带开始教。咱们不像人家刚开始就是在冰上滑，咱第一个任务先会穿鞋，会系鞋带。冰刀的鞋带本来就很难系，她得学会。开始时，姚老师得帮孩子系鞋带，孩子不会，家长咱也不能说天天跟着孩子，一切都指望着姚老师。老师系完，教她们怎么系。然后帽子怎么戴、护具怎么穿、护腕跟护膝怎么穿，所有的都这样，一点一点地慢慢教。姚老师可有耐心了，他们孩子都说老师就像妈妈似的。

从这一点点开始，珊珊慢慢地把这些都学会了，把自己保护起来。老师也怕孩子他们拽啊。这些会了，才开始学滑冰。都这样的，要不说咱这孩子滑冰不容易啊。

问：什么时候正式接触滑冰训练？

何珊：你要是说专业训练，那是十年前的事情了，是姚老师推荐去省队的，都是姚老师一手一脚地带出来的。王本赫教练是从去年开始来领着他们滑的。

问：平时去训练的时候，一天要怎么安排？

何母：咱离滑冰的地方比较远，平时坐 338 路公交车。在植物园站点下车，再要倒下 209 路公交车，才到会展中心。有时候你要碰见堵车，等我们去了，人家都解散了。尤其冬天来回，碰到有大雪什么的，等我们到了那边，有时候只能滑十分钟，有时候不能滑。老师说，唉呀！我们都解散了。所以，我们一般都是提前两个小时从家里出发。

平时在会展中心集训都是白天，它冰场是有时间段的，假说十二点的冰嘛，我们划到一点，一般都是滑一个小时或两个小时。有时候集训是四点多钟滑冰，还有半夜滑冰的，半夜滑冰的时候我们怎么办？只能早点去，八点坐末班公交车回来。剩余的时间没车，我们就打车回来。

我俩就始终这么坚持，不管刮风、下雨，还是下雹子，我俩也是这么一直坚持。

---

① 东北方言，摔倒。

直面现状，迷途未来

问：何珊对未来的生活有什么打算么？

何母：目前还没有什么其他打算，就想着能好好滑冰就行，想得太远费心，而且也没什么用。我们就活在当下，认真地过好我们的每一天，谁管明天咋样。只要我们一家人今天开开心心就行。我们感觉生活挺有奔头的。我们每天的生活都挺有规律的。目前珊珊还没有工作，还属于省队，算是运动员吧，以后怎么办，我们也还暂时不做考虑，我们想现在她的任务就是练好滑冰，把她的轮滑和花样滑冰练好。

咱们的孩子单纯，我们也对她没什么过高的要求，就想她乐乐呵呵地过每一天，让她的每一天过得舒心顺畅，看见孩子笑，我们就觉得今天的生活很不错，没有说想干这想干那的，没有什么太多的想法，我们一家就生活得这么简单。

但是吧，我们也考虑过我们老了以后怎么办，这个问题我们倒总是在想，又不敢太往远想，费脑筋又伤神。你说将来我们做父母的老了，她该怎么办呢？我和她爸爸我俩经常想啊，但是也没办法，总得有个希望。

问：能冒昧问一下何珊有考虑过婚姻问题么？

何母：说是没考虑过也是不可能的，但是吧，现实的生活就摆在眼前，你说像咱这样的孩子找正常的人家，人家接受不了咱们孩子，你要说找同样的智力障碍的孩子，将来两个人生活又是个问题。所以说，现在这个个人问题，我们真的暂时不做考虑，就现在每天快快乐乐地把今天过好，以后的事，以后再说吧。

问：你们现在最大愿望是什么？

何母：我们现在最大愿望，就是有个类似温馨家园这样的托养机构来照顾孩子的后半生，其实人这后半生才是重要的。四十岁以后到老年这个阶段，才是真正需要人照顾操心的时候。温馨家园只能照顾孩子到四十岁，四十岁以后是不能继续在那里待着的。如果真的有这样的地方，我们说不好听的话，死了也能闭上眼睛了。

正常的养老院，我们的孩子还不能去，因为也会有人欺负她、歧视她。就现在我们同龄人聊天，人家还是会说你们家孩子智力有问题，还是会瞧不起我们，歧视现象还是非常严重的，咱们不容易被别人容纳。咱们的孩子很难，或者说基本上不可能融入正常的社会群体。虽然这种话听多了，我们心上不在意，但是我们会担心孩子，只有跟类似的人群养在一起，才能避免被欺负，能生活得好。

我们这些家长总是聚在一起聊天，谈我们的想法，这始终是我们的梦想，人不得有梦想么，现在不都说中国梦么？咱这小家庭也有它的梦想，我们最大的梦想：不求我们能得到什么，只希望将来能有个好的机构能容纳他们——这一群特殊的人。

刻苦的孩子——王本赫教练口述

口述者：王本赫

访谈者、撰稿者：王育文、方楚瑜，黑龙江大学本科生

访谈时间：2019年4月24日

访谈地点：黑龙江省哈尔滨市飞扬冰上运动中心

问：是什么契机让您从事特奥教练这份特殊的职业？

王教练：我们领导就是带特奥运动员训练的，就是姚楠，你们知不知道？领导把我介绍到这个领域，我毕业以后就来咱们单位，通过她，我慢慢接触到指导特殊孩子们练习滑冰这一块工作。

问：您大概是从什么时候开始带这些孩子的？

王教练：我大概是从2015年开始带这些孩子的。之前来训练的人能再多一些，现在有个二十人左右。在我这儿训练，主要就是两种孩子：一个自闭症的，轻度自闭症的孩子；还有智力这一块儿有问题的。其实没什么太大的区别，自闭症的孩子智商可能还行，比像唐氏综合征的孩子智力要高一点儿，对训练内容熟悉、理解得可能更快一些。平时带智力障碍的孩子训练，其实有耐心就行，主要就是耐心地训练，我没有什么特别好的办法，尤其像滑冰这个东西就是在于练。

问：您带这些孩子，感觉跟普通孩子相比有哪些不一样？

王教练：不说别的，首先在难度这方面肯定是比别的孩子要大得不是一点半点。他们智力跟健全的孩子比差别可大了，比如说你跟他说一些动作方面的东西，你给他讲，他很难理解明白，你只能一遍又一遍地跟他说。有的孩子，你跟他说了，你再问他，当时他会跟你说“我明白了！”其实他是根本就没弄明白，他还是跟你说他明白了。可能他们在逻辑思维或者理解能力这方面差一点。

不过，情感方面其实跟正常孩子一样的，并且还比正常孩子要好得更多。他们情商其实挺高的，比如我感觉他们比别的孩子都要更懂礼貌，可能比健全的孩子都要好。你看如果你手里拿个东西不方便，他们就赶紧过来帮你拿这东

西。再比方说你训练时候拿点什么东西，他下课，他就给你收起来了。对他们来说，情商这一块没什么问题的。

问：可以谈谈您对何珊这个孩子的印象吗？

王教练：何珊是我比较晚接触的一个孩子。我2015年刚开始带队的时候，她还没有来，她之前的事情，我不是很了解。后来她来了，我就带着她练习花样滑冰。这个孩子就是比较内向，不怎么愿意说话，我觉得可能跟她语言表达能力有关系。她可能稍微有点障碍，说话说得不是很清楚，所以她可能不太愿意与人沟通。她不像别的孩子，虽然智力有问题，但是特别愿意说，她是比较偏内向的。但是这个孩子听话懂事，理解能力也比较强。我带她出去比赛，她自理能力这块也比较强。而且这个孩子特别刻苦，比方说你教她的一个动作她做不出来，别的孩子可能是练一会就休息，不能一直练习，她就会自己在那块，一直默默练习，也就是说孩子真的挺好的，挺刻苦的一个孩子。

问：您现在跟何珊语言交流上已经没有障碍了吗？

王教练：对，我现在能听懂，所以也比较愿意跟她聊聊。你要问她什么的都还行，正常沟通都没有问题，比如说训练完累不累，或者哪块现在弄没弄明白。就是不懂的，要她问老师，她也会问，但是得你主动去跟她沟通交流，因为这个孩子比较内向嘛，一般不太愿意主动地去问老师自己还没有理解的地方。

问：您这么多年带着这些孩子，您感觉对您最大的收获是什么？

王教练：肯定跟普通运动和普通教练的收获，不一样些。我觉得带这些孩子，最大的收获就是能给你带来很大快乐，能忘掉生活中很多不快。因为他们真的是比较天真，很单纯很单纯，能给你带来非常不一样的体验。还有你在教他们和训练的时候，能把你的性格磨得比较好。就是可能你性格是比较容易着急的，但是等你接触这帮孩子以后，你得不厌其烦地一遍遍去教，这个过程就会把你的性格磨练得特别有耐心。这是个比较特殊的行业，如果没有一定的耐心，你是绝对从事不了的。你说一遍到三遍，正常的孩子就可以做出来；但是带这样的运动员，每一个动作，你跟她说十次甚至二十次以上，可能她还是做不出来，所以就必须十分有耐心。

问：能讲下您对特奥会的印象吗？

王教练：全国特奥会我参加过一次，就是2015年，它是四年一次的比赛，今年的还没有比。国际的，我也带队出去过一次，就是何珊他们2017年那一次。之前都是姚楠老师带的，她经验比较多一些。像这种大赛，都是四年一次的。今年7、8月，会在天津举办全国特奥比赛。全国小型比赛，年年都有。

问：2017年奥地利世界冬季特奥运动会，在训练的时候有什么特别的困难吗？

王教练：上次比的是花样滑冰比赛。花样滑冰，需要的是编排。就是说在一分半钟，运动员要完成规定的动作，有些动作对他们来说难度很大。他们要跟着音乐，比方说在这个音乐点要求完成这个动作，音乐停，所有动作都要结束，一个动作接着一个动作去完成，整套下来对他们来说挑战确实很大，但是经过他们自己的刻苦训练，完成得还是都比较不错的。

问：2017年是您第一次带队参加世界特奥比赛，有什么感觉？

王教练：跟全国比赛的性质不一样，规模什么都不一样。当时我看到什么都感觉靠谱，比赛场馆感觉就是特别好。其实咱们国内也有那样的场馆。

问：您去参加的时候，跟其他国家的教练有没有交流？

王教练：关于带这些孩子的心得或者体会之类的？没有，就跟中国香港的有点交流。因为我是第一次带他们出去比赛，有很多不懂的，关于规则什么都不是很了解，我就跟他聊一些关于比赛的。他带了很多次花样滑冰赛，带了特奥运动员很长时间，经验也比较丰富。有什么不懂的，我就会问他。语言上，我们沟通也没有障碍。

问：您对世界特奥会还有什么建议吗？

王教练：我觉得还是得多一些像这样往外走的机会，让孩子们训练后都能出去看看。我的想法是有更多的机会带着这些孩子参加比赛，国际上和社会上可以多组织一些针对特殊孩子的体育赛事。因为在这种比赛中，他们的能力会得到提高，自理能力也有很大的提高。孩子每次出去比完赛回来，家长都会说孩子比之前有了点变化，所以我想给他们多一些走出去、展现自我、锻炼自己的好机会。

问：您有什么想对何珊说的吗？

王教练：老师相信你还有很大潜力，继续加油，一定会取得更大的进步！

何珊生活观察日记

观察时间：2017 年 12 月 22 日 6:00—18:00

观察地点：哈尔滨市南岗区学府三道街 16 号温馨家园

观察者、撰稿者：方楚瑜、王育文，黑龙江大学本科生

时　间	活动内容	备　注
6:00	在宿舍中醒来，玩了一会儿手机，宿舍其他人还没醒，等大家醒来后再去洗漱穿衣。	
7:00—7:30	等好朋友一起去花厅的食堂吃早饭，再等观察者和妈妈到来。	
7:30—9:00	在自由时间里，和好朋友在花厅打乒乓球。老师和观察者聊天说："何珊，她打得很好，学得也快。"半个小时后，回到教室准备上课，同时教室里在用投影仪放映电影，有些同学心不在焉。何珊在玩时下很大众化的游戏——消消乐，她玩到了 148 关，观察者好奇地看了一下，并感叹她玩的关数多。她的朋友说都是她玩的，又有别的同学说他也玩了。男同学在值日，听老师介绍大家是轮流值日。	
9:10—11:20	上课时间，观察者没有在教室内观察，随着教师参观了温馨家园的教学活动、生活设施。	
11:30—12:30	听温馨家园教师说，这时候是饭点，温馨家园的学生都会去食堂吃饭。	可能由于此时饭堂人数较多，以及考虑到各种原因，教师没有带观察者近距离参观。
12:30—13:30	午休时间，学生都被要求回到宿舍，不允许逗留在别处。	
13:45—16:00	上课时间	以活动课为主
16:00—17:00	从教室回宿舍，看《武媚娘传奇》或者玩手机。	
17:00—18:00	吃晚饭	
18:00 以后	晚饭结束后回寝室自由活动	

在爱的浇灌下成长

——李百明母女口述

李百明，女，1994 年生，黑龙江省佳木斯市人。独生子女。智力障碍一级。毕业于黑龙江省哈尔滨市特殊教育学校——燎原学校。目前参与特奥活动。

口述者：李百明母亲、李百明
采访者、撰稿者：邵韵霏，黑龙江大学本科生
访谈时间：2017 年 10 月 22 日、2018 年 5 月 4 日
访谈地点：黑龙江省哈尔滨市黑龙江大学家属区咖啡店

平静生活中的晴天霹雳

问：您和您爱人是怎么认识的啊?

李母：（笑）这个怎么说啊！反正就是，我不是在医院工作嘛，他是我护理的病人。他是在佳木斯的公安局工作，我当时是在佳木斯第二人民医院做护士。因为工作原因，经常见面，互相接触后都感觉还不错，挺喜欢的。我们俩也算是自由恋爱结婚吧。1991 年或 1992 年的时候，我和百明她爸爸就结婚了，1994 年怀孕了，有了百明。

这么多年，我和我丈夫就一个孩子，就百明自己。1994 年生的她，当时是顺产，可顺利了，也没有其他的异常，家里人都特别开心。出生的时候看着特别健康，没和别的小孩有什么不一样。现在想想可能是面容什么的还没长开。百明她爸爸对孩子可小心了，一出生就跟宝儿一样护着，她爸爸是当警察的，工作原因和经历让他的性格挺大男人的，但是对百明就可细心了，什么都得操心。

我们真的对这个结果太意外了，本来产检时各项指标都正常啊，而且我本身在医院工作，怀孕的时候也挺注意哪些禁忌啊、相关事项啊，也没什么事，也不知道怎么就成这样了。我们也没别的办法了，只能接受，然后尽力让她向正常孩子靠拢，我们也想让她以后能照顾自己，不让我们为她担心，我们也有老了干不动的一天啊！

问：您是怎么发现孩子这个情况的呢？

李母：孩子小时候有一次感冒了，大概七八个月大吧，我们就是大半夜带她上我们单位医院看病。儿科大夫和我说，觉得不对劲，很可能是唐氏综合征。唐氏综合征不是有特殊面容嘛，好像叫国际脸谱。我和百明她爸就带着她在医院做了一次 DNA 检测，当时化验流程也不太复杂，就给她抽了一个血，做了一下化验，然后回去等结果。这才确诊了，我们等结果的时候应该说就已经预感到了，但是内心还是期望结果是好的。可是既然已经这样了，也没什么别的办法。

问：这是因为生病引起，还是家里上一代有这种情况？

李母：检查出来结果就是先天的疾病，不知道为什么，我和我爱人双方家里都没有这种情况，也不知道她为什么有。当时对我们的打击还挺大的。一周岁之前是我和她爸带的。后来我就上班了，爷爷奶奶带。家里人都觉得不可能，然后又上了趟北京去看了一次。一开始还是不愿意接受这个病情。反正家里人心里还是有点不舒服吧，活蹦乱跳的一个小孩就这样了，肯定心里有点不舒服。

问：她小时候您有没有注意到和别的小孩有什么不同？

李母：像她们这种孩子吧，和别人小时候比，也没有什么天壤之别吧。这个东西是大脑上的差距，得一点点长大了才能看出来。我们家百明吧，就是开始说话的时候比正常孩子晚一点，就晚一点点。其他方面就像正常孩子一样，一岁多开始学走路，就是和正常孩子没有差很多。我们那个时候还觉得可能没有医生说得那么严重、那么吓人，还是存在侥幸心理吧。但是，越长越大，她智力方面越跟不上正常孩子。小时候差得不明显，越大的时候越明显，慢慢就和正常孩子拉开距离了。正常孩子能做的，她都做不了，直到最后可能定型了，停留在五六岁小孩的智商上面吧。

求医后接受现实

问：确诊之后，带她去进行过什么治疗吗？

李母：求医的地方是北京，带她去北京看病，医生都和我们说没什么办法嘛。反正就是觉得（叹气）……走之前是在佳木斯诊断的，就是说孩子有病了，我们还是不甘心吧，医生说就是心律不齐。后来我们上北京，去的儿童医院，反正还是抱着希望去的吧。但是到了之后，人家就看这种长相属于国际脸谱，一眼就能看出来，医生都说没有办法。医生当时还给做了测试，好像是听音乐。医生给孩子听的什么曲，或什么歌就能唱出来，通过那个看智商是几岁的。那根本就没有什么治疗方案。我们也用了一段时候的药，就是促进脑细胞生成的那些药。

问：她是先看出来的唐氏，还是先检查出来的心脏病？

李母：她有心脏问题，以前没发现心脏问题。可能不犯病咱不知道，也不知道得潜伏到多久。那次我们在三亚旅游，正玩着呢，她心脏就突然一下子犯病了，突然休克过去了，把我们还有爷爷奶奶都吓得不行。那次发病，我们才知道她心脏有问题。发病原因也不知道是什么，也弄不清楚，所以才带着她上北京找大医院，详细检查，然后做的手术。

她这个心脏病是先天性的，潜伏的，像她们这种孩子一般都是先天性的。你看看眼睛，她的视力也不太正常，就是白内障，还有散光和近视，她们身体都有很多不好的地方。医生说不能玩游戏，少玩一点比较好，就是听音乐，有时候也给她玩手机，和特奥的小朋友和老师视频啥的，也不至于真的和社会脱轨。

问：什么时候做的手术呢？

李母：她做手术的时候还很小，我记不太住了，大概是十一二岁。我们找的医院在北京，好像在阜外，不记得医院什么名字了，主治医生啥的都忘了，就记得在北京医院找的比较权威的主任。医生对这种孩子都特别温柔，特别和蔼，哄着问什么情况之类的。

她的手术医生说咱们这孩子先天性的病都会带着，一般都心脏不太好，可能是基因问题。他们很多孩子心脏有先天性的病啊缺陷啊，她是预激综合征，预激就是心脏心速特别快。

在北京，她被推进手术室之前，还和那个医生说——就是到手术室之前跟着检查处理的那个医生——爷爷你真帅，还说叔叔你真帅。还挺有意思呢！她小嘴可甜了，她那时候也不懂什么帅啊不帅的，就挺天真的。

问：后来是否还继续给她吃药？

李母：从去北京之后半年，就不再吃药了，也就吃了半年多的药。

反正听说得了唐氏综合征，还是觉得不甘心，还是想试一试。（思考）在北京市找了一个主任，看过一次，没看别的医生了，也没有必要了。她这个病都确诊了，不像那种疑难杂症需要多看几次。从北京回来之后，就基本上不看医生了。我们当时带她吃促进脑细胞发育的药，但是我觉得没什么用。我们吧，都觉得既然没有办法了，就自己努力呗。反正我是护士，他们亲戚也挺了解的。我和百明她爸爸开始带着她日常训练。我们觉得，药物如果没有用的话，训练更好点，让她尽量向正常孩子看齐。

当时想找培智学校，一开始听说在北京西城区有这种学校，那时候不知道哈尔滨也有，后来才听说，也是别人说的，哈尔滨这块有。那时候百明还太小呢，看了学校之后没下决心，就没给她送过来哈尔滨。完了又回家，上正常学校上了一年。然后再转头，又回到了哈尔滨。

为了教育搬至省城

问：她小时候喜欢玩什么游戏？

李母：我家百明从小就属于性格比较开朗的，我领她天天在儿童的游乐区玩蹦蹦床，她可喜欢玩蹦蹦床了，在上面跳啊，笑得老开心。她和别的小朋友一起玩，还有好几个好朋友，大家相处得都挺好的。我们家百明小时候还喜欢玩各种球，可能因为我爱人，百明爸爸之前是搞运动出身的，所以我家球比较多，经常是她爸爸带着她一起玩球。我们家从小就不太让她玩电子产品，长大一点，才开始接触手机什么的。

问：您孩子上过幼儿园吗？

李母：我们送她上过幼儿园，也上过正常的小学一年级。最开始是抱着让她和同龄孩子接触的想法，一起学习、游戏，可能智力发育也会好一点。我记得大概四五岁的时候，我们就决定送她上幼儿园了，上了两三年吧，然后上的小学。能让她有和同学一起学习生活的经历，我们觉得挺开心的，至少也经历过了。

学前班的时候吧，我印象挺深刻的。有一次，东北这边过年过节的时候，学校都是排一些歌舞、搞联欢会，整个班一起出节目、排练。但是百明她不是接受得慢嘛，大家一起跳集体舞，她学不会，挺慢的。后来，老师就让她去当指挥，站在最前面，穿不同的衣服，装模作样地当个小指挥，其实她自己也不懂啥指挥的东西，就瞎比画。上幼儿园的时候吧，就是她跟班里的小孩一块玩游戏、吃饭、睡午觉，和大家相处得都挺好的。人家小时候都看不出来她是特殊儿童，她那时候的智力相当于五六岁、六七岁的小孩子，小时候还没拉开学习上、生活上的距离，就是学东西慢了点。

她上完幼儿园，我和她爸就送她去上小学一年级了，在佳木斯铁路那里，忘了是三小还是二小了。就在她一年级的时候，学校里有高年级的学生，就是二三年级的欺负她。那个时候就能感觉到，各方面，无论是平常的行为啊，对知识和老师说的行为规范的接受程度，明显地和大家拉开距离了。小朋友对她好还是不好，她都不太懂。听说高年级的同学有人欺负她，还是别的同学告诉我的，她自己都不知道告诉我，还以为他们是和她玩。我们一听，这不行啊，才一年级就受欺负，以后越来越跟不上，欺负的人更多。总有老师照顾不到的地方。谁也不想让孩子受欺负，本来就这样了，更舍不得孩子吃苦。我们觉得不应该在正常学校里面念书了，该去哪就去哪，还可以接受帮扶教育，带着她锻炼啥的。加上佳木斯这时候特殊儿童的教育、学校的体系建立都不是很完善，她小时候连专门的学校都没有，是跟着聋哑儿童在一起教育的。打听到哈尔滨有这样一个机构，就全家人带她上哈尔滨上学了。

问：她在上小学的时候有没有特别喜欢的课？

李母：像他们智力障碍这类孩子吧，不管生理年纪多大，他们的理科吧，数学永远学不明白，就是学拼音也不学太难的。他们好像在学习上就是很吃力，不管学什么。在我家百明小时候，就感觉想学但是学不明白。现在她学语文还可以，就是读拼音、看绘本、念这些汉字什么的还可以，感觉还是有成果，基本的汉字认得还挺多。她自己也说数学啥的学不懂，语文听说读写能学懂，但是我感觉成果也不是太好。我们也不奢求让她真的能和正常孩子那样考学校，那不太可能，就是想让她有基本的知识，能正常生活起居。

问：上学的时候都是家长接送吗？

李母：对，我家百明小时候都是家长接送，她爸和我都接送过，就是怕出事，她小时候也不太会过马路啥的，一有车就挺害怕的。本来就和正常孩子不一样，更担心。

原来我们家在佳木斯铁路那边住，百明她就跟着旁边的小学上学。我们一开始老家亲戚都在佳木斯，爷爷奶奶长辈都是百明上学时候过来哈尔滨的。如果不是百明生病需要特殊学校，我们也不会过来的，毕竟家啊、我和百明她爸的工作都在佳木斯那边。小时候百明上学放学也都是爷爷奶奶照顾，我们白天去上班了，也是爷爷接送她上下学。

问：阿姨您是什么时候搬到哈尔滨的呀？百明几岁上的一年级啊？是正常七八岁呢，还是比正常孩子晚一些？

李母：她好像是九岁才来的哈尔滨。我记得大概就是八九岁上的一年级，没上多久就来哈尔滨上培智学校。本来我和她爸一开始也还想让她跟着上学，毕竟能跟上还是要努力，不想一开始就落下那么多，那以后跟着更难了。我们还是想让她跟着努努力，别和社会脱节。

问：是因为李百明要上培智学校，你们才搬来哈尔滨的吗？

李母：是这样的，我们就是为了让她上培智学校来的哈尔滨。

问：你们搬到哈尔滨，工作怎么办啊？

李母：我不是护士工作嘛，停薪留职了。她爸爸吧，一开始的时候，也是休病假。2002 年，他生病了，做肾切除手术，一个肾切除了。手术也是过来在哈尔滨这边大医院做的。这不是巧了，他还正好给百明在联系这边培智学校上学的事情，就以哈尔滨这边为主了。做完手术，我们就准备在哈尔滨住下了，毕竟以后还是得以孩子为重吧，当时就这么想的，百明也离不开人。他就没上班，我们一起照顾百明。

问：百明爸爸这些年在哈尔滨都做什么工作啊？

李母：也没做什么，就在这边陪着孩子吧。百明她爸在哈尔滨没有在工作，纯属养病。他那个病也不能做重活，恢复时期就得静养，所以没找工作。百明她爸身体一直不好，一直在喝中药呢。去年百明她爸身上长了一个瘤子，

也不小，怀疑是恶性肿瘤，医院也没有很好的治疗方案，我们现在也没有什么办法。找人打听说，在三亚那边有一个老中医，治这个病好像挺厉害，反正也是听别人说的，就这样子。反正每年都得去三亚那边过冬，就正好去那边找医生。

问：您停薪留职的时候，百明爸爸也在做手术，这段时间家里的开销会不会受到影响？

李母：还行吧，不至于捉襟见肘，还能生活下去。因为家里有挺多兄弟姐妹的，他们条件挺好的（思考），我们俩家里也有点积蓄，用的时候拿出来呗，攒钱不就是为了这时候嘛。反正对于我们来说，还是孩子重要嘛，当时家里就这个情况，也不能再怎么样了，还是得以家里为主，总不能把孩子放下。

问：您刚搬来哈尔滨的时候，就在哈尔滨买房子了吗？

李母：没有，之前一直是租房子。房子也是最近几年才买的，不记得啥时候了，反正没几年。刚来哈尔滨的时候是租的房子。那时候在公司街，南岗区几十号忘了，离哈站挺近，离公交车站也挺近。我们租的房子在他们学校附近，我和百明她爸爸事先都打听好了，就在学校附近租的房子。平常上下学，坐送子车去上学，送子车天天接送，类似于校车，还挺安全的。我们觉得，这么多年就这么过来了，挺好的。

在培智学校迈入新生活

问：您是怎么了解到燎原学校的呢？

李母：反正也是查的，各处打听，听别人说的。那时候，他们学校条件还可以，孩子住校。后来就是非典了，学校食堂什么的都撤了，不让孩子住校了，我们就走读了。

问：她和大家相处得怎么样？

李母：到了那里，都挺好的。也没有别的小朋友欺负她，都是一样的嘛，也能玩到一块去。他们这些孩子，包括所有的孩子，心地都特别好，和长辈相处得也都很好。

她在燎原学校的时候，有一个郑老师。她可喜欢那个老师了，觉得那个老师温柔。

问：燎原学校都是像百明这种情况吗？

李母：燎原学校都是类似于这种情况。学校专门收唐氏的孩子，再不就是自闭的，都是差不多智力的小朋友。一直上到职高毕业，一共九年。现在都不收学费了，以前好像收的也很少，一二年级收，忘了。后来有政策给她们，有补助，也是政府给的。她上这个学校，在上学这方面，没有太多的经济负担。

问：她在燎原学校上学的时候，是住校还是走读？

李母：走读。在哈尔滨上学的时候，家就搬过来了，不在学校住。

问：在学校里她们都学什么啊？

李母：学校里也学咱们正常小学的语文数学，一直到毕业，我看还是语文数学，他们学不明白；但是也教一些别的，就好比说，模拟上超市，或者是做手工作品；你在家里正常的生活技能，怎么洗衣服啊，怎么用洗衣机，怎么用电饭煲……让她最大可能地自理。

问：她在哪方面的学习比较吃力？

李母：数学，他们都是，一个是不会花钱，完了就是没有数字概念，概念怎么教也学不会，这相当于是一个短板。不过她和同学相处得都挺好。她现在属于正常毕业，基本的生活常识都没问题了，这个事我觉得是真的很欣慰，感谢培智学校。

问：对她来说，在学校学习，哪方面的提高比较大？

李母：我觉得还是自理这一块。学校还教怎么叠被、扫地，反正自理这一块，比在家教得还细，老师都可有耐心了。在家她自己弄几遍，弄不对的话，我就得跟她发火，在学校，老师就一遍一遍教，可有耐心了。

特奥会开启人生另一面

问：她是什么时候开始参加特奥会的？

李母：她参加得有十年了。

问：在接触特奥会之前，她喜欢体育吗？

李母：她不太喜欢。但是她爸爸喜欢滑冰，可能是有点受影响，我估计运动细胞还是有一点的。小时候，她爸爸就拿冰球杆子带着她去冰面上滑着玩，就好像雪橇那样的，那时候就开始熟悉冰面了，她可喜欢那么玩了。后来知道了特奥的事情，就让她参加了，我总觉得好像应该让她学点啥，不能成天这样。你说学东西吧，学语文数学也学不会，就练点别的。我爱人和我之前都对体育有点爱好，就对她从事体育挺支持的。

问：她是怎么参加特奥会的呢？

李母：他们学校有一个老师，叫刘立峰①，以前是速滑运动员。刘老师偶然听到有这种赛会，以前也不知道，她就组织孩子训练，百明也跟着学速滑。我知道时，她跟着学也就几个月，三个月左右。第一次参加一个比赛后，就一直跟着刘老师系统地练的。姚楠教练一直就是带特奥的，现在也带着他们训练什么的，带着他们出去比赛。现在跟刘老师还有联系。

问：她都参加过什么比赛项目啊？

李母：有轮滑，还有速滑，就是在冰上的速滑，还学过游泳。像前几天出去比赛，她的项目是一千米速滑，是距离最长的。女生里就她有一千米，还有接力。有时候她觉得挺累的，训练的时候自己说的。但是一比赛就挺激动的，努力去争第一。

问：平常训练多吗？

李母：平时训练，一周能训练个两三次的样子，由老师带他们去。现在她不上学了，就是专心训练。她训练的时候和在家时候的状态不一样。现在毕业了，在家的时候，她基本上就是 iPad 不离手，爱玩游戏。反正在家一说来训练，有点不愿意来，但是一来之后，她就挺兴奋的。

问：她学滑冰的接受度怎么样？一开始都有哪些方面不适应呢？

李母：他们学得会比较慢，慢是肯定的；平衡感也差很多；再一个缺点呢，就是胆小。他们不像咱们，咱们可能觉得给你都保护好了，或者是有护具，就敢去做一个动作。他们就是不放心，反正就是觉得，我在特别安全的情况下才敢去做那个动作；此外，她不敢做弯道，现在也不能压弯道。

问：她训练几年了？有没有不想训练了？

李母：她一开始是跟着老师学的，这么长时间也属于老队员了。平常也有不愿意去、耍脾气啥的，就是小孩心思。她觉得累了，今天就不想去了。平时表现要是好了，老师就会表扬她，说表现不错，她回来就和我们说，可开心了。小孩脸就是说变就变，可能不开心了，但是一转移注意力，都忘了，没有什么不开心能一直让他们记着。

问：假如说像今天这样天气情况特别不好，还要送她去训练，您有没有觉得负担增加了？

李母：我们觉得还好，我家平常车接车送，我自己开车不觉得辛苦。像其他队员，有的住在香坊那头，过来就得两小时，回家又得两小时。有时候他们

---

① 谐音。

在会展训练，还在体院那块。她也会有天气不好，不想过去训练的情况，就是孩子吧。他们倒没有厌倦情绪，只是可能有点犯懒，但是她会说我听你的，孩子听话，一般都听大人的，她不会特别抵触，说我今天不去了，或者要脾气。

问：他们的比赛怎么比？

李母：比赛都是世界性的，好像是两年一次，有冬季、夏季，然后咱们全国的也是两年一次。她轮滑就属于夏季运动会，速滑是冰上的，就属于冬季运动会。老师会带她去外地，就像这次去四川比赛，就是教练带着。

问：家长可以陪着一起去吗？

李母：一般的国内项目，家长都能陪着，当啦啦队。从第一次比赛开始，她一直参加比赛，不过前几年都没拿到金牌。国内有好多比赛，就是全国晋级赛，你看这次比赛，梅州就是全国特奥轮滑比赛。此前西安一次，福州一次，哈尔滨、长春也有比赛。不过我平时的时间观念特别差，我对数字不敏感。（笑）国内这些比赛，百明基本上都是当作玩，边玩边学的那种。

问：她第一次比赛是什么时候？得奖牌了吗？

李母：我记得百明第一次比赛没得金牌。第一次比赛，是上西安那次。具体位置什么的，我记不太清了，可能是 2008 年。第一次她不是正式队员，是候补队员，什么都是我们自费。她还不太会滑，刚学了不久，轮滑就会划直线。第一次参加比赛，还有转弯道，她都不会转弯，那次是我跟的第一次。

第一次参加比赛，得了一个第四名，给发了一条缎带。他们这个比赛，都会给奖励。除了金银铜牌之外，第四五六名，人家也给缎带，就是那种像飘带一样的，算是纪念。如果是团体比赛，他们几个参加比赛的队员都会上去领奖，给你一个纪念品。她那次特别激动，站在台上挥手，和我比姿势什么的，让我拍照。

问：她第一次参加国际赛事是什么时候？

李母：（思考）跟她去了一次美国，好几年前了，得了第三，铜牌。不过第一次上美国，她就得了一块奖牌，我挺激动的，记忆当中，整得眼泪差点要下来了，控制不住情绪。

问：这是她第一次拿奖牌，她第一次拿金牌是什么时候？

李母：今年是 2017 年。8 年以前，2009 年。你看，2001 年世界特奥会在美国举办，好像之前一直都是在美国。2003 年在爱尔兰的首都，2005 年在日本，2007 年在上海，2009 年在美国，2011 年在希腊。去年在哪来着？奥地利。奥地利拿的奖牌。

第一次得金牌还是在国外，她可开心了。吃西餐可兴奋了，都没待够。她挺喜欢出去旅游的，小孩子看什么都新鲜，再说美国真的挺好的。在她眼中，这也好那也好，什么都想摸一摸看一看。在路上就和我说："妈妈，好多外国人，他们都金头发的这样那样的。"外国的那些人对她也都挺友善的，她就想和人家交朋友、拥抱。

问：百明都参加过在哪儿召开的特奥会啊？

李母：美国、希腊、奥地利。2007 年以后百明开始参加世界特奥会。2011 年希腊，希腊之前去的美国。之后好几年都没去参加特奥会了。上海没去，日本也没有，爱尔兰都没有。太多了，真的记不清。我也没把这个当做太大的荣耀，只是希望她能在这里认识新朋友，见见世面，开阔眼界，看看国外什么样，就当旅游了。毕竟这个也只是她的爱好，不想逼着她一定要金牌啊，参加世界比赛什么的，没必要。

问：最近的一次比赛怎么样？

李母：最近一次是在四川的眉山①。还行，她得了三金两银。他们每个人参加五项，五项中有 500 米，有 1 000 米，还有一个 300 米，还有两项接力，R2×2 000 米，咱们黑龙江这些是强项。黑龙江的速滑、轮滑挺厉害的。前几天参加了一个采访，我还想给你们打电话了，就是他们上了两个小时的冰，然后《新晚报》采访，给他们照相、录像什么的。

问：她比完赛回来之后，会不会跟您讲一些比赛的事情呢？您有什么印象比较深的事情？

李母：会。他们现在一起练接力。前几天回来说接不好接力棒，总说没接上接力棒，这几天就接好了，老师表扬他们了。

现在她都是老队员了，整个流程可熟悉了。人家一叫号，这边等着上赛场，她可有礼貌了，或者举手，或者说自己是黑龙江李百明，她就和咱们电视里那些运动员出场一样。站领奖台上等着颁奖的时候，更是可有礼貌了。啥都可会做了，现在要不拿着金牌放嘴里，要不就摆各种 pose。（笑）

问：比赛成绩不如人意的时候，她会不会生气啊，发脾气什么的？

李母：她不发脾气，但是会比较难过。如果是没得着奖牌会跟你说的，过一会就好了。现在就无所谓了，重在参与就好了，不用特别非得争第一什么的。拿了金牌的时候，她特别开心，他们那帮孩子都是这样……唉呀！（笑）

---

① 四川省地级市。

有的都二十多岁了，三十来岁了，还像小孩子似的。

问：参加特奥会以后，她有什么明显变化吗？

李母：她参加特奥会之后，能觉得出变化。还是长大了一点，自理能力这方面都强了。以前感觉就是走到哪都得牵着，现在自己拎个箱子，跟老师也能走了。她爱说话了，和大家交流得都挺好，和大家接触得越来越多了。她反正性格挺好，没看过她发脾气，在家也有不高兴的时候，但是从来不是那种发大脾气的。

有这个组织，孩子都能参与进来，有共同话题。现在主要是参加比赛和训练呐。训练的这帮小朋友，有个微信群，平时也会交流。这个小朋友的团体，也有活动，好像是看过电影，或者是举行小型的运动会，趣味运动之类的。和这帮家长的话题也多了，交流的也挺多的，也挺好的。

问：您知道特奥会和残联的关系吗？

李母：知道，但不是特别清楚。残联，主要是有个领袖和残联之间进行沟通，像我们底下老百姓不太参与残联的活动，反正有什么活动告诉我们一下，我们参加就行。

问：您认为特奥活动有没有什么值得改进的地方？

李母：我觉得现在这个活动挺好的。

是冠军也是咿呀稚子

问：除了运动，她还有什么别的兴趣爱好吗？

李母：平常她在家会玩溜溜球，就是能自己弄起来的那种，还挺多花招的。她好像非常喜欢溜溜球，就爱弄这些东西。我和百明爸爸，我们两个人本身就挺爱运动的，平时没事的时候，三个人就一起出去运动。反正像他们这种孩子，你尽力把他们往上拽，他们就能进步。好比说他们智力本来就比正常人差一点点，有的家长啊，或者因为条件限制，也就送他们去特殊学校了，那孩子其实就毁了，她就停留在六七岁的基准线上，停在那了。你要尽量把她往正常里拉，如果你把她送到正常学校中，她虽然比正常孩子差点，但是不会差很多。

问：百明平时在家，你们是一起出去玩，还是就在家待着？

李母：我们要是出门就带着她，办什么事也带着，基本上就是跟着我们；要是没事的话，我们不出门，就在家待着。就像带着她跑步。七点多钟起床，

然后吃完饭，他爸看不清楚，她会擦擦地、扫扫地。唉呀！这些事还做得真挺好。家里的事，反正是她高兴了，就帮着干一干的。反正擦地是她的工作，必须是她的活儿。她还会做什么西红柿炒鸡蛋。她挺喜欢在家待着的，但是天好的时候，也喜欢出去散步。我们喜欢在家一起看电影啊，看动画片啊，挺好的现在，基本都定型了。

问：您有没有在家给她做一些训练，比如做些训练注意力的游戏？

李母：没系统做过训练，我主要就是带着她玩。她在学校学习，咱们回家就放松。我基本上就是带着她做运动。我家的玩具就是球、呼啦圈、跳绳、毽子什么的。她的玩具基本上都是体育类的，可以运动一下。嗯，我家也有特地买的平衡这些的玩具。穿珠子啊，都是在学校，他们就有这种训练。在北京的时候，主任提出的治疗办法，就是她学校那种，主要就是强化训练。本来孩子就不太会学习什么的，肯定会跟着练游戏，其实就是边玩边学，这个也没什么能强求的。有的时候就是串串珠子，然后数数，认认卡片，练习注意力和反应能力。她还挺喜欢和我们玩的，没听说过不喜欢玩。

问：平常三个人一起做点什么？

李母：我们家是挺注重平常活动的家庭，就是家里人都喜欢运动啊，游戏啊。身体不好就更该锻炼了。她爸爸平常打羽毛球练习体能，我俩男女双打配合得也不错，每天都喜欢玩。像我们晚上啊，有时间我们三个人就去打球，去打羽毛球。在佳木斯的时候，基本上也是天天都去打羽毛球，下午三点以后吧，我们就去金港湾那边，前面有一片球场，靠外滩那块，东边那一片，铺的是塑胶，那块挺好的。我们原先的房子，可以一直走到江沿，沿着江走，然后就能看到，那里运动的人挺多的。我们还去佳木斯一中，那里有一个羽毛球馆。还有钢厂，那边有挺多朋友约打双打。在哈尔滨的时候也出去，就我们小区前面也有一个球馆。现在我们东奔西跑的，就没时间了。要是总在这一个地方待着，就像去年办个卡，几乎天天都去。它那里还有健身的，有打球的，她就在那跑步玩，也跟着我们打打球。

问：她什么时候学会生活自理的，过程困难吗？

李母：也是教了就会，也正常。刷牙这些日常的，也是挺轻松的，一教就会。自从她可以自理那些生活起居，如洗漱、穿衣服以后，我们的生活就轻松了挺多。以前我们每天得给她穿衣服、洗脸，像伺候小孩似的，我们也挺累的。培智学校对于这方面的教育啊、练习啊，是比较专业的。可以说学会了这个就是帮我们大忙了，我们真的在这方面挺感谢培智学校的。她跟着特奥运动队出去训练之后，这方面的能力得到加强了，就是强化了。

问：亲戚朋友对她友好吗？她平时喜欢和谁在一起？

李母：亲戚朋友对她都挺照顾的，都挺好。她很喜欢去亲戚家串门。不过她就是黏着我和我妈妈，现在基本上在家里，当她像宠物似的惯着。至于邻居，平常和邻居不太交往。我们本来就是挺怕别人对她说三道四的，我们夫妻俩的性格没有那么外向，和邻居什么的都不太交往，也怕别人不喜欢她，伤害她的心灵。本身这种唐氏孩子的性格就像小孩一样，小孩有了负面的情绪就会记一辈子，不想让别人去伤害她对自己的认识。我们也不想听到她问我们“妈妈，他们为什么不喜欢我”这种话。我们做家长的都想给她避免了。至于朋友，她以前幼儿园、小学是有的，同学平常还有交往的，现在就碰面打招呼而已。

问：您和您爱人在教育孩子这方面，有没有什么分歧？

李母：现在我俩之间也没什么分歧，你说，像她这样呢，也不能说让她自己独立生活，长到多大，也不能独立，肯定就是跟我们在一起了。我们本身就喜欢运动，都愿意让她参加运动，所以就特别想让她参与进去。她现在打羽毛球打得还有点像回事儿，除了懒点不愿意跑（笑），她手上动作啥的，打的还挺好的。对于教育这方面，百明她爸还是挺认同我的，我们俩没有什么分歧，我挺满意现在的状况的，我俩也不太吵架什么的，生活就是最好的教育嘛。

爱之深，忧之切

问：有没有考虑她以后的婚姻问题？

李母：没有。你就是考虑了，也没用啊！结婚什么的，是不可能的事。她好像还不懂这方面，有时候逗她，跟她说给你找男朋友啊结婚啥的啊，她就说：“我还没长大，我还没工作呢，我得先找工作。”感觉还是小孩啥都不明白。他们这个情况，也没法和正常人结婚，就像养小孩似的。如果和同样的结婚，两个这种残障人士吧，我们做大人的肯定不放心啊，万一以后在家出点什么事，我们也很担心。

问：您有没有想过以后让她去参加工作？她自己有没有说过想工作？

李母：我们之前也开玩笑似的问过她：“百明呀，你以后有没有什么想要的工作呀，想不想挣钱呀？”她倒是有工作的想法。有时候挺天真可爱的，和

我们说工作啊挣钱啊，以后孝顺我和百明她爸。但是没有适合的工作。她自己说等我找工作，也不知道她想干啥。她说她想做面点，像面包房那样做面点、甜点、甜品。他们小孩子都是想一出是一出，今天想做这个，明天想做那个。至于以后的生活吧，这个事情，以前嘛，和几个家长讨论过，说的是合资，几个家长合伙，给几个孩子开个咖啡店。但是啊，你就说现在租房子什么的，经济实力得跟着，也有很多问题在这。就是说得有一个门市房，这钱就够多的。要说全部平摊也不现实，各个家庭经济状况也不一样，这个吧就很难理得清，还是很现实的一个事情。以后也就得求天时地利人和，缺一样都没法成型这种理想化的事情。就算建立起来了，开业期间怎么维护，我们以后生病了，去世了，没法帮他们了，怎么办?

问：她有没有受过社会的帮助?

李母：在学校里接受过一些帮助，来自四面八方的人帮助这个学校，像不收学费啦，其他的没有什么了。也不好意思让别人帮助咱儿，我和百明她爸都是有正经工作的，自己也都能养活自己。毕竟都是成年人了，自己的生活也得自己负担。而且平常家里兄弟姐妹帮衬着，社会上的帮助就不怎么接受，也没到真的需要爱心人士帮助的份儿上。她爸爸本来就是当警察的，性子也硬，好面子。

问：有没有参加过同类人的团体活动?

李母：团体没有。就是几个一起训练的孩子一起出去看过电影，还组织过小型的趣味运动会。哈尔滨类似的团体真的不多，大多是分散的，大家平常通过微信，聊聊天、视视频。她呢，心理上就是小孩子，一和朋友见面可开心了，每次都疯玩疯闹的。她们还喜欢一起出去唱歌，几个小孩和几个大人，我们大人就在旁边看护，看着她们玩。她总唱赵雷的《成都》，还喜欢一些老歌，也就学得一知半解的，跟着调能顺下来唱。他们还有群什么的，没事就聊微信。

问：对她以后的生活有什么安排或想法?

李母：反正觉得现实……主要吧，也就是养老问题。只能说等我们老了，我们三个一起去养老院。现在我们家百明也二十多岁了，各方面衣食住行啊，学习啊，比赛啊，基本都稳定下来了。短期内的生活还挺满意的，就是以后的问题比较担心。她的情况吧……我们老了以后不乐观，也只能走一步看一步了。我和百明爸爸好好努力，争取能过一个安逸的晚年，相信到时候国家机制也会完善。

问：除了我们问的这些问题，您还有什么要补充的吗？

李母：咱们国家现在也没有专门针对他们这种唐氏儿童的养老机制，好像没有。像他们说的，国外有专门监督遗嘱执行的机构，好比你给她留遗嘱了，那个机构就监督你，这些钱就是用到她身上，每个月怎么花。咱们这都没有，我觉得这个应该完善。假设说我们给她留钱了，她也不会花，那你这个钱，你放到哪儿也不放心。希望以后这方面继续完善，也好有个解决办法。本来他们就不会管理钱财，也不会管理自己的生活，分辨不清好与坏，就是小孩心性，只顺着自己的心思来，如果没有人加以约束，就没法正常生活。总有一天我们也会老，还是希望国家也有一个类似的机构，就一劳永逸了。

她会给你惊喜——姚楠教练口述

口述者：姚楠
访谈者、撰稿者：邵韵霏，黑龙江大学本科生
访谈时间：2019 年 4 月 20 日
访谈地点：黑龙江省哈尔滨市飞扬冰上运动中心

问：请问您是什么时候开始从事特殊教育的？

姚：2000 年。

问：就是您开始工作的第一年，是吗？

姚：是的，我工作的第一件事就是特奥方面。

问：您最开始接触的特奥项目就是速滑吗？

姚：对。

问：您学的专业是特殊教育吗？

姚：不是。

问：是普通教育吗？

姚：对，体育教育。

问：您为什么会从事特殊教育呢？

姚：我当时是觉得比较好奇吧，这么一群人。

问：您觉得对这样的弱势群体进行教育，需要注意的是什么？

姚：需要注意的是耐心吧，他们比别人接受得要慢，可能要给予他们更多的人文关怀。

问：李百明是您的速滑队员，第一次见到李百明，您对她的印象是什么呢？

姚：嗯……她很阳光，很快乐，很积极。她属于唐氏综合征患者，她在唐氏综合征的女孩子里属于胆子比较大、运动能力比较强、协调能力也比较好的一类。

问：和李百明相处之中，您有没有印象比较深刻的事情？

姚：她比较……你给她比较多的鼓励的话，那她可能会给你很多惊喜，她属于这样的。

问：百明会不会也有唐氏儿童接受得慢一些、注意力不集中的情况呢？您在教学活动中是怎么引导她的呢？

姚：她倒不是注意力不集中，她注意力还比较集中，但是她忘得也快。有的时候，就比如你跟她讲一个事情或者一个动作，你问她明白了吗，她会说明白了，但实际上她并没有真正地理解明白。这就需要我们用很多方法来教学：有的时候你要讲；有的时候你要做动作示范，让她来模仿；有的时候你要手把手地教，用手来摆正她的肢体，比如说脚放在什么位置，动作应该怎么摆……这种在教学过程中具体的直接的指导会多一些。另外一个就是，唐氏综合征的孩子普遍胆子比较小。滑冰这个运动，速度会比较快，滑冰就是比谁速度更快嘛。如何说服他们在心理上能够完成更快速度的滑行，这是比较难的。

问：总结下来就是对唐氏的孩子要有爱心和耐心，要一次又一次地重复教学，是这样吗？

姚：对，每一个孩子都是不一样的，要根据实际情况来调整训练方法，总体来说对他们要花更多的精力和时间。相对于别的孩子来讲，他们学一个动作要花更多的时间，磨的时间也更长一些。

问：您是百明信赖和尊敬的老师，在百明和您相处过程中，有没有印象比较深刻的一件事呢？

姚：印象比较深刻的一件事……那应该是第一天吧，她第一天来这。她当时很积极很主动，特别愿意加入队伍来从事训练。她可能对这个项目也不是很了解，之前我们一直在鼓励她，问她，你相信你可以吗？她说我可以。就是在训练前，我们会和她做很多沟通和交流嘛，类似于你给她强化很多东西，让她觉得我可以，我没有问题，滑冰并不难，滑冰很简单，穿上轮滑鞋速度会很快，滑起来很炫酷。就是你前期给她铺垫很多，给她一个印象，让她觉得她没有问题。

她很有勇气，胆子很大，很用力地滑出去了。但是，因为她刚刚穿上轮滑鞋，还没有学会技巧去控制速度，所以她就摔倒了，摔得有点重。当时她的表情和反应就很意外，我怎么摔倒了？我刚才还表现得很好，为什么我会摔倒？像以往，这样的摔倒可能会吓到孩子，会对接下来的尝试产生影响，可能一般孩子就不会去尝试了。但是她没有，她接下来的动作，会做得更小心谨慎一些，她依然在很努力地克服恐惧的心理；并且这时候她并没有掌握技巧。所以我感觉她还是比较有勇气吧，能把这件事一直坚持做到现在。

问：在特奥的历程中，您有过带队去外地甚至外国的经历吗？

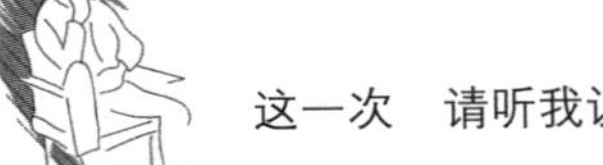

姚：对，因为特奥有全国特奥会，一般会在不同的城市举办，世界范围的比赛就是在不同的国家。所以我们参加比赛的时候会经常需要去外地。

问：您带队过程中，有没有什么让您觉得很棘手的情况呢？

姚：也没有吧，最初就是在2005年的时候吧，在日本的长野举办的第八届冬季特奥会，这个时候就是人比较多。我一个人带着比较多的人，一些不可预见的事情比较多一些。

问：您带队外出比赛，孩子需要家长陪同吗？

姚：跟着的情况比较少，但百明的父母大多数时候会跟着，去国内啊，去国外啊，他们比较喜欢跟着。

问：在这种需要去外地的场合，百明的状态一般都是怎么样的呢？

姚：她挺开心的，就是很喜欢很开心。这也是有一个过程的，最开始的时候会，可能会比较慌张，觉得自己应付不来国际比赛的场面。但是现在，就比如我们刚刚从阿联酋的阿布扎比回来，她已经可以很从容地应对比赛当中的所有事情。这也是参与这么多年的特奥活动，通过这种锻炼啊，她所收获的成长和进步吧。

问：那您觉得经过特奥的锻炼和参加活动，百明现在有哪些收获和进步？

姚：我觉得她很开心很阳光，也很幽默，她的能力也有很大的提升，但是她的智商水平还有学习能力可能没有很明显的提高，比如说文化课的学习，没有很明显的提升。但是她与人交往啊，社会适应啊，这方面有了很大的提升。

问：作为她的老师，您觉得哪次比赛让她看起来最开心？是第一次获得金牌吗？

姚：我觉得印象比较深刻的是在雅典的时候，2011年，她取得的不是金牌，而是铜牌。但是她特别开心，她在领奖台上会摆很多很多的姿势给大家拍照片，有特别呆萌的啊，有特别可爱的啊，很多很多。她的那种开心、阳光的状态，实际上让所有的镜头都聚焦在她这个第三名的获得者身上，反而让大家忘记了还有冠军的存在。

问：您接下来对她还有其他的期待吗？

姚：我是希望她能够在……比如说自我照顾方面、社会适应方面，有更大的提高。未来能有足够的自我照顾的能力吧。

问：您从事特殊教育这么多年，您对特殊教育最大的感触是什么？

姚：最大的感触就是，我们作为健全人有责任、有能力让这些特殊人群生活得更好。

李百明生活观察日记

观察时间：2017 年 12 月 10 日 8:00—17:00

观察地点：李百明家

观察者：邵韵霏，黑龙江大学本科生

时　间	活动内容	备　注
8:00—8:15	洗脸刷牙	采访者到达的时候，李百明已经起床，准备洗漱，穿着家居服，很有礼貌地和观察者打招呼。
8:15—9:00	吃早餐	李百明母亲已经做好早餐。
9:00—10:15	一家人一起坐在沙发上看电视，李百明父亲看体育频道，看了一会换了动画片。李百明看得专心致志，为此延长了十五分钟时间。	
10:15—11:00	回到房间，从书架上抽出一本图画书，靠在床上看书。	
11:00—12:00	李百明帮助母亲做中午饭。李百明亲自下厨，午餐是西红柿炒鸡蛋，其间程序流畅，用刀很小心，李百明母亲在一旁看护。	
12:00—12:44	家人共进午餐。主动摆放碗筷，盛饭给爸爸妈妈，叫爸爸吃饭。自觉去卫生间洗手。吃饭速度很快，吃完饭主动帮助父母收拾碗筷。	
12:45—13:00	吃完饭李百明靠在沙发上拿母亲的手机玩了一局游戏，十分专注，看起来很开心。	
13:00—14:00	和母亲一起午睡	午睡是李百明家每天下午的活动，母亲和李百明一起小睡一个小时。
14:00—15:00	听音乐，李百明坐在床上边听音乐边跟着一起唱，有几首喜欢的歌曲会反复听，很喜欢听歌。	
15:00—16:30	下楼散步，打羽毛球	
16:30—17:00	和妈妈去超市采购生活用品以及蔬菜水果，挑选了一样喜欢吃的零食。	

热心公益的献血志愿者

——Q 先生父子口述

Q 先生，男，1984 年生，吉林省吉林市人。独生子女。智力障碍三级。毕业于吉林市昌邑区特殊教育学校。先后从事过工人、服务生、洗车工、发传单员、超市酒水送货员等工作。

口述者：Q 先生、Q 先生父亲

访谈者、撰稿者：赵培文、李斐斐，北华大学硕士研究生

访谈时间：2017 年 11 月 11 日、2017 年 11 月 30 日

访谈地点：吉林市猫咖啡馆、Q 先生家

在懵懂中成长

问：您的父母从事什么工作？

Q 先生：我母亲是吉林市松江水泥厂的清洁工，父亲在吉林市第三建筑工程公司工作。

问：您家中还有其他兄弟姐妹吗？

Q 先生：没有，我是家中的独生子。

问：您和家中的亲戚还有往来吗？

Q 先生：还是有往来的。逢年过节，亲戚间都会互相串串门。家中有事的话，亲戚也会来帮帮忙，没有因为我智力原因歧视过我。

问：有没有被周围邻居歧视过，平时他们对您态度怎么样？

Q 先生：我一直住在昌邑区，没有搬过家，怎么说呢？周围的邻居都没有拿正常的眼光对待我。

问：小时候有没有被人欺负过？

Q 先生：也被人家欺负过。就是上学的时候，同学碰见就揍我，骑在我身

上打我，还有的就是骂我，比如说我是傻子之类的话。周围有的孩子更过分，直接堵在我家门口。有时候我实在是气不过，我就拿我姥爷修车的木头条打他们。

Q父：怎么没有欺负，有的孩子在学校里或者在学校外面揍他。要不我怎么天天和他妈妈接送呢，不放心他一个人上下学，因为他智力记不住，不知道会走到哪里，找不到家。天天接送，就是正常孩子父母都去接送上下学，更不用说像他这样了。就是送到培智学校后，我也是，不管学校多远，天天接送上下学。

问：有大人说您是傻子不让孩子跟您玩吗？

Q先生：很少有父母当着我的面，跟他们孩子说我是傻子，不让孩子跟我玩；但是也有些大人就跟孩子说我是傻子，不让自己孩子跟我玩。但不是说我就没有朋友，也有几个孩子跟我相处得挺好的。

Q先生（黑衣者）

问：小时候觉得自己和其他孩子有什么不一样的吗？

Q先生：小时候也没有意识到这些，跟正常孩子一样，什么时间做什么事，吃饭、上学、玩耍啦。

由天入地，原来我是个特殊孩子

问：您上过幼儿园吗？

Q先生：五六岁的时候在家附近的松江某托儿所，后来在松江实验小学校二十五小幼儿园大约读了两年。

问：读幼儿园的时候感觉怎么样？喜欢去吗？

Q先生；小时候嘛，也谈不上说喜不喜欢的，都是按照父母的意思来的。平时上课，放假就玩。在幼儿园的时候，和同龄孩子是一样的，欢欢喜喜地去和同龄的小伙伴学习玩耍，也没有感觉到自身的异常。

问：您幼儿园在家附近上的，那小学也是在家附近上的？

Q先生：是的。

问：上小学的时候最喜欢哪门课？

Q先生：那时候也没想太多，毕竟还小，基本上就是被动地接受学习。

问：小学上了多久？

Q先生：上到一年级就不上了，留了一级，后来考完试，成绩不理想就转校，去了特殊教育学校，时间大概是在1994年，那时候才八岁。

问：上小学时候有什么印象深刻的事情？

Q先生：上小学的时候，主要是跟不上老师的课程。老师讲的课，第一天上完，第二天就记不住了。小学一天一个课程，因为智力原因，跟不上大家进度。老师就和我父母说："你孩子的智力方面可能存在问题，在学校无法正常学习，这样下去肯定是不行的，只能送到特殊教育学校去接受教育。"

问：父母送您去特殊教育学校，您愿意吗？有问过为什么送自己去特殊教育学校吗？

Q先生：那时候还小，什么也不懂，也不了解特殊学校，那时候以为只是换了一所学校上学，父母让我去就去了。

问：孩子出生时为什么会有智力问题，当时的医生跟父母说过吗？

Q父：这个吧。嗯……这个孩子小的时候，表面看不出来，刚开始我也没注意这事。三四岁，我都没看出来他智力有问题。

问：想过孩子以后干什么，他刚出生的时候对他有什么期望吗？

Q父：没怎么考虑，我寻思咱不能高攀，看他上学怎么样，学习好与坏，那时候对他上大学也没怎么抱期望，上大学都是奇迹。他过得平平淡淡无所谓，只要过得好就行。我也期望他赚大钱、开企业，但是发现他智力残疾后，希望都破灭了。

问：有带他去医院检查吗？

Q父：没有查。从哪儿开始我怀疑他智力有问题呢？是从他上小学开始，我们这里有个学校，上的是学前班。

问：学前班叫什么名字？

Q父：现在改了，叫昌邑实验小学。学前班结束后，他上一年级，老师第一节课是教数学和拼音。第一节课上完了，第二节课去问他，他不知道。学了什么都不知道，老师又教了他一遍，过了一会再去问他，还是想不起来。老师就找我，说不行，你孩子智力有问题，我第一节课教完，一般孩子都能记住，你的孩子第二节课就不知道了，问题也回答不上来。那时候我才注意。后来第一学期考试，得了六十分，分数是倒数。

问：哪门课？数学还是语文？

Q父：各科都不行。考完试后，老师开家长会，结果老师就单独跟我谈了这事。学校老师间需要评比分数，他的分数太低了，拽他们班后腿。排座位的时候就把他安排到最后，学习不好的学生都排在后排座位，前面座位都是学习好的学生，你说怎么办。后来人家老师说你还是转学吧，不行就上培智学校。原来叫培智学校，现在改名叫特殊学校。我也没办法了，老师经常找我谈这件事，于是一年级没念完，就是头半学期，后半学期我就让他去了特殊教育学校。

问：有去医院查吗？

Q父：去医院查了，智力评的是三级。办残疾人证需要到残联指定的医院，我们就去儿童医院的心理科，残联的工作人员跟着我们。在儿童医院一查，医生给定的是三级，智力残疾三级。

问：他是什么时候查的？

Q父：小学七八岁的时候，就在那头半学期，下半学期我们没念，就走了。到特殊教育学校，我才给他办的残疾人证。

问：去了培智学校才办了残疾人证？

Q父：过了两年。我经常送我儿子去特殊学校上学，他们老师跟我说你要办残疾人证，我说没有，老师说你得给孩子办啊，其他孩子都办了，你的孩子智力残疾也需要有残疾人证。

问：所以残疾人证小时候就办了？

Q父：对，是个人去办理的，不是残联去特殊学校办理的。

问：去医院查的时候医生说是什么原因导致的？

Q父：那时候家长不让进屋，怎么说的我也不知道，残联的工作人员在屋子里。就让孩子自己一个人进儿童医院心理科。

问：他们只是测了等级，您没有单独带孩子去医院查吗？

Q父：没有，我也不知道。当时儿童医院的医生检查完之后，我也没敢问。当时医生不出来，在屋里。孩子进去检查完之后出来，下一个孩子进去。而且人家已经确诊了，报告都出来了，我还能做什么呢？

问：他妈妈呢？

Q父：他妈妈和我两人都这样，没带他去检查。

问：就不想知道孩子是怎么会智力残疾的，还能不能医治，有没有医生可以解决？

Q父：没有去。我这么说，医生给他检查完以后，残联的人就说让他上培智学校，那你说怎么办？也不知道怎么治疗，只能去培智学校慢慢培养。那时候医院对智力残疾也没办法。人家提供培智学校，那就是治这样智力残疾的孩子。

问：孩子的长辈当时是怎么看的？

Q父：他爷爷、奶奶都去世了，他只有姥姥、姥爷。

问：孩子姥姥、姥爷有智力这方面的问题吗？

Q父：没有，他们智力正常，他姥姥有肺心病，她去世也是因为肺心病。

问：他们知道孩子有智力残疾，有什么想法？

Q父：没有，没想法。孩子检查出来以后，我心想只能送到培智学校了，你有什么办法呀。你就是问医生，医生也没办法，是吧？他不像咱们身体上哪有毛病还可以治一治，脑袋里出了问题，而且是智力上的，那只有去培智学校慢慢学了。

问：没有查过原因，也不知道是先天还是后天的，那您担心他以后如果成家会遗传给孩子吗？

Q父：没有，那个没有。但是我也考虑过，他要是去看呢，我说他这个智力障碍，你就是去医院看，医生也说不准，也无法治疗。也就是只能问家长有没有这个病啊，是不是遗传的原因啊，是怎么回事。医生他只能问这个，根本没法治。

问：如果病是遗传的呢？他还打算成家吗？

Q父：他这个……也没问，我也没考虑。没太往心里想，我太累了，以前下班很晚，回家就休息，而且我工作没有节假日，我是建筑工人。那时候我就没太考虑这件事。孩子已经这样了，就算是因为家长的缘故，他智力残疾是遗传导致的，也治不了啊。

问：在发现Q先生智力跟不上后，对他是怎么教育的？

Q父：他跟不上，那就纯粹跟不上，上完一节课，下节课你再问，学了什么，他都不知道了。他放学回家，我就问他今天学了什么呀，比如你数学学了什么，问他，他就说不知道，他忘了，语文学什么，不知道。有时候学习拼音，学校里老师教他的是正规的发音，我们教他的口音跟老师发音都不一样，唉！我们这发音不正，我怕把他教乱套了，他更学不好。数学吧，我就告诉他慢慢学慢慢算，一点一点的，慢了行。就像那培智学校，老师十分耐心，慢慢教。但是只要教快了，等一会你去问他，他就反应不过来，不像正常的孩子马上就有反应。

问：小时候您或者他妈妈对孩子进行过针对性训练、尝试提高他的智力吗？

Q父：有。我有时候就买智力教育卡片，比如学前音智卡片，拼音啊，我就一点点地教他；但是我教完了，等他去学校，老师提问还是不知道。后来我一看这样，我就任其发展，我也没办法了，你说怎么办，我只能任其发展了。

问：他小时候淘气吗？

Q父：不淘气。他姥爷住三截楼，他放学去那玩，跟邻居孩子玩。

问：Q先生小时候身体怎么样？

Q父：他小时候肺不好，有气管炎，他一感冒就开始咳嗽，就这个气管炎导致他晚上都睡不了觉，我们也睡不了觉。咳嗽的时候也不打针，我给他买了中药，就吃中药，吃几天他就慢慢好了，现在有的药名我还记得。

问：除了这个之外，Q先生小时候身体还算健康？

Q父：嗯……还算行吧。

问：现在和小学同学还有联系吗？

Q先生：那时大家的联系方式都是传呼机，也没有手机，不像现在那么方便，所以基本没有联系。

其乐融融，感恩特校老师

问：您喜欢去特殊学校吗？

Q先生：刚开始也没有觉得有什么区别，认为和正常的学校一样。但是接触一段时间后发现，里面的孩子和正常学校的孩子有点不一样，我就有点不爱去了，后来随着年龄增长，我就怕别人知道我上的是特殊教育学校，会歧视我。

问：在特殊教育学校是走读还是寄宿？

Q先生：走读的。

问：那您父母接送吗？

Q先生：父母亲都是接送我上学的，读高年级之后，我就开始自己上下学了。

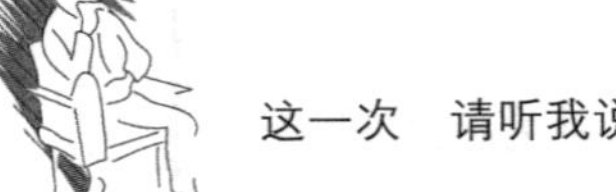

问：是坐校车还是自己走？学校远吗？

Q先生：没有校车。都是自己坐公交上学的，而且公交直达不了，需要坐三站路，然后再走大约两站路，差不多半小时才能到学校。

问：在特殊教育学校主要学习什么？

Q先生：跟正常的学校没什么区别，也是语文、数学、体育、音乐之类的课程。

问：体育课当时都上些什么？

Q先生：体育课，踢球、跑步，嗯……平常活动跳绳。

问：跳大绳吗？

Q先生：跳大绳，也有跳小绳。

问：当时学校有举行运动会吗？

Q先生：也有，当时院小，不是说跑那么长，简简单单的项目啥的。

问：有跑步，几百米跑步？您当时参加了什么？

Q先生：主要是跑步比较多。

问：有其他类型的体育活动吗？比如扔实心球、铅球、跳远。

Q先生：时间太久，我有点记不清楚了，那个跳远有，好像还有扔灌沙子的皮球。

问：您在学校那段时间参加过学校组织的活动吗？比如夏令营之类的。

Q先生：有，我参加过夏令营，就是在宿营地吃在宿营地住，结束之后晚上还一起玩，大家院子里一起玩、一起吃、一起住。

问：学校当时带你们去的哪儿呢？

Q先生：就在学校，吃住都在学校。

问：就让您吃住全程都在学校，体验一把夏令营？

Q先生：嗯。

问：您当时参加夏令营开心吗？

Q先生：感觉挺开心的，老师和同学都在一起吃吃喝喝的。

问：特殊教育学校还举办过什么活动？

Q先生：去公园逛逛，学校还会组织去看电影以及参加公益活动。

问：那您还记得参加过什么公益活动吗？

Q先生：我也记不住了，因为时间很久远了。那时候参加，每个人还可以获得一个大娃娃。

问：在特殊学校里，教学方式上和正常学校有区别吗？

Q先生：和正常学校比，在特殊教育学校上课不是很吃力，因为课程上得慢，而且老师说得也慢。

问：在您看来，特殊教育学校的老师和以前的老师有什么不一样？

Q先生：那肯定不一样，特殊学校里的老师对待孩子也不一样的，因为我们智力相比较正常孩子有一定差距，所以老师不光对每个孩子的缺点和优点都有了解，而且怕上课说快了，我们听不懂，所以一个课程都说两天。

问：现在还记得特殊学校里的老师吗？

Q先生：还记得，第一位老师是郝老师，第二位老师是李老师，第三位老师是赵老师，第四位老师是张老师。

问：特殊学校里的老师是一年换一次？

Q先生：因为我们是特殊学校，所以老师对待我们更细心。语文和数学都是一个老师教，老师上了年纪之后，精力就跟不上了。所以老师年纪大了之后，我们的老师就会换，让年轻的老师来教我们。郝老师教我……我也忘了郝老师带了我几年，反正是教我时间不算长。第二个李老师也教了我不长时间，因为刚开始郝老师教我们班，教室白天光线比较暗，郝老师担心光线太暗，对我们视力不好，会近视，就调到李老师班。在李老师的班上了一段时间，就把全校的尖子生，放一个班。完了李老师上年纪了，就不教了，就换成赵老师教。说白了，就是把那些智力受损情况比较轻的集中到一个班，智力残疾比较重的安置在别的班。智力残疾轻的就让赵老师教。赵老师也教了不长时间，也就一年两年时间，赵老师岁数大了，也操不起这心，后来就是张老师教我们直到毕业。

问：您现在跟这些老师还有联系吗？

Q先生：都没联系了，我听我们老师说赵老师没了①，张老师去海南了。我去年教师节的时候想去看看张老师，当时一直没联系上。

问：这几个老师您最喜欢哪个？

Q先生：都喜欢，毕竟都教过我读书写字，耐心教导过我，但是张老师教我的时间最长，所以从时间上来看，我和她更亲近一些。

问：您和特殊教育学校的同学关系怎么样？

Q先生：相处得都挺好的，以前在正常的学校里因为记不住老师讲的课程，还有智力的原因被同学嘲笑、捉弄；但是在特殊教育学校，大家都有或多

① 东北方言，去世。

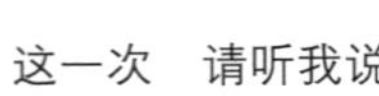

或少的缺陷，所以互相之间也都理解。大家也不争吵也不打架，有时节假日大家都会聚一聚，一起出去玩。

问：特殊教育学校您上了多久？

Q先生：上了九年一直上到毕业。

问：在特殊学校的时候费用高吗？

Q父：费用不高。他学费不交，只交住宿吃饭费。他们中午在特殊学校不回家，中午就在学校里睡觉。

问：住宿吃饭交多少钱？

Q父：嗯……想不起来，十多年了。

问：反正是不高？

Q父：嗯，上培智学校费用不高，对家庭负担也不高，还算行，我还能接受。不像在正常学校里，一年级头半学期，这个钱那个钱，都要钱，入学交书本费、校服……反正乱七八糟的各种费用，一般的家庭，尤其是像我这家庭，我真有点承受不了，费用真是太高。

问：在特殊教育学校上学时有什么爱好？

Q先生：喜欢骑自行车，我学会骑自行车后，就喜欢骑着车到处看看，拍拍照片。放假在家的话，就看看电影、上上网，也喜欢小动物，以前养过猫，后来养了一个小狗。

问：平常假期去玩，都去玩什么？

Q先生：就是骑个车子，到处转转，也没什么，就满大街到处溜达。

问：您上学时候就开始骑自行车了吗？

Q先生：好像从五小开始骑车的。

问：从家到学校骑多长时间？

Q先生：得半个小时，那时候我们家在松江，去学校得半个小时。

问：老师允许你们骑车吗？会担心吗？

Q先生：也担心。我们张老师每回放学都告诉我们，你们放学后慢点骑车啊，都这么告诉我们，担心我们出事。

问：您在特殊学校上了九年，这期间有什么收获吗？

Q先生：收获最大的就是，嗯……就是感谢张老师教我读书、写字，教我知识，没有张老师的辛苦教导，也没有现在的我，我挺感激她的。

问：毕业后，还和以前的同学联系吗？

Q先生：只有两位，就是今天陪我来接受采访的两位同学，一位现在在市政工作，一位是自由职业，其他人基本没有联系了。

问：您的学校一直在昌邑区吗？

Q先生：对，都在昌邑区。

问：学校地址一直没变过？

Q先生：变了，现在就变了。

问：现在的和您之前上的特殊学校不在一个地方吗？您上学的时候，特殊学校搬过家吗？

Q先生：搬过搬过，从东厂搬到十五小，从十五小搬到五小，从五小又搬到我们造纸厂那边，现在搬到儿童医院后面。

问：特殊学校为什么频繁换校区？您知道吗？

Q先生：这个我就不知道了。可能房子是租的，之后可能租约到期了，不租了。

问：您知道现在特殊学校还分配工作吗？

Q先生：我不知道了。

拼搏向上，用双手创造幸福未来

问：您2000年从特殊学校毕业后，都做了什么工作？

Q先生：第一个工作，我是在服装厂干了一年半，服装厂的厂长对我也挺好的，那时候我干的是计件活，挣不了多少钱。后来服装厂的一个阿姨，我不知道她姓什么，她看我挣钱挣得挺少的，就给我介绍了一份工作，给出租车的座椅套套子。

问：您当时在服装厂的工资待遇怎样？

Q先生：挣不到100块钱，你说计件能挣多少钱。

问：当时正常工人工资多少？

Q先生：我不怎么清楚，但是怎么至少也得1 000多块钱，1 000多到2 000块钱那样。

问：您和他们做的工作是一样的吗？

Q先生：不一样。

问：他们是做什么的，您是做什么的？

Q先生：我们就像打零工的，在下面缝个扣子，打个眼什么的，他们都是上缝纫机做衣服。

问：您当时和工人的关系怎么样？

Q先生：也就是……一般吧，不说和某个人闹什么意见，也就是一般一般，你跟我说话了，我就跟你说话。

问：特殊学校当时有多少人去服装厂了？

Q先生：我们当时有四个人分配到服装厂的。

问：工人知道你们四个人智力有问题吗？

Q先生：都知道。

问：工人对你们怎样？

Q先生：有的人不说话，当时也不说你是傻子说你弱智什么的，但就是不跟你说话，所以我们也不跟他说话。

问：有没有发生过什么不愉快的事情？

Q先生：没有。

问：是什么原因不在服装厂干的？

Q先生：就是厂里的那个阿姨看我挣钱挺少的，她说帮我找了一份比服装厂挣钱多的工作，在服装厂也挣不到100块钱，就这样我出来了不干了。之后原先服装厂的张厂长也给我介绍过工作，也就是那个百斯特，给汽车轱辘整平衡块的，主要是整铅，把铅熔化了放到一个小炉子然后做平衡块，就负责那个。我从开始工作，就没碰见坏人。第一个人就是我们张厂长，挺好的一个人，也帮助我不少，那时候我没有工作，张厂长就帮我找工作，当时我也贪玩，也没有好好工作，什么工作也没有干成。

问：那您从服装厂离职后都干了什么工作？

Q先生：因为工资有点低，在服装厂工作一年半后离职了，后来也没有找到固定工作，陆陆续续干了几份工作。给汽车套车套、当过服务生、洗过车、发煤气票和传单。

问：这些工作都做了多长时间？

Q先生：因为自身智力原因，都没有做很长时间。

问：套车套的工作是厂里阿姨给您找的，对您挺好的。

Q先生：我从参加工作开始，就没遇到什么坏人，遇到的好人都能给我点帮助，尤其是我们服装厂的张厂长，挺好的那人。张厂长也有残疾，是肢体残疾。

问：套出租车套子具体是做什么的？

Q先生：就是给出租车车座套白布。

问：是隶属于出租车公司吗？

Q先生：不对，是个人的，属于包月那种，包给你一月，你车套子脏了，就上那换去，随时随地就可以换。

问：他们过去，您帮忙换？

Q先生：对。

问：这份工作大概做了多长时间呢？

Q先生：也就差不多一年左右。

问：之后为什么不干了？

Q先生：后来老板不干了，所以我就出来了。

问：当时的工资待遇怎么样？

Q先生：1 000多块钱。

问：一个月？

Q先生：嗯。

问：他是按照计件发工资还是底薪工资？

Q先生：每个月，每月1 000多块钱。

问：固定工资？

Q先生：嗯。

问：这份工作结束后您又找了什么工作？

Q先生：我是玩了一段时间之后才开始找工作。后来我就去东厂找家政，那家政50块钱包一年工作，家政给我找了服务生的工作，还有就是洗排骨的工作，除了这个，还有冷库速冻送货、装箱装盒的工作。

问：家政给您找的工作待遇好吗？

Q先生：嗯……怎么说呢，反正就是什么工作都有，有的是当服务生的，他给你找好了工作，你去那边看看工作适不适合你，不适合的话，家政再帮忙给你找，我现在的送水工作就是在家政找的。

问：这个家政就是您给他交50块钱，他管您一年，帮您找工作？

Q先生：对，一年之内家政帮我找工作。

问：除了干这些还做过别的工作吗？

Q先生：没干别的工作，后来家政找了一个送货的工作。嗯……找到这个工作嘛，我当时没干，让我老叔去干的，因为什么呢？主要这个工作涉及算账。

问：什么工作涉及算账？

Q先生：嗯……送货，现在我这个送水工作是涉及算账，因为货送到超市之后，需要核算账目。另外人家订货之后，货款需要多少钱，你必须要算出来，所以就涉及算账了。当时考虑到要算账，我就没干，之后，我老叔就负责我这个位置，现在就干这个。我是2011年冬天开始在这干的，人家老板老板娘都给我把货款算好了，货物也都给我备好，我就送那超市去，然后我就把单子给货主，货主再把钱给我就行了。

问：每个月工资多少？

Q先生：月工资，一个月2 300块钱。

问：送货的时候有碰到刁难的人吗？

Q先生：什么人都能碰到。有的人就因为一个小事翻来覆去不停地说，比如换货，水有大瓶有小瓶吧，有的货主看人家超市要小瓶，他也要换，他不想等，想拿我车上现成的水，但是那是人家的，要给下家送的，我就没办法给他换，他就跟我不停地磨叽。

问：收货的老板知道您的情况吗？

Q先生：不知道。

问：理想中每个月多少？

Q先生：当然越多越好，4 000多块钱大概。

问：送水的时候，您老叔会照顾您吗？

Q先生：没有，我们都是自己干自己的，而且我们不在一起送，都是自己送自己的，送的地方都不一样。

问：听您父亲说之前还发过煤气票，煤气票是什么？

Q先生：煤气票就是传单。

问：这份工作干了多久？

Q先生：也就是干了几天，这个工作是10块钱发六十个门栋，如果小区没有电梯，就需要一层层地爬。发传单，太累了，后来我们作弊了，就是，嗯……爬累了，有时候楼有七层，但是我们就爬到五层，就不往上爬了。结果被老板知道了，就不让我们干了。

问：您干完这些工作后，还干了些什么工作？

Q先生：也就没干什么工作，后来就光玩了。

问：2003、2004年之后，您又做了什么工作呢？

Q先生：时间太久也记不清了，玩了挺长时间的，根本没找工作，就是天天骑个车，到处溜达。

问：市残联帮您找过工作吗？

Q先生：残联也帮我找过，回来之后，市残联就给残疾人找工作，我就去残联报名找工作了。

问：有什么工作呢？

Q先生：嗯……也就是工厂进来招聘，工厂我也记不清了，反正有个家具厂。

问：在家具厂主要干什么？

Q先生：主要就是组装家具。

问：在家具厂都有师傅带您吗？还是您单独一个人？

Q先生：有师傅教，就教你怎么组装，怎么干。

问：当时在家具厂的待遇怎么样？

Q先生：嗯……我也忘了，那时候也有1 000多块钱吧，还交五险。

Q父：在家具厂没干几天回来了。

Q先生：不是，根本没干。

Q父：他实际就干了一天，人家就不用他了。

Q先生：没干，主要因为要加班，天天要加到六七点，我就没干。

问：他们给您找工作的时候，您需要出示残疾人证吗？

Q先生：要出示我们的残疾人证。那残疾人证是2000年办的，残联也帮我找工作，找了大概一年的功夫，第二年残联就不帮忙找了。

问：第二年残联就不管找工作了？

Q先生：嗯，就不管了，也不知道是怎么回事，根本就没工作了，没厂子去残联招聘了。

问：在残联介绍的工作之后，还干了哪些工作？

Q先生：也没怎么工作，后来残联不帮助找工作了，我就一直在玩，完了也就是没找。玩到一年的时候，我老叔就去送水了，我就去他那上班了，这工作还是我在家政找到的，一直干到现在。

问：您从2011年一直干到现在，就没有换过工作？

Q先生：对。

问：您平时会和同事联系吗？

Q先生：基本上不联系，而且他们的年龄都比我大，有代沟吧。

问：您主要给大超市送货吗？

Q先生：大超市、小超市都送。

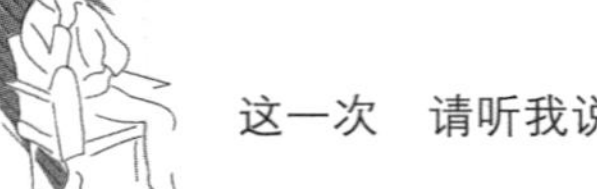

问：工作辛苦吗？

Q先生：挺辛苦的。这边气温也低，风吹日晒的。活多了，每天上午八点上班，下午六点下班；活少了，下午四五点就下班了。

问：那您是用什么送货的？

Q先生：用电瓶车送货。

问：智力上的问题，对您生活上有什么影响吗？比如工作什么的？

Q先生：其实也没有什么影响。找工作的时候也不会测智力，只要踏踏实实，努力工作就行。

问：您在生活中或者找工作过程中有没有不好解决的问题？

Q先生：怎么说呢，就是在找工作的时候，比如拿残疾人证去找工作，就让正常人有一种瞧不起的感觉，就是好像你特殊点儿，你上去跟人说话，人家愿意搭理你就搭理，不愿意搭理你就不搭理你。也不是说全部都是那种人，也有个别挺好的叔叔阿姨，挺热心的，不拿你当特殊的残疾人对待。

问：您用残疾人证找工作和不用残疾人证找工作是有差别的，对吗？

Q先生：对。我们市残联给我找工作，我必须拿这证去市残联登记，市残联必须有我这个档案，我才能应聘工作。市残联会把我的档案给接收我的工厂看，就是谁来招聘就给他看，之后人家工厂上市残联，我本人也必须去，还必须面试，工厂的负责人必须看本人怎么样，智力残疾到哪个程度，能不能干简单的活，如果智力残疾比较重的话，就不能要，招聘的都是智力残疾比较轻点的，或者是肢体有残疾，工厂也要。

问：市残联帮您找工作的时候，用过残疾人证，之后自己找工作还用吗？

Q先生：不用，平常自己在外面都不拿残疾人证去找工作，就是跟正常人一样去找工作。

问：为什么不用残疾人证？

Q先生：因为我拿残疾人证找工作，好像让人家瞧不起，你看你是残疾人，说不好听的，你就是个傻子，是个弱智。

问：那您坐公交或者坐火车之类的，用过吗？

Q先生：不用。

问：有优惠吧？

Q先生：有优惠，我去公园拿残疾人证有优惠，现在拿这个残疾人证去景点，有的都是半价或者全免。

问：那您去景点的时候用过？

Q 先生：也不用，景点说多少钱，我就多少钱进去。

问：您在外面都是不用的？

Q 先生：不用。比如我上江南公园，说 10 块钱一张门票，我就拿 10 块钱进去，从来不用残疾人证。

从未想过，残缺的自己能够为国争光

问：在参加特殊奥运会之前，您了解特殊奥运会吗？

Q 先生：之前不了解特殊奥运会，对这方面没有太关注。参加特殊奥运会后，我才开始上网查找相关资料，比如创始人是尤尼斯·肯尼迪·施莱佛。

问：您是通过什么方式了解到特殊奥运会的？

Q 先生：是我原来在特殊教育学校的体育老师给我打电话，他推荐我参加的。

问：您在特殊奥运会上的比赛项目是什么？

Q 先生：地板曲棍球。

问：是您自己选择的，还是老师给您选择的项目？

Q 先生：是学校选择的。

问：是学校只教地板曲棍球，所以只能选这个吗？

Q 先生：不是的。是学校在昌邑区分配的项目是地板曲棍球。不是什么人都能参加的，选拔运动员也是非常严格的，要求运动员要有什么样的素质和体能，之后肖培老师就打电话给我，推荐我参加。

问：既然推荐您参加特殊奥运会，那您平时一定特别喜欢运动？

Q 先生：我这个人怎么说呢，平时运动也不是挺勤快的，只是偶尔运动运动。

问：老师推荐您去，您当时心里怎么想的？犹豫过吗？

Q 先生：我当时也没想那么多，毕竟老师以前教过我，对我有教导之恩，不好意思拒绝老师，所以就参加了。

问：您在特殊教育学校毕业后，就直接参加了特殊奥运会训练和比赛？

Q 先生：没有，我在 2000 年特殊教育学校毕业后，学校给我分配到了服装厂工作。

问：您是先工作后参加特殊奥运会？

Q 先生：先工作后参加特殊奥运会的。我已经工作十几年了，去年才参加的，也就是2016年，2016年9月8号开始进行训练。

问：除了地板曲棍球，您还喜欢什么项目？

Q先生：篮球和乒乓球，在家看电视的时候，经常看篮球和乒乓球比赛。

问：您训练的时候，碰到其他项目的运动员吗？

Q先生：训练场地都是分开的，我们是单独训练的，没有遇到其他项目运动员。

问：训练时间都是固定的吗？

Q先生：训练时间不是固定的。融合队的队员有的是老师，需要上班，因此训练时间不是固定的，需要根据融合队的老师时间来调整。有时候下午一点半进行训练，有时候晚上七点左右进行训练，训练两到三个小时。

问：具体是怎么训练的？

Q先生：训练的时候分两队，一队是融合队，一队是我们运动员一队，融合队是陪练队，跟我们运动员比赛对抗。

问：您训练多久了？

Q先生：从2016年的9月8号开始训练，一直训练到2017年的3月10号。训练完，就去北京参加比赛前的誓师大会，张铁林也来动员鼓励我们了。

问：特奥日常的训练强度大吗？辛不辛苦？

Q先生：挺辛苦的。一天两到三个小时，训练完下来一身汗。因为整天拿个棒子练战术，练完战术练对抗。尤其是对抗，特奥里面有融合队，几个正常的运动员，几个智力残疾运动员，我们进行对抗比赛。模拟对抗比赛的时候，打脚打手那是正常的事。

问：训练这么辛苦，您当时有没有想过退出？

Q先生：没有想过退出。

问：为什么？

Q先生：我想，既然你都已经参加了，就不能半途而废了。一直训练了半年，就那么坚持过来了。

问：训练时提供餐饮和住宿吗？

Q先生：提供餐饮的，但是住宿只在集训时才提供，因为集训是封闭的，要持续一个多星期。

问：政府对运动员有补贴吗？

Q先生：没有补贴，但是提供服装。

问：您训练的时候，家人和朋友会去看吗？

Q 先生：我父亲身体不是很好，所以没有来看，当时我朋友来看过我训练。

问：教练对你们怎么样？

Q 先生：吴老师和张老师挺关心我们的，怕我们训练太辛苦，经常给我们改善伙食，给我们包包子、烙馅饼。鱼、肉，天天都有。但是只要一到训练，就非常严厉，如果动作不到位，教练就会严肃批评。

问：在哪个国家比赛的？比赛进行了几天？

Q 先生：中转了一天，然后在奥地利格拉茨进行的比赛。3 月 14 号到的奥地利，比赛进行了七天。

问：比赛结果怎么样？

Q 先生：在决赛中和美国队争第三名，后来失利，获得了第四名。

问：获得第四名的时候心里难受吗？

Q 先生：比赛有输有赢，保持平常心态嘛，下次努力就好。

问：国内的比赛参加过？

Q 先生：没有参加过国内的，只有和我们的融合队伍比赛过。我们运动员和融合队互换队员进行模拟对抗比赛。但是参加过一次赛跑，也是肖老师联系我的，参加的是聋哑学校 100 米赛跑，但是没跑过聋哑人。

问：您参加比赛的过程中，有什么让您印象比较深刻的？

Q 先生：印象最深的就是队友受伤。当时在特殊奥运会上和美国队争第三，王老师在比赛中脚崴了，肖老师上来补位，结果让美国队的队员给撞伤了。本身肖老师有腰伤，我看了，挺心疼的。美国队明显就是故意撞的，我也不能冲上去拿球棍打美国队的队员，真的让人很生气。后来裁判的判决明显也不公正，偏向美国队。

问：您觉得特殊奥运会有什么值得改进的地方吗？

Q 先生：虽然我不是很懂判决规则，但是裁判这方面需要加强，在比赛判决中应该更加公正公平。就比如这次比赛的判决让张教练非常着急，教练比我们场上的运动员都还着急。有时候判决不公正，让我确实很生气。

问：觉得当时在特奥比赛有没有不公平的地方？

Q 先生：当时我被裁判罚下了，罚下五分钟。我也不知道什么原因，我是故意挤他了？裁判也没和我说明原因。

问：也没搞清楚规则？

Q 先生：没有。就是和美国队比赛时，我们一个男队友受伤了，所以队伍

缺人，肖老师就上来替补。美国队一个队员故意撞肖老师，我看这个美国队员就是故意，就使劲撞了一下。裁判就判下场，也没说别的。其实裁判怎么判，我也不太懂，当时我看张教练对那个裁判有很大意见。

问：所以认为裁判判决不公平？当时教练有跟裁判交涉吗？

Q先生：对。我是不懂裁判是怎么判的，人家裁判让我下就下，让我上就上。当时教练也找裁判交涉，我们队伍也有翻译，估计是我们张教练请的翻译，也是中国人。翻译跟裁判说，不好使！不行，裁判就是不公平判决，向着美国队！

问：比赛结束后，有和其他队员交流这个事吗？

Q先生：没有。其实我们打一场球下来都挺累，体力消耗比较大，事后也没有怎么交流。抢球的时候，玩点埋汰的什么手段，就是你故意撞人啦，故意打人啦，有的会生气。

问：裁判判决不公时，其他队员有过激表现吗？

Q先生：没有，都没有。我们没出国之前，张教练都和我们说，比赛时不要跟外国运动员有正面冲突。

问：您在球队里打的是什么位置？

Q先生：我是前边锋位置。

问：前边锋的职责是什么？

Q先生：主要职责就是防守。怎么说呢，有左前边锋，还有右前边锋，我就是守着我那个位置。还有中锋，中锋守中间。我就守旁边，稍微往下压点，剩下都是后卫处理球。

问：队里有多少队员？

Q先生：上场的五个人加一个守门员，一共六个人。

问：一共去了多少人？

Q先生：去了好像十来个，替补就有五六位。

问：知道学校为什么会选择您吗？都毕业这么久了。

Q先生：因为我们肖老师。那天我去学校看望老师，肖老师就跟我说这件事，那还在2016年6月，我还没训练呢。跟我说这件事，我就答应了，就这样参加了。

问：平时和学校保持联系吗？

Q先生：没有。当时我就是偶尔会回学校看看，看学校有什么忙能帮上的，看看老师。

问：在奥地利逗留了几天？有出去看看吗？

Q先生：一天，我们集体出去的呀。觉得那边人素质挺高的，看惯了中国人，上那边看到外国人挺稀奇的。

问：您为什么觉得他们素质高？

Q先生：具体就是过红绿灯，从来不像咱中国那样，不管红灯绿灯就是低着脑袋过去。人家相当有素质，红灯的话，人家就在那等着，不会闯。

问：在奥地利具体去哪看了看？

Q先生：奥地利地方也不大，也就是上市中心溜达溜达，他们买买东西什么的。

问：您当时有买什么吗？

Q先生：没有。

问：除了这个，还有什么让您印象较深的？

Q先生：人家小姑娘长得挺好看（笑）。

问：那边的菜怎么样？

Q先生：吃的啊？这个我们出去吃了，吃的也不是奥地利当地西餐，我们上中餐馆吃的，价格也不便宜。炒菜一般吧，香港人在那边开的，有豆角子，还有汤。这还是我们万老师请我们吃的。

问：花了多少钱？

Q先生：这个不知道，估计也不便宜，吃了两桌。

问：在维也纳除了比赛，空闲时间有出去逛过吗？

Q先生：我们不比赛就出去逛，大家一块去。上商场，逛商场、大街。

问：跟国内一样吗？

Q先生：不一样！那边干净，人还少，人特别少。就是市中心大道上，也就一个人两个人在那走道，根本就没人。

问：有买纪念品吗？

Q先生：没有。回来的时候，老师给我买个巧克力，还买了一个锅，不锈钢锅，就是那种小蒸锅。

问：对维也纳印象怎么样？

Q先生：挺好的。我是在那没待够呢，我12号到那的，第二天领我们去维也纳逛逛，坐个小火车，叫城市接待。城市接待玩一天，在市里逛了一圈，之后去公园。他们那边公园挺好的，有碰碰车，什么都有，有的我都叫不出来。第二天就开始比赛了，待了七天。

问：有去那边的景点吗？

Q 先生：没有，主要商场逛得多。

问：有主动跟外国人搭话吗？

Q 先生：有的。外国人跟我们搭话，一看是中国人，主动就说你好。

问：出去玩有带翻译吗？

Q 先生：没有，就没法交流。外国人打招呼我们能懂，说别的话，就听不明白了。

问：在维也纳吃得怎么样？

Q 先生：吃的啊，我们都吃西餐，天天中午吃西餐，在比赛场地吃的。我们有运动员证件，比赛场地有运动员餐厅，我们就在运动员餐厅吃，吃的主要是鸡排。

问：吃得习惯吗？

Q 先生：还行，土豆，大米饭。印象让我最深的就是大米饭，那边的大米饭最难吃，一粒一粒地吃。

问：当时的训练会影响工作吗？

Q 先生：刚开始训练的时候，我会请假。后来临近比赛，训练强度比较大，我就把工作放下了。

训练时间也不是固定的，有时候一点，有时候一点半，也有晚上训练的，还有时候是上午训练。训练时间不一定，我们①有的不上班。他们融合队有的是老师，学生没放假的时候，他们就没有时间训练。

问：你们运动员不上班，队里有没有给补助？

Q 先生：没有，嗯。

问：融合队的老师是从哪里来的？

Q 先生：有的是体育老师，认识的组成一队，融合队有六个人，有三个是老师。

问：运动员里最大的多少岁？

Q 先生：最大的都三十多岁了，将近四十岁了。有比我大三岁四岁的，最小的二十七，属马的。

问：跟队友相处怎么样？

Q 先生：大家相处得都挺好。

---

① 指特奥运动员。

问：队员都互相熟悉吗？

Q先生：差不多。

问：现在有联系吗？

Q先生：不联系，也没留号码。我们有一个群，大家有时就在群里交流。

问：队友名字记住吗？

Q先生：记不住，我也记不住，还有两个女队员。

问：女队员是什么职责？

Q先生：听老师说，必须有一个还是两个女队员才能组成这个队。

问：维也纳比赛的时候，她们上场了吗？

Q先生：我们训练的时候，也让她们上场。维也纳比赛时她们没上场。

问：女队员打什么位置？

Q先生：不一定。有时候负责后面，有时候负责前面，有时候打前边锋，有时候打后卫，有时候还会还打中锋。

问：队伍里有队长吗？

Q先生：没有。都是我们张教练指挥。

问：平时训练的时候有受过伤吗？

Q先生：平常训练有受伤。有时候棍子打脚脖子上了，打脚趾上了，打手上了，那正常。我们每天训练两个小时到三个小时，时间快到了就对抗，就打得噼里啪啦，打得最激烈的时候，棒子都不知道飞哪去了。有时候就哐当一下打腿上了。伤到队友就道歉，老师就上来说他们也不是故意的。打对抗，棍子避免不了打脚上。

问：通过参加特殊奥运会，您觉得自己有什么变化嘛？

Q先生：平时和队友训练时大家有说有笑，感觉和大家融合到一起了。接触的人也多了，圈子也大了。如果不训练了，就感觉没意思了，已经习惯这种生活了。

误入传销，父亲“虎口救子”

问：您之前说有个朋友带您出去转了一圈，就是把您带到山东的那一次。您能说说吗？

Q先生：那件事啊（笑），嗯……那个人是我发小，2003年的时候，我也是没有工作，后来，他突然找到我说，他家人在山东干木匠，这不是看我没工

作嘛，让我上山东跟他一起干活去。因为是我发小，也是跟我从小玩到大的，我也没多想就跟他去了。到了那地方之后，一看是个传销，天天就给我讲课，讲课讲到最后，负责人让我给家里打电话。我在电话里跟我爸说，我需要2 000 块钱，后来我爸就带着钱来了山东。我爸进屋一看，就发现是传销，又出来了，就跟那个人……怎么说……

问：头目？

Q 先生：对。我爸说要带我走，那头目不让我走，跟我爸谈判。说白了就是让我爸给钱，不给钱，别想带我走。我爸始终没把钱给头目，争了半天，头目实在拿我爸没办法了，就改口说把我饭钱交了，你看你儿子在这吃饭，你把这饭钱给我交出来！我爸就说，我儿子是谁带过来的，谁带过来的就让他付饭钱。就这么着，头目对我爸啥招也没有了，最后我爸就把我领回家了。

问：您当时去那，每天的日常生活就是让您听课，您意识到是传销吗？

Q 先生：第一天去了，我就意识到了。

Q 父：他去了之后，他妈就惦记他了。后来他给家里来电话了，说他们把他扔那地方没人管他，孩子给我打电话，他就哭了，说他头一次上外地，找不着地方。

问：没人管他？

Q 父：就是没人管了，传销的把他扔那地方。他头一回出远门，具体地址也不知道。

问：去山东哪了？

Q 先生：德州。

Q 父：他给我打电话哭的时候，没跟我说他在传销里。他怕说是传销，会被里面的人控制，就跟我说这有个工程，他在这干活呢，“人家领我出去，把我扔这里，我谁也找不着”，让我过去。就这样我才过去的，他妈妈也着急，催我去找他，看看怎么回事，我就带着钱去山东找他了。去的时候我也担心车费不够。当天到那的时候，传销他们还来火车站接我。当天晚上吃完饭之后，就让我跟他们一起上课。

问：晚上上课？

Q 父：嗯，晚上上课，就叫我参加。我刚开始去的时候，也不知道上什么课，我去了一听，觉得不对劲，我就出来了。传销的就问我怎么出来了，我说这是传销我不听，而且我也听不进去。就这么着，他们劝也没劝动我。第二天，他们就找个能说会道的接着来劝我，我还是坚持不听，我们俩就和那人吵了起来。传销的一看争不过我们，他们又重新找一个人过来劝，还是我们这原先的一个邻居。

Q 先生：就是带我进传销的那个发小。

问：让发小来说服您？

Q 父：哎，对！让熟悉的人来说，成功的概率比较大，结果绕来绕去还是没把我洗脑。负责人看没办法了，就叫我们走，还跟我们要伙食费。我就说，还要伙食费？我就没转过弯来，我说那你把我们俩往返路费给报销了，我就给你伙食费。我还说了，他不能自己跑你们这来吧？还不是你们的人把他骗到这里来的！他一看，实在拿我没办法了，就说你们走吧走吧。当时我们赶紧坐车走了，我们前脚走，他们后脚就搬家了，他们怕我报警。我当时想，要是实在没办法了，我就报警，确实没人管呐！我带的钱当时也没露出来，我就跟那些传销的说我没带钱。

问：您当时多大了？多长时间的事？

Q 先生：2003 年那功夫，二十二三岁那样。

问：当时传销的没限制人身自由？

Q 先生：他们整天跟着我，怕我跑了。

问：您在那待了多长时间？

Q 先生：待了一个礼拜。

问：待了一个礼拜，父亲才去的？

Q 先生：嗯，对。

问：每天都是怎么安排的？

Q 先生：吃住都一起。

问：吃得好吗？

Q 先生：吃的大米饭都不是好的。菜天天都是海带土豆、土豆海带的。

问：不好吃是吧？

Q 先生：贼不好吃。

问：那他让您上午上课还是下午上课？

Q 先生：就是早上上一遍，晚上上一遍，不停地洗脑。

问：白天呢？

Q 先生：白天就在屋里面。

问：一次上课多长时间？

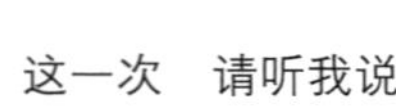

Q先生：要一个多小时。

问：早上吃完饭，上一个小时课，然后晚上吃完饭，再上一个小时课，白天没有什么活动，就是把你们限制在屋子里？

Q先生：对。

问：可以打电话吗？

Q先生：打电话也可以，但是人家跟着你，也不让你明说，怕你打电话求助。

Q父：打电话有监视。

问：去的时候，传销人员有没有把您身上证件给扣了？

Q先生：没有。

Q父：到那里一看，多大岁数的人都有，聚在屋子里，也不让他们外出活动。

问：您给父亲打电话的时候，知道是传销吗？

Q先生：知道，但是不能说，他们在旁边监视着我呢。

问：您刚去的时候已经知道是传销了，但是没机会说。

Q父：他发小领他去的时候说，因为是他爸的关系，包的工程。

Q先生：他家亲戚。

Q父：唉……到那工程里挣点钱，就这么个意思。

问：他让您等的时候就是借口说，工程还没开始，让您在那先等着培训？

Q先生：对，在吉林的时候他跟我这么说，到那边就开始反口了，我这才发现是传销。

Q父：我想不是有熟人关系吗，大家都互相认识，孩子跟他儿子也挺熟悉的，也有个伴嘛。没想到，这一去……我在家都不知道，后来他跟我打电话，没敢跟我说进了传销，说是包工程挺好的。孩子旁边有人，虽然没管他，但都在监视他。

问：之后才跟您要钱？

Q先生：对，进屋才知道他们是传销。

问：后来您见过这个发小吗？

Q先生：见不着了，他家都搬了。

Q父：我们回吉林之后，这家邻居估计是心里有愧疚，觉得没脸见我们了，就搬走了，具体搬到哪里，我们就不知道了。

亲人离世，在艰难岁月中蹒跚前行

问：因为缺陷，有没有带来生理上的不舒服？

Q先生：刚开始，可能刚出校门脸皮薄，好像就怕人家在背后说我是傻子、弱智什么的。现在呢，我都已经习惯了，人家说不说都是无所谓的事。

问：您觉得自己性格怎么样？

Q先生：我的性格嘛！说内向不内向，但是说外向也不外向，有时候不爱说话，但是一说起来就不停。

问：您和父亲的关系怎么样？

Q先生：相处得挺好的。

问：您父亲现在工作吗？

Q先生：他已经六十四了，不工作了，现在退休在家。

问：您是低保户吗？

Q先生：是低保户。

问：每个月大概多少钱？

Q先生：一个月590元。我家还办过特殊家庭。

问：特殊家庭您能具体说一说吗？

Q先生（转头问父亲）：特殊家庭就是啥？

Q父：特殊家庭就是家里有个残疾人，他妈妈去世后，我办的特殊家庭。

问：具体有什么帮助？

Q先生：政府给我们生活补助。

问：数额是多少？

Q先生：一年3 000多元钱。

问：除了钱之外还有别的吗？

Q先生：没有别的了。

问：您每个月工资多少？

Q先生：每个月2 000元。

问：您觉得在吉林生活够不够？

Q先生：一个人是够了。

问：您父亲是有退休工资是吧？

Q先生：有，但是也不多。

问：您对今后的生活有什么想法或者安排？

Q先生：也没什么明确的计划，走一步算一步了。

问：在您心目中，您妈妈是个什么样子的人？

Q先生：我妈妈也就是挺平常的一个女人，也没像别人那样特殊，也就是平平常常的一个女人。

Q父：他妈妈是先天性心脏病。小孩出生的时候，医生说幸亏生的是儿子，要是生的是姑娘，可能就出不了医院了。当时我也跟医生谈过，我爱人生产有没有危险。医生对我说看情况，要是生产的时候出现危险，就保大的。

问：您爸爸刚才说，您妈妈有先天性心脏病，在这种情况下不适合生孩子，但是您妈妈还是坚持生下来了，这样的妈妈真的可以用伟大来形容。在生孩子的时候，医生跟父亲说，能生孩子吗？

Q父：医生说最好不要。我媳妇怀孕了，她就是要生。当时做的两手准备，大夫先找我谈，抢救室都准备好了，结果他出生，还好没事，就在医院住了两天，就出院了，当时挺好的，没什么事。

问：生完他之后，他妈妈身体还行吗？

Q先生：还行，恢复得还行。

问：什么时候有的他？

Q父：我是三十三岁有的他，他妈妈那时候三十一岁。我是三十岁结婚，他妈妈当时二十八岁，三年之后才生的他。

问：知道您名字含义吗？

Q先生：不知道。是我奶奶给我取的，不是我爸爸给我取的。

问：叔叔，Q先生的名字听说是他奶奶给他起的？

Q父：他奶奶啊，对对对，他奶奶临走的时候留的名字，那时候他还没出生。他奶奶说要是生个男孩叫这个名字，要是姑娘，你们就随便起。

问：有说为什么起这个名字吗？

Q先生：我们原先住的那个地方，也有个人叫大海的，他姓武，叫武什么海的，我忘了。我妈一听这个名字，觉得人家都这么叫的，挺好听的，我妈就跟我说，就叫这个名字，也想叫个海，就这么样（笑），他奶奶给留的。

问：您现在是和父亲生活在一起，平时谁做饭？

Q先生：平时是我爸做饭。

问：您会做饭吗？

Q先生：我会做，但是我都不做，都是我爸爸做。

问：您都会做些什么菜呢？

Q先生：豆角炒肉、辣椒炒干豆、辣椒炒肉，这些我都会，家常菜我都会。当然炖鱼什么的，我就不会。包饺子、烙饼这些我也不会。

问：您是什么时候会做饭的呢？

Q先生：我都忘了，那是我妈活着的时候，我学会做饭的。因为做饭是我妈妈教我做的。我爸老说我，你要不会做饭，以后自己过日子，不得饿死了啊。

Q父：平常都是我做饭，这手都是哆嗦的，脑袋也哆嗦，这是后来哆嗦的。

问：您心脏有问题？

Q父：我这个病有些年头了。

Q先生：不是，这是遗传，我爷爷就这样，我老叔也这样。

问：这是什么病？

Q先生：医生说是帕金森。

问：这是先天的吗？

Q父：我看过，公费医疗看过，当时没确诊，吉林市的医院当时不行。

Q先生：先天的。年轻时看不出来，岁数大了就看出来了。年轻时候，他就不抖。

Q父：人说你抖什么，自己没感觉吗？我说我也不知道。这是岁数大了，我就不行了，写字也写不了。

问：您现在有这感觉吗？

Q先生：我现在没这感觉。

问：您父亲也是这情况吗？

Q父：我爸爸也是这情况，姥姥也是，我老弟弟也是这情况，剩下我大弟就没事，我姐、我妹都没事。我父亲也是年轻时没事，老了退休以后，才发现他哆嗦的。我也去医院看过，当时手术费用太高了，我承受不了，这个数，需要20万。

问：Q先生，您担心自己也有这方面的问题吗？

Q先生：我也担心过。

问：您查过吗？

Q先生：没查过，我怕到我爸那岁数也开始哆嗦。医院大夫说遗传，当然我这不一定能遗传上。

问：您的母亲有没有这方面的问题？

Q父：我母亲没有这方面的病，就我父亲有这病，他上年纪之后就表现出来了。我这心脏病也是后来生气得的，生闷气。有些事不顺眼就生气，我就是爱生闷气。

问：Q先生，您妈妈走了这么多年，您会想她吗？

Q先生：头两年想，现在也想，尤其是母亲节的时候。

问：您母亲是因为心脏病复发去世的？

Q先生：嗯，对，她是心包积液。

问：生了他之后，他妈妈身体还不错？

Q父：嗯，当时我问大夫，生男生女有没有关系。医生说有关系，这先天性心脏病，传女不传男。我也怕传给他（指着儿子）。小时候我带着他去检查过，一检查，说没事。我说那没事不是挺好嘛！她妈也是到了五十四岁才犯病，当时心包积液，胀得老大了，是正常心脏一个半大。大夫看着都害怕，怕爆了。那时候我家也不行啊，我媳妇也不开支，没补助，完全就是我撑着。我是2007年8月工资下来的，她是2007年7月走的。那时候就是借到钱就送医院住，治一治；没钱了，就得出院。借不到钱就出院。那时到处借钱，我们家亲戚都借遍了。没办法，我实在撑不了了，没办法，7月走的，实在是没办法了。死在家里了，没钱呀！我当时找社区，社区说也没办法，说我也没这权力，我只能给你往上报。后来她妈妈走后，我工资下来，慢慢还债，我现在退休，不到1 800块钱，这还是一年年调上来的。哎……一想起，我就心疼。

问：那现在家里欠的账都还清了吗？

Q先生：没有了，都还清了。

问：大概什么时候还清的？

Q先生：那我不知道，这钱都是我爸还。

Q父：这钱大都是我妹妹和我姐姐的。那钱压得我，我都怕我心脏病犯了，这犯了，你说这家以后怎么办？实在是太累了。哎……你看，就我们家这情况，我老岳母先走的，几年后，我老岳父又走了。我老岳母还没工作、没劳保，她看病都是我帮忙张罗负责的，她就这一个姑娘，只能指望我了。去世都是我张罗，她也没攒下多少钱，完了呢，我得借点钱给她张罗，我得还呀。刚还完了，缓了口气，我老岳父又走了，走了呢，又都是我的账，张罗完丧事，我还得接着还。这不是……我老岳母1999年走的，我老岳父2004年走的，我爱人2007年走的，你算算这才几年，加上我这病，实在是没办法了，缓不过来。有病住院，刚还得差不多，我媳妇就不行了，当时心包积液胀得不行。送她上医院，没敢背，我和儿子用板凳弄的布，做了个轿子，抬她下楼，不敢颠呐，不敢碰她，她胀得喘不过来气，晚上睡不着觉。

问：疼的？

Q父：没办法。她心包积液、心隔缺损，最后不行了。唉……小便失禁，打针吧，还不敢打多了，水分多，那真没法了。在附近医院，那主治大夫都知道，有个老大夫也都没办法。好几天就搁家待着，不行了，赶紧借点钱送医院，就几天，那医药费多贵，钱不够的。也有借不着的时候，就跟大夫通融下。头一回住院，抽那心包积液，抽那血水，就那大粗管子，600 ml 的矿泉水瓶两瓶，那大粗管子两管（比画，类似矿泉水粗细的管子）。大夫给我看了。抽完了，问她这会好了，能上来气了？好了点之后出院了，医院大夫都跟我说了，这是暂时的，你等回家以后，一个月不到，心包积液又满了，你还得回来。

问：根治的办法就是做手术？

Q父：对，心脏中间有个隔，她这没有。她心脏这一头一收缩往外射血，另一头就像有个门似的，没闭门。它一舒张，这头关，另一头开。她始终就排不出去血，她那没有了，一使劲往外射血，射不出去。医院大夫问她，小时候犯过吗？我爱人就说小时候她就犯过，这得怨她父亲母亲，她五岁犯过，但是家里人没在意。

问：如果五岁治了，那现在就没事了？

Q父：对。人家大夫说了，五岁那时候是最佳时机，是最佳的手术时间，治了就没事了，这不就怨老人嘛，那时候你为啥不治？就怨父母。那小孩子知道什么呀，那时候家属还能报销一半，那会儿做好了就没事了，她现在就好了，就不会现在要了她的命，哎……花老多钱了。那时候我还没工资，还下岗了，给那点钱你也知道，单位不景气，我不开支补助，老岳父还活着，老岳父一走完了。老岳父走了以后，我家亲戚帮助我办理丧事，那不得拿钱吗？我说没钱先帮我垫着，等以后我慢慢还。你说怎么办呀？不能停呀！生活还得继续。她家就这一个姑娘，完了都是我张罗，还嘛，慢慢还……

岳父走的时候，我媳妇还没开支，老头走了以后，我媳妇才有的开支——劳保。老岳父走了一年后，我爱人 2006 年开始犯病，断断续续住院治病，手术就是抽血，花了不少钱。那点劳保哪够，不够！我还得继续借。都是我护理。危险，大夫都不愿意给治疗了，医生说心脏说停就停。当时的大夫是医学

院的博士，他年轻，他给做的，做的还不错，他抽血给我看了。说了，这是暂时的，只能维持维持，如果满了还得回医院。出院之后不久又犯了，不行了，又去医院了。最后一次住院，实在是借不到钱了，没治好也出院了，出院没几天就搁家里走了。这回发丧也是我妹妹给我拿钱先垫着。8 月工资下来，我就慢慢还给她。

问：退休工资吗？

Q 父：嗯，刚开始退休工资少呀！才 800 块，连 1 000 都不到，2007 年、2008 年才开始涨的工资，一年一涨，涨点工资，涨到现在。

问：欠钱的事，什么时候还清的？

Q 父：到现在还清了，今年还清的。现在我才开 2 000 多块钱，之前都是拿 1 000 块还账，剩下 1 000 块，算计算计。我这有病，我不想乱借，这楼谁家都不容易，紧点就紧点。这楼谁家都装修，我也是干着急啊，哪怕是干净点，我这都没钱，筹不出钱了。我这嘻嘻哈哈的，没办法，走一步算一步吧！现在我就是走一步算一步。现在国家政策不错，像我这样的特殊家庭多少补助点，还强点。要不干脆我就完了。

有时候他找工作吧，有些活，人家不用他，嫌他笨，太笨了，太费劲。像你这脑瓜好的，问一遍就知道。尤其现在这高科技，像他这更不行。你看他现在说话，今天他说话觉得他好的，其实他脑袋反应慢，比正常孩子反应慢，也不行，没办法。他在服装厂，像张厂长给他教那些，那产检什么的，人家教了，他不得记住吗？记不住，今天教了明天就忘！后来厂长一看不行，不能养吃白饭的人呀！谁厂养吃闲饭的。现在国家政策真是不错，我爱人就没有享受上这政策，要是坚持到现在能赶上。唉……那会儿低保没有，医保我后来搁社区办的，城镇居民医保卡，还不是吉林市的。我住两回医院，才报销了 30%，4 000 多块钱，报了 1 000 多，剩下的全是自己掏。

问：他姥姥住院看病花了多少？

Q 父：她是属于水泥厂医院的，在她医院住的，属于职工半费，50%给报的，直接就报了。

问：另外 50%花了多少？

Q 父：哎呀！这你问我，年头太远了，多少年了？1999 年办的，就是二十多年了，实在记不住了。

问：那时候给他姥姥看病也借钱了？

Q 父：嗯，借钱。那时候我单位不景气，单位主要是从事建筑，地梁打完就赔钱！没等楼盖起来，就赔钱，后来直接就破产了。破产之后，我就没工作了，在家待着，当时家里需要开支啊。

问：当时借了多少？

Q父：借的不算多，就是什么呢，等她走了以后，主要是人走了后，送她、火化费、车费，这些加起来费用就高了。

问：这个需要不少钱？

Q父：那可不是！现在费用更贵。以前钱少一点，我爱人还活着，而且我老岳父不管怎么样，还有退休工资。当时具体花了多少钱，我也记不清了。他姥姥走了以后，看病花多少钱都是我老伴接手的，她在那边干活、打扫卫生，还伺候她妈妈，具体花多少钱，都是她一手负责的。

问：当时家里一个月收入是多少？

Q父：嗯，我们都在一起住，还有个老岳父，加我们三口，我当时也挣不了多少钱，我老岳父还有点退休工资。我们动迁房，叫我们给扩大面积费，这个钱是我借的，我爱人家拿不出钱，老两口手里也没多少钱。他姥姥不是肺心病嘛，她不经折腾，给她姥姥看病都是借的钱，我是一点点还。扩大面积费交不了多少钱，那时候我手里还有点钱，不算多，还差点，我就又借了点。这不像买房，买房就贵了。这房子后来卖给我嘛，都走了，就只有一个人，水泥厂不是破产了嘛，厂子卖了，当时房产科还在留守，这是公房，后来人家说房产科要撤了，你就买吧，这房子卖给个人，钱不算多，就一万七千，多便宜这房子，我姐还有她那些姑娘给我凑的，还有我妹妹给我凑的，这一万七千块都是借的。

问：他姥姥治病什么的钱，您花了多久还清的？

Q父：花了5个月，不多，有些钱是我妹妹的，我后来还给我妹妹她们，她们也不要，知道我这困难。

问：她姥爷住院治病丧葬费也是您掏的？

Q父：都是我掏的，丧葬费是我妹妹帮我垫的。

问：花了多少钱您还记得吗？

Q父：哎呀！他住院好像是5 000块，当时水泥厂破产了，还没给报，我就去找水泥厂负责人，他们有留守处，没给报，一分钱没给报，那钱还没医保，我老伴也没医保。

问：姥爷丧葬费花了多少？

Q父：丧葬费也是我家亲戚帮忙出的，那钱我实在借不到了，花了2 000

多，现在这个钱已经还清了。他姥爷有退休工资，去世后，给了点钱，我是这么还的。要不然我一下能这么快还清嘛！大概用了两三年还清的。我老岳父走了，我爱人劳保工资下来了，也是 800 多块钱，我又还了点。

问：孩子他妈妈看病花了多少钱？

Q 父：那没办法计算呀，凑点借点钱就给她看，这都是零钱，不像一把〔花钱〕，唉，我凑点钱就给她看。当时我退休工资没下来，还没工作，而且我还不能出去干活，她病成那样，需要有人照顾她，就得东凑西凑，我家亲戚都借遍了。

问：当时借了多少钱？

Q 父：嗯……我算算，好像不到 1 万块钱，大概几千块钱。

问：他妈妈丧葬费花了多少？用了多久还清的？

Q 父：花了 2 000 多块钱，嗯……2017 年 4 月还清的，用了大概十年还清的。还清了之后，我感觉自己心脏不舒服，就去医院检查，结果是心衰，没办法，住院了。

问：他妈妈走之前，有没有说过关于儿子的事？有什么担心？

Q 父：没有，当时她不行了，连话都说不出了，眼泪不停在流。他妈妈在家里去世的，不是在医院走的，没钱给她看，我实在没办法了。

问：他妈妈刚犯病的时候，有没有跟您说儿子以后怎么样？

Q 父：我俩有的时候也讨论过。她犯病的时候，在家伺候她。他妈妈也惦记他，说将来孩子怎么办，我说走一步算一步吧，你别操心了，你先治病要紧。我能怎么说！老太太走，我借点钱，我刚还完，刚缓口气，结果老岳父又走了，我是一步一步还，我爱人走之后一共还了 8 000 块钱。

心怀感激，成为造血干细胞志愿者

问：您提过在 2013 年的时候，您获得了造血干细胞志愿者的荣誉证书，您能说说这件事吗？

Q 先生：因为我整天看新闻，新闻上说现在孩子得白血病的非常多，现在都一家一个孩子，不论谁家孩子得白血病，父母会非常伤心，而且得白血病需要很多钱才能治好。我看了这些新闻，才想加入造血干细胞志愿者。

问：您是怎么知道造血干细胞志愿者的事？

Q 先生：我 2013 年去献血的时候，正好碰到中华血库的工作人员，他们问我愿不愿意做造血干细胞志愿者，说我的干细胞能救很多人。他跟我说了很多很多，我也没记住。后来工作人员又说，你要是配型成功，吃住一切费用都免，他们还说有个孩子跟我一个血型。我想，平时看新闻，孩子得白血病的比较多，现在一家不都是一个孩子，生命不是都只有一次嘛！就这样我参加了。

问：您现在有参加过骨髓捐赠吗？

Q先生：这个造血干细胞需要配型，工作人员告诉我是千万分之一的概率，不好配。我献血的时候，抽了大概十五毫升的血，他说抽血来配型，加入骨髓库，我也不太懂。如果成功的话他就会联系我。

问：就是说现在还没有配过？

Q先生：对，这个是千万分之一。

问：那您是从什么时候开始献血的？

Q先生：我2011年开始献血的。那年我在小区里干活，和我一起干活的阿姨就带我去献的血。没献血之前，我怕看见针头，我就不敢献血。

问：怕针头？

Q先生：献血那个粗针，我怕看见这个，就一直没敢去。直到那个阿姨带我去献血，就这样我开始献血了，一直坚持到现在。

问：您还记得那个阿姨是怎么说服您的？

Q先生：阿姨就问我说你献不献血，献血没什么可怕的，就这样我就去了。

一步之遥，与爱错失

问：问一些比较私人的问题，您现在是已婚还是未婚？

Q先生：我还没有结婚。

问：家人催过您吗？或者给您相过对象吗？

Q先生：没有。我家人认为这件事就是顺其自然的好，没有催过我。

问：您个人有什么大致的规划？

Q先生：没有。以前也谈过对象，但是后来分手了，那时我也考虑过和对象的未来。但是单身之后，对自己的未来又有点模糊了。

问：能说说您之前那个女朋友的事情吗？

Q先生：嗯……很久以前的事了。怎么说呢，她和我一样都是特殊学校的，那时候我们还小，也不懂事，对于爱情都是懵懵懂懂的，也不懂什么是恋

爱。和她相处的时候，更多的时候像是朋友一样，也就是一起玩，我也没考虑到女朋友的事。直到有一年我俩没有联系，就是失联的那种状态，我也就慢慢把她给遗忘了。

后来大概过了一年，也是巧合，我爸妈去药店买药，在药店碰上她了，我妈和她互相留了联系方式，就这样我们又联系上了。她和我说这一年她发生了什么事，让我没想到的是，就在这一年，她结婚了。就这样我们彻底结束了，有缘无分吧。但是她说结婚了，又离婚了。听她这么一说，我就又动心了，之后我俩又在一起了，天天黏在一起。除了周六周日她在家不出来，其余五天我们天天都在一起。后来慢慢地，我就有了结婚的想法。我家里人就和她家人谈婚事。没想到这女的骗我妈，根本就没跟我妈说实话，说她妈妈要找我妈说点事。就这样我妈去了，结果没成。那时候我也没有好好工作，年轻气盛，玩心太重了。

问：当时您多大？

Q 先生：也就二十岁左右，大概是 2000 年、2001 年左右的事了。

问：刚从学校毕业的那段时间？

Q 先生：嗯，对。后来她家就不同意我们相处。虽然她们不同意，但是我们还联系着，后来我爸看我们挺好的，我家就同意了。我爸跟我说，你俩相处得挺好的，但是别怪爸妈没给你忠告，以后你俩要是因为钱的事吵起架来，不要找我们老人，就这样我家就同意了。但是她家执意不同意我俩的事，主要看我挣不了多少钱。后来 2006 年的 6 月 1 号，我爸也有情绪了，也不同意了。

问：为什么爸爸这边不同意了？

Q 父：她家不同意，她妈说什么就是不行。她妈妈说，你要是和我家姑娘真结婚了，以后你们的事我一概不管，什么钱也不会出，你们愿意结婚就结婚，直接就是把她姑娘推出去，我看这情况就不愿意了。

Q 先生：我爸不愿意之后，有一天她到我家里来，跟我爸谈这件事，我爸当然不愿意，她就把我说了一顿。后来我跟对象去江边，结果我爸知道了，就让我妈去找我回去，我回来之后我爸就不高兴，训斥了我一顿。我当时也生气，实在是烦得厉害。她跟我闹，我爸这边也跟我吵。我就赌气跟她说，你以后不要来找我了。就这一句话，她从 2006 年 6 月 1 号开始不来找我了。我天天在我们约会的时间、地点等她，但是她再也没有出现过。因为这件事，那段时间心灰意冷，对什么事都提不起兴趣。

问：您的前女友当时多大？

Q 先生：她比我大两岁，她属狗的。

问：她在特殊学校上学，她属于什么情况？

Q 先生：嗯……她和我一样，智力残疾还能接受，和人交谈也行。

问：一直到现在，分手之后再也没联系过吗？

Q 先生：没有联系过。

问：您在 2006 年之后再也没找过对象了吗？

Q 先生：没有。我也想找个姑娘成一个家，但是我的情况你也了解，只能走一步看一步吧，尽量找一个吧，顺其自然吧，我也不强求。

问：Q 伯父，您现在有帮他介绍过对象吗？

Q 父：我也希望给他介绍对象。他以后身边没有人陪着，孤孤单单的一个人，我能放心吗？但是家境不行，就我这点工资只能养活我自己。我这冠心病，前段时间差点要了我命……住了两回医院，才恢复过来。这心衰，说不行就不行了。手里就这么点钱，还要生活还要顾着家，要治病。他妈妈走的时候，我太伤心了，我差点也跟着去了。

生活不止眼前的困苦，还有诸多欢乐

问：您什么时候开始养小动物的？

Q 先生：我从十几岁的时候就养小猫了，后来又开始养小狗。

问：刚才看见您家小狗挺有意思的，您什么时候养的这条狗？

Q 先生：这狗是我在物业干活时碰到的。那时候我在物业大门旁边，小狗在防火门后面。人家告诉我这狗是人家不要了。当时怕它咬我，我就摸摸它的头，结果它就跟我走了，就这样，我就给它领到家里了。

问：您在物业干活是什么时候的事了？

Q 先生：那是在 2011 年。

问：这都六七年了。

Q 先生：对，这狗在我家都六七年了。

问：会出去遛狗吗？

Q 先生：它死活不下去，怎么拉它都不行。

问：它平时都吃什么？

Q 先生：嗯……主要是吃馒头，给它什么，它都吃。

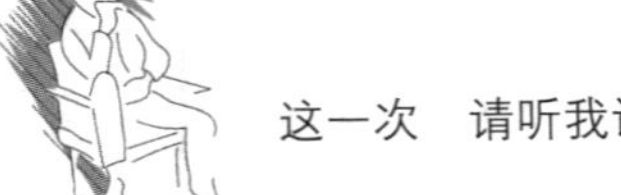

Q父：都是没人要的流浪狗。

问：这狗的毛挺长的，您给它剪过毛吗？

Q先生：也剪过。就别提这事了，给它剪过两回毛，结果伤它两回，后来我就不敢再给它剪了。

问：那第一次是怎么回事？

Q先生：第一回给它剪毛，是因为看它耳朵上的毛太长了，这狗好像是京巴串，毛也特别长。它吃饭的时候，脑袋都伸进饭盆里了，耳朵会碰着水，一碰水，毛就慢慢成团了，特别脏。我就想给它剪剪，结果把它耳朵剪伤了。第二次又剪耳朵上的灰团，结果差点把皮给它剪了。后来我就不敢剪了，我也一直想花钱去宠物店给它理理发。

问：您养这条小狗，平常它给您带来过快乐吗？有什么有趣的事情吗？

Q先生：哎！有时候它乱尿尿，我就教训它，让它去厕所，我都教它好几回了。说，豆豆，你去厕所，当时没用，之前它还下楼上厕所，但是后来让我给娇惯得不下楼了。

问：除了养狗，您平常还干什么？我看您那放着游戏，平常打游戏吗？

Q先生：游戏也打，嗯……在网上玩《地下城》玩一阵子，《穿越火线》玩一阵子，反正我啥游戏都玩就是。

问：您什么时候开始玩游戏的？

Q先生：我最早啊？

问：对。

Q先生：那时候我接触的最早的游戏叫……CS……那叫……反恐？

问：《反恐精英》。

Q先生：对，就是这个游戏，那时候还没有网吧呢，只有电脑房，我第一个看见的游戏叫《红警》，那时候也不会，就看人家玩，觉得挺新奇的。

问：那时候您多大？还在特殊学校吗？

Q先生：已经从特殊学校毕业，参加工作了。

问：大概是零几年？

Q先生：大概是2006年，那时候网吧慢慢出现了。我当时对电脑一窍不通，什么都不会，连在电脑上打字都不行。

问：您现在会在电脑上打字吗？

Q先生：会打字了。

问：是接受过培训吗？

Q先生：没有，打字都是我自学的。

问：都是自学的？

Q先生：对，我都是自己看字典学习的。

问：用的是拼音打字法？

Q先生：嗯。

问：那您现在还玩游戏吗？

Q先生：电脑上游戏玩得少了，平常都在手机上玩游戏，比如《天天酷跑》。

问：您知道最近流行的是什么游戏的？

Q先生：是《荒野行动》。在手机上根本都玩不了，操作方式太别扭了。

问：听歌吗？

Q先生：也会偶尔听听歌。

问：喜欢听什么类型的歌？

Q先生：我听歌挺随便的，有时候听DJ，主要是谁唱得好听就听谁的歌。

问：您说您平常喜欢看电影，您喜欢看什么类型的？

Q先生：恐怖片。

问：为什么？

Q先生：因为好看！我就喜欢看国外的那种恐怖片。

问：害怕吗？

Q先生：不害怕，就是有点恶心。

问：看您家相册里好多在外面玩的？

Q父：这都是我跟他出去的。这都是我给照的。你看这个，最小，一点看不出来。我说这孩子他一小，一点看不出来。这张是在公园照的，江南，我领他去逛公园，这是在花轿里。这是在江北公园，这是他妈。有很多是放学路过，我照的。

问：为什么想起来给他拍这么多照片？

Q父：我想给他留个纪念，等他大了会看到。如果他要结婚了，给他看看，留个小时候纪念。我花了1 000多块钱买了个照相机，我也不会调焦距。这也是他们班同学，去旅游，我看看，是学校组织的，培智学校。

问：是去哪旅游的？

Q父：我拿个眼镜看看，这好像他们学校上公园，老师给照的。这是我上丰满旅游给照的，这是在船上，这是在北山那旮旯，人造湖边上，这不凉亭嘛，这是在九台，下了火车，在站外面照的。

问：您带他去九台干嘛？

Q父：九台呀，你上长春，那坐快车不经过啊，就咱们动车不经过，这个属于普通快车，完了就到长春。那时候我领他串门去，这么大，我敢叫他撒手一个人走呀，再说智力不好，就那智力好的孩子走，都不能撒手自己跑，都不放心。这个穿校服，他老姑给他照的。

问：家里亲戚对他怎么样？

Q父：啊，俺家亲戚对孩子怎么样啊，反正都挺好，就是他老姑啊，他二叔，老叔，完了他大姑还有几个姐姐都对他挺好，他几个堂兄弟跟他玩也还行。

问：这张照片是在沈阳北站，您带他去沈阳干嘛的？

Q父：这是我领他去沈阳打工的，我老婆也去，我们全家去沈阳打工。

问：那是什么时候的事？

Q父：打工干了一天就不干了，干不了，这是他二十岁还是十九岁，忘了。这是服装厂出来了，就搁家呆着呢。完了，我寻思，嗯……那时我是失业嘛，就在家赚点生活费，反正就在家待业，嗯，不给开支，就给点生活费，没办法，嗯……他妈呢，也是搁家，俺俩没招了，人家说你去沈阳打工吧，挣点是点，你家里够呛啊。还有老人去世欠的债，都得还。我就把他带着，在家呆着干嘛，连他都带着，家里三口去的，去了才干了一天，就不干了，干不了。

问：太累了，还是什么原因？

Q父：挖不动！我说你怎么了，我跟你俩回去吧，后来他妈回来了。

问：去了给他找什么工作？

Q父：搁那就是建筑啊，挖沟挑沟，挖基础。挖完基础了，让你挑沟，哪能干动？他没干过，他妈有心脏病啊，也不能干，我说回去吧，干一天就走了。

问：这张照片是在电视台拍的，什么时候去拍的？

Q父：这是电视台记者邀请这学校老师还有这几个学生上电视台采访，十八九岁大概。那时候已经从学校毕业了，老师给家里打电话，叫他到学校，说电视台记者要采访，那不几个学生都去了，老师领着。

问：照片上的同学都毕业了？

Q父：都是搁学校出来了。

问：主要访问什么？

Q父：好像关于老师教育这帮孩子怎么样。

问：知道为什么找Q先生去吗?

Q父：那是学校给安排的，就叫到学校。

问：老师为什么选他?

Q父：我跟你说，他们这个班这些学生，不像人家孩子那么重，都差不多，所以老师才找他们，比较轻一点。这几个学生，学校有什么铲雪啥的，都叫他们帮忙。有的重的吧，不行，重的干不了，不能叫。

问：Q先生，您现在最想做些什么事?比如梦想之类的?

Q先生：我就想天南海北地到处看一看，趁着年轻还有精力，到处看看。等着岁数一天比一天大了，就没这心思出去了。

问：那您最想去哪个地方?

Q先生：我想去下四川。

问：为什么?

Q先生：因为我平常看直播，主播他们都上四川玩，四川是个挺好的地方。

问：您觉得那边有什么地方吸引您?

Q先生：山、水，还有那边的人挺热情的。

问：我看您最近发的朋友圈，您最近去哪玩的?

Q先生：我前两天去的是乌拉街满族镇。下一步我想骑车去一趟蛟河，看一看拉法山，还想去珲春和哈尔滨，主要就是我们东北这边的景点。而且我也没有车，骑个摩托车去不了太远的地方。

问：您摩托车怎么来的?

Q先生：摩托车是我朋友的。

问：送您的还是借您的?

Q先生：借我的。

问：您最近去的乌拉街是自己去的，还是和朋友一起去的?

Q先生：跟我朋友起去的。

问：怎么想起去乌拉街的?

Q先生：我提议去的。因为我在手机上看乌拉街十分漂亮，还有以前的老建筑，我觉得挺好的，就想亲自去看看。

问：有听导游介绍吗?

Q先生：没有。乌拉街满族镇就是一个村子，也就没什么特殊的，在网上介绍得挺好的。其实去那一看，也没什么，就只有老房子，看着年代比较久

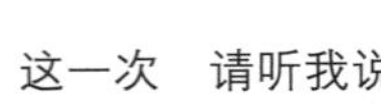

远，就像一个农村，都是一排排小平房。

问：从吉林市到乌拉街远吗？

Q先生：嗯……好像26公里，也不远。

问：您这么喜欢走出去看看，您出去旅游过吗？

Q先生：也没有，嗯……我也不好好挣钱，也不好好打工，没有什么钱，多数时间都在吉林市看一看。说走出去的话，就是这次参加曲棍球比赛，去了奥地利。

问：附近长春、哈尔滨、沈阳都去过吗？

Q先生：长春我去过，是去串门的，因为我大姑家在长春。

问：东北冬天的时候哈尔滨有冰雕节，您去过吗？

Q先生：没去过。

问：附近的周边景点去过哪些？

Q先生：也没怎么去过，因为那时候骑车也走不远。

问：现在想去哪里？

Q先生：我准备去珲春。因为珲春是地处中、朝、俄三国交界的边境城市，我想看看珲春那边的朝鲜人和俄罗斯人生活怎么样。

问：您现在生活或者工作上有什么困难吗？

Q先生：平平淡淡吧！工作上没有什么不顺心的，但是生活上确实挺困难的。因为我妈妈去世了，就我爸爸和大爷在，爸爸心脏病也挺严重的，家里挺拮据的，什么也没有。

问：其实一个人生活肯定不会很顺的，您遇到这些，是怎么坚持下来的？

Q先生：只能忍着，默默承受。我也会找找事做分散注意力，比如玩玩游戏什么的。

问：对于像您这样的特殊群体，您有没有一些话想对他们说，或者想为这个群体发声？

Q先生：我想说的是，不论谁家碰上我们这样的孩子，做家长的也是挺伤心的，谁不希望自己的孩子健健康康成长？我的智力残疾程度比较轻，我平时看我学校有智力残疾比较重的同学，你说让他们出去工作也不会哟，哪有人招他们？而且现在残联也不帮忙给我们特殊学校的学生找工作了，所以家里就必须养着他。你说当爸妈的也不可能跟着他一辈子，要是爸妈有一天走了，你说他们怎么办？也是挺可怜的。

问：所以您希望社会多关注一下这个群体？

Q先生：对。主要是帮助智力残疾比较严重一点的，他们家长也不容易。

问：您看过《超级演说家》吗?

Q先生：没有。

问：有一个叫梁田的姑娘，她是因为工作原因造成脊柱受损，导致不能走路，但是她活得特别乐观。

Q先生：要想生活下去，她必须乐观。

会为长辈做饭洗衣——Q 先生叔叔口述

口述者：Q 先生叔叔

访谈者、撰稿者：赵培文、李斐斐，北华大学硕士研究生

访谈时间：2018 年 6 月 6 日

访谈地点：Q 先生家中

问：您是他的叔叔？

Q 叔：这是我侄子，我是他老叔。

问：您是看着他从小长大的吗？

Q 叔：对呀，从小看着他长大的。他从小在外面不惹事，不像有的孩子在外面打架惹事。

问：您是什么时候知道他智力有问题呢？

Q 叔：上学的时候。上学之前他脑瓜就不行，算算术什么的都不快。那时候他爸爸要把他送到培智学校，我当时就不高兴了，我说你怎么把孩子送到那里。他爸就说他智力不行，在正常学校跟不上学习进度，只有把他送到培智学校。就这样我才知道孩子智力有缺陷。

问：您是从他小时候就一起跟他们生活的？

Q 叔：这倒没有。

问：您是从什么时候开始和他们一起生活的？

Q 叔：啊呀……这我还真不好说，记不清了，反正也就七八年。我嫂子在的时候，我不在这住。后来在这边工作，刚好靠着他家这边。我侄子和我大哥说你在这干活，就在这住，下班回江北的家太远了。这么样，我暂时在这住。

问：您觉得 Q 先生性格怎么样？

Q 叔：性格当然挺好的！

问：是开朗活泼的，还是不爱说话的？

Q 叔：他呀？嗯……这么说吧，他该说的说，不该说的就不说。

问：他平时脾气怎么样？

Q 叔：脾气啊？脾气挺好的。有事都是商量着来，会跟他爸商量怎么办。

有时候，我也会给他提供参考意见。

问：在您心目中，您认为您侄子是个什么样的人？

Q叔：在我心目中他是什么样的人？（笑）他当然很好。我有时侯下班了，他会问老叔你饿不饿，我给你做点饭。有时跟我说，老叔你要是饿，那有面包，你先吃点面包垫垫肚子。一个侄子这样对老叔，确实没话说。

问：他经常做饭吗？

Q叔：也做饭啊，要是我们不在家了或者有事回家晚了，他就做饭了，要是我们在家，长辈在这，他平时就会偷点懒。

问：怎么说都是孩子。

Q叔：唉，对对对，孩子都是这样，家长在家，他肯定想偷懒，不想做饭了。

问：衣服平时是谁洗的？

Q叔：洗衣服啊，都是他自己洗的！他洗衣服之前，他都问他爸，有时候也问我，老叔你这有啥衣服洗的没？如果我有脏衣服的话，他也会顺带帮我洗。

问：他和您在一个单位，你们的工作一样吗？

Q叔：那个怎么说呢，他跟的是汽车，我呢，不跟汽车。

问：您是跟什么车？

Q叔：反正他那个工作呢，他这工作不是天天到岗的，有活的话，老板就招他去，没活他就在家呆着。我这不一样，属于长期工作，需要天天上班，天天干啥的。但是呢，都是干一天挣一天钱，不干不挣钱。

问：在工作中，他表现怎么样？

Q叔：工作呀，这样说吧，他要是干得不行的话，老板还会找他吗？他要是工作偷懒什么的，老板肯定不会要他的。人家老板相当满意他。

问：他出国参加特殊奥运会的事，您知道吗？

Q叔：这个我了解得不太详细了，后来他回家我才知道这件事。他临走时，我都不知道他干什么去了。他爸爸知道，但是没跟我说。我天天上班也忙，我以为他是上哪儿打工去了，后来他回来，我才知道他去比赛了。回来之后我问他，你去哪儿了？干什么去了？他说我出国比赛去了。哎呀，我说我真一点不知道。

问：他跟您说没说在国外碰到的有趣的事？

Q叔：他跟我说就是去比赛了，还得了奖，挺高兴的。

问：没说其他的吗？

Q叔：其他的没说，他有的话，也不跟我说。

问：您对他的婚姻有什么看法？

Q叔：他以后要成家呢，我当然高兴，这是圆满啊！他真要是成家，我还希望他们过得好，夫妻一起干点小买卖。不能说他成家以后靠这个靠那个，这是不可能的事了，两口子全靠自己了。唉，他以后要是真结婚了，我们做长辈的也放心。

问：您对他以后有什么期望？

Q叔：这（笑）……这让我怎么说呢，因为他智力有缺陷，不像正常人，他要是像正常人一样，现在不一定能干嘛呢。他有时候也想做点什么事，比如创业啊，但是他家底子薄，不像有钱人家的孩子，要什么有什么，咱家底子薄。所以他爸爸跟他说："你不在外面惹事，就是给我烧高香了。"孩子呢，他也懂事，说："爸，你放心吧，我在外面老老实实的。"当老人的也挂念孩子，怕孩子会出什么事，有时候我也会说他，我说你在外面多注意，千万别惹事，不管人家怎么样，我们就谦让一点，退一步海阔天空，如果你把人家打伤了，或者你被别人打伤了，都不好，到最后还是自己遭罪。

我们是发小——Q 先生朋友口述

口述者：Q 先生朋友
访谈者、撰稿者：赵培文、李斐斐，北华大学硕士研究生
访谈时间：2018 年 6 月 10 日
访谈地点：Q 先生家中

问：您和 Q 先生是怎么认识的？

朋友：我们在学校认识的。

问：在特殊学校认识的？

Q 先生：还是零几年时候，大概是 2002 年、2003 年的样子。我刚入学，那时候特殊学校还在东厂呢，他也是刚入学。

问：你俩是同一天入学的？

朋友：嗯，对！

问：从您认识他这么久，有十来年了，您眼中的他是怎么样的一个人？

朋友：我说不行，不告诉。

Q 先生：他说我说话挺好的。

问：意思就是 Q 先生的语言表达能力还是挺好的？

朋友：嗯，我不行，我说话那个……不行。

问：您和他一起上学一起玩，平时都玩什么？

朋友：那时候也没有什么好玩的，就骑个车随便逛逛。

Q 先生：不仅他一个人，我们还有好几个同学，这是我其中一个。他是和我从小玩到大的，也是从特殊学校一起毕业的，也就算我发小了，毕业之后一起参加工作。

问：你们是一起参加工作的吗？

朋友：嗯，一起。

Q 先生：原来在哪个服装厂一起上班的？还记得吗？

朋友：宏达吧。

Q 先生：对，宏达。

Q先生：那时候计件，主要是干零活。技术活我们也做不了。主要是缝个扣子，剪个线头，叠个衣服。

问：Q先生离开服装厂后，您也走了吗？

朋友：没有，我当时还在服装厂。

问：您是什么时候走的？

朋友：记不清了。他走之后时间不长，我也离开服装厂了。之后就一直在玩，没找工作。

问：你们离开服装厂之后，还有联系吗？

朋友、Q先生：有！

朋友：天天来往。

Q先生：不说天天来往，但也是见得算比较多。

朋友：来往得多。那段时间有时候我找他出去逛街，有时候他也找我逛街。

问：主要去哪里？

朋友：也没有个固定的地方，我们那时候主要是骑车。

Q先生：那时候我们满吉林市逛，一骑，骑好几个小时。

问：您参加过特殊奥运会吗？

朋友：我没去。

问：体育比赛参加过吗？

朋友：没有，从来没有参加过。

Q先生：他身体不好，他想去，老师也不会让他去跑。而且我们比赛前天天训练，强度很大，他身体适应不了。你别看他现在身体挺好的，他身体其实很弱。

问：Q先生参加奥运会的事，您知道吗？

朋友：我知道。

问：比赛前还是比赛后知道？

朋友：比赛前知道的，是在学校。

问：他告诉您的，还是您从别的朋友那知道的？

朋友：他给我打电话，让我去特殊学校。

问：您打电话给他，想让他跟您一起去？

Q先生：对。

朋友：他想让我也参加，我去特殊学校一看，不行！

问：您也想参加特奥会吗？

朋友：我爸说不同意我去。

Q先生：人家问你是自己想不想去？

朋友：想去想去，我爸说我身体不好，不能参加这个比赛。我身体素质太差了。

问：父亲是担心您身体受不了这种强度的比赛，也是担心。

朋友：嗯，对。

问：对这个老朋友，您觉得他有什么优点？

朋友：他的优点啊，对人挺好的。我和他出去的时候，他会给我买水喝。

问：就是朋友之间不计较？

朋友：嗯，对。

问：还有别的吗？您老同学还有什么优点？

Q先生：比如我性格脾气呀什么的？

朋友：他有时候发脾气，火气特别大。

问：他是个急脾气？着急了，说不过别人就会生气？

Q先生：对。不管家人还朋友，我对别人发火，管你生气不生气（笑）。

朋友：他发火没事，我们也不怕。事情过去后，我们该怎么相处就怎么相处。

问：也就是直脾气？

Q先生：对。比如这双鞋样式好看，但是他们说不好看，就因为这事我就跟他发火。

问：那他们有什么事情让您觉得特别生气的？

朋友：特别？朋友啥的就别对我说脏话。如果对我说脏话，我就特别生气。别人说脏话我不管，但是我们朋友之间，你跟我说脏话就不行。他有时候也会说脏话，我就会提醒他注意点。

Q先生：你可以跟别人嘴巴不干净，那我管不了；但是我们朋友之间，不管是聊天还是说笑话，你就不能说脏话。

问：他是个内向的人，还是个外向的人？

朋友：我也说不上来。

问：他是开朗活泼还是闷着不说话？

朋友：不会跟陌生人说话。

问：他会主动跟陌生人说话吗？还是不搭理别人？

朋友：那不会，别人跟他搭话了，他还是会理人家的。

问：最近你们有去哪玩？

Q先生：3月的时候，那时刚下完雪，我们出去看了看。

朋友：去青云寺，好像是个佛教寺庙，具体的我也忘了。坐101路公交车去的，还得倒个车，走一公里才能到山上。

问：好玩吗？

朋友：还行，就在那看看风景。

Q先生生活观察日记

观察时间：2018年6月9日9:00—17:30

观察地点：吉林省吉林市昌邑区大润发献血站、公园

观察者：赵培文、李斐斐，北华大学硕士研究生

时　间	活动内容	备　　注
8:35	Q先生洗漱完毕，准备出门。Q先生一边告诉父亲今天准备去献血，一边用手机看趣味小视频。出门时父亲对Q先生说："天气热，街上人也多，要注意车。"Q先生跟父亲说："没事，爸，我经常去，又不是第一次去献血，路我熟悉得很!"	
9:09—9:20	乘公交车前往昌邑区大润发献血站。一名约二十五六岁的男子不认识路，询问身边的Q先生，Q先生详细说明路线，并掏出手机，用手机导航帮助他说明路线，十分热情。	
9:20	儿童医院站下车。	天空明媚，街上人十分多，也很热闹，Q先生满脸微笑，似乎十分喜欢热闹。
9:26—9:33	到达大润发旁边的献血站，进行抽血前的准备。套上脚套，然后抽血化验、量血压。由于经常献血，跟献血站里的医务工作者十分熟悉，和献血站的医务工作者谈论最近碰到的趣事。	
9:33—9:38	吃献血屋提供的面包。跟医生打趣道"这次的面包比之前的面包好吃"，医生也笑着说给无偿献血的人一定要提供好"伙食"。	
9:38—10:40	开始抽血，看着电视，喝葡萄糖口服液4瓶。	

（续表）

时　间	活动内容	备　注
10:40—10:47	等公交车。	气温开始升高，Q先生开始流汗，但献完血之后看起来十分高兴。
10:47—11:00	坐公交车回家。Q先生坐在公交车前排，停靠下一站时有一位老人上车，行动十分不便，Q先生看见急忙上前搀扶老人，并将老人扶到自己的座位上坐下，老人说："谢谢，小伙子真热心。"	
11:05	给朋友打电话，相约下午见面。	
11:10—11:40	在家吃午饭。	
11:40	吃完饭，开始收拾碗筷。	
12:10—13:10	睡午觉。睡觉前拿出手机看看今天的新闻。	
13:20—13:30	朋友打电话，说到Q先生家的小区了。Q先生出门接回朋友。	
13:30—14:40	和朋友闲谈一会后，Q先生打开家中的电脑和朋友看了一部电影。观影途中，两人时而笑，时而打闹，并对影片作出点评。	
14:40—15:50	两人前往附近的轻工商场看看。没买什么东西。	Q先生对我们说轻工商场是附近最大的商品批发市场，自己家里的东西平时都在这买，价格低廉，质量又十分好。
15:50—16:20	逛完商场，两人去附近的公园。	
16:25	Q先生朋友在走后五分钟又回来找Q先生，不认识路，只好让Q先生带路。	
16:40	在送朋友去公交站的路上，碰到一群小朋友在踢足球，一个小朋友不小心将球踢到Q先生脚下，Q先生笑着将足球踢回小朋友那，还跟小朋友说能不能一起踢足球。之后和朋友一起跟小朋友踢足球。踢足球的过程中，两人十分开心，跟小朋友们打成了一片。踢完球后，有的小朋友还跟Q先生说下次再来踢足球，Q先生高兴地答应了。	
17:30	回家帮父亲准备晚饭，帮忙洗菜，淘米。	

一路尖一路傻

——裴明亮母亲口述

裴明亮，男，1986 年生，吉林省吉林市人。独生子女。智力障碍三级。2014 年毕业于吉林市昌邑区特殊教育学校。现居家。

口述者：裴明亮母亲

访谈者、撰稿者：李斐斐、赵培文，北华大学硕士研究生

访谈时间：2017 年 12 月 6 日、2017 年 12 月 23 日

访谈地点：吉林市昌邑区特殊教育学校、语情花咖啡店

期待他的到来

问：您和您爱人从事什么工作呢？

裴母：我一直是碳素厂的压型工。我爱人也是碳素厂的，他刚开始是厂里的联络员，后来调成了搬运工。虽然是一个厂的，但是我们属于集体，他们属于国营。

问：您和您爱人是怎么认识的，可以说一说吗？

裴母：通过别人认识介绍的，班上同事给介绍的。其实我家里烦喝酒、抽烟这些毛病，当时问他，他也是撒了个谎呗！能喝，喝不多少。谁也不知道他挺能喝大酒的；其实要是少喝点，男人嘛，能喝点酒也无所谓……他爸那工夫，不像人家流里流气的，他就是爱喝酒，但是介绍人也没跟你实说。剩下别的吧，是正经孩子，所以家长就同意了。这么地，处了能有三年的对象。其中黄了半年，后来我母亲一看他追我，我上班下班，他天天就搁厂子门口等我，完了呢，我俩骑车回到俺家，就这么家里同意了。（笑）

问：这三年之间，您没发现您丈夫喜欢喝酒？

裴母：没有。我们那时处对象不像现在的孩子总在一起，我们一个多礼拜

能见一次面，而且他那工夫也挺忙的，倒班，我也倒班。我俩处了三年对象，两家其实离得也不算太远，但是我就上他家去过五六次吧！我也不想去，因为他没有父母，跟哥哥在一起住，所以到那旮旯[①]也没啥可唠的，他姐姐都结婚了，也没人唠嗑[②]。他这个人本身说话就不像人家那么多，他不爱说话，所以我也不过去。

问：您现在有几个孩子？

裴母：一个。当时街道计划生育挺严的，知道这个孩子有毛病以后，街道也给指标了，我们寻思家庭条件也不允许，而且他父亲也喝酒，我怕下一个孩子也这样，所以就没要第二胎。

问：他是在哪个医院出生的呢？

裴母：碳素厂医院，我们本厂有医院。

问：在孩子出生前进行过检查吗？

裴母：检查过，就是我带孩子前儿[③]吧，妊娠反应非常大。一点儿都不能吃，不能见水，见水就吐，吃啥吐啥呀！只能搁医院打吊瓶，打葡萄糖，那前儿因为不能吃，走道儿[④]迷糊，走道儿还总卡跟头[⑤]，所以一天就打葡萄糖，一天四五瓶地打葡萄糖。我家离医院很近，要是我正常走道儿，也就十分钟！那时我就得蹲着走，蹲着往家蹭，因为站着走道儿迷糊嘛！那前儿打针，家里离医院近，打完针后就回家了，不搁医院待着，因为医院待不了，反应厉害。医院大夫都说，别人没有你这样事儿的，我就是一直反应。直到生产前一个多

---

① 东北方言，那里。
② 东北方言，聊天。
③ 东北方言，时候。
④ 东北方言，走路。
⑤ 东北方言，摔倒。

月，才开始不反应。本来我就瘦，那时候更瘦。我们同事说："来风，你就赶紧绑电线杆子上，不然容易给你刮走。"就瘦成那样。

问：当时产检查出孩子有什么问题吗？

裴母：当时一点也没查出来。我们这个年龄吧，检查也少，不像现在非常先进，做各种仪器检查，检查的次数也多。我们那时候检查也不用什么仪器，所以当时也没发现孩子有什么毛病。

不后悔生下了他

问：孩子刚出生时，看着跟别的宝宝是一样的吗？

裴母：都一样。我这个人吧，非常喜欢孩子。那工夫反应特别厉害，大夫建议说："要不然你就做下去吧。"也就是怕孩子以后有什么毛病。我寻思这是头一胎，留着吧！生他的时候，我什么也不顾，就自己给孩子掐着出生的点儿，他出生的时间是早上五点十分。一听到哭声，我就赶紧让大夫抱下来让我看看。那前儿人也挺重男轻女的（笑着），告诉是儿子，哎呀！当时我就说，赶紧把孩子给我抱下来。我一看，他可正常了，一点儿毛病也没有。生下来，大夫都没有打，就哇哇哭，一般孩子不都是生下来打嘛。

就是一岁的时候，正常孩子会说会走了，我发现这个孩子不像正常孩子，那前儿就会招呼妈妈、爸爸，他跟他大爷好，就招呼大大。剩下别的，他就不会说了。正常孩子会走了，他不会，得扶着，还得抱着。

问：您当时带孩子去看了吗？

裴母：我一看这样事儿的，就寻思着怕有啥毛病，就给他带医院去做的那个 CT，当时就告诉我是先天性脑核狭窄，没有治的办法。（哽咽）

问：这种病会影响孩子的智力发育？

裴母：对，就是这毛病影响他智力发育，影响他说话，他说话现在就是很少，连续的话不会说。再一个呢，他父亲有点结巴，他也是，你要越着急，他的嘴张得老大，这个话就说不出来，少的也说不出来。

问：那您还记得当时拿到确诊书的心情吗？

裴母：哎呀……哪个母亲不疼爱孩子啊，当时就觉得怎么这么倒霉呢？我就拿着那个单子去找儿科的主任，问这种情况。我说："农村人喝大酒、抽大烟的，要的孩子都挺正常的，我孩子为什么就这样呢？"人家说："这个吧！跟孩子他爸喝酒有关系，但不是百分之百，只是千分之一、万分之一。"当时我

就是认为，怎么这么倒霉，就落在我头上了！就是那个心情吧。哎呀！（吸了一口凉气）很不好。后来我有了自卑感，跟同学、同事都不接触。跟人家唠嗑没法唠，人家孩子又会说又会笑的，又会逗人儿的，咱们这孩子就不行，他七岁上学了，马路牙子[①]他还不敢蹦。反正是打击挺大的。

问：发现孩子有问题之后，您如何对待抚养孩子的问题？

裴母：当时就寻思着：家庭条件不是那么好，就不要二胎了，一定要把他抚养成人。孩子脑袋有残疾，但是手脚没毛病，身体没毛病，也挺好的，就没打算要二胎。

上帝打开的另一扇窗

问：孩子什么时候学会吃饭、穿衣这些的？

裴母：这个孩子吧！呵，我还挺纳闷儿的，你看他脑袋不行，但是学拿筷子，穿鞋什么的，没人教他，自己就会了。小孩儿一般都穿反鞋，他从来不穿反鞋，有时候大人一进屋穿拖鞋穿反了，他都告诉你反了，给你正过来。外人也都说这孩子既然傻，就有另一路。

问：您的意思是他在很多方面有自己的长处？

裴母：对对对。都觉得这孩子说话嘛……我的一个同学挺逗的，说："没事儿教他骂人（哭笑不得），教他骂人的话学得挺快的。"不过这孩子长这么大，没骂过人。我跟他父亲在一块生活的时候，那前儿因为家庭总"打仗"，我们俩经常骂人，但是这个孩子从来不会骂人，也不让他骂人。

那时我们在动迁，他爸请帮忙的朋友回家吃饭，乔迁之喜呗。整了一大桌子菜，都上桌吃饭，大伙儿就招呼他。那工夫儿他就比桌子高出半头儿，眼睛能看见桌子。人家都说让你儿子上来吃吧，他就是不上桌。

小前儿睡觉，他的衣服……他不像别的孩子，衣服就往那一扔，他不这么地，他那衣服从来都叠在枕头跟前儿，板板整整，孩子干净。

问：那会孩子多大呀？

裴母：七八岁了吧！我记得那工夫有时候还得背着，因为他〔身体〕弱啊！先天就不足，那工夫就背着，有时候能走，也不像正常孩子身体那么好。

---

① 东北方言，路肩石。

谁也不能欺负我孩子

问：孩子多大上的幼儿园？

裴母：因为孩子身体不好嘛，我刚开始没让他上幼儿园，就是找个人看的，我也得上班挣钱呀！三岁吧，才上的幼儿园。

问：当时费用是怎样的？

裴母：当时费用都是自己拿。我们那工夫挣得还算行，家庭、生活还正常，也能算供得上。因为那工夫条件都不好。

问：送孩子去的是哪的幼儿园？

裴母：碳素厂。我们本厂的幼儿园，天天接送。

问：他当时在幼儿园上了几年呢？

裴母：在幼儿园待了没多长时间。这个孩子呢，小便不敢说，不敢跟老师、阿姨说，所以他总便在裤子里头。时间长了，阿姨也找，说这样不行，所以后来我就给领回来了。

那工夫找个人看的，一个老太太看着，后来是老太太的儿媳帮她看。后来她家搬走了，离得远，她说："我带那边去吧，搁我们家住。"就这样子，一个礼拜我接出来一趟。那人家对孩子挺好，但也不如自己爹妈跟前儿。送孩子也哭，那工夫我实在没办法。就给他住了一段长托，大约一年多吧。就是搁人家那。

问：爸爸知道是自己的原因造成的吗？

裴母：也知道。

问：他是什么态度？

裴母：没有，他这个人没有什么，一天就知道喝酒。这些事儿他都不管，什么生姑娘小子的，他也不像别人那么高兴。因为他爷爷奶奶没得早，他爸爸八岁，他爷爷就没了；十九岁，他奶奶就没了。所以他这个人特随便，没拘束，没人管他，他不注重这些东西。

问：他平常管孩子的教育吗？

裴母：怎么说呢？他就是嗷嗷的，就是喊，不让这个，不让那个的。那前儿，我总寻思他已经这样了，越接触多，孩子不越好吗？能开发开发他脑子。他爸就不让，他都是给孩子关在家，怕出外头让谁欺负了。

我非常惯孩子，我喜欢孩子，特别他这样，我就非常惯。他小前儿跟小孩

儿在家里玩嘛，人家跟他发生冲突，也不是什么冲突，就是玩、闹啊，给那个孩子整得哭着回家了。回家他妈就说：“啥啊，这哑巴孩子都能欺负你？”邻居就上楼去告诉我，我当时就像疯了似的。凭啥说我孩子，我就不干了，就下楼了，噼里啪啦跟她打起来了，我就跟她吵起来，干起来了。因为啥呢，我就不想让我儿子吃亏，本身他就这样，你还想欺负他。在孩子跟前儿说傻，不行，说我孩子这个话，我就不让。

孩子上学前儿吧，有一次，我也挺过分的。我中午去得早，他们最后一节是体育课，我就隔着马路往里瞅。他跟他同学玩，扔个小石头，就把那个同学砸了，那个同学就哭了。我当时搁院门口瞅，我寻思着：这老师要是对我孩子啥的，我那工夫就能疯了（激动），一定会赶过去跟老师吵起来。后来老师还行，就帮着去哄那个同学。

有一次也是，去接孩子晚了，有几个学生就欺负他，我当时就搁后边追上来了。看着孩子捅了他，往后怼，给我气的，我就把那几个孩子教育了，我就挨着个打手板儿。以后你们再欺负裴明亮，我就这么打你们。哎呀，当时反正是过分。

问：他多大上的小学？

裴母：就正常孩子上学了，八岁上学。之前我跟他爸爸去特殊学校看了一趟，看到那的孩子，有的属于脑瘫，再不就是腿脚有毛病。他爸一看，哎呀！孩子跟他们在一起，更学不着什么东西，开发不了大脑。就这么地，没让上特殊学校，就跟碳素厂的小学上的。

问：小学时，他跟小朋友呀，老师呀，相处得怎么样？

裴母：行啊。他也愿意跟孩子们在一起玩，就是他不像人家那么硬实，他就是蔫不拉儿①的。

他的第一个班主任，我特意找的我们家邻居，他能帮着给照顾一下子。我说呢，他上厕所，他不敢说，你偶尔就给我问问，你上不上厕所啊，或者怎么地。完了教了没有多长时间，老师换了，教了一年多。

还有一个印象最深的班主任。他们班有一个孩子，我记着他姓黄。他俩正相反，他一个黄姓同学淘气得无边无沿儿的，他就是胆小。有一次学校写板报啥的，孩子拿笤帚把板报都给划了。这个班主任就说裴明亮整的，打电话找家长。我过去了，她一跟我说这情况，我就寻思我孩子不可能，因为他胆小。我

① 东北方言，有气无力，无精打采。

说他不可能。班主任说，这样吧，不行咱们就跟人家刷刷油，完了再重写，就是赔个礼呗！第二天，这个班主任又找我，跟我说："裴明亮妈妈，对不起，这个事儿不是裴明亮干的，是这个小子干的。"这个班主任我印象挺深的。

问：他学习的情况怎么样？

裴母：都不行，都没学着啥东西。那工夫，再连我教他的，能认识十来个字儿吧！十个数以内的加减，都能会。有个两三年，他呢，有时候在学校也便在裤子里，后来也就不上了。

问：离开小学后，他做了些什么？

裴母：跟着我在家待着。我上班，就给他送他姥姥家去，他姥姥给看着；要是我搁家待着，他就跟着我。我那工夫倒班，白天有时候也有时间。有时候也带他到厂子里头，因为我们属于集体厂子，不是那么严，有不少人领孩子，他就跟他们玩，玩那些土啥的。

父亲曾经伤害过他

问：您和您爱人的关系如何？

裴母：孩子十多岁那会儿，我跟他爸要求离婚，孩子我要，他就不干，说他要孩子。我一看俺俩这么犟下去吧，离不了。那工夫给我逼得，我净身出户。离婚头两天儿，我就走了，上我妈家去了。

我离开能有两个月吧，这孩子在他爸跟前儿就受了两次伤。头一回胳膊，他……他喝多了，就拿孩子撒气。他就拿那个刀，前面是尖儿的那种（比划着），用刀尖儿往孩子胳膊上整，都出血了。整完了，这边就给我打电话。我一听那就是喝多了。我担心孩子，我就跟我姐回去了。这工夫儿我就给他大姑打电话，我说："你弟弟又喝多了，我怕他伤到孩子，我先过去看看。"因为离我们家不远也是，他姐就先过去了。我跟我姐到家了，我就看见他姐拿了个刀，告诉我："你去告他去，他虐待孩子。"当时我寻思，你说给他告进去了，工作再没了，没了生活来源，我就拉倒了。我一看孩子这个胳膊，这衣服、这血都成这样了（比划着），那个刀口第二天还出血。我姐说不行，得领孩子走，得去缝针去。他不让，就跟他姐撕巴[①]。我姐说："我领走，我看你能把我咋地。"就给孩子领走了。上了医院，当时伤口挺深的，得缝针。这是第一次伤孩子。

① 东北方言，拉扯。

这个伤完了，我把孩子给接走了，他爸又把孩子给要回去了。不知道他爸又搁外头怎么惹事儿了，他要拿刀出去。那工夫孩子也懂事了，就拽着他不让，他就拿刀给孩子波棱盖①伤着了，缝了能有个六七针。

哎呀！这是我俩离婚时候伤的，我俩之前还有一回。我上夜班，他上白班。他上完班去接孩子，把孩子扔家了，自己喝酒去了。这孩子那工夫小呀！就摸索着找我去了，还没找着。这工夫他爸回来了，看孩子没有了，他也毛，就去找了。他爸找这工夫，他就回去了。回家后，他就拿皮带，这么宽的皮带（比划着四五厘米宽）打孩子。当时我不知道，我是听楼下邻居告诉我的。我赶紧回家，门开着呢。进屋一看，他爸就顺床那么躺着，他搁他爸脚底下躺着，身上全是这么宽的皮带印，后背上没有好地方，全是这么宽的紫印子。这就离婚之前给伤的。

后来我一看这样不行呀，这孩子不能搁他跟前儿。完了呢，他哥他姐找我回去，说你这样，孩子他也受不了，离开就两月，造的事儿就这么多，给孩子造成这么大的伤害。那前儿主要是心疼孩子，就这么跟他回去了，就这么过吧。

问：那就是又复婚了吗？

裴母：没有，一直就没有复婚。他爸要复婚，我一直没同意。我就怕他这个毛病再复发呀！他爸打人，打人打得厉害，就我也是，打我。哎呀！几天就打得鼻青脸肿。怎么说呢，名义上离婚了，人呢，没离，还在一起生活。就跟他那么过，毕竟也是原配嘛，还有个孩子。这么多年一直就这么过来的，一直到他爸 2012 年去世。

问：您和您爱人在教育孩子的问题上有分歧吗？

裴母：没有！一般情况下他不管，我们家里，做饭、买菜都是他爸的事，外边外交啦，这些事也都是他爸。我主要就是负责他，收拾屋子、洗衣服这些事。我俩倒班，他也能帮着我看着点。轻易不用他。

学校给予的温暖

问：他什么时候上的特殊学校？

裴母：2005 年。通过一个同学，他的一个妹妹在特殊学校当老师。他说

① 东北方言，膝盖。

呢，你孩子都这么大了，就让他上特殊学校吧，还能学点儿啥。这么地，我就给孩子送到特殊学校了。

问：特殊学校的费用是按月交的，还是按年交的？

裴母：按月，费用那工夫收得不大，后来就是缴伙食费，别的就没啥。从他父亲走了以后，我就跟学校提出家庭困难啥的，条件也不好，学校就把他的一些费用给免了。

问：他在这个特殊学校是寄宿，还是走读？

裴母：寄宿了一段时间，又给接回来了。因为寻思孩子寄宿，也看不着电视嘛！就寻思着孩子也学不着啥东西，他要是搁家吧，像这个电视里的演员名，像阿宝、王二妮啊，他都能记住。这个人一出现，他也能记住。这边一唱歌，他搁那边他没看，他一听就知道是谁。所以就寻思着给他接回来，开发他智力啥的。

问：他在特殊学校一般都学些什么？

裴母：语文啦，算数啊，就这类的东西，额外的再能学点日常生活那些东西。具体的我不太知道，学校的事儿，我也不太问。

除了上班，我只知道给孩子做吃的。我就寻思，孩子脑袋已经有毛病，不能让孩子身体……在吃的方面，我挺上心的。剩下的，我就不算太惯他。

问：特殊学校的老师对他怎么样？

裴母：老师挺喜欢他的。这孩子干啥非常慢，但非常愿意干活，帮着小朋友刷个碗了，帮老师拖拖地了，扫地一般都是他。

问：他在特殊学校喜欢体育吗？

裴母：体育他也喜欢，到这个学校以后吧，他就跟着学校出去过三回。打球，上天津去一次，上哈尔滨去一次；他们溜冰，跟着去一回。踢球，学校还得了奖牌，我也没细问。

问：他在特殊学校待到什么时候？

裴母：他在特殊学校待到 2013、2014 年吧。他爸走了以后，他又搁学校念了两年。后来学校说上面有文件，超过二十二岁的就不要了。就回家了。

问：特殊学校毕业分配工作吗？

裴母：特殊学校没有分配工作，都是自己找工作。他呢，因为他不认识钱，字儿不认识，就没法工作了。

问：您觉得特殊学校的教育对他产生了哪些影响？

裴母：孩子接触的人多了，感觉不是那么胆小了，也敢说话啦。原先他接

触人儿不行！现在看着人认识，只要打过面儿的，他都跟你打招呼，所以搁家跟前儿这帮人都特喜欢他。此外，扫扫地啦，擦擦地啦，他自己的单衣就都会洗了。这些都是搁学校会了。

问：他平时有什么兴趣爱好吗？

裴母：就是爱溜达，小时候就这样。你说不认识字，但是记道。你领他走一遍，他回来就能领你走。而且从小我就发现，他不认识字，但他知道那是澡堂子，那是食杂店，银行取钱的。但是有一点，这孩子都这么大了，他就不懂男女这个关系。现在还稍微知道了，就是去年吧，他上厕所都知道关门了，好像有点知道害羞了。原先啊，他干脆就不知道，不懂得男女之分。有时候告诉他换裤头，他当着我面就脱。

我的孩子真的棒

问：孩子性格怎么样？除了胆小。

裴母：脾气倔，有点像他爸。嗯，脾气也挺古怪。

问：有具体的事吗？

裴母：十多岁时，他惹祸了，我就管他去。那工夫他犟得，你打他、怎么推他，他就搁一个地方呆着，他就不动弹。大了以后，他爸走的头一年，2012年，他姥姥让他去买东西，〔卖家〕找他钱，他其实揣兜里了，但是忘了，就找不着了。我寻思当时人家没给他呗，就领他去。人家说给他啦，找他多少钱什么的都说了。我问他搁哪了，他①说放兜里了。我一看，搁别的兜里，哎呀，我感觉可不好意思了啦。他就不让我回家啦，就搁外头堵着我呀，我往这边走，他挡着；我往那边走，也挡着。那个年末，冬天非常冷，他就不让我走，给我气得啊。当时我就坐地下，给我气哭了。他呢，还知道哄你，你起来吧。但是他还不让你走，跟我磨叽一个多小时。那时候我就感觉脾气特不好整。

问：他和家里的亲戚相处得好吗？

裴母：他跟亲属处得都挺好，而且他非常热心，让他干点啥，腿可快了，可痛快了。

问：邻居对他怎么样？

裴母：都非常好。以前我们家旁边那个邻居，她总扭秧歌，他在旁边踢

① 指卖家。

毽。他就告诉她："姨，你回家晚了，我陪你一起走。"他就知道这个，所以邻居对他印象都非常好。

问：平时有一起玩的朋友吗？

裴母：有呀！他现在踢毽有个师傅，感觉可亲了，总叫。我还纳闷，咋还认个师傅呢？还有个干妈。我说："你搁外头挺厉害啊，还能认个干妈，还师傅。"哎呀，跟着师傅可好了，天天说上师傅家去。

问：他天天都去踢毽？

裴母：晚上大伙吃完饭了，就出去溜达。东站那有一圈跳舞啥的，踢毽，还有迈单儿①。他就天天去到那边，跟着踢毽。不管冬夏，必须得去。十点才回家。下雨了，他都想出去。

问：那他平常还有什么运动？

裴母：运动呀，其实他都喜欢的。平时在家里，就没事踢踢毽，跳跳绳啥的。

问：您节假日会带孩子出去玩？

裴母：我带啊！我就寻思孩子本身智力就不行，见识一下，开发孩子。一般情况下，什么过六一啦，端午节划龙舟啊，正月十五看花灯啊，我都领他去。上那个水上乐园玩儿，他不是害怕嘛，就给他套个游泳圈，让他搁里头呆着。

问：孩子平时会上网吗？

裴母：不会，但是玩手机，还会用微信跟你聊，视频聊天也会用。这个没人教他，要不然别人说"另一路尖另一路傻"嘛。就这个电视啊，有两个遥控器，我都不知道哪个是干啥的，他就会。有时候一下按没了，调不回来，我不知道咋调，他就能给你整出来。他不认得字，但他就好像有一种感觉。

幸运眷顾参加特奥

问：你们如何知道特奥的啊？

裴母：以前我们也不懂。就是学校老师打电话，说特奥有这么个活动，问他能不能参加。我说："这是好事呀！肯定让孩子去参加。"很多家长不愿意，我说这没事。其实我疼孩子主要在孩子吃的或者别的方面，但是他干活这些，在学校这些，全放手，不心疼。就如打曲棍球吧，也挺辛苦的，我对他还真不

① 东北方言，看热闹。

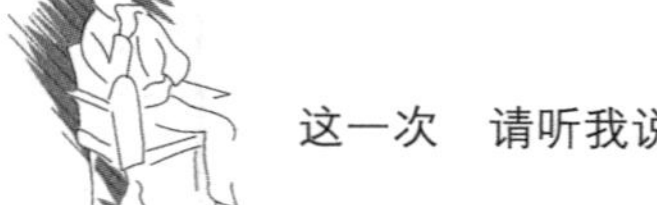

怎么心疼。

问：那是什么时候呢？

裴母：2016年9月开始训练。当时的情况是，过年那会吧，学校打电话，问有个这活动，你参加不？我说参加，告诉我过完年以后再听信儿。过完了年，4、5月吧可能是，老师就告我9月开始训练。

问：那这个费用？

裴母：都不用，都是学校付出的。因为我们家不是那么好，学校发服装之外，什么袜子、裤头呀，老师都单给他，都对他特殊照顾。

问：他们是什么时候去参加比赛的？

裴母：2017年3月，去奥地利参加的曲棍球比赛。先去的北京，从北京直接飞奥地利。

问：他在奥地利时，你们怎么联系啊？

裴母：微信联系。一整，老师就发一个视频给我。他就在那旮旯①跳上了，会跳那边的舞，给大伙逗得嘎嘎笑。他不是在外边跳嘛，一个外国女的就上跟前了，跟他跳上了。那个女的拉着他跳，跳了几步，他当时也有点胆小，毕竟没见着过。现在爱动了，以前他不这样。

问：那您知道他们最后的比赛结果吗？

裴母：知道，反正就是（笑）没排上头三名吧。回来嗯，还买点东西。就是学校老师帮着买的东西，告诉我："妈！这是给你买的。"

问：他回来跟您描述过比赛过程吗？

裴母：非常兴奋，因为他不上场前儿，就搁那喊中国队加油啥的，他喊的声儿老大了，最后回来，嗓子都喊得有点哑了。不过他说得很多，就是听不懂，一般人听不明白。我呢也是猜测，有的话就是猜测的。吃啥了，他们出去干啥了，老师给拍照了什么的。

余生且走且看

问：他残疾人证是什么时候办的？

裴母：残疾人证，好像是十多岁时候办的。

问：您是怎么知道办残疾人证的？

---

① 东北方言，地方。

裴母：这个是邻居告诉我的，说你家孩子这样，可以办残疾人证，可以给他办个低保啊。我就这么上街道找主任跟他说，他说写申请呗，完了就这么地上昌邑区政府，到那疙瘩去办的。这个低保，每个月能给他开工资，好像是800多吧。具体的我都不知道，都是他姥姥给整的，给开去。

问：他跟同龄人接触吗？

裴母：一般的同龄人，也没人接触他。他接触的都是大的，再不就是特小的。

问：孩子对以前同学还有印象吗？

裴母：有啊！你看他小前儿的事，记得可清楚了，谁叫啥，谁谁怎么的，都记得。同学叫啥名，到现在还没忘了呢。

问：他们现在还有联系吗？

裴母：联系没有。但是有时候碰到，他跟人家打招呼，人家也不爱搭理他（笑）。

问：孩子到现在工作过吗？

裴母：没有，天天跟着我。我在个小旅店里干活，他就跟着我，帮我扫地啦，擦擦地啦，这些活都是他帮我的，我就能轻松点儿。

问：您尝试过让孩子独立干一份工作吗？

裴母：那时候也想给他找一个来着，但是他不认识表啊，他姥姥说："你要是认识表，我就给你买一个好的。"但是，他就是不行。也不认识道儿啊，坐车要坐岔了呢？他姥姥也舍不得让孩子出去。现在我找个二婚的，他这个叔叔出外头干活领着他，我妈都怕碰着孩子啥的，就心疼孩子。

问：他自己有说过要出去工作吗？

裴母：这一年啊，有时候也说："妈给我找活干呗。"他也知道挣钱了，因为他跟他这个叔叔干了几天活，一天给他100块。

问：干的什么活？

裴母：他这个叔叔是搞装潢的，他就是帮着打打下手。反正就是鼓励他呗，一天给他100块钱，他就干得挺开心，愿意干，还说："干这活，下回还招呼我啊。"

问：他数数能数到几？

裴母：他能数到50多，但是吧，中间有时候从28、29到30，他就有点懵住了，你提醒他，他才能往下数。

问：钱的面值，他认识吗？

裴母：他都能够知道。帮忙买东西啊，小时候给他钱，也知道多少钱，谁也骗不了他，现在他知道自己攒着钱了，谁也不给。

问：您考虑过孩子的婚事吗？

裴母：以前也考虑过。最开始吧就寻思我要是没了，他以后谁管啊。也考虑过给他找个适合的对象，寻思找个腿脚有毛病的，他那腿脚没毛病，这两人不能互补一下嘛。别人说："你找一个农村的得了。"农村的要是特聪明的，我还怕孩子吃亏呢，因为现在社会很现实，骗子啦或者什么玩意的都挺多的，所以我也怕孩子吃亏。要是两人都不行，我还不如操这一个的心呢！

问：您对他以后生活有什么打算吗？

裴母：我现在也没有什么特大的打算，就知道给他挣点钱，留着他以后用。他有点低保，他爸给他留下一套房子。我没那天，姐妹家孩子谁能在他跟前，能帮忙管管他。

问：您有没有让市残联帮助孩子找工作啊？

裴母：我去问过，他说你等着吧。一等就没信了，我也不再去追了，（笑）我也不再问了。

活动少不了他——武娇艳校长口述

口述者：武娇艳校长

访谈者、撰稿者：李斐斐、赵培文，北华大学硕士研究生

访谈时间：2018 年 12 月 22 日

访谈地点：武校长家

问：您还记得他是什么时候入学的吗？

武校长：我想啊……他是 2007 年入学的。

问：他一直待到多大离校的？

武校长：二十二岁。到年龄了，自然毕业。但他是学校开展残疾人体育运动的对象，所以学校有重大活动啊，社区有重大的活动啊，我们扩展的一些活动啊，都邀请他，他都参与。

问：他在学校的时候和其他的同学相处得怎么样？

武校长：他是一个典型的自闭症孩子，家境也非常窘迫。常年跟着姥姥，八十来岁，妈妈找了一个新爱人之后，也没有精力管他，还得赚钱养活他姥姥和他。我们也是精力有限，不能说完完全全地对他关心、照顾、体贴，但是只要有能涉及他的活动啊，或者说是爱心活动，我们都少不了他。

孩子还是非常可爱。通过开展特奥活动，我们的融合伙伴和他的关系逐渐升温，他也开朗很多，主动去开玩笑啦，跟融合伙伴主动搭讪，讲自己的要求，比如说我喜欢唱歌，唱歌去啊，我喜欢吃串儿，你请我啊。

看到他的成长、变化、进步，融合伙伴也有一种成就感，对融合伙伴自身的人品、道德、修养也是一个提升！我觉得咱们特奥体育运动的开展，对整个社会来讲，都起着一种推动作用，对文明程度的提高，对残疾人的接纳、理解、包容，对社会的和谐进步都有着重要意义。

问：他参加特奥运动的情况如何？

武校长：特奥运动，他参加了很多回。大大小小的，国内的，国外的。奥地利的比赛，他是第一次参加国际的。对我们学校来说，国际比赛也不是很多次，我们参加过三次韩国，两次美国，一次奥地利。

这次奥地利比赛，他非常幸运地被挑选上了。虽然技术方面可能领会得不是那么淋漓尽致，但是对于他来讲，无论是竞技，还是耐力、承受能力等等，一并地都全面发展了，这是我们意想不到的进步。应该说在特奥运动员里面，他属于典型的自我提高非常大的一个人。他的表现，也让我们没有想到，非常刻苦，虽然不会表达，但他却知道为荣誉而战，他心中有一种集体荣誉感。

这次比赛的训练时间相当长，将近小半年。三九严寒也好，烈日当空也好，我们都坚持训练。我们没有报酬，就是一心为了残疾人体育运动吧！说白了，对我来讲是一种积德行善，但是对于他们来讲，获得了这么大的一个舞台！他们确实很珍惜，不过真的需要陪伴，不然的话可能是见到困难就退缩了。

比赛尽管是一个专业型的东西，但需要综合你的能力去完成它，裴明亮从起初到参加奥地利比赛回来，整个这一年的变化，真的是可喜可贺。一个呢，成绩非常好，我们进入了国际四强，打了第四名。跟美国抗衡铜牌的时候，确实是惊心动魄。我没有参与，但一直在看视频。我们吉林的经济不是很好，对体育项目这块儿投入也不多，在这种条件下，咱们能打出这样的成绩，中国残联的领导也是非常认可的，没想到短时间内，我们组织了一个强大的融合队伍。现在应该说在全国各省份的地板曲棍球项目里，我们吉林市的这支队伍，是最为强大的一支。如果说有经济支撑的话，它会永远地走下去，要是没有支持，它很难走下去，毕竟涉及经费这一块。

另一个呢，对裴明亮来说，本来上天就对他挺不公平的，他再落在那种家庭条件下，真的是需要我们关心他。无论是吃呀、穿呀、用啊、带啊，我们个人花钱，从来都没有在乎过。内衣、内裤、短裤、袜子，我们都得给他包了，包括去洗澡、搓澡、剪头，这钱我们都得给他拿。我们真是对他体贴入微，发自内心地好。他能有这个进步，在他的人生道路上，画上浓墨重彩的一笔，应该说会让他终生难忘吧。

问：裴明亮在学校表现如何？

武校长：他几乎就不跟别人说话，不交流，因为他是一个自闭症的孩子，他性格还特别胆怯。在学校的时候不能天天可着扣①他一个人，我们工作那么多。这个训练前后有一百天，干和着②这一百天在一起相处，我们有大量的时

① 东北方言，关注。

② 东北方言，干巴巴，仅仅。

间。除了在场地上，我们陪伴他吃饭时，主动让他自己去夹菜，让他自己去盛饭，让他自己去说，喜欢吃什么菜，喜欢喝哪个饮料，就锻炼他，主动让他去说，要不然他就不敢吱声。我们还放音乐，陪他跳舞，陪他一起嗨，一起玩，最后他成了主要的分子了，我们有时间的时候，他就说来呀！他的能力从低到高有一个明显变化，哎呀妈呀！我们都不敢想，就寻思着，不管他傲成什么，那是他的问题，做不做是我们的问题，我们一定要做，至于他能理解啥样，是他的问题了，那不做肯定是我们的问题了。没承想，做得还那么的好，最后还看到成绩了！

我们平时谈起来的时候，也拿裴明亮来说事，从内心深处来说，他挺不理想的，从技术啊，从方方面面，但是考虑到这对他来讲是可遇不可求的成长机会，我们毅然决然地选送了他。经历了这么一个过程，前后应该说有天壤之别了吧！他自己跟自己来比，是一个超越。

问：您现在还和裴明亮有联系吗？

武校长：有的时候搁微信呢，打打电话什么的，就这样。没有活动，我们就没有机会在一起。大家特别期望还有这样的活动在一起，一年有一次也好，就像宋丹丹说的那样，真是特别期待。我们也在积极筹备协会，民政局在审批。如果审批下来了，协会成立了之后，我想他们还有大大小小的活动和比赛呀，还能够参与，不然他们没有任何的精神生活。

训练提高了交流能力——张铁胜教练口述

口述者：张铁胜教练
访谈者、撰稿者：李斐斐、赵培文，北华大学硕士研究生
访谈时间：2018 年 12 月 22 日
访谈地点：武校长家

问：我想了解一下裴明亮在特奥训练期间的表现以及参加完特奥之后有什么变化？

张教练：他是我们后期招的运动员，年龄相对其他运动员大一些，因为特奥嘛，孩子都是智力有残疾的，他程度较其他孩子要重一些。

我记得他第一个项目是足球比赛。当时是在 2012 年，我们参加全国的特奥足球比赛，一共是十二名运动员。通过这个集体项目，他和其他运动员在一起就多了。开始他都是不愿意说话的，跟老师也好，跟其他运动员也好，交流这块儿都很少。通过几个月的训练、比赛，明显开朗多了。从我们老师这块儿也能看出来，他家长也跟我们老师反映说："裴明亮现在明显愿意说话了。"实际上我们教练员这块儿，更愿意看到的是：成绩固然重要，其他方面的提高更重要。

2017 年 3 月，我们去参加第十届冬季特奥运动会的地板曲棍球比赛。我们在 2016 年 9 月的时候就开始集训了，这个队伍的组成，有我们的特奥运动员，还有融合伙伴。从训练到去奥地利参加比赛，有半年的时间。我感觉这半年的训练，对他这块儿影响更大一些。因为啥呢？有时候他跟老师，可能放不开，有些话不能说；但是他和融合伙伴这块儿呢，相处时间长了之后，非常熟了，会主动跟他们聊，跟他们去说，有时候会和融合伙伴儿开开玩笑什么的。这体现了特奥体育运动的初衷，可以这么说，这次比赛，他作为队伍中的一员，无论是在训练中、比赛中，都能够贯彻教练员的要求，从最初训练中的单打独斗，不知道和其他队员配合，到最后比赛中有这方面的意识。家长也跟我们说，以后还有这样的项目，都让孩子参加，这项运动对孩子的帮助太大了。

问：他当时上场参赛了吗？

张教练：我们当时是十六个运动员，都得上场比赛。

问：他全程都参加了？

张教练：嗯，这项目和咱们正常的冰球差不多，我们一共是三组，抛去一个守门员，还剩十五个人，一组五个人，三分钟一轮换，所以每一个人，无论是特奥运动员还是融合伙伴，每个运动员每场都要上场三次。

问：裴明亮水平怎么样？

张教练：从教练员这块儿看呢，相对其他的运动员他运动水平可能差一些。从他自身这块儿来说，提高得非常大。

裴明亮生活观察日记

观察时间：2017 年 12 月 24 日 7:00—17:30

观察地点：理疗店和裴家

观察者：李斐斐、赵培文，北华大学硕士研究生

时　间	活动内容	备　　注
7:00—7:06	和姥姥一起去做理疗。非常高兴，积极地拉着姥姥去理疗店。	路上遇见邻居，跟人家说：“阿姨，你好！”
7:08	先去换治疗服，然后排队。	
7:19	在老师的带领下做热身操。	
8:00—9:30	躺下做理疗。	躺着做理疗时，特别听话。在老师下达新指令前，他就保持前一个动作，一动不动。
10:00	挽着姥姥去菜市场买菜。	
10:31—11:30	回家，呆呆地坐在沙发上休息。	
11:30—12:00	帮姥姥做饭。洗菜、择菜特别认真，一丝不苟地按照姥姥的要求去做。	
12:00—12:20	吃午饭。	
12:20—12:52	洗碗、擦桌子。	
13:05—14:15	午休。	起床时，把盖的毯子叠好。
14:23	出门，去妈妈店里帮妈妈干活。	
14:40—15:20	帮妈妈扫地、擦地。	很听话，很认真。
15:20—16:20	离开旅店，去旁边的花鸟鱼市场。	没有跟任何人交谈。
16:24	回家。	
17:00	吃晚饭。	
17:20	洗碗。	

有贡献才能求回报

——赵子然父亲口述

赵子然，男，1988年出生，吉林省吉林市人。独生子女。轻度智力障碍。2009年进入吉林市昌邑区特教学校学习。曾做过两份工作，现待业在家。

口述者：赵子然父亲
访谈者、撰稿者：金思宇、帖银鑫，北华大学硕士研究生
访谈时间：2017年11月26日、2018年5月12日
访谈地点：吉林市猫咖啡新玛特店

父母事业有成

问：您和您爱人都是老师吗？

赵父：对。大学教师，东北电力大学。

问：他是哪一年出生的，在哪一个医院呢？

赵父：他是1988年出生，医院现在叫吉林市人民医院，以前叫铁路医院。

问：产前检查都正常吗？

赵父：那都正常。

问：出生的时候是顺产吗？

赵父：顺产。但是时间比较长。头天晚上十点多进去，第二天寻上才生。生产的时候，难度比较大，他属于倒着生，生不下来，又得转头〔才生出来〕。

问：出生的时候是不是特别可爱、健康？

赵父：对对对，很健康。睁眼睛出来的，出来就睁眼睛。

问：能不能按照时间梳理一下孩子出生后您的工作经历？

赵父：这个工作路线图就是沈阳体育学院上学，1985年大学毕业就到东北电力大学任教。1988年到1989年又回到沈阳体育学院深造，读硕士研究

生。1989 年又回到了东北电力大学，一直到 1997 年。

1997 年到 2005 年期间在北京。本来我要出国，但没有出国，就在北京工作到 2004 年底。2004 年又回到东北电力大学报到，但是我与北京工作全脱离是 2009 年。在北京这段时间，先后在北京体育大学、国家体育总局研究所学习和工作。这期间撰写体育大百科啊、足球多媒体百科啊，搞一些甲乙预备队联赛。后来又回到运动员骨龄的研究，跟北京基因研究所合作，做运动员选才研究。从基因层面研究人的发展，就是研究你的祖父祖母，你的外祖父外祖母，你的祖宗三辈，对你运动有哪些影响，我就研究这个的。因为和北京基因研究所合作，从 2004 年一直到 2009 年，是属于北京和吉林两头跑，但还是在北京工作的时间要多一点。回来以后，就是从事教学工作。

艰辛的求医之路

问：他大概多大的时候，你们发现他有点不同？

赵父：三岁的时候还算可以，从三岁以后。但从运动各方面来看，看不出他有问题。除了小时候比较好动，跟正常的孩子也没什么太大区别。

问：出现这个问题后，您家人是什么看法？

赵父：没什么看法。孩子这样，我们努力去给他解决呗。通过医疗手段啊，通过心理啊，其他的一些辅助手段啊。能尽量解决就解决。但是努力了二十几年，确实收效甚小。事与愿违，没有办法。

问：您去过哪些地方、哪些医院呢？

赵父：多了。吉林的这些医院都去遍了。哈尔滨、长春、北京都去过。刚开始的时候都是在吉林啊，在当地治疗多一点，周围如长春啊，哈尔滨啊，也都去过，那都是在四五岁、五六岁的时候。上学一二年级的时候，基本都上北京治疗。吉林这地方没有特殊方法。从他得病到十岁左右，一直往北京跑。在北京治疗最多。不光是咱们现在医疗手段，还有一些其他的手段，都用过。北京，我们去了很多医院。东四十条有一个专门研究儿童智力问题的，治了能有两年吧。几乎是一周或两周去一次。我记得第一次去是冬天，排队都得排一天、排两天。因为我父亲是北京人，所以说北京有朋友帮着我排队，头天排队，第二天去了以后，才能挂上号。

上初中以后，他就不念书了，上沈阳治疗，就是沈阳的医科大学附属医院，从国外回来的脑外专家给他会诊，也说没什么毛病。从脑电图上看，看不出来什么。反正是治疗一直没停顿，十一二岁还在寻找治疗的手段，一直到十七八岁还都治疗。与以前比，治疗的时间没有那么长，但是都不间断地在治疗。密度大一点的是四五岁发病的时候，一直到他小学毕业。

问：您是如何获知这些医院的消息的？

赵父：有的是别人提供的，有的是我们自己找的，包括去哈尔滨啊，去沈阳那个医科大学啊，还有到北京的中国儿童研究中心啊。

问：在北京治，在吉林住？

赵父：对。坐十七八个小时火车到北京，看完了病，带孩子回来。医院呢，你孩子不去，它不给你开药。有时这药最多给你开一周，一周以后还得去。就我们养活这一个孩子，顶养十个孩子都不止，一般家庭早就放弃对他的治疗了。包括现在也给他花钱，前年北京的教授给他开的药，一个月都得七千到一万。现在也在给他开。他从小就是用钱堆起来的。

问：现在医生说他情况怎么样呢？

赵父：医生也说不清楚。最早是说下丘脑综合征，智力障碍是这个因素造成的。到沈阳的中国医科大学，有个从美国回来的脑外的博士后，在美国也是研究儿童脑外的，又在美国独立工作了十多年，在学术上绝对是高人。他给看了一下，说：从片子上看，从个人沟通上看，都没有什么问题，也看不出跟其他人的异常变化。这些专家，看了无数了，包括中国佛教协会的副会长多吉活佛，在北京应该是 2009、2010 年左右，我也带他见过，他们关系处得很好。多吉活佛一般人都不见，多吉活佛跟他见面的时候，他俩谈了能有一上午。他俩聊天，谁也听不懂，就他俩能听懂。聊得还很好。这小子可以说有一种特质，就是跟佛教的一些人沟通非常容易。

问：还和别的佛教人士交流过吗？

赵父：吉林地方的也都见过，这些人对他都很好。包括吉林的磨盘山啊，

寺庙的主持对他都很关注。还包括吉林的炮台山，道教协会的会长、副会长都跟他关系挺好。吉林市这些高僧大德啊，见他以后，都说这孩子没问题，你们好好善待他就行。

我儿子长得非常漂亮，一米九大个儿。下水就会游泳，上冰就没摔过跟头，天生的，他跟别人完全不一样。因为我跟他母亲都是搞体育的，可能有运动遗传。我在北京也一直研究精英方面的选才工作。这么说吧，我回到吉林也是为了〔孩子〕，孩子在北京没有空间。北京我以前都有房有车，但为了他我又回来了。

曲折的求学过程

问：他上幼儿园的时候怎么样？

赵父：幼儿园的时候还算行，看不出太大差别。幼儿园的老师管理得挺严。

问：在哪里上的幼儿园？

赵父：三岁以后就上幼儿园了。我们学校自己的幼儿园，职工都是我们学校的正式职工，都是从幼师招来的。

问：幼儿园上了几年？

赵父：四年到五年吧。

问：那小学呢？

赵父：上的是昌邑区第二十小学校，上学还是正常的小学校。他只是不学，学校也没办法啊。唉，在学习过程中，他注意力不集中，也不看老师，好动，上课也动。高兴就走出去了，出去就不回来了。他这种状况，校长、老师都知道，都管不了他。

问：他跟同学、老师相处得怎么样？

赵父：他这种状态，一二年级还显现不出来。大了一点呢，是小孩都不愿意跟他玩，因为他办事说话和行为举止跟别人不太一样，大家多少也歧视他。在学校，他也不太学习，就是玩，学也学不会，作业也不完成，因为他没有这个学习概念。就我们辅导也没法辅导，因为他不学习啊，考试都不会。在班上肯定是打狼①的。

---

① 东北方言，最后一名。

问：他上完小学接着上了中学？

赵父：连着上的。在吉林市实验中学，就在青岛街上。

问：初中时候的学习情况呢？

赵父：也不学习。

问：那初中跟老师、同学相处情况？

赵父：他也沟通，但是沟通得少。这种状态，学生不太愿意跟他沟通。其他学生还是比较排斥他，对他多少有点歧视，也有人欺负他。从小到大吧，一般人明面上没有敢欺负他的。但是我给他买的新自行车，让别人给换过。就是别人借走了，给他个破自行车，你先用，我先骑你的转一圈，转一圈就没拿回来，这个让人骗过。但一般人正面打他的、熊他的，这还没有。

问：小学、中学都在一个区域里面？

赵父：对对对，没离开这区域。后来念北华大学师范分院。他不学习，我想他运动能力比较强、个头挺高，不行就念体育班吧。初二的时候，就上北华大学师范分院，念体育班，五年大专。体育班的同学都欺负他，因为他小啊，同学比他大五六岁，最小的都比他大两三岁。那体育班是面向初中招生，初三毕业后可以报考。他住校嘛，住校那些小男生欺负他，有的让他花钱，有的让他干这个干那个的，反正在那就是受人排挤。他念了一年多就辍学了。他就体育课还行，其他课没有基础。我是想通过上学让他规范一下，再学点本领，以后能就业当一个小学体育教师，这样对他来说，工作的氛围比较好。后来实在没办法，学校就给他劝退了。这事我也做错了，我不应该那么早让他去上那个学校，那对他来说，心智上可能影响得少一些。

问：在北华大学师范分院之后呢？

赵父：他不念了以后，就回家待了一段时间。不学习不行啊，想让他练个本领，就念了吉林市的工贸学校。

问：他在工贸学校待了多久？

赵父：念了一年多，两个学期吧。因为那个地方主要是培养基础的手工业或者技术人员，培养社会实用人才。有裁缝班、维修、机械、汽车这些班。他在那学过一段时间。

问：他学的是什么？

赵父：他学习的那个班是一个轻工业，就是手工业的一个班级。老师挺好。我们把孩子的自然情况，和跟别人不太一样的地方，都事先跟老师沟通了。他这种学生，我们事先要做很多工作，一个是校长的工作，校长得要你；

第二个是老师的工作，老师得理解你；第三个是学生的工作，还得让学生包容、理解。

问：为什么只在工贸学校待了两个学期？

赵父：老师对他挺好，别人欺负他啊，他在那自信心也不强，有时候回来他也不敢说，他跟一般人沟通起来很困难。

问：工贸学校后，他又去了什么地方？

赵父：就上特校了，特校也是我们的朋友介绍的。去了以后，到那主要是学习，跟他们一起活动、运动。通过运动训练，运动比赛，让他有一些社会氛围。他在那些个学校呢，都比较受排挤。从我们家庭来说，刚开始没想他在特殊学校进行教育的。我们初衷是让他在正常学校成长，但是这个孩子的实际情况呢，也确实是做不到。

在特校融入集体

问：您还记得哪一年去的特校？

赵父：2008 年，还是 2009 年，我记得第五届福州特奥会①以前去的学校。他到那去学习，但主要还是以运动为主，他本身也愿意运动。但运动的时候，他不像别的孩子比较听老师的话。比如说别的学生，让他跑三圈就跑三圈。他不，他跑一圈就不跑了。他任何运动都不会专注。老师怎么说，对他来说都没有用。

问：去特校是朋友介绍的？

赵父：是朋友介绍的。朋友介绍说：哎呀，你这种情况应该到特殊教育学校去，跟他们去融合，去融入这个集体。这地方还能学习，还能与人沟通，还能出去比赛，对孩子可能更好一些。其实我们起初希望对他身体能有改变。他接触人很少，加上自卑情绪也挺强，到这个学校可能对他来说还能接触到群体。主要是想通过接触人群、通过运动改变他。

这个学校跟别的特殊学校不太相同的一点就是：它是通过老师的教育啊、沟通啊，对你进行心理疏导；通过运动训练营造氛围，长一些知识啊，强身健体啊，对你进行一些康复治疗，对心智方面有一些帮助。它以运动为主，以激励为辅。我觉得这还是比较行之有效的。通过运动，通过比赛，使孩子在心灵

① 2011 年，在福州举办了第五届全国特奥会。

上、交际上能有更全面的发展。

问：他在特校学了哪些？

赵父：他学得多了，杂了。游泳、轮滑、速度滑冰、篮球，都参加过特奥比赛。游泳参加的次数多一点，速滑、轮滑都去。那届是2010年，还是2012年呐，我记不得了，还拿了四块金牌一块银牌一块铜牌，四金一银一铜。这些年还去过四川、重庆、哈尔滨。这次我们去福州比赛，是东亚区的融合比赛，也拿了个金牌。

问：在特校跟老师同学关系怎么样？

赵父：还可以，就是他比较好尖，总觉得别人应该听他的。

问：学校教育对他有什么影响，影响在哪些方面？

赵父：我觉得学校的教育就是因人施教了。对孩子的好动、注意力不集中这些特征进行改善，这些都是他基础不好、对学习兴趣不强导致的。如果从开始就上特殊学校，他的经历会比较单一。家长对他的期望值比较高，相对来说能给他提供更好一些的学习条件和学习环境吧。但是我们家长做到了，他做不到。这没办法。这要是其他的普通孩子，要是能有这样的家庭影响，或者说有这些条件，他就会很好地成长。对他来说，这些条件对他的发展影响不是很大。就是家长让他去的好一点的学校，和他本身能够融入的学校，差异性很大。

问：是走读还是住校？

赵父：孩子在家里住，就集训的时候在那住，他自己坐公交车就能去。

问：上特校以前学没学过体育运动，比如游泳、滑冰？

赵父：没学过，都会。他上冰就会滑，他不用学，他从五六岁就开始上冰，上冰就没摔过跟头；上游泳池里，就会扑棱，就没淹过。也想特意教他，他不学。但是呢，就是在2002年，他到北华大学，在五米池子那块，扑通跳下去以后，上来，也没事。在北京那个暑假，他妈就天天带他去游泳。每天上午他俩就去了，中午在那吃点东西，一直在那游，下午再回来。二十来天吧，基本上也就会游了。游泳、滑冰，都是天生就会。

问：就是去特教学校之前就已经会了？

赵父：对，没去他就会游，只是不规范，在特教学校的引导和指导下进行规范训练的。这些运动的习惯都源于我们的生活氛围，他从小在东北电力大学校园当中，他跟大学生的交往比较多。这些学生不歧视他，也都跟他一起玩，都比他大，后来〔的学生〕就比他小。现在代沟太大了，就不去了。因为什么呢？他现在年龄已经比人家大好几岁了，这样他就很少去了。他小的时候，上学的时候，一直跟东北电力大学的学生在一起。

学校还有一些比赛、运动会、运动训练，他能在旁边看，从中感受。包括我上什么课，他都跟着去，也在旁边看。这样他注意力可能也会集中在某一点上，兴奋点比较多。但某一专项活动，他还谈不上太投入。

问：您和您爱人对于他的教育有没有发生什么分歧？

赵父：分歧倒没有什么，因为我们都是搞教育的，基本上想法都是一致的。大家都是努力去教育他，找一些教育好的模式、不同的手段去尝试。但是事与愿违，学习的过程都以失败告终，就是没办法，就是说你天天跟他在一起也没有用。

激励和表扬适合他

问：您什么时候知道特奥运动的？

赵父：还就是孩子参与这项运动我才关注这个，才了解这个，以前不是很了解。

问：特奥比赛你们跟着去吗？

赵父：没跟着去。这是锻炼他个人的能力，为什么要陪呢？要陪是他自立能力不强。他自立能力有，你就不能去陪他。我们夫妻都是学教育的，这孩子脱离家长的视线，他就能自主，才能听老师指挥、听教练指挥。你家长在的时候，从老师到他个人，都会受些影响。但今年有两次比赛我都看了，在北京比赛，正好我在北京开会，我朋友特意开车带我去看他比赛。

问：他喜欢特奥比赛吗？

赵父：怎么说呢，他凭兴趣。对他来说，不谈什么喜欢不喜欢，因为他专注力不强。他做什么事的时候，不像咱们，正常的就是说，我打这个比赛，我要认真训练，水平要更高更好，才能取得好成绩。但他的思想里面这概念是很少的，就树立不起来。反正跟正常人不太一样。

问：他平时训练吗？

赵父：平时也没怎么训练。就是有运动竞赛的时候，学校组织了，他就去，跟着一起去训练、比赛。

问：他训练的时候，您看见过吗？感觉跟平时一样吗？

赵父：我见过比赛、训练，跟平时也没太大区别，叽叽歪歪的。他练的时候，自己累了就不练。他就那样，累了就偷懒。印象深刻的就是不刻苦，没有什么过好的表现。

问：他有没有忽然说不想训练了的时候？

赵父：也说过，说完第二天该去还去。说以后我不去比赛了，我跟那帮人比赛没意思。但只要比的时候还去，该去还去。

问：除了老师带着他训练，您有没有带他训练？

赵父：也带他训练，但是他接受程度有点差。你比如说我带他去训练，他就比以前懈怠了，他自己不太想训练。带他训练滑冰，我说你给我滑几圈。滑几圈就累了，累了就说我歇一会。他换了冰刀，人就找不到了，手机关了。他想找你的时候，到什么时候都能找到你；你想找他的时候，他想不让你知道，没地找去。

问：您也是教练，您觉得您和特教学校的教练有何不同？

赵父：特教教练主要是搞这方面的专业教练。正常孩子哪能跟他们一样，那不一样。正常孩子一点拨就知道，他们得反复地强调。

问：是否孩子更喜欢听教练的？

赵父：那当然了。谁都是那样，都对自己学校的老师尊重有加。

问：他会跟你们讲比赛时候发生的事吗？

赵父：有的讲，有的不讲，有的也没问。他讲得很少，我们问得挺多。但有的给你回忆，有的不给你回忆。他高兴的时候，能多跟他了解一些。不高兴的时候呢，你跟他说也没有用，他不跟你交流。这个孩子就这样，他想跟你交流的时候，他滔滔不绝；他不想跟你交流呢，他不吱声，你问他，他也不说。

他记忆力非常好，你要说他比赛什么状态，他都能给你复述很好。每次比赛的每一个小细节他都知道，看他跟你说不，高兴了你能问出来，不高兴你问不出来。他成绩不好的时候，他觉得这个比赛不算太好，他就不说，他避重就轻。他成绩好的时候，他就把这个过程给你说一下。

问：他对赢有一种特别的喜悦感吗，或者是很兴奋吗？

赵父：少，但是有。对他来说，就是赏识教育对他有效，其他对他没效，批评对他没效。

问：在比赛中，他如果输了，您怎么安慰他啊？

赵父：还是正能量地帮助他，负面的东西，我们从来不说。就是正面、正确、正能量引导他。比如说，以后你应该努力，或者说你比赛过程中应该听教练、听老师的。他说别人有犯规现象，我说：“那东西很正常。特奥比赛不是

以金牌为主，它是以参与为主。这种参与呢，主要是为了让你们跟更多的人群去交流、交往，这不是为了金牌而金牌。”他有时候理解，有时候不理解。

问：他主要讲哪些方面的事呢？

赵父：他对比赛过程里面感兴趣的事印象深。他讲的也是一些过程，你比如说交通啊，见闻啊，裁判啊。他了解的跟别的孩子不一样。他想了解裁判的级别，裁判从哪来，这些裁判对他的印象是什么，他关注这些事。他关注这个地方有多大啊，是在什么位置呢。关注赛会的组织者和去的这些人是哪些群体。他给你介绍，哪个裁判去了，哪个领导去了，哪个队来了。然后这个地方的气候呀、风土人情啊，他给你介绍这些事儿。至于比赛的过程，他回来跟你说得很少。他专注度不在这。

所以说没办法，咱孩子，我们确实也没辙，找不着对他施教的合适的办法。我为他这个事请教了很多专家，包括学术界的，包括脑外的专家，因为我认识很多嘛。在北京我特意为他也参与了很多的学术领域的研究，去探讨这个事儿，大家百思不得其解。说他智障吧，他跟那些唐氏啊，和那些特殊孩子啊还有区别。你说他不是智障吧，他的这些过程吧，真是说不清楚。买东西，我花多少钱，他不知道。像你们，你花七十八块钱，我给他一百块钱，找多少钱你知道，他不知道。但你找得对不对，他知道。你说他是不是跟别人有点不太一样。数字，他没有概念。但是拿钱从来没有花错过，这就很怪！

问：他参加特奥之后有什么明显的变化吗？

赵父：身体肯定是比以前好啊，比他不运动要好。你像身体的运动机能、肌肉，包括心肺功能都有提高。在社交方面，最起码他生活中增多了很多群体的交往，也增加了别人对他的引导。

问：就是社会接触面大了？

赵父：对，一个是社会接触面大了；还一个呢，这些人对他来说，主要是以激励和表扬为主，这个氛围对他来说还是有帮助的。

问：以后特奥会，是有比赛的时候再去吗？

赵父：不是。他现在也每天去运动，到学校去打打球。有时候，冬天冰上课也去。每次冰上课，他都去滑，去指导学生，因为南方学生多。他就帮这些老师去辅导，看谁不会了，去教人家。他爱心非常强，他爱心是骨子里的，不是后天的。

问：您对孩子参加特奥运动会有什么看法？

赵父：运动会对他来说是有帮助的，是有提高的，从心智上，从身体上。

我们是特别喜欢让他参加运动会的。我们也是搞运动的，觉得运动能解决很多问题，包括心理上啊，生理上啊和一些能力上，或多或少都有影响，会有益处。我们对特奥的看法是多参与运动、多参与比赛，通过运动来进行交流。特别对特殊儿童的身心发展有很大影响，这不光是从他的心智上，关键对于他的心理、性格都有一个很好的影响。因为别的都有负面影响，这东西都是正面影响。运动比赛就是积极向上的、阳光的事情。参与集体活动，对孩子来讲是一种潜移默化的教育，使他从身到心都有一个进步和发展，注意力集中了一些，最起码他想的东西不是杂乱无章的，想的是我要去训练、我要去比赛。

问：能和他更好地沟通交流了吗？

赵父：就是你有交流的话题了。

问：您是否为孩子的训练投入了更多的时间和金钱？

赵父：这倒是没有什么差异，这种训练，我们都感觉对他的身心健康有利。有利的话，我们投点资也很正常，我们没觉得这东西是种负担。

特奥唤醒社会关注

问：您跟别的孩子家长交流过吗？

赵父：交流过。咱们学校还组织过一次特奥家庭研讨会，通过这些平台，给大家提供一些交流的机会，孩子学习的机会，见识的机会啊。平时交流的是很简单的事，你比如说孩子有没有兴趣啊，孩子的训练有什么啊，还有什么苦恼啊。有的就认为：哎呀，到这能吃着、能喝着、出去能玩着，哎，挺高兴的。他是从表面现象来看，他很少从孩子以后的发展，心理、身体上的健康发展这个层面跟你交流。但是我觉得，大多数家长还是喜欢这项运动的，喜欢运动来改变他的，通过运动来教育孩子。我觉得他们还是接受这个模式的。

对这些家庭和孩子来说，特奥提供了一个过去没有的好平台，有益智活动，不光是体育，还有文艺、手工，一些感化活动，都非常不错。虽然个体差异很大，但是能够适合很多孩子，我觉得非常不错了。所有的智障儿童能力、水平都可以得到提高，这个难度是比较大的。你像特奥家庭也是参差不齐的，家庭好一点的，可能更封闭，所以说呢，靠家庭自我调节真不一定能调节好，我觉得还得通过社会的这种广泛的交流和智慧来使孩子和家庭得到提升。

问：您认为特奥活动有什么应该改进或改善的地方？

赵父：这活动很好。我感觉这些孩子还是以激励、以赏识教育为主。让他去一起交流，把一个活动、一个运动、一项事件，作为他主要的努力方向。这对孩子心态的发展、开发和身体的健康是积极有利的。特奥组织每年也都组织家长，让社会来关注特奥家庭，让他们融入社会这个集体，我觉得还是有进步意义的。

可能需要更好的平台，更好的机会。主要是需要社会的关注度，让大家能够认知、认可。我觉得特奥组织的初衷是为了让社会更能关注它，能把这些家庭和特奥的孩子当成大家庭的一员来对待他，这是关键，而不是说仅局限于组织特奥学生比赛。现在不少的运动项目我觉得很好，比如融合比赛，让社会的优秀青年和他们进行融合，通过融合的过程，这些优秀青年对他们有个认知度。通过社会对他们的认知，才能找到社会跟他们的切合点。

现在特奥组织做得挺好。好在哪呢？就是说它开始拓展，拓展也是个市场培训过程。一件事件如果要社会承认，首先它有一个市场培训过程，这种过程就是通过融合，让社会知道它，让参与融合的优秀青年来带动周围的一群人和他们的家庭来重视，要不别人对特奥没概念。就是说通过这些活动、交往、交流，通过平台的搭建，使特奥能让社会知道并且认可。我觉得这是他们的初衷。包括你们现在了解的这些活动，也是为特奥社会化做一个铺垫、做一个历史的记载。

问：那您知道特奥和残奥的关系吗？

赵父：这有区别。残奥吧，他是有些肢体和某些方面的残疾，智力上没缺陷。特奥呢，他智力上有缺陷。所以说，这个区别差异性大了，天地之别。有思维的和思维杂乱无章的完全不一样。咱们正常思维是正向思维，他有的是逆向思维，还有些跳跃思维。所以从思维方式来讲呢，特奥和残奥差距很大，差别也很大。特奥的这些人，他某些方面是没有能力的，叫无能力。这能力不是培养的，培养不出来。能培养的是他具备的，基因层面的，不能培养的能力他永远不具备。所以说你给他施加再多的手段，他解决不了。残奥不一样，残奥运动员智力上是没有瑕疵的，所以他学习能力啊，工作能力啊，整个的思维过程啊，属于正常状态，特奥不一样，区别就在这。

问：您知道特奥活动和残联的关系吗？

赵父：其实残联应该涵盖特奥。特奥是残疾人的一部分，它是残疾人的一种特殊形式的表现。但是，它又完全不同于残疾人。所以说呢，社会对它的关注度还不如残联。包括这个特殊奥林匹克委员会，残奥会和特殊奥林匹克委员会是平级的。残疾人和正常人的奥运会举行的规格是一样的，没有差异性，因为要缩小残疾人和正常人的社会歧视和差异，所以说残奥和正常的运动会是一样的。特奥为什么不一样呢？因为特奥人群，肢体的残疾和心智的残疾完全不一样，差异性很大。所以特奥不能用某种运动能力来衡量他和别人的不一样，只能是通过这种形式引起社会的关注，让更多的人知道他，融入这个社会。不知道我的理解对不对。

问：和我理解的差不多。

赵父：我这个理解是通过残疾水平和生理的差异性得到的，我不是通过外表，通过外表没法界定，我觉得还是通过生理生化和健康水平来评价他，不能从他的运动能力和肢体能力上去评价特奥运动员。但是残奥会运动员是通过肢体能力、听力和视觉这几个方面来评价的。

他可能和我们的维度不一样

赵父：这些孩子和普通残疾人的差异性很大。这种差异呢，说句心里话，我跟你们说三天三夜也说不完。这种差异，现在医学解决不了，也许在其他维度和层面能说清楚。可能他和特异功能的孩子只有微小的差异，可能差一点就是很高，差一点就是很低智低能，但是没开发出来，他肯定有一个跟别人完全不一样的东西，别人力所不能及去赶上他的东西，肯定有。现在我就看到了，他有一些地方要高于包括我在内的这个层面的人的思维水平。有很多东西我都不知道，他懂。咱这个维度上的东西，他都没那么高。但是在咱这个维度以外的东西，他懂得很多。就这么奇妙。他的思维过程是杂乱无章的，也跟咱们不一样。他深层次的东西还很多，他可能自己表达不那么明显，你就没法去对他了解更多。

他的喜怒哀乐是跟正常人完全不一样的。他的注意力和兴奋点，可能也不在咱平时所认可的事件上，他可能在深层次的东西上。他达到他的兴奋点的时候，他觉得很愉悦，但你不太知道。他经常会愉悦，我们能感受到。但是，表面上你看不到有啥愉悦的事件，就是你层次不够，你阅读不了他的心理，所以导致他的愉悦和愤怒，你不可理解。这么点小事儿，他愤怒了；有时候这件事很不起眼，他愉悦了。其实他这个审视的观点，和他愉悦产生的条件你不知道。我说这个，不知道你俩理解不理解，要是你俩学过心理学的话，这东西就

稍微能理解一些。对他们来说，这个心理是从基因层面来的。比如说有暴力基因，社会上出现了犯罪现象；国际上那些恐怖组织，在他们与生俱来的基因层面，就有这些暴力基因在。如果有那些环境，那些条件，它就会爆发。如果这一辈子不触雷，没有环境来诱导他，他不会显现。所以说这种现象是存在的，通过从基因层面的研究，确实存在的。从心理上讲，就我们现在的认识，也没有完全读懂每一个人的心理状态。社会发展到现在这么进步，但是研究人类的水平还不高。

2002 年基因组医学会议以后，医学认为可以试图从基因层面去进行筛查。筛查以后，我们发现，很多基因层面的东西，你是解释不了的。它不是后天的，但是后天可以影响它，通过后天诱因可以使它爆发。包括疾病的易感基因也是一样，与生俱来，大家都有，是不是？所以健康生活，正能量的东西，可能会激发它。很多不良习惯，不良因素，包括社会因素，生活因素，都会导致一些不良的基因突变。

其实这些东西我已经很理解了。但对他来说，我还是分析不够，分析不明白。因为咱终归还不是搞这方面的专家，只是知道个皮毛。但特奥呢，应该有一些专家、团队，有一些这方面的人士，来参与对他们的研究。我也提建议，我说你们这个体育运动，以后也可以通过对他们的教育、影响〔来摸索经验〕，针对特奥运动员的心智和对社会的接受能力上的差异性，找到一个合适的教育模式和教育平台。

指东打西的说话方式

问：家里人经常跟他交流沟通吗？

赵父：亲属和家里人都跟他交流，也愿意跟他交流，交流多了，不是多少能给他一些正能量嘛。但是他说话语无伦次的，别人也不跟他说，不交流。他说话都断章取义，他没有前面这定语，也没有修饰语，就突然来一句。他一句一句说，说得你听不懂。但他说的事，他懂，你不懂。有时候我们懂，你不懂。近几年说话还有些逻辑性，以前没有什么逻辑性。现在他不重复说话了，以前重复说话，一件事他能跟你重复两遍，三遍。他现在说话就是说一次完事了。

问：他通常喜欢交流什么呢？

赵父：对他有兴趣的事，就跟你说；没兴趣的事，他不跟你说。你再跟他说，他就回避。

他多数的语言是指东打西，他要完成这件事，他从来不会跟你说这件事，他绝对要和你说那件事，最后回到这个事上。他肯定迂回地和你说，就跟孙子兵法讲的似的，他要做某一件事，他要使计，这小子跟你使计策。就是他百分之百能完成这件事，但是他不是直接跟你说，比如要喝咖啡，他肯定不说我要喝咖啡，他肯定说："呀，你看那个碗挺好的，这个也挺好的，你看这能不能咱尝试一下？"到最后说一下。家长问："你看你要喝什么呀，你喝点这个喝点那个？"最后你说喝咖啡。他说那也行。

他说话从小是这样，上幼儿园就是这样。说上幼儿园行，然后出门就哇哇哭。从我们家到幼儿园门口，中间有个超市。到超市那，他就不走了，哭得更厉害了。他妈说你要干什么啊，他说："妈，你看我嘴里有什么？"他妈说："你嘴里什么也没有啊。"最后实在是憋得不行了，就说："我嘴里有泡泡没？"他妈说："你要吃泡泡糖啊。"哦，他从屋里出来就开始哭，作为这件事的一个前期的铺垫。他做什么事都是这样。他跟他们老师，跟他们校长都是，全玩计策，从来没有跟你说过正经话，你要跟他直截了当地说正经话，他肯定扯别的。就你说话的时候，你跟他说再多，他可能一句没听进去。但他突然给你来一句，他这句话肯定是有目的的，他目的性很强。

问：可以再举一个说话特别的例子吗？

赵父：他想要做什么，说话不直接去触及这个事情的根源，他先要在前面有些铺垫。比如，我要出去打篮球，他先不说玩，他说："哎呀，今天天儿挺好，咱们是不是上哪去转悠转悠。"出门说："上东北电力大学去瞅瞅，那地方挺好。"他就是用一些其他的方式来解决这个问题。他从来不说我要吃这个东西，他很少这么直接说我要吃。他是用一种迂回的方式，把你这个注意力吸引到关联的事件上来。然后呢，再让你去琢磨这件事，他肯定不直截了当地说，他让你去说。他就是这个能力非常强。

他总是不把他要解决的问题的词说出来，很多人听不懂他的话，跟他说，就像他说天书似的。但个别人能听懂他的话，比如跟佛教协会副会长，他俩说话很畅通。他说你这孩子一点毛病都没有。对我们来说，这孩子不是没有毛病，毛病特别大，他没有正常话，没正常语言。他的层面跟我们层面不一样，不是一个层面的人。我说句实话，他这个人跟你所有采访的人完全不一样。你们不懂的，我也不太懂。很模糊的东西，他很清晰，比我清晰，很怪。他从来不看书，但他妈教过他字，教过很多年字，他也不会写，也不会看，但他见到

的字没有不认识的。从来没学过字，字没有不认识的。并且他的字都能给你组成词说出来，这跟所有的智障孩子差异性很大。

锻炼为主，让孩子自己找工作

问：他找过工作吗？

赵父：找过。他去找工作，都自己找。保险公司干过，装饰装潢公司也干过。我告诉他别去了。外头人尽欺负他，一看他这样就欺负他。吃饭就熊他，喝酒也熊他，他也喝不了酒。能抽烟，抽烟挺勤，跟社会那帮小孩混的，不混以前他没有这习惯。

问：他是从哪一年出去找工作的？

赵父：他就是从 2015 年开始。自己考的保险公司，考上的。办公室干了一年多。

问：大致哪一年做的装修？

赵父：就 2017 年，4、5 月的时候离开的保险，然后就是装潢，做了有 4、5 个月吧，到 9 月离开的装潢。去了两三家，主要是跑客户啊，跟踪啊，培训啊，学习啊，他都去做。接受得很难，但他很努力。

问：他工作中的氛围怎么样？

赵父：保险那段期间，他经理知道他状态，对他挺好。但是人家有业绩考核呀，末位淘汰，他就淘汰了。他不走也不行，他还不愿意走呢，那个氛围挺好的。到装潢公司，他学到很多不良习惯，又喝酒又抽烟的。在保险时候，他还不至于那样，他抽烟也偷着抽，但是一天也就几根。等到这个地方，一天就从几根变成一盒、两盒。

问：您对他工作持着什么态度呢？

赵父：保险要求与人家的沟通能力，你沟通能力差的话，有些业务就没法进行。他干这两项工作都需要沟通能力。其实我是试图让他去多见见世面、多沟通、多在工作和社会的环境中锻炼锻炼，这样他才能进步，他才能有一些生活的能力，包括语言，包括沟通。我跟他妈说让他去进行锻炼，不是说听之任之，就让他一辈子这么样下去，我们养活他，或者给他找一个家庭，我们为他花钱，让他生活就完事了，这都是不负责任的。

而且对他来说，还要养成一个自我生活的能力和对社会贡献的能力，还有一个他正确对待、认识社会现象的能力和批判能力。前提他要能够对社会有贡献，你不能说你一辈子对社会无贡献。你吃社会，吃国家，等于对社会不公。

我们家庭的终极想法是他在社会上有一个工作，去为社会做贡献。通过自己工作，得到社会的认可，有一些工资，最后呢，能成立一个家庭，不想让他成为社会的负担。我们一直试图去感化。虽然这些年花了很多钱去调整他的健康，但是我们更注重的还是培养他以后能够在社会上生存的能力。这是我们的初衷。

别人说："赵哥啊，你有这么多的关系，为什么不给他找工作？"我也可以给他找一份工作，力所能及的都能给他找。为什么不给他找？我作为一个教师，我们对社会应该负起责任。不能说我给他找份工作，就让他去，这种现象不利于社会的发展。我们还想给他去锻炼，去与人交往，让他自己有独立能力，能承担社会责任。我是这么想的，所以让他去锻炼嘛。

吃点亏，我说："吃亏是好事，吃亏回来，爸爸表扬你。吃亏不是坏，人吃亏其实是一种福，这种吃亏是教育你，教育你成长。"他说有人欺负我，我说："对。你没能力，他就欺负你，你要有能力，他就不会欺负你。是不是？弱肉强食，社会都一样。同样有一块肉，有能力的人，他就能把肉抢到；没能力的人，骨头都抢不着，骨头渣子都被别人吃没了。我说得对不对。"他说对。

我说："你的语言要是别人认可了，他不会欺负你，是不是？或者你的行为如果让人接受了，他不会欺负你。"我用正能量的东西去引导他，我不是去激化他的矛盾，说别人欺负你了，你就揍他，你去打他。不行的话，你爹妈去揍他。我永远都说你也不错，人家也不错，是你能力不如人家。

他说："爸，那我咋整？"我说："你没个咋整，你就是学习。"人家优秀的东西，你去学。你不足的东西，你去变化。包括你运动也一样，人家比你强，人家训练的基础比你好，人家训练花费的时间、投入比你多。我说你跟人家比，你确实不如人家，你得承认这一点。你训练的时候，你怕累，你怕吃苦，这就是你的弱点。你说人不吃苦，能得来甜吗？你爹你妈天天不去给学生上课，国家哪能承认我们，给我们发工资？我们没有工资，我们怎么养活你，对不对？通过这种正能量沟通去感化，去引导。

每次跟别人吵架的时候，他认为他自己吃亏的时候，我都说这些是你受教育的过程。我这么给他讲，一直跟他这么讲。所以说，负能量的东西，他只有在社会上接触一些。我们用正能量沟通，他慢慢就有批判的能力了。如果不说，他总觉得别人欺负他，周围的环境都这样。

还有一个，氛围对他们的影响和教育很大。他接受不良习惯很快，正常孩

子也这样，不良习惯接受得快，好习惯养成要费工夫。他们批判能力非常差，你们有批判能力，〔对不良习惯〕就是接受一段时间，可能就是迷恋一段时间，过了这个时间了，肯定意识到对自己有危害了，你们就可以自我杜绝。但他不明白，批判能力跟你们比差得太大。这一点上，我体会是很深的。大人给他说一千个好，他一句没记住；别人说一个坏，他可能就留意了，他就接受了，他就慢慢形成一种不良习惯。等显现出来了，你家长想去杜绝的时候，他已经形成习惯了。

问：您对他不良习惯采取什么态度？

赵父：就是杜绝呗。让他改掉，说实话很难。他可能是这么三个月两个月养成的习惯，我们用若干年都不一定能让他改变，这个太难。

问：你们为了让孩子融入正常的生活，都用了哪些方法，进行过什么训练？

赵父：母亲带他参加旅游团啊，到全国各地去走啊，跟大家去融合啊，见识社会啊。在北京也一样，我培养他自己坐车，自己上天安门，自己出去逛商场，自己去玩游戏，自己在北京吃小吃。这些他都尝试过，都没问题。你像上天安门，他自己早上四点多钟走了，在王府井吃点早餐，看看升旗，然后到各地方转一转，上午十点多钟回来了。他融入社会还可以，没问题。到陌生地方，基本上他对环境的接受比较快，在与别人简单沟通的能力方面，他一点问题没有。

问：您针对这方面做过什么吗？

赵父：也对他施教。你比如说，找工作啊，他自己去找啊。通过保险公司的工作，一个锻炼他语言能力，还有一个锻炼他与人沟通的能力。还有到家装企业，也是为了锻炼他与人沟通的能力。其实家长不一定希望他干这些活，但是说呢，这些活给他接触人的机会，对他的沟通啊、语言啊，还有融入社会的能力，都有帮助。

社会上这么多的工作，他对警察比较感兴趣，他很想当一名警察。他一直跟我说："爸，我考警官学校。"我一直没同意，我说你这水平不行。我也是没培养他这一点，他小时候有这方面的兴趣，我就应该引导他。他对破案挺有研究，比如说他那个思维，在这方面可能有所建树。现在就晚了。

问：他大概什么时候跟您说过想当警察？

赵父：说过好多年了，他念师范的时候有这个想法。

不劳而获有失社会公平

问：孩子受到过社会的帮助吗？

赵父：社会上的帮助，不能说是爱心人士，就是我的一些朋友吧。在和他见面的过程中，一个是鼓励他，一个是跟他沟通的时候呢，也是正能量地教育他。包括对人的看法，对工作的尝试，对爱情如何去接受、接纳，都跟他沟通和交流。我接触的这些人，相对层次高一些，像有企业的老板啊。在北京层次就更高一些了，国家机关的，搞学术的，或者体育界人士，他接触很多。

问：您对他今后生活有什么想法？

赵父：期望通过个人、家庭努力让孩子不断成长，还希望社会能对他关注，创造一些就业的机会，让他能力所能及地为社会做一点贡献，可以通过自己的付出得到一些回报，养活自己。我是这么想的。

他自己养活自己的时候，他就知道劳动的重要性。我付出了我回报了，我过得比较踏实，就不是无用的人。也等于他感受社会不歧视他，他是有用的，让他觉得他跟正常人没有区别。我觉得这些不只是我们努力，社会也得给提供一些方便的条件。相对来说，他能自理，还有一些思维，有些方面还有一些超前意识，他还能承担一些社会工作的。通过这两三年社会实践，我觉得他还是有一些能力。未来几年中，如果他情绪上稳定了，不会出现以前那种过激的行为，那我绝对试图去〔给他〕寻找一些工作。

问：您想让他做些什么方面的工作呢？

赵父：做他力所能及的。比如说，这个路段或这个地方，我天天去巡视一下；哪个地方有损坏的，我去补救一下啊；有个场地，让我去参与管理啊。咱们活动当中有哪些需要他去接头，他去跑个腿学个舌，去做一些沟通，或一些简单的处理，他都能做。像看个门啊，就这都能行。就保安，现在也能做。他能工作的地方很多。

我为什么不让他去呢？我怕他没有批判能力的时候，做这项工作只能受到一些不好的影响。他如果不改变自己，就是能做的事，我也不能让他做。终归做这些事，你要考虑到他对社会的影响，和社会对他的理解程度或者是对他的接受能力。还有是否他做了以后，能够给社会带来进步，带来好的贡献。他如果没贡献，你介绍一份工作，其实是对他的一种怜悯。时间长了，对他的身心健康还是有危害。我都说了，你对社会贡献，〔社会〕认可你了，给你的回报，

你去用，你才觉得心安理得。如果说你做这份工作，你没有去付出，你得到这些报酬，我觉得是一种怜悯。我说这种东西你不能去做。我一直在教育，所以他也是天天叽叽歪歪地找工作。我说你要找工作，你就自己找。你没能力，我给你找了，你也做不了，我一直跟他说。他知道我能给他找工作，一不高兴了，就跟我发脾气，跟他妈说找工作。

我说，你干这几份工作，哪一个工作你让别人认可你了？你给说出一条来，你给我写出十条八条来。如果说你都能写出来，你都能说出来，我肯定给你找。但你说不出来的时候，我不会给你找。我跟别的父母不一样在哪？就是我不想让别人怜悯我，我也不想让社会怜悯他。这种怜悯获得的报酬是不对等的，在不对等的情况下，他从事这份工作，我觉得对他是一种伤害，对社会也是一种不公平。不知道我这想法你们能理解不？

问：是这样的，也是为了他未来在社会上更好地生活。

赵父：因为要平等，你就得做出平等的事。你做不出平等的事，让大多数人不理解的时候，都是怜悯。这债务太深重。你欠别人的很多，你是没法还的。人和人交流、交往都是对等，你敬我一尺，我才能敬你一丈，是不是？当人敬你一尺的时候，你连一寸都还不上人家，你是不是欠账太深？这种欠账，就是别人对你的一种怜悯。这种怜悯用我这辈子来还，用他下辈子来还，都还不了的。这种还不了，就是你的社会责任还不够。我这些做法，你可能采访一百个，也不一定有我这种说法。

问：可以理解。那他现在还在找工作？

赵父：对。他在四处找工作，这是他现在唯一的信念，唯一的想法。他日思梦想都想找工作，这肯定的，因为他年龄在这呢。一个是工作问题，一个是家庭婚姻问题，肯定是他思想的主流，这肯定的。

问：您有没有考虑过他结婚的问题呢？

赵父：考虑过。还得孩子能够生活自理，能够往这方面发展。你不能再找一个残疾人跟他结婚，总觉得对社会是不公平的，家庭可以将就，但是对社会来说，你就给社会造成这种世世代代的境况。所以我跟他母亲的想法就是：他有能力成立家庭，我们再给他组建家庭；没有能力，我们宁可养他一辈子。现在我们不苛求，因为有人提过这件事，也有过一些女孩对他示好。

三年以前，他也处过对象，他觉得不合适的时候，他离开，也没有特别伤心。人家断了就断了，没有什么。女孩从北京回来再找他，他也不跟她。

有爱心，生活自理

问：他平时除了运动还有其他的兴趣爱好吗？

赵父：兴趣爱好也不是很多。你想想啊，他对知识的接受有限，所以说，他其他爱好就不是很多。

问：他平时在家都做些什么呢？

赵父：也没有什么，有时候打打游戏，有时候看看这些电视片。你像他小的时候看电影，〔别的电影〕都是感觉不那么深刻，但他对特殊教育的儿童村、没有父母和亲人的孤儿们，特别关注，这种电视剧演的时候，他一集都不差，甚至看个三遍五遍。他有爱心，就是特别愿意帮助弱势群体。还有就是破案的那些片、电视剧，他就看这些，不管是古今中外的他都看。别的类他不太愿意看。看电视的时候，他就是两三分钟一换台，看两眼就换，他是一直在换，他喜欢的那个东西能从头看到尾，不喜欢的东西他几分钟一换台。

问：他生活自理方面怎么样？

赵父：可以，可以。我们都不太管他。自己也能洗东西。刷牙得督促，说就刷，不说他不刷。不说，一周都不刷。胡子一周都不剃，说了就剃。洗澡，他是一周洗两次澡，有时候洗一次澡。家里他天天可以冲，但是他不愿意冲。他到洗澡的时候，就上洗澡堂，连搓带洗，这他都行。现在比赛时出门的行李，他都能自己整理。就是带很多，也不一定都穿。到那地方，可能是老师帮他们指导去穿。但穿戴他都能自理。

问：大概是从什么时候开始就可以生活自理了？

赵父：基本上他十二岁前就能自理了。再加上他在学校住了两年多，都得他自理。

问：他平时在外面跟哪些人交往呢？

赵父：交往的人少，因为大家不理解他。

问：那他有没有特别好的朋友呢？

赵父：他这种状态，从小到大，也就一段时期内有特好的朋友，不会长久联系。你愿意交往一个说话说不清楚的吗？你也不愿意交往这样的人。你交往也是出于对他一种尊重或者可能是有你所求的时候，你才能跟这帮人接触。如果说没有一些特殊目的的话，谁也不愿意用过多的时间跟交流有障碍的人交流。自己爹妈都跟他交流不上，你还能跟他交流上吗？

问：家里人亲人对他怎么样呢？

赵父：对他都挺好。但有时候也生气，恨铁不成钢。父母有时候反复说，他也不改。所以有时候也对他生气，对他也训斥。这种现象是存在的，不可能不存在。

问：他平时喜欢走亲戚吗？

赵父：他喜欢走，但是人家没过多时间陪他啊。他是喜欢，别人不喜欢。他的那些个亲属，他都是非常认亲。这是他的特质。

问：你们一家人要出去，会跟着您一块去散散步吗？

赵父：走哪都带着他，我们朋友吃饭，他都跟着去。

问：他自己出去的话，有没有不回来的这种情况？

赵父：有。前几年，一年有几天。五年以前，出去八天没回来。走的时候还是夏天，回来〔的时候〕，外套都没了，就剩个背心裤衩了，手机什么的全没了，估计瘦了二十斤。他也说不清楚上哪去了。

问：是自己回来的吗？

赵父：自己回来的。他电话都没了，说给别人抢去了，怎么也说不明白。以前小时候，晚上经常就不回来了，去网吧找他，上这个网吧说刚走，上那个网吧说刚走，就说我进什么地方，人都说他刚走。他可能有障眼法，在我们学校这个范围内，你就找不着这人。经常就是两宿不回来，你也不知道上哪去了。这障眼法特别厉害，你想找他老难了，他想不让你找着，你几天都找不着他。

问：现在这种情况呢？

赵父：现在没有这种现象了，近三四年没这情况。

问：都是自己回来的吗？

赵父：自己回来。

问：家周围有小孩或成年人欺负过他吗？

赵父：没有，不敢欺负他，反正从小到大基本没人欺负他。本身他的气场，别人近不到他的身。因为他的气场，一般的坏孩子根本近不了他身。

家人眼中的“宝”——赵子然家人口述

口述者：赵子然姑姑、表弟
访谈者、撰稿者：金思宇、帖银鑫，北华大学硕士研究生
访谈时间：2018 年 6 月 27 日
访谈地点：吉林市东北电力大学

问：您对孩子怎么看？

姑姑：咱们这个社会上，智力方面跟咱们有一定差异的孩子比较多。我呼吁社会对这些孩子要多多关心，多多照顾。这些孩子希望跟正常孩子一样去工作，去学习，但是因为他们的病的原因而做不到，这样的孩子自己痛苦，家庭跟着他也痛苦。我们的社会、企事业单位，都要关心这样的弱势人群，给他们多一些在社会上做自己力所能及的事情的机会，能自己养活自己的机会。这样我们社会就更和谐一些，也给家庭减轻一部分痛苦。他们也能有生活的自信，给自己生活点燃希望。

像东北电力大学做得就很好，在 5 月的时候，东北电力大学和特殊教育学校共同组织了一个特殊孩子和大学生在一起的活动，给他们营造这么一个氛围。让他们阳光地进行生活，知道这个社会没抛弃他们，还关爱他们。有了这些活动，给这些孩子增加了一定的自信，是不是？我们在平时多关心他们，社会也多关心他们，在精神上鼓励他们，在物质上尽量给予他们能干的活，是不是？

问：他平时会跟您讨论，他高兴或者是难过的事情吗？

姑姑：我们也总探讨。你看这孩子吧，因为他父母喜欢体育，所以说他也喜欢体育。跟我交流体育，给他带来乐趣。但他也痛苦有的人不理解他。有人说他的时候，马上他就反应得非常激烈。我们正常人对这些孩子得有耐心，不能说是因为他有什么问题，我们就斜眼看，他毕竟跟我们正常人是不一样的。

问：他跟您交流过他参加特奥的事情吗？

姑姑：交流呀。他比较有运动基因，他们参加国际比赛，省里比赛，得金牌什么牌的。回来，〔孩子说〕姑，我们获第几了，我们代表吉林省吉林市，

我们获得第几名了。我觉得它是一个对孩子培养自信的过程，我觉得这些活动对孩子的身心成长挺有好处。我也鼓励孩子，就说："你去比赛，如果你获得金牌的话，我会奖励你，鼓励你。"哎，他就特别高兴。

问：相处过程中，您觉得他的表现如何？

姑姑：这些人的情绪有波动。有一段时间，他状态好的时候，你跟他沟通，没有问题。他情绪不好的时候，沟通不了。沟通不了的时候怎么办？就需要我们有耐心，去跟他说，做他的思想工作。如果说他思想情绪不好的时候，你比他思想情绪还不好，甚至不想理他，那他就更难受，他这个病就更严重了。所以像这种情况，就需要理解他，给他做做疏导，然后给他讲解一些道理什么的，慢慢地，他情绪就转变过来了。他跟我们不一样，如果他发脾气，你再跟他喊，那他就更重。所以需要我们理解他、关爱他，让他逐渐地恢复。

问：您平时跟您哥在一起的时候，做些什么事情呢？

表弟：就是偶尔我们一起家庭聚餐，吃个饭之类的，或者是我跟他溜达、打个球、逛逛街什么的。

问：平时他会跟您讨论一些他的喜悦或是不高兴的事情吗？

表弟：会。比如说，出去遇到了什么不开心的事，或者有些什么事，他都会跟我说，都跟我讲解一下。

问：您了解他喜欢做什么事情？

表弟：体育运动，篮球、游泳，他都玩得比我好。我个人感觉他游泳游得比较好。

问：您可以说一件您对他印象比较深刻的事情吗？

表弟：一般我们出去都是玩体育运动比较多。比如说，像打个篮球，游个泳，或者一起滑个雪什么的。印象深刻的事情，他在体育方面的运动天赋比较好。有的，我做两遍三遍能会，他可能一遍两遍就能顺下来，起步方面还可以。

问：他去参加特奥之后，您看他有什么变化？

表弟：有些时候，就是在家里〔有些活〕不是特别主动去干，现在自己可以干一些，就不用别人去说。感觉在生活上积极主动，比较向上一些。

问：他平时跟您聊天，说一些在比赛中的感受吗？

表弟：在比赛中的感受，说过。就是成绩好了，回来表现得非常喜悦，跟我们分享。成绩不好了，会自己坐那里，表现出比较失落的情绪。一般我都是安慰他：没事，因为它不决定什么嘛，下次我们再努力。

家庭熏陶很重要——赵子然教练口述

口述者：特教学校张教练

访谈者、撰稿者：金思宇、帖银鑫，北华大学硕士研究生

访谈时间：2018 年 9 月 9 日

访谈地点：吉林市特殊教育学校

问：他平时在学校表现怎么样？

教练：可能因为受家庭影响，父母都是大学的老师，家庭的氛围比较好，赵子然虽然是智力有残疾的孩子，但是我感觉，通过父母家庭的熏陶，他比我们很多孩子都要更成熟。在学校，能配合老师去组织其他同学，方方面面做得都比别的孩子要更突出、更优秀。

问：他的性格如何？

教练：这孩子比较愿意说，表达也比较好，非常愿意和同学交流，或者跟其他老师交流。有一颗热心肠，当同学或者老师有什么困难，他能帮得上的，他都会极力去帮老师、同学去做。

问：他跟其他同学相处怎么样？

教练：每个孩子都有各自的特点。你像赵子然虽然比其他孩子要成熟一些，但毕竟是智力残疾的孩子，他也有他的个性，也有闹情绪的时候，但是总体来说还是比较好的。你像我们在训练期间，包括出去比赛，他能配合教练去组织孩子训练。在训练出发之前，会帮助老师、协助老师把需要的器材准备好。在比赛期间，能帮老师做一些力所能及的事情。我举个简单例子，他会提醒我一些事情，我前一天可能会说什么事，他会提醒我说："老师今天这个事情是不是需要做。"虽然他不是运动员领袖，但在场地真正能起到一个运动员领袖的作用，协助教练更好地完成比赛和训练。

问：他有什么令人印象深刻的事情吗？

教练：他从 2009 年开始跟我们在一起训练，他的主要运动项目是游泳和轮滑。游泳练的年头要长一些，从 2009 年一直到现在都参与游泳训练，也多次参加全国的特奥游泳比赛。

给我印象最深的呢，是2015年在四川成都的全国第六届特奥会，他参加的是蛙泳50米、100米、200米这三个项目的比赛。我们游泳比赛项目一共是五个孩子，他是其中一个。随着比赛的进行，其他孩子都拿金牌了，唯独他呢，没有拿到金牌。他这心里肯定是有想法的，着急，想拿金牌。在项目当中一着急反而游不好了，拿不到金牌。剩最后一个项目的时候，他就主动找我来了，说："老师，他们都拿金牌了，我这没拿到金牌呢。老师，你看我在比赛中需要注意哪些方面，我要拿金牌。"下午比赛嘛，中午的时候，我就跟他说了一下下午的比赛怎么去游。下午游的是200米，一共四个来回嘛。我就把200米给他划四段，这四段每段怎么去游。这孩子悟性也算可以，在这些个孩子里算比较高的了，理解得比较快，尤其是心里有极其想赢的欲望，想拿这块金牌。下午就很好地贯彻教练的意图了，非常努力地把蛙泳200米这项金牌拿到手了。虽然他年龄也不小了，但也像一个孩子一样，拿到金牌非常高兴，过来跟我拥抱。能看出孩子荣誉感非常强。

问：从他来学校到现在有什么变化吗？

教练：他是比较开朗的一个孩子，善于言谈。但是刚来时，可能是到陌生环境，他不太适应，不愿意跟谁交流。随着时间推移，熟了之后，他就把他非常愿意交流、非常愿意说的方面展现出来了。我们这些特殊孩子，很多是内向的，很少去跟老师交流，像他这样的就比较突出，能跟老师去交流。先不说这成绩怎么样，就说能让他主动地跟同学、老师去交流，你就感觉是一个进步。后来逐渐跟老师交流就多了，只有交流，我们才会了解他内心的想法。

其他一些方面也是。我之前也提到过，说他能够帮助我们，在班级帮助班主任，在训练这面能帮助我、协助我去做一些工作。从我们学校来说，从我作为教练来说，我想不单单是培养特奥运动员的成绩，同时也要培养他们方方面面的能力，这是最主要的，特奥会的宗旨也是这样的。尽可能通过一些比赛和活动提高他自身的能力。通过几年在校受教育及训练、比赛，我感觉这个孩子在行为能力、综合能力上都有很大的提升。

问：对他整体做一个评价吧。

教练：赵子然呢，总的来说是一个非常热心、乐于助人的孩子，在训练中也比较能吃苦。他父母是电力大学的老师嘛，原来也都是搞体育的。之前，我们跟家长接触也少，他就能够去跟他父亲说：我们学校在训练方面，场地、器械有一定困难。那一般孩子他不会去说的，他就能主动去跟父母交流事情，然后他们父母也为我们提供一些方便。这能看出孩子是非常乐于助人的，也把集体荣誉看得非常强。

赵子然生活观察日记

观察时间：2018 年 6 月 27 日 9:00—15:10

观察地点：吉林市东北电力大学

观察者：金思宇、帖银鑫，北华大学硕士研究生

时　间	内　　容	备　注
8:30	在东北电力大学门口集合。到达集合地点的时候观察者没有看到他，但他从远处发现了观察者，很有活力地过来招呼。	
8:30—8:45	从校门口步行至体育场。一路上热情地跟观察者介绍东北电力大学，例如宿舍、教学楼和体育馆的位置，并表达对路边凉亭的喜爱，还着重介绍了凉亭边池塘里的鲤鱼数目很多，自己很喜欢凉亭和池塘的组合。之后表达了自己对学校的熟悉程度和对学校的浓厚感情。	
8:45—8:50	更换运动装备，能够独立并且迅速地完成更换。带领观察者来到运动器材室，向值班老师熟悉地招呼，借了一个足球。	
8:50—9:20	进行踢腿、压腿、跑圈以及加速跑等热身活动。	
9:20—10:00	进行传球训练。注意力集中，多次调试脚与球的接触点，以便使球准确达到预定位置。非常刻苦努力。	
10:10—10:40	进行射门训练。站在点球处，仔细调整射门角度，在自己确认角度合适的情况下开始射门。在射门过程中，让观察者尝试守门位置，并详细告知守门诀窍。在整个射门练习中，进球率很高。	
10:40—11:00	休息。介绍自己在足球队内踢中锋，并且很乐意踢足球。介绍了他在东北电力大学操场和体育馆的训练内容与过程，并介绍了一些参加比赛的情况。	
11:00—11:15	自由运动，踢了一会球。	

（续表）

时　间	内　容	备　注
11:15—11:30	看校园内的一场篮球比赛。注意力非常集中。对场上比赛双方一个精彩的进球表示赞赏，对一个无心失误又表示出遗憾。	
11:30—12:10	吃饭。十分好奇地询问观察者的大学生活，学校的现在模样。之后与观察者热切谈论了最近的世界杯比赛，谈论了一些自己对各国球队与队员的个人看法。	
12:10—12:30	前往休息地点。	
12:30—13:30	午休，去赵子然表弟的寝室休息。	
13:30—13:45	从休息地点前往体育场。在路上跟校园安保人员与认识的熟人打招呼。当走到校内几栋古建筑前时，给予介绍，并带领观察者前往介绍碑前观看详细介绍。	
13:45—14:00	进行准备活动。	
14:00—14:30	篮球训练。进行运球、投篮和过人训练。	
14:30—14:40	休息。	
14:40—15:10	足球训练。进行了射门训练。	
15:10	训练结束。赵子然父亲来接赵子然。	

我愿养她一生，绝不放弃

——金鑫父母口述

金鑫，女，1990年生，吉林省吉林市人。独生子女。智力障碍二级。现就读于吉林市昌邑区特殊教育学校。

口述者：金鑫母亲

访谈者、撰稿者：帖银鑫、金思宇，北华大学硕士研究生

访谈时间：2017年12月10日、2018年9月22日

访谈地点：吉林市猫咖啡店、吉林市昌邑区特殊教育学校

新生儿窒息

问：您是哪年结婚的呢？

金母：我们是1989年结婚的，转年就有了她。

问：您产前检查都正常么？

金母：所有的都是正常的。

问：她出生的时候，发生了什么特殊的情况吗？

金母：出生的时候吧，怎么说呢，大夫讲她是属于新生儿窒息。认定窒息之后，就开始给她送到别的医院，直接就转到中心医院的儿科，然后给下了个病危通知书，说是新生儿颅内出血，但具体的情况也不太清楚。到医院待了一夜，就接回来了。

问：接回来以后，她的情况如何？

金母：她很弱，不像别的孩子哭声特别响亮亮的，她没有，哭声非常非常弱，吃得也不多。然后她吧，应该说是严重缺钙。不知道你们听说过没，喉头软骨，还有漏斗胸，可能也是〔因为〕缺钙，缺钙比较严重。

问：她小时候一直身体很虚弱吗？

金母：挺虚弱的，反正小的时候总有病。这么说吧，从小一直到十多岁，反正是一个月有个几天就会生病，因为体质差嘛，就总有病，要么吃点药，要么就去打个针啥的。八九岁之后，慢慢就开始变好了，基本上没有什么大病大灾的了，现在体质不错。

问：她小时候，您带她去过哪个医院看病？

金母：这个病吧，当时大夫也说不清楚，谁也说不清楚怎么回事。到儿童医院去检查过，以前到化工医院我们也做过 CT。首先检查脑子是不是有问题，检查了也没有问题。这个是先天的还是后天的，还是什么原因，谁也没有说出结果来，我们也就没再去给她寻医。

问：她小的时候，您请过保姆吗？

金母：没有。因为那个时候，好像也没有保姆这一说。当年我是教师，需要去进修，那时候孩子才 6 个多月呀，我得到长春，到东北师大去进修。这咋整啊，没招儿啊，没有老人在身边，所以我带着她去东北师大进修的。也曾经想找过周边有没有给看孩子的，那时候没有，不像现在。

问：您带孩子进修是在什么时候？

金母：1991 年。1991 年到 1994 年三年，在东北师大。

问：那个时间段是怎么处理好照顾孩子和生活之间的关系的？

金母：那个时候心挺寒的，有时候真想哭。咋的呢，那时候有不少老师都是带着孩子去进修的。但是别人不一样啊，一般都是家里头爷爷奶奶，或者是姥姥姥爷跟着去。您可以去进修，他们就在这边给看孩子。我那时候不行啊，没有啊，就我们俩。后来咋整呢，我就带着去。东北师大还挺好的，给整个托儿所，可以把孩子送托儿所。你那边去上课，到了喂奶时间你再回来，接着再去上课。等到下午放学了，你再把她带到寝室去，那时候就这样。

问：您进修时住的宿舍是什么样的？

金母：就是大学的宿舍。四个还是八个人，我记不清了，但它是上下铺的那种。好在那次进修的时候我有同学，我大学同学，我俩一起，所以她还能帮我照顾照顾（笑），这还算挺幸运的了。

问：您能详细说一下您的工作情况吗？

金母：上班工作嘛，其实跟学生接触吧也挺好的，对自己孩子的认识应该说更深一些，更理解一些。因为见到的学生比较多，什么样的学生都有。你比如说学习好的，学习差的。有品质好，学习差的；品质相对差一点的孩子，但是他可能学习很好；还有学习特差不说，而且品质不好，跟家长干仗。这样的话，实际上对我来讲就觉得还不如我这个孩子更合适一些。

跟我的学生吧，原则性的问题是绝对不容许的，错了就是错了；但是如果不涉及原则性问题，能商量的还是可以协商的。咱们在不触动原则的基础上可以互相协商，把这些事情做好。

问：您丈夫是做什么工作呢？

金父：做钢结构。原来是吉化的，2000 年买断，买断之后就直接到外地了。

问：就是孩子十岁的时候？

金母：正好十周岁。那个时候孩子需要沟通，需要交流，要不然就都忘了。他第一次从外地回来，自己也感觉到了，说回来了，孩子离他远远地。（笑）那时候就有点陌生，过了两天就好了。那时候不像现在，没有电话，只有 BB 机，沟通起来不方便。孩子还小，像这样的孩子懂事还晚。我说这问题太严重，慢慢孩子不就把爸爸给忘了吗？我说那不行，你得打电话。之后打电话相对多了一些了，但还是不行。等到条件改善了，有电话了，就经常沟通了。打着电话的时候，我说："姑娘过来，跟爸爸唠两句嗑。"就是让她经常有沟通，别陌生。正常孩子时间长了还陌生呢，何况这样的孩子。现在好了，现在你不打电话她也知道了，就不存在这种感觉了。

问：您爱人一年能在这边待多长时间呢？

金母：他一年回来一次就已经是多的了。

问：一年只能回来一次？

金母：一次都是多的，比如说过年回来，他也就四五天。我说那还别回来了，不如我去了。我放假嘛，我放假的时间长。基本上我去，一年去两次，寒暑假。

问：孩子在那边过得怎么样？因为两地差异还是有的。

金母：对。但是也没关系，她也习惯了。白天爸爸上班，我就领她在家里头，她经常的工作就是电视、电脑、手机。有的时候我就领她出去。到晚间，他回来了，因为一天得要运动一次嘛，我们就出去打打球，领着孩子。

问：现在父亲离家时间长了，孩子会想吗？

金母：想。但是现在有微信，要不说她情商够高呢，比如说我俩刚从蓬莱回来，她问我："你还跟爸爸视频吗？"我说："对呀。"她说："刚回来就想啊。"我说："那你不想吗？"她说："我不想，刚回来想啥呀。"时间长了，想了，她会视频聊几句，所以说她的情商是够的，在交流方面。

在普校启蒙

问：她上过普通的幼儿园吗？

金母：我们单位正好有托儿所，很近，就在校园里头，她就跟着我一直在托儿所。你就不用怎么担心了，有阿姨啥的帮你照顾，还挺好的。上学前班，在昌邑二十五小，她就按正常孩子走。当时也意识到孩子肯定多多少少有什么毛病，跟其他孩子——正常孩子不一样。她比别人体质弱，她行走啊啥的，都比别人慢一些。

问：在幼儿园和学前班，她和同班的小朋友处得好不好？

金母：还行。但她就是比别人懂事慢，有的时候反应不过来，毕竟她还是有一些问题和毛病。

问：她当时愿意去上幼儿园吗？

金母：愿意去，我姑娘比较外向，很愿意跟公众接触。今天没领她来，如果来了，跟你们会沟通的，她比较愿意说话，比较好动。

问：那小学呢？

金母：小学也在二十五小读的，念了两年，然后我们就不念了。一年级之后，上到了二年级，后来一瞅不行。因为小的时候孩子们没有什么太大的区别，而且都是小朋友，没有歧视或者欺负人的事。但是慢慢大了，就显示出来，她跟别的孩子的差距就大了。所以呢，为了避免她被其他的孩子欺负造成内心的伤害，干脆我们就撤出来了。之后呢，就上了昌邑特教。

问：在小学，她跟班里同学相处有点问题？

金母：对。她跟其他孩子在一起，已经看出差距来了。大家都是小孩嘛，言语中就会带有一些……就是伤人的语气。后来我一想呀，在这，孩子也伤自尊，干脆我们就走吧。再一个呢，她也不注意，我们也担心她的动作伤着别人，我觉得就这样吧，我们就从那出来了。

问：她小学跟老师相处如何呢？

金母：那倒没有问题。怎么说呢，智商有问题，情商没问题，情商很高。

问：学习方面能跟得上吗？

金母：跟不上，学习是跟不上的。她没有数的概念，就是计算很差。所以我的想法就是，不会算就不会算吧，将来有计算器。这个想法现在想是错的。我就重视她语文了。我就想着呀，将来能读点东西啊，能看看书，也行。小学她不就开始学拼音嘛，拼音上，我比较下功夫，用了一年的时间。现在拼音上没有问题了，认字什么的全都靠拼音来，不认识的字，你告诉她拼音，她自己分得很清楚，她可以自己来写。就小学用了一年的功夫，把这点巩固起来了。

我的感觉就是，对这样的孩子吧，家长要保持一颗平常心。然后呢，你就当正常孩子去看，该要求的要求，该批评的批评，该表扬的表扬。让她也知道自己应该做什么，反正慢慢教呗。正常孩子一次，她一次不行两次，两次不行就多次呗，她需要一些时间。

现在怎么说呢，如果现在再回过来，倒退几十年的话，我能两者取其一的话，我就不要工作了，我要照顾孩子。因为就这一个孩子，现在像工作也没有铁饭碗这一说了，是吧。但那个年代，是不可能放弃工作的，绝对不能放弃的（笑）。所以对孩子虽然想要往好了去做，但是还没有尽心尽力，没有全身心地投入。也许这样的孩子，你要是全身心去投入，去启发她的话，可能会更好一些。不能说和正常孩子一样，但可能会更好，可能比现在好。

问：为什么在您看来不重视数学是错的呢？

金母：之前觉得，到时候能读读报，看看书就好了。觉得把字认了，把拼音给学会了，这样她比较受益。数字呢，当时想的是，无所谓，反正都有计算机，也不用人去算。但是在现实生活中，好像就不是这样了。你比如说到外面消费，有的时候她用现金去购买商品，她只认识钱是多少，但是当你购买商品之后找给我多少钱，她就不知道了。将来她自己去市场、到超市消费的时候，

就涉及交易过程中的找钱问题。所以这确实是一个麻烦事，现在就觉得错了就慢慢再来吧。

问：除了语文、数学之外，其他科目的学习情况怎么样呢？

金母：小学课程也没有别的了。画画不会，美术画不好，这个我倒没在意，因为像我就不会画画，从小就不太会画，不喜欢。但是她喜欢唱歌呀，很喜欢唱歌。

问：上小学时，她喜不喜欢去学校上课？

金母：喜欢，她喜欢去。她确实属于智障孩子，但是我俩没把她当智障孩子去养。这么说吧，我们领她出去散步，那个时候还没有大礼拜，领她出去逛个街、上个公园、上个朋友家，哪儿都带着她，就是这样，让她见的人多一些，所以她不怎么害怕跟人交流。

问：她家庭作业完成情况如何呢？

金母：完成不好，有的完成不了。

问：在这种情况下，您会给她帮助吗？

金母：我要有时间的话，会帮着她。但是我俩那个时候……现在想起来太忙了。他父亲在吉化那时候，一天工作。我正好在这边四中，我一直连着带了十年的毕业班。

问：您一直带了十年的毕业班？

金母：（笑）对，那时候在初中呢，所以一直都是这么忙忙乎乎的。

问：同事都知道您的家庭情况，为什么您还带了十年的毕业班呢？

金母：带十年毕业班是因为工作的需要，没有办法，只能接着工作。从那个时候开始，她住学校住了大约有十来年。慢慢地等到工作压力减轻之后，班不带了，年龄也大了，就从住学的地方脱离开。我觉得还是我自己带着对孩子更有益，比住学校应该更合适。

特校的氛围适合成长

问：她去了特校之后情况怎么样？

金母：她最早是在昌邑区特教，在现在的花鸟鱼市那，大概是十一岁左右吧。待了不是一年就是两年，我这边当班主任嘛，我就给她送到船营去了。她这边没有住宿，那个学校有专门住宿的班，在那待了能有将近十年吧。基本上是在那住了，我就是周五去接，周一早晨送。2014 年，我给她又送回昌邑来了。现在不住校了，一直就是我来接送。

问：当初是因为什么原因换学校的？

金母：2014年我腿摔坏了，骨折了，没法到那个地方接送。

问：住校的时候，费用是怎么样的呢？

金母：学校没什么费用。住宿呢，其实当时就是按照每天孩子的正常的标准来收，费用也不高，还比较合适的。

问：您开始是怎么知道这个特教学校的呢？

金母：是别人告诉的。像家里有这样孩子的，肯定要多方地去打探一下的，去了解一下。了解到有这样的学校，到那学校去看一看，不能让孩子在家待着，家里也没有人啊，所以就给她找一个适合她的地方吧。

问：她在特殊学校主要学什么课程呢？

金母：他们学的课程当中，有语言课啦、音乐课啦、数学课啦，还有就是培养技能的劳技课，大致是这些课，也就是选择比较适合他们的课程，教材好像都是自编的，比较适合他们。

问：她在各科上表现得怎么样？

金母：她在语文上，拼音这儿表现还不错。她的识字量相对来说是比较大的。她不认识的字，可以用拼音来标，她就可以认识这个字了。数学就太吃力了，就是对数的概念太吃力了。

问：她在船营特教有发生过让您印象深刻的事吗？

金母：让我印象深刻的吧，怎么说呢，不是说在孩子身上，应该说从孩子的变化中了解了特教的老师，我就觉得特教老师很了不起。因为什么呢，教那些数嘛，加减乘除什么的，我觉得在家我得给她买一个计算的工具。现在她做有关数的题，我问是你自己做的，她说是自己做的。哎呀，我说你怎么做的，她就告诉我她做的方法。我一瞅，这特教老师真了不得，就是教孩子一种特殊的记忆方法，计算的方法。从孩子做题反馈中，我觉得特教的老师还是很了不起的。

问：您和您爱人在教育孩子方面有什么分歧吗？

金母：没有什么分歧。如果真有什么事的时候，我俩一个红脸，一个白脸，就这么来的。对她就是跟正常孩子一样，该说就说。

问：您在教育过程中心情有没有什么不一样的变化？

金母：有的时候也有，不能说没有。就像我刚才说的，虽然我们一直当正常孩子去教育她，但是真正遇到问题的时候吧，心里也很烦，要考虑怎么把这

个事情摆平了。可能因为我是老师的关系，我见的学生太多了，所以能让我把心态放平一些。就是啥呢，正常孩子，有些孩子真的还不如这样的孩子呢！有些孩子不懂事理，有的时候真的是胡搅蛮缠的。正常孩子都这样，那还不如这个孩子呢，教育来得方便一些，快一些。她虽然挺倔强的，但最起码她能听话一些，要比那种气你的孩子好得太多了。否则的话，我觉得心态想放平，挺难的。

比如说你看那正常的孩子，你再看这样的孩子，有的时候你很着急，你也很心烦。但就看你怎么看，如果你把它看开了，你就可以把她领出去，你就不会自卑。但是你如果说不看开，你就会觉得，你看别人家都说了这孩子有成就什么的，那个孩子考上哪了，对吧，如果你要不放平这心态，你就觉得这个孩子对你来讲会让你觉得很没面子，你可能就不想把她领出去，有这种可能性。

问：那您爱人在这方面有什么看法吗？

金母：没有，我爱人脾气比我好。（笑）对姑娘，有的时候我一急眼了就会说两句，有的时候打两下子。他都告诫我不要打了，毕竟孩子小，孩子慢慢大了，就不要再做了。所以，他脾气比我好，比我温柔。（笑）

问：您感觉是普通学校教育，还是特殊教育学校对她的影响大？

金母：对她的影响啊，可能是在正常学校，让她体会到正常孩子的生活氛围，但是那个地方毕竟不适合她。到特校来呢，应该说这个环境、氛围比较适合她的成长。再有老师的关爱，老师的耐心教导，适合她们的教学模式，应该说对她的学习啊，还有心理等各个方面更好一些。

通过训练学会了自立

问：在参加特奥之前，她喜欢运动吗？

金母：他们的运动项目，运动技能特别强，跑得特别快。我姑娘不行，我姑娘属于慢半拍的。不是慢半拍，是慢好几拍的这种。所以那时也没有什么奢望，也没有想到她能够去参加特奥，这对我来讲也是意外的一种收获。

参加特奥之前，不是说她喜不喜欢，而是我俩比较喜欢运动。我们的想法就是，虽然她是个小姑娘，但还是想让她活泼一些、开朗一些。她的运动技能并不是很好，比较懒惰。你要让她跑，她不愿意跑。后来我们想办法，她的运动量特别少嘛，就根据我们自身的爱好，她爸爸踢足球就带着她，我们打〔羽毛〕球也带着她。

打羽毛球，开始也不会，一点一点地来，反正最起码现在能跟你俩对打一些，只要不给她出难题，这是一个。轮滑，也是领她出去玩，看着别人玩嘛，就说你也玩一玩，能玩咱就玩，就这么地带着运动。当时在江南，那不是都有出租的嘛。哎，一开始能站起来，还能溜达两下，很笨拙的那种，那也行啊，那咱们就开玩吧，就这样一点一点地熟练起来。因为很少有去教这样孩子的老师，所以就是按我俩的兴趣来培养她。

问：除了您之前说的这两种运动，还有没有其他种类的运动了？

金母：还有。在这之后就到昌邑特教了，你们可能也知道他们的活动特别多，孩子在这很开心。上半年有一个全国特奥的游泳比赛，老师和我说，你看看让你姑娘去参加怎么样。我说，我姑娘不会游泳啊。我也不会，因为我比较晕水，所以我不喜欢，我就没让她学过。

她说："没事，你就看她喜不喜欢，只要她喜欢，咱就去游。不要成绩，只要孩子参与进来就行啊，你试试吧。"从她老师说到她比赛，大概只有一个半月，不到两个月的时间吧。她老师就这么说："这样吧，我给你一个月的时间，你先去学，学完之后看行不行，不行咱就不去。"

我想了一下，让她参加一次比赛也好，老师给提供这个平台应该说是很难得的。我说："那好吧，麻烦你帮我们找个教练吧。因为咱都不认识这方面的教练，不熟悉。"她老师说，那行。

然后找个教练，好几个孩子去了，最后估计也就我们坚持下来了，因为我们最后是一对一地学的。教练教的时候，我就在边上记，下边我再领着她辅导。虽然我不会游，但我在水里起码能教她，水是比较浅的。最后结果还行，学了有半个多月吧，还是可以的，虽然速度很慢，但也可以游，之后就一直这么练。孩子的特点就是有耐力，没有速度。老师说没有关系，只要她有耐力参加就行。后来，老师说你们参加比赛吧。就这样，我们就上半年参加了一个游泳比赛。

现在冬天嘛，她能玩的只有游泳。前一段时间又去练了轮滑，所以游泳就暂时没练。之后天气冷了，轮滑也滑不了了。这一段时间没什么事了，周六我们下午要上课嘛，就上午，我说我领你游泳去。上午去游，下午我就上班去，反正就这样。现在，轮滑啊，游泳啊，羽毛球啊，她主要的体育项目就这三种。

问：您是在这个游泳比赛之后才知道的特奥会？

金母：对。就是在老师让参加这个比赛之后，我们才知道特奥的，之前我

真的不太了解。就说她们这学期有一个轮滑比赛，开始吧，学校不知道她会滑。后来无意中，游泳教练说金鑫也可以参加啊。既然说了，那咱就去试试吧。哎，一看，还真可以，那就跟着训练吧。还别说，这个训练挺好的，对孩子确实有很大的帮助，之后去参加了在成都举办的特奥轮滑赛。

问：参加游泳比赛是她第一次参加特奥运动吗？

金母：第一次。

问：比赛大概是什么时候？

金母：2017 年 6 月的时候。10 月也有一次，是在成都举行的全国特奥的轮滑比赛。再有一个就是今年冬天，忘了在几月，她参加了哈尔滨的一个滑雪比赛。

问：为什么教练会选择她作为运动员，毕竟年龄也不小了，有什么选择的标准吗？

金母：我觉得是教练给了我们一个机会。作为家长来讲，之前的运动，我是让她能够有一个爱好，能够有所长，能够去寻找一些快乐。学校的活动，是教练和班主任给了一次机会，只是说有这么项活动，看看孩子参加行不行，因为毕竟要征求家长的意见。我觉得是一件好事。

问：那她平时还有训练吗？

金母：平时游泳也好，特奥训练也好，都有专门的老师领她训练。就是迎接比赛嘛，她就训练。

问：您在这方面，时间、金钱是不是投入得比以前更多了？

金母：嗯。相对就是时间投入比以前确实多了很多。你比如说游泳吧，上半年，我还可以陪着她。我给她订的年票，现在赶上周末，周六上午，我就领她去游泳。但是下半年的轮滑，我几乎就没有时间了，都是学校的老师领着进行训练的。我呢，也就赶个休息天，领她到后面的小广场，让她练一练。我们小区里刚好有这么一个条件，有个小广场，那个地方可以轮滑。

金钱方面，要是跟以前比，相对就有投入了。过去呢，就是我领着她玩，不涉及投入的说法。但是呢，一旦你要把它当成一项喜欢的运动去参加比赛，而且还是从不会到会，你肯定要找一些专业的教练跟着学习，肯定要有一些费用的投入了。但是整体上，和正常的孩子比较起来，投入还是没有他们多。

问：她在训练中，有没有忽然不想训练的时候？

金母：训练对她不叫负担，因为她开心了，她喜欢了。对她来讲，也是她人生中的一个乐趣吧。但偶尔会觉得累，反正她说累。因为训练是有要求的，动作比较规范，和平时散散的不一样，所以她可能觉得比较累一些。累了，老师会鼓励啊，会跟她说坚持到底就是胜利啊之类的。然后她就有了一种奢望啊，一种目标啊，我就想要拿金牌啊。（笑）

问：您看到她在运动，您心里有什么感想呢？

金母：哎呀，感想真是挺深的。训练时，人家老师有严格的要求，她得按老师的要求去做。孩子就是通过这个训练学到了很多，她比较自立了。过去轮滑的时候，基本上是我大包大揽。就是来了，我把鞋给你穿上，把所有的护具都给你戴上，全都是我来进行的。但是在学校经过一段时间的训练之后，回来再看，不用你了，全都是她自己自理，自己完成了。她自己的衣物啊，或者说自己的用品吧，都她自己去整理，不需要我去弄了。

也比较自强了，开始有信心了。怎么说呢，就是有一种奢望吧，就像游泳比赛之后，老师说："啊，咱们十月还有个轮滑比赛呢。"她一听，因为她会滑，所以她说："我也要参加那个比赛。"还比较有野心，她说我要拿金牌。（笑）

问：她参加比赛的时候，都是老师带去外地的吗？你们会陪着吗？

金母：对，老师带着去的。我们也不是总陪着。这次的轮滑我们去了，游泳比赛我们没去。我是想去，但她爸爸说："还是别去了，让孩子自己锻炼一下。"但是吧，锻炼是锻炼了，可能就给老师带来了很大的负担，老师的任务就比较艰巨了。

问：她去参加比赛，会跟你们说她比赛的情况吗？

金母：会说，在视频里也说。而且她的求胜心理、欲望比较强吧，像游泳比赛，刚去的时候紧张啊，50 米都没游下来。我很意外，她不可能游不下来的。后来一想那就是紧张了，老师也说是紧张，她就一天也不出声，有心理压力；但是老师开导得好，老师又领着训练，再熟悉一下场地，然后接着的 100 米、200 米游得很顺利。

问：在这个过程中，发生过什么让您印象比较深刻的事情吗？

金母：嗯。游泳是让我印象最深刻的一次了。虽然我没去，但是老师把视频和照片给我发过来了。这个特奥比赛，原来我是不了解的。这次结束之后，通过游泳还有轮滑，我知道比赛的分组和咱们正常的是不一样的。可能事先给你分组，预赛。然后根据你的速度再给你分组，那就是决赛了。当时老师告诉我 50 米没游下来，下午就决赛，但是没有她的项目。老师给我发了一张照片，上面的她是很失落的感觉，就看着人家去游泳，那天她什么都没得着，她就很失落嘛。然后老师说了："金鑫妈妈，你好好地开导开导她，缓解缓解她的压

力。她太紧张了，紧张得水也不怎么喝，什么也不做。”我说那好吧，之后就通过视频开导她。哎，第二天好了。等到这回比赛，预赛也参加了，决赛也参加了，也得奖了，开心得什么都忘了。（笑）她会跟所有的人去炫耀，拿到奖牌回来了。这次参加轮滑，得金牌了。回来之后第一天上学，我就跟她老师说：“完了，今天话匣子关不上了。”那肯定是要宣传呐，自己拿奖牌了，自己拿金牌了，她很开心。

问：您对孩子参加特奥运动有什么看法吗？

金母：哎哟，我太高兴了。其实我还希望她有机会继续参加。（笑）

问：在这个过程中，您的心态变化是什么样的？

金母：我心态变化吧，其实我倒觉得是挺高兴的一件事情。但是呢，我还觉得要稳住吧，不要太张扬了（笑），还是低调比较好一些。

生活中的意外与惊喜

问：她平时表现得怎么样？

金母：她喜欢说，喜欢跑跑颠颠的，办个这事，办个那事。咋说呢，就是好动吧。

问：除了运动还有没有其他的兴趣爱好？

金母：唱歌。嗯，她的肢体动作比较笨拙，但她唱歌还是可以，喜欢。在家里边，她没事就唱。她比较愿意听，自己会把电视打开，或者是把电脑打开，里面不是有歌曲吗，她会给你放歌曲。她听，听完她学会的，她就拿着麦克风使劲地唱。赶到过生日或者是玩的时候，也领她唱卡拉OK，也让她唱。

问：您有特意去培养她这个兴趣吗？

金母：曾经想过，但是没有机会，得这么说。这方面其实我们还做得不够，心里很是有愧。原来船营有个叫黄鑫的孩子，一直由奶奶照顾，照顾得非常好，吹拉弹唱都很好，钢琴十级，还会葫芦丝什么的。那天在微信群里头看到，又学了架子鼓啊，又画画啊，奶奶又教他刺绣什么的。哎呀，我都觉得我这当父母的有点不太合格啊，跟人家奶奶一比，确实心里比较有愧的。

问：可能每个人家庭环境不一样吧。

金母：可能是不一样。但是奶奶可以对孙子全身心地投入，这么一比，我们俩好像还有点不合格。没有全身心投入，尽最大努力让孩子学到所有东西，好像这一点还是做得不够。所以希望我们退休了，能像奶奶一样去照顾孩子吧。

问：除了唱歌外，她平时在家喜欢做什么呢？

金母：看电视，玩电脑，玩手机。（笑）如果让她陪我散步，我说："走啊，出去活动活动。"那她不走，特别懒。她会说："你们走吧。"她在家看电视。你要说上超市，她愿意去。（笑）

问：您能说一下她典型的一天生活吗？

金母：（笑）典型的作息时间呀，其实我觉得不合理也不科学。你比如说今天休息，我要是不领她出去，她可以在家宅一天。在家就是看电视剧，把电视一开就看电视剧，挨个看。而且她能做到啥，我想看这一集，我就直接点到这一集。我想看这一集的哪一段，就能点到这一段去。这就是她现在能达到的程度。

问：她现在能生活自理了吗？

金母：哎呀，她自己穿衣服好像到十多岁的时候就可以。我们之前是把她当正常孩子去看待的，没有说这样孩子我全权地负责她的生活，没有。就是该让她做的还是让她去做，实在做不会的，那就我们来帮忙。但她就是啥呢，她的手比较笨，就是手不灵，这可能也是我训练得少。你比如说系鞋带，她自己就系不了。梳头，她自己梳不了。虽说现在练梳头，但她也梳不了，只能自己稀里糊涂地在底下揪个小揪。

问：您对她生活中哪些事情印象深刻？

金母：生活当中，她总是给我们很多惊喜，比如说第一次做饭，是我很意外的一件事情。第一次做饭，饭没做成，她只是把电插上了，其他的按键一个都没有按。我的想法是既然你都会整了，你想到了给爸爸妈妈做饭，好了那我就教你吧。然后就教她了，她就能做了，也会了。

等到她再做的时候，她说："妈妈，我水放多了。"我说："没事，好吃。"再告诉她把水放少一点，接下来的一次，水又放得太少了，硬了。我说："没啥事，好吃。"现在，这个饭做得很好了。

比如说像今天，我俩早上去打球了，我一看时间差不多，打电话告诉她："姑娘啊，你把饭做上吧。"她会把饭做上。在半道上来了个电话，我说干嘛啊，她说："妈妈，外边下雪了，你开车慢一点，太滑了，你小心注意安全。"嗯，她会给你这些提示。

她往往会给你很多这样的惊喜，让你想不到的事情。微波炉从来没让她用过，她自己有一次用微波炉，用不好。这些事情原本也没想让她动的，但是她

既然动了，那就动到底吧，我就告诉她注意什么。

她有这么一个特点，她只要想做的事情，你要告诉她，她就很上心。她只要想弄的，她就能学会。她不想整的，你怎么让她做，她也不去做。像电脑，你们都很熟悉电脑，我俩电脑都不是很熟悉，但她就是想这个电脑怎么着。她要哪样不会，她会问你，你也不知道，她就琢磨，琢磨谁会，来了一个人她会问，问完之后她就会弄了。家里边的电脑或者电视的开呀关呀，你只要教过她，她就记住了。现在电脑或者电视都是联网的，有的时候我俩整不明白，你去问她，姑娘过来，这个怎么整，她会哒哒哒哒给你整，也许讲不明白，但她会操作，给你操作得很好。现在，她可以洗简单的衣服，洗衣机也可以用。

还有给你很惊吓的事情。比如煮方便面。她可能知道方便面需要煮，但是她不知道怎么回事。家里不是有盒装方便面吗，那一次，她把这盒子坐到炉子上了，方便面盒点着了。等我们到家的时候，发现那方便面盒子黑了。可能她也发现了，就把煤气给关了。这件事情发生之后，危险性的东西我们不让她碰，比如说煤气这东西，所以说做菜她就不会了。

问：您有让她一个人外出的经历吗，比如平时让她自己去学校？

金母：这个我没敢，这可能就是爸爸跟妈妈不一样的地方。要是他在家的话，他肯定不同意我天天接送，希望让她坐公交自己走。她自己上学放学，能做到，但是我不放心。我的想法，第一是现在的马路杀手太多了，不安全；而且现在咱不是说人不好，但毕竟还有一些个别的坏人，尤其女孩子，我不敢放手。这导致的就是天天我接送，不让她独来独去的。

其实她能做到。你像我腿骨折那时候，她平时一周去趟浴池，以前都是我领着去的。我腿骨折了，这咋整啊，爸爸也不能领去。我说："姑娘啊，你自己去洗澡吧。"她自己把东西都准备好了，就走了。因为第一次嘛，我对她爸说你在后面跟着，你看着点。而她自己颠颠的，自己能走。这个路线是我经常走的路线，她都能记住，所以没有问题。但是还是有担心，没舍得让她自己走。

至于自己在家，我给她定了一个习惯就是，任何电话不许接，只接我一个的。形成这个习惯后，连爸爸电话都不接，后来我说爸爸电话得接，慢慢地这爸爸电话才接。剩下的，谁的也不接。有人按门铃，不要去碰，也不要管，就当家里没有人一样。现在形成这个习惯，我们就比较放心了。

问：您和她平时交流多吗？

金母：她其实是这样的，她看你的脸色。我姑娘很会看眼色的，她要看你生气了，或者你跟她急眼了，她就不出声了，蔫蔫的。她要是觉得你今天挺高兴的，她会跟你开开玩笑。

问：她性格是什么样的呢？

金母：性格开朗，好说话，好交流，好交际。见到人，就要认识你。

问：她和其他人相处容易吗？

金母：容易。正常的交流没有问题，你要说高难度的了，可能是要有问题。但是咱们这种正常聊天交流，没有问题。我朋友，就是我们单位的同事，谁跟她接触都很容易。你比如说我们的同事，关系都挺好的，她就把人家微信加进来了。在我不知道的情况下，跟人家视频，跟人聊天。

问：您孩子这个情况，您同事都知道吗？

金母：都知道，因为我不回避这个事情，不仅同事知道，我们学校不是有球馆么，我那些球馆的朋友，就是总来打球的也都知道，都认识。

尽最大努力　让孩子快乐

问：您有没有想过让金鑫离开特教学校？

金母：哎哟，我没有想过。我倒觉得，在学校挺好的。学校的氛围啊，老师啊，都挺好的。还能参加各项活动，孩子也开心。毕竟不像在家里边，天天窝着，只能看看电视，玩玩手机，没有其他活动。

问：您考虑过她的婚姻问题吗？

金母：婚姻呐，顺其自然，不勉强。有好的就嫁，没好的，我俩宁可就养她一辈子。这样的孩子她也会有这种想法，对异性的一种要求。但是我的想法是，这样的孩子，咱们小了说是不要给家庭再带来负担；大了说是不要给国家再带来负担。要是可能，婚姻上尽量找一个正常一点的人，但是很难。我们不想家里有这样一个，再找一个，再增加负担，这是第一；第二，找一个必须两家人共同来承担的。如果说那一家人不承担，让我一个人承担，那还不如我一家人来照顾我这个孩子，让她变得更好一些。要不是这种想法，也许我们就要第二胎了。但人的精力是有限的，你把精力放到下一个的时候，这个孩子就彻底废了。

问：有人给她介绍过对象吗？

金母：有人曾经给说过，他是这么给介绍的：孩子可能多多少少有点毛病，但是能够出去打工。他家里有个弟弟，是自闭症。爸爸在外面打二，妈妈

在家照顾，后来妈妈把弟弟送到了敬老院之类的地方，也出去打工了。我说这样的家庭，我肯定不去。连自己孩子都可以送到敬老院之类的地方去，那我这孩子更可以如此了。我们在这方面是有原则的。

问：她自己有喜欢的人吗？

金母：有。开始我是想控制的，但后来就不控制她了。有这么一点好，家里面是有姐姐们的，我就告诉她，我说像你这些姐姐还没结婚没找对象，你找什么对象啊！这是一个控制她的方法。还有一种方法不太好。我说你看，你得找个人能够抚养你，给你挣钱呐。至少能够车接车送，接送你上学的，还得有房子。我说："你看，爸爸妈妈给你挣钱，你不挣钱。你找一个对象，你要结婚了，爸爸妈妈就不管了，所以你得找个能挣钱的吧。妈妈天天开车送你上学，那你要是找对象了，妈妈就不管了，谁送你啊？那你要是结婚了，你就不能在这家住了，你就得出去住，没有房子，你住哪啊？"其实不是说要这个条件，而是用这种方式去控制她、限制她，否则的话，你要强硬地控制她，可能会适得其反。所以，她虽然有想法，但不至于会出现其他意外的事情。

问：她工作方面，您有没有什么打算呢？

金母：工作也想过。她爸爸意思是能不能做个小买卖，开个超市。我说不行，因为她没有数的概念。我说像她这种孩子，只能做非常机械性的、比较单一的工作，比如说拧螺丝，她比较适合做这样的工作，你要让她变换一种其他的，可能比较难。也曾经想过，但是好像还没有找到适合她的。

问：您现在有没有想安排她从事哪个方面的工作？

金母：这个我没有想过。

问：您对她未来的人生有什么规划吗？

金母：哎呀，未来的人生规划呀，其实我们俩的年龄越来越大了，这是个挺头疼的事情。我们年轻时，孩子跟我们一块。我俩老了，孩子慢慢大了，这个孩子怎么办？但是呢，我又有一种想法：将来的这种福利院呐，国家的政策啦，可能对这样的孩子越来越好了，可能最后，像我们岁数大了之后，这样的孩子老有所养了吧，我坚信这一条。我俩现在尽我们最大的努力，让孩子更快乐一些，让她和正常孩子一样健康成长，这是我们做家长的一种希望吧。

问：您有没有受到过社会群体的帮助呢？

金母：有，社区。我们的社区非常好。社区会对社区内的比如说失独家庭，像我们这种特殊家庭，有很多的关照。但是说句实在话啊，不太好意思。因为可能有更多需要去关照的家庭，比如低保家庭。我是一个学校的老师，就不存在低保的问题。后来我们就退出来了。

问：您家附近有阳光之家，或者阳光家园吗？

金母：我家附近这儿没发现有。但是上周她们学校有一个助学的冯老师，说吉林市有一个叫做吉林义工星星宝贝的地方，说有一个活动，你姑娘参加不？他们好像有一个年会，年会上组织这些孩子进行诗朗诵。后来冯老师给我们个单子，就是读感恩的心。冯老师把我拉到了微信群里，里边大概有三四十人吧。我看到有好多孩子在微信群里朗读，还有一个老师，及时有一个评价，还有一些鼓励。

不过因为我的工作比较忙，后来我参加得不多，只参加了两次活动。去年是毕业班嘛，他们有一些活动嘛，我都没有时间去。虽然活动没参加，但是群里头经常带领着孩子们参加市里边组织的，或者是他们自己组织的各项活动。他们在一个叫什么的艺术学校那里学唱歌啊，画画啊。还有老师义务地教他们非洲舞啊，活动挺多的。

特奥带来自信和成就感——李老师口述

口述者：李老师

访谈者、撰稿者：帖银鑫、金思宇，北华大学硕士研究生

访谈时间：2018年9月18日

访谈地点：吉林市昌邑区特殊教育学校

问：李老师，您是金鑫的班主任，教她多久了？

李老师：从2017年4月开始，到现在就是一年多一点。

问：平时金鑫在学校的表现怎么样呢？

李老师：我觉得她是一个非常上进的孩子。虽然她参加学校特奥的活动，但是学习这方面还是非常上进的。比如说游泳或者轮滑比赛结束后，回来有不懂的问题，也都会主动地向我请教。

2017年她到北京参加特奥游泳比赛，之前的训练是上午，上午的课程她就不能上。中午回来吃饭，睡午觉。我们一般是两点钟起床，她就比其他同学起得早，一点半就起来了，起来以后干什么呢？坐在自己的座位上看语文、数学书，或者是翻一翻其他同学本子上记录的一些题什么的。

平时老师课堂上讲什么东西，她就非得都弄明白为止。不像其他孩子那样，喜欢画画啦，下课了，还一个劲画画。

问：她有没有做过让您觉得印象深刻的事情？

李老师：她的感情比较丰富。每次到外面比赛回来，都会给老师一个大大的拥抱，感谢老师。她首先不忘了感谢老师对她的培养，非常知道感恩。

问：她参加训练和特奥会后，有没有什么变化？

李老师：有。可能刚开始参加特奥吧，比赛时得不到奖项的情况会出现。没有获得奖的话，回到学校以后，她会比较气馁的。后来慢慢能得到一些奖项呢，就变得比较自信开朗，在学校跟同学之间，跟老师之间相处也有了很大的变化。我觉得特奥能给她带来自信，带来成就感，这是非常重要的一个方面。

更积极更乐观——左老师口述

口述者：左老师
访谈者、撰稿者：帖银鑫、金思宇，北华大学硕士研究生
访谈时间：2018年9月18日
访谈地点：吉林市昌邑区特殊教育学校

问：左老师，您是金鑫的副班主任，主要负责哪些方面？

左老师：我不是给她教课的老师，我负责她日常生活，也带她出去比赛过。

问：她平时在学校的表现怎么样？

左老师：嗯，她很有领导力，很有影响力，参加了特奥运动以来，她各方面的改变还挺多的。之前她可能关注的是游戏呀，上网啊这些。进行特奥训练之后呢，她更多地会关注……比如说我日程上安排了哪些训练，我每天要到哪里去训练，训练什么项目，什么时候参加比赛啊。特奥运动影响了她的生活，关注点有所改变。现在她的语言叙述或者和人交流啊，很多的话题都已经变成她的训练内容和她参加比赛的过程了。

问：您感觉她性格在这段时间发生了一个良好的改变吗？

左老师：只能说更积极更乐观了，她本身就是一个很积极乐观的孩子，很喜欢唱歌、跳舞、表演，没有那种内向怯场的时候，会很积极地表现自己。参加特奥训练，她更加地自信了，还担当了很多特奥活动的主持人、发言人，表演节目之类的，对这个孩子的成长进步还是很有帮助的。

问：她有没有做过让您觉得印象深刻的事情？

左老师：印象深刻的呀，就是她参加比赛以后，假如说她拿到了奖牌，她会欣喜很久，见到谁，都会跟他讲她特奥的经历啊，比赛中发生的事情，我觉得这个已经成为她生活学习的一部分了。

问：您之前参加过特奥东亚区主办的青少年峰会，您对特奥会有什么看法？

左老师：国际特奥会，它不仅有体育运动项目，也通过非竞技非体育项目，类似于宣传类活动来影响和改变普通人和特奥人群。一方面特奥运动对于智障人群是一个极佳的康复途径之一，而且是特别有效，也容易操作；另一方面改变更多普通人对残疾人的态度。

有一股不服输的劲——马教练口述

口述者：马教练
访谈者、撰稿者：帖银鑫、金思宇，北华大学硕士研究生
访谈时间：2018 年 9 月 18 日
访谈地点：吉林市昌邑区特殊教育学校

问：马教练，您一直负责金鑫的游泳训练，您对她的印象如何？

马教练：我觉得这孩子还可以。这个孩子年龄大，另外理解能力还算可以，所以说我就建议她练一下特奥。不管是轮滑呀，还是游泳啊，都让她接触一些。像唐氏综合征这样的孩子吧，想出成绩不太容易，也不是说在比赛中她的竞技成绩多么多么好，只是说贵在参与。

问：她平时在训练中表现怎么样呢？

马教练：她就有一股不服输的劲！训练的时候，用咱们话说就是非常刻苦，非常有韧性。有的时候练不会呀，哪个动作不到位呀，自己也气，自己急够呛。

问：她在训练或者比赛中有没有什么让您感觉印象深刻的事情呢？

马教练：她第一次参加比赛，应该是 50 米蛙泳的比赛。她游到 30 多米的时候就害怕了，就不接着往前游了，扶着那个浮漂就要下来。我怎么跟她说都不行啊，鼓励、吓唬，什么招都用了，她就不往前游。最后我没办法啦，就让她上岸了，这个项目弃权了。

上来以后呢，她自己也生自己气。她说我怎么就害怕了呢，我说："是啊，你看你游 30 米了，你游到我这儿，几乎也得 20 米，因为她在中间的游道。我说跟游到终点是一样的呀。"等到那天晚上，我自己带她在泳池里练，因为那个泳池她不熟悉，害怕嘛。后来的那几个比赛呢，我就跟人家裁判说，我说她得看着我，不看着我，她就不敢游。我得在前面站着，她就一直这么对着我游。

金鑫学校观察日记

观察时间：2018 年 9 月 18 日 7:50—14:40

观察地点：吉林市昌邑区特殊教育学校

观察者：帖银鑫、金思宇，北华大学硕士研究生

时　间	内　　容	备　　注
7:50—8:00	进入课堂，高兴地和老师打招呼。在座位上坐好后，拿出自己的书包，将上课要用的书籍摆放整齐，等待老师上课。	
8:00—8:55	第一节课，生活语文。金鑫听得特别认真。	
8:55—9:05	课间休息，金鑫与同学高兴地聊天。	
9:05—9:45	第二节课，生活数学。上课内容是两位数与一位数的减法，李老师用图形分解与结构分解的方式对学生进行启发式教育，并耐心回答学生的问题。金鑫很快吸收了老师讲授的知识，并给出正确的回答。	
9:45—10:05	课间休息，课间操。	在下楼的过程中，金鑫帮助老师维护秩序。
10:05—10:45	防火防震演习演练。	
10:45—11:25	第四节课，自习。金鑫多次离开座位到李老师的身边去询问知识要点与不懂的问题，金鑫在解决了自己不会的问题后，非常高兴。	
11:25—12:00	午饭时间。在食堂坐好之后，金鑫与同学高兴地聊天，并且与同桌的几位老师交流吃饭事宜，帮助老师安排同学的座位。	
12:00—13:40	午休时间。	
13:40—14:00	整理时间。金鑫醒后，整理好自己的床铺后，尽己所能帮助同学整理。	
14:00—14:40	第五节课，复习。在老师的带领下，系统地温习知识点，做习题。	
14:40	放学。	

一家人就要在一起

——宋爽及其父母口述

宋爽，女，1998 年生，吉林省吉林市人。家中长女，有一弟。智力障碍二级。现在吉林市昌邑区特殊教育学校就读。

口述者：宋爽及其父母
访谈者、撰稿者：金铃、孙启平，北华大学硕士研究生
访谈时间：2017 年 11 月 30 日、2018 年 5 月 22 日
访谈地点：吉林市猫咖啡馆新玛特店

体弱多病，父母心怀内疚

问：宋爽刚出生时是什么样的情况？

宋父：她妈妈怀她的时候，一切都挺正常的。直到她生下来的第二天，我都始终在人家的工地给人代工。

宋母：农村嘛，生她那时候也没去医院，就是在家生的，农村都有接生婆，就请接生婆在家接生的，生的过程不是很顺利，就是掯[①]的时间长了。我记得生她那时候天刚黑，我就阵痛了，直到第二天上午十点才生下她，掯的时间太长了。她这并不是胎里带的毛病，就是因为孩子在肚子里长时间缺氧，落下病根了。你要是说像咱们现在遇到这种情况，及时做剖腹产手术，那就啥事没有了。

宋父：她从第二天起就始终不停地哭，我们也不知道什么原因导致的，只能带着孩子赶到吉林市儿童医院。这一去就住了九天院，全天 24 小时监护，我和她妈妈都看不着孩子，我们还得偷摸给大夫买点瓜子什么的，人家医生这才让

① 东北方言，卡住。

你穿上消毒完的衣服进屋瞅一眼。

出来之后，我们家长依旧待在旁边小屋里头，整天就在那屋里等着，以便于医生能够在出现紧急情况的时候随时找到家属，告知孩子的病情；要不就是在欠费的时候能够及时找到你，你就得去交钱。她在医院住了九天，医院是 24 小时开着灯的，她那几天就养成习惯了，等回到家我们一闭灯她就哭，开灯睡得可好了。后来实在没办法了，我们晚上就开着灯睡觉，这种情况一直持续到她好几岁的时候才渐渐好转。

宋母：当时她在住院，大夫也没说孩子有这个毛病呀，等后期我们看她说话比别人晚，甚至比别的孩子都晚上许多。那天，她奶奶还宽慰我们说小孩子都有说话晚的，应该就是说话晚点，不会有什么大毛病的，再长长就会好了，所以也就没寻思她是因为有病啥的。

慢慢地，她到三四岁的时候会说爸爸妈妈和爷爷奶奶，到四五岁了还是只会那几句话，教她说点别的话，她就连不上了，这时候就觉得她好像跟正常小孩不一样了。不止这些，她走路也比别的孩子慢，还不稳当。发现这些症状之后，我们带她去医院做检查了，当时医院下的诊断是缺氧性脑病。

问：您收到医生诊断书的时候，是什么样的心情呢？

宋父：刚开始我们还抱有希望，觉得既然有病咱可以治病，但是听到医生说这种疾病没有办法治疗，而且症状还会随着年龄的增长越来越严重的时候，那你就不用说了，真的感觉很无助。为什么我们会摊上这样的孩子？这孩子的命怎么会这么苦！我自己也无助地哭过很多次，心里真的很不好受。一个家庭摊上这样的孩子，你就别寻思了。

宋母：后来孩子稍微长大一点，我们就发现孩子体质不是太好，那时候有感冒她就得摊上。后来儿童医院的那个主任，对我们都熟悉得不得了，就我们那关系都处到啥程度？带孩子去打针，啥都不用管，可以先给孩子把针打上。比如说孩子因为感冒在儿童医院住了几天院，医生就说先给孩子打完针，之后

你再给钱都行。都达到那个程度了。

那时候农村没有车，你说她还净赶上冬天生病，有感冒啥的她就摊上，一生病就发高烧，一高烧起来，那体温就高得吓人，我们都特别害怕：一直高烧不退，会烧坏孩子的脑子。想在家附近给她打吊瓶还打不了，因为跟前[①]没有诊所，也没有大夫。我们又片刻都不敢耽误，只能赶紧打车去医院，你说打车钱就得花多少，再加上在医院住几天院，检查还有打针的费用，这里外里就花去我一年的工资。好在孩子很坚强，打针从来也不哭。可是眼见着孩子生病遭罪，我们做父母的特别心疼。但不论怎么说，孩子这病也是因为我们父母才导致的，所以我们一直对孩子都很内疚。

温暖家庭，成就善良内心

问：其他家庭成员是怎么看待孩子的呢？

宋母：我们家是一个很和谐的大家庭，家里的亲戚对孩子都特别好，从没有拿她当有病的孩子看待，这么多年都是正常的接触。家里的亲戚也会互相走动，相互串门，平时我们回不去的时候，家里的亲戚也经常会来我们家，来的时候，都带着宋爽喜欢的东西来看她。她在家里的孩子中年纪是最大的，她姑姑家、舅舅家的孩子都是她的弟弟妹妹，他们都在城里上学，平时赶上周末休息，几个孩子还会相约玩一会儿网络游戏。赶上放假过年呢，我们就全都回农村过年，孩子都聚到一块，玩得可疯了。回到农村，这邻里邻居的大家都认识，她就可开心了，有时候还会主动帮爷爷奶奶喂喂家里的鸡呀鹅呀什么的，她爷爷奶奶总说这孩子可孝顺了呢。宋爽的名字就是她奶奶给起的，她奶奶也没啥文化，就觉得爽呀爽呀地叫着，给人的感觉好像挺爽快的，顺口也好听。

虽然现在搬到城里来住了，我们和街坊四邻的关系依然都相处得很不错，相互之间总是你来我往的，彼此之间也都相互照应。

问：宋爽是家里的独生女吗？

宋母：不是的，宋爽还有一个小弟，今年十三岁了。我印象特别深刻的就是在医院生她小弟那工夫，她小弟生完了，护士把孩子抱出来，家里人都围上去看那孩子了。就她没去看她小弟，而是一直在找我，找不到就问她爸爸说：

---

① 东北方言，附近。

"我小弟都出来了，我妈咋还没出来呢?"听她爸爸说，她还急哭来着，一看我那么长时间还没出来，她就担心地哇哇直哭。别人怎么劝都不行，就要找我，说她小弟都出来了，我怎么就没出来呢，还以为我怎么了呢。

不像现在的家庭存在二胎问题，他们姐弟俩不但从来不吵架，反而感情还特别要好。她小弟小的时候，她就经常帮忙照顾，虽然帮不上太大的忙，但这份心，我和她爸爸都特别感动。再大一点的时候，她要是出去买什么好东西吃，每次都带着她小弟一份。我儿子也是的，在外面买东西，从来不买一份，都是双份的。我和她爸爸从来都没有刻意给两孩子灌输"要学会与人分享"的理念，单单就因为我和她爸爸给两孩子买东西时一直都是买双份，从不会厚此薄彼，两个孩子就都看在眼里，记在心里，并且一直也都是这么做的。那句老话怎么说来着，"父母是孩子最好的老师"，还真是这么个道理。

有时候她小弟不听话，或者做错事，我们批评她小弟，她都不让，就在她小弟前面站着，护着她小弟，能看出来那是真跟我们急眼①。宋爽这孩子呀，是真的很心疼她小弟的。作为父母，看着两个孩子之间能有这么浓的亲情，我们也是特别的欣慰。

我们家只有她爸爸一个人在工地打工挣钱，我就在家负责照顾两个孩子。自从搬到吉林市，我们就开始租房子，这一租就租了八年。最后我们看租房子这一年也得花不少钱，我们一咬牙就跟亲朋好友借了钱买了自己的房子，直到现在还有二十多万没还上呢，都是跟亲友借的。她爸爸现在的工地也没啥活，这两年活也不景气，家中只靠她爸爸一个人挣钱，这家里既要生活，又要还欠款，其实也挺难的。

宋父：我还记得有一次，我去学校接她，那时候我刚查出糖尿病，在学校门口站着等她，然后就低血糖了，整个人迷糊得不行，走也走不了，还浑身冒虚汗，后来总算是强撑着到了家。到家之后，她就跟家里人学我刚才的状态，家人说可能是低血糖了，赶紧让我吃点东西，又休息了一会儿就好了。

第二天她去学校问她老师去了，说："老师呀，我爸爸那病能不能好了?"看她爸迷迷糊糊的，她也不知道是怎么回事，有点被吓到了。她老师安慰她说："没事的，你爸爸的病不严重的，很快就能好，你不要太担心。"她听了老师这话，才放心的。

我们从来都不后悔生下她，养大她，她总是让我们觉得这个姑娘是一个贴

① 东北方言，着急、生气。

心的小棉袄。你说就这么多年，她小弟，我都说打他就打他；那她，我是一手指头都不动弹，舍不得，揍她一下我都舍不得。

接受慢，难以适应普校

问：宋爽在来到特教学校前曾经念过普校，普校对宋爽的接纳度如何？

宋父：孩子在六岁的时候上过两年幼儿园，她还挺愿意去的，比在学校那时候强。毕竟那时候她小呀，幼儿园的孩子年纪也都小呀，老师就是领着孩子们玩，也不学啥，所以她和孩子们的区别还不是太明显。

到了上学的年纪，她进入普通小学读了两年。她虽然不和我们说在学校发生的事情，但是能看得出来孩子并不愿意上学。对于老师在课堂上讲授的知识，她照别的孩子而言，接受的速度也要慢上很多。一年级她还能跟上，等到二年级，学习就明显跟不上了，老师课上讲的东西她听不懂，平时布置的家庭作业她也没有办法完成。有时候我下班回家给她辅导作业，一道题教几遍也不会，我就跟她急眼，我就说你看这很简单的问题，就怎么讲都不会呢？她这样的状态就会耽误老师的进度呀，老师也是不爱教她，怎么教都不懂呀。

她的智力又跟咱们都不一样，在学校跟同学也玩不到一块去，聊天也说不到一块去，同学自然就会疏远她。有一次在学校，孩子中午吃完饭，在外面玩的时候，被同学推了一下，摔倒了，这门牙就卡进肉里去了，伤口不停地出血。老师发现后就只是给她倒了一杯水，让她漱漱口，把嘴里的血吐出来，但伤口未进行处理，还在一直不停地往下淌血。直到放学，老师也始终没和我们家长沟通过这件事。我骑摩托去学校接她，就只是觉得孩子嘴有点儿肿，但也没太多想。等回到家之后，孩子她妈就发现这孩子的嘴怎么肿了呢！受伤那块儿，牙都有点支出来了，一掰就有点活动。完了我仔细一看，才发现这牙都卡进去了。

于是我就去学校找老师了，老师这时才告诉我说孩子在学校卡倒①了。后来学校给出的车，到吉林市中心医院的牙科拍了个片子，开了点药就完了。你说那老师还是我家亲戚呢！孩子出事了，都没和我们说一声，哪怕是给我们打个电话也行呀，都没有。她不像正常孩子那样，就算是在学校受啥欺负，她回家也很少提。

① 东北方言，摔倒。

宋母：还有一次，大概是小学一年级吧，就是刚上学不长时间，放学她坐校车回家，还丢过一次呢。我们家位于吉林地界跟九台地界之间，那天校车正好去九台那边拉学生了，她也不知道。别的孩子下车，她就跟着下车了。

等到了时间，她也没到家，我们这就找开了，学校也找，哪都找．但就是找不到。当时给我们急的呀。巧在她下车那地方是我的老家，我爸以前就在那，有个村民看见我家孩子自己在那，打开她的书包找到她的课本一看，写姓宋，叫宋爽，知道这孩子跟我还一家子，就骑摩托车给她送回学校了。

那时候我还不知道怎么回事呢，只知道学校放学，别人家的孩子都到家了，她还没到家，我寻思毕竟校车也不一定就是准点的，偶尔也会晚一些，直到孩子被送回学校这才知道是走丢了。那次她是真的害怕了，一下车哪哪都陌生，也找不到家，她就害怕得哭了。

问：对于孩子的这种情况，学校和老师给出了什么样的意见呢？

宋父：后期老师就找到我们，说孩子在学校跟得太费劲了，别让孩子在学校念了，你们应该找专门的学校，送孩子去那吧。当时我们二话没说就把孩子接回去了。说实话，孩子都这样了，也没有啥不能接受的。就为了她，缘分来的，你就为了这孩子，你也不能放弃。

那时候不管怎么地，家里条件还允许点，刚开始寻思上九台，在九台都打听好了，但九台有的是聋哑学校，不适合我家孩子这种情况。九台那校长人很好，我跟他说明了孩子的情况，他告诉我说孩子的这种情况应该去特殊教育学校，这种学校，吉林市昌邑区就有，他说："我们省里一起开会，昌邑区特教学校的校长姓武，我们都是一起开会认识的。"就这么地，我跟他要了学校的地址，他告诉我说就在儿童医院后门那。

我就立刻回家，拉上她们母女俩，打算去学校看一看，先去了解一下情况。到学校一看，感觉这学校还行，老师除了教授一些基本知识之外，还很注重生活技能的培养，最重要的是宋爽也特别喜欢这所学校，于是我们就为了她搬到了吉林。

真情相待，特殊教育暖人心

问：特教学校与普通学校有什么不一样吗？

宋父：特教学校的老师每天早上都会在学校门口迎接每一个孩子，放学后会将孩子们护送到楼下，亲自将孩子交到每位父母的手里。这里孩子

的智力都和正常的孩子有所不同，所以老师都特别有耐心，他们教一个字或是一道题，往往要教上很多遍，有时候甚至是教了很多遍，孩子们还是学不会。

特教学校老师的这种耐心与付出，在普通学校不太常见。在老师的教育下，孩子之间相处得也都特别融洽。中间休息的时候，老师还会领着孩子们唱歌跳舞，让孩子们在轻松的氛围下学习和生活。老师们还经常嘱咐家长回到家里也不要太溺爱孩子，不要让孩子在家什么都不做，回到家后也要反复练习在学校学的东西，加深印象。正是特教老师的这种付出，给这些孩子带来了希望。

问：来到特教学校后，孩子有了哪些变化?

宋母：宋爽在普通小学上过两年，由于智力不行，学校的孩子都欺负她，老师也不爱要。来到昌邑区特殊教育学校，这个学校的老师都很负责任，我们也不再担心有孩子会欺负她了。农村的普通小学虽然学的比较单一，但对于她而言已经是非常吃力了。来到特教学校后，算术、算账啥的，还是不太行，但是她很喜欢语文，现在汉字也认识不少了，我给她打印的《感恩的心》的歌词呀，让她念，她都能念下来，而且她还喜欢看一些漫画书。反正就是太难的不行，简单一点的，三年级以下的都没有问题。

她还学会了很多的生活技能，在学校，老师让她们练习刷碗，每个人一天一个换班，轮着刷；打扫卫生方面，她还帮忙擦地、铺床；更是应老师的要求主动和同学去帮助初级班的小朋友搬小床，等等。这不干完活了，天天中午还得来上一觉。(笑)

像现在她在家能帮我捡桌子、刷碗，什么都会。有时候我不爱动弹，招呼她一声，她全都能干。她还学会了煮饭，我告诉她煮饭要放多少米，放多少水，她就记住了，煮的饭还真挺好吃的。自理能力也有了很大的提高，现在啥也不用我管，自个儿的小衣服都能自己洗，有时候我把换洗的衣服给她找出来，她就自个儿换了。天天洗脸、梳头啥的，自己全都能收拾。最有意思的是，她现在学会纫针了，有时候袜子坏了，都不和我说，她自个儿就缝上了，也不能说缝得好不好，反正是不露，不露就行呗。(笑)

问：学校的课程安排是怎么样的呢?

宋父：她现在就读的是高级班，学习的内容与难度较初中级班会有一定的增加。她们是八点到校开始上课，一上午一般是四节课，中间还有眼保健操和间操，有的时候孩子们在课间还会自己利用电脑播放歌曲，一边唱歌一边跳舞，这也是宋爽最喜欢的节目啦。

中午所有孩子都在学校吃饭，老师会把饭和菜打到教室，再分给孩子，同时还不忘教导孩子们不能浪费食物。孩子们吃完饭后，会自己刷碗，打扫教室后再去午休。

睡醒后，所有孩子整理好床铺，再上两堂课就可以放学了。但有的时候她们也会增加一些劳动课，来培养孩子们的基本生活技能，也能提高孩子们对于集体劳动的参与度，加强相互之间的合作。

每天放学就是她妈妈最忙碌的时候，幸好两个孩子的学校离得不算远。以前我儿子和她那个学校也就是步行十多分钟的距离，正好她两点四十分放学，我儿子两点半放学，时间接上了。

问：宋爽，你喜欢吃学校的午饭吗？

宋爽：喜欢吃，反正有肉就行，(笑)但我不喜欢吃粥和包子。

宋父：以前一直在农村生活，我们家就养成了早起、很少吃粥的习惯。就是现在的农民，早餐也是不喝粥的，而是吃正餐。我们家一天三顿全是正餐，就算是早上起来也必须得炒个菜啥的，一定要配着米饭一起吃。她可能也是受这个习惯影响，我们就是做了粥她也不喝。

问：她和班级的同学关系怎么样？

宋母：她和班级的同学关系特别要好，毕竟他们都是一类人，彼此之间不存在歧视，同学之间在学校总有聊不完的话题。每天放学回家，还用微信和同学聊天，同学之间建了不少的微信群，他们就在群里聊天，有的时候发语音，有的时候发文字，她爱打字，会写不少字呢，一般的字她都认识，她还会和同学视频呢。

他们班有一个男生，应该跟她差不多大，总跟她视频，有时候聊着聊着，宋爽就给他删了。删了多少回了，删完了，到学校后就又加上了！(笑)回到家后就又给他删了。那个男生还有我的微信呢，一整就说喜欢宋爽，总跟我说："阿姨，我喜欢宋爽，你家宋爽总删我。"每次听到这，我和她爸爸都觉得很有意思。(笑)

她还有一个特别要好的同学，年纪比她稍微小一点，平时在学校上课时会互相帮助，在外训练或者比赛时也会互相照顾。

问：您和学校老师的关系相处得如何？

宋父：我们和校长以及老师的关系都很好，无论是老师还是教练都很认真负责，武校长为了能让这些孩子从运动中得到锻炼，也付出了很多，跟我们这

些家长一遍一遍地沟通，打消我们的疑虑。只要自己有时间，她都和孩子们一起训练，将学校从最初的迷茫带上了发展的正轨，并将运动与孩子们的康复做了有效结合，让孩子们从运动中受益良多。我们这些家长私下都在说：校长就是无论什么时候你有事去找她，她都在学校；无论你有什么事去找她，她都尽力帮忙，仿佛学校就是她的家，孩子们就是她的家人一样。

学校的老师也都挺不容易的，要教导这些孩子，需要付出很大的耐心。我们家长把孩子交到老师的手里，我们也很放心，对于老师的付出我们也很感激。宋爽的教练也是一个认真负责的人，非常有耐心，而且每次领学生出去训练，都会自己花钱给学生买一些好吃的，奖励孩子们，孩子们也都特别喜欢教练。

入特奥，走南闯北看世界

宋母：她最初进入学校的时候，我和她爸爸也不知道她有运动这方面的天赋。原来的她本是不喜欢运动的，我们也就从来没想过孩子还可以往这方面训练和发展。那次还真是一个偶然。我们着急去学校接她，我就看见老师领她去世纪广场那儿滑旱冰——滑轮，她的特奥生涯就是从那之后开始的。

她不像病情严重的孩子那样走道不稳当，她走路也跟咱们正常人一样呀。老师就找到我，和我解释说运动训练对于这样的孩子也是一种康复治疗的手段，就让孩子试试吧。一试就试到了现在，2007 年来的〔昌邑特效〕，2008 年就开始去韩国参加比赛，孩子进步的速度让教练和我们家长都很吃惊。

对于正常人而言，长期坚持训练都不是一件容易的事情，对于她们这样的孩子而言，训练就是一件更加困难的事情。老师为此也付出了巨大的艰辛，不仅要帮助孩子们消除内心的胆怯，有的时候一个动作更是要反反复复地教上好几遍，孩子们还有可能记不住，有的孩子甚至会因此而情绪烦躁，老师还要想尽办法安抚孩子们的情绪。

当然，孩子们也同样付出了巨大的努力，就宋爽学轮滑那时候，真是挺遭罪的，没少摔倒。回到家，那腿都不敢动弹，青一块紫一块的，还有脚两边磨得也全是泡。尽管这么遭罪，但她也从没表示过要放弃。我就每天给她上药，上那些紫药水，那些药面儿啥的，再贴个创可贴，后来熟练之后就慢慢好了。咱也能理解。对于初学者，就算是正常孩子也会受伤。那会我儿子也跟着学来着，换好鞋，刚一上冰，啪嚓一下子摔倒了，腿就骨折了，再一看她也摔了，但却咋的没咋样①。他们长时间训练，已经会掌握方法和力度了，要是换成咱们，冷不丁地上去，那股劲儿咱不会使。你看宋爽虽然也扑通扑通地摔倒，但人家站起来依旧滑得嗖嗖快。老师也是一直鼓励孩子们，自己花钱给孩子们买她们喜欢的小食品，一袋子一袋子地买，用来鼓励他们，谁滑得好就给谁发好吃的，不好好滑就不给吃的，是吧，宋爽？

宋父：他们平时训练和比赛用的轮滑鞋都是学校给提供的。他们现在出去比赛所有的吃、穿、用的东西都是发的，都是国家、学校发的。就像他们这次去福建比赛，一天伙食费多少钱，那都是有补助的，国家出钱，还包含来回机票啥的。（笑）

问：那宋爽，您是不是每一天训练结束都有好吃的吃呀？

宋爽：是的，老师会当着所有同学的面说我滑得好，还会给我发好吃的。

宋父：我记得宋爽是2007年去到学校的，2008年她就去韩国参加轮滑比赛了。上韩国那次是她自个儿去的，他们学校就去俩学生，另一个叫于佳欣，那次是省里残联带队，去了大约一个礼拜左右。她回来的时候，我是去长春龙嘉机场接的她。在机场一看见她，我就心疼了，整整瘦一圈呀，就分开一个礼拜，孩子就瘦了一圈呀。她这种想法跟咱正常孩子还不一样，她这头一次出门，爹妈都没离开过的孩子，就跟着带队老师走了一个礼拜，这一想就感觉心疼得不得了。后来去美国参加滑雪比赛，比赛上场时候呢，她也是挣着命滑，拼命往前滑。但是蛮遗憾的，那次没能拿到金牌，只得了个银牌，听说她下比赛场好像就哭了。

其实我们也没寻思让她走这步，就寻思她这样式的，能出门去见识见识外面的世界也挺好的，也不要求孩子一定要拿奖牌啥的，最起码去外头溜达溜达，开阔开阔眼界也是好的。你看她上美国，我们都没去过，咱们有几个能去美国的？她都去过。不仅美国，还上韩国去过两趟。她上美国那次，我在这边坐飞机去北京接的她，她在北京下飞机，但那次她只拿了个银牌，没有拿到金牌，回来之后还很伤心呢。

2013年，宋爽第二次去韩国参加轮滑比赛，这次是学校的肖培教练带队，宋爽也发挥得很好，取得了金牌的好成绩。回到宾馆，肖培教练就给我们打了电话，告诉了我们这个好消息，给我们高兴的呀，那就甭提了。她奶奶还一直说呢，以后宋爽再出国比赛，叫她带上我，我去给她加油。她回来的时候，我

① 东北方言，没什么事情。

去长春龙嘉机场接她，然后还给发了"道德风尚奖"。听说她得金牌了，我还给她买了个手机呢，作为给她的奖励。虽然赢得了金牌，但她获得的这种金牌跟奥运会那种金牌不一样，但也是一种证明，象征着一种荣誉。

第一次出去比赛，她还特别高兴，出去的次数多了，再加上得的奖牌也挺多的，她现在都没有当初那么多的兴奋劲了。后期她上哈尔滨呀，上北京呀。去比赛，因为在国内，离家又不算远，我和她妈妈，还有她小弟，我们就都跟着去了。这些年在学校锻炼得自理能力有很大提高，也不用老师太过于操心。她们老师为啥比赛都愿意让她去呢？就因为她不用管，相反，她有时候还能帮助老师经管①别的孩子。

问：宋爽，您是如何看待输赢的呢？

宋爽：都无所谓，但还是想拿金牌。

宋父：她骨子里是个很要强的孩子，虽然我们也总和她说只要自己尽到努力就可以了，但她还是想做到最好。如果最后没能拿到金牌，她还是会很失落，还是会哭。

问：宋爽在出国比赛的时候会和其他运动员有什么样的交流呢？

宋母：她出国比赛，会见到许多其他国家的运动员。她头一次出国比赛，咱们也不知道。第二次就有经验了，第二次上美国之前，她就让你给她买些小礼物、小礼品之类的，她要拿去跟其他外国人交换，听说咱们的中国结在国外很受欢迎，我就给她买好几十个中国结，让她代表中国人去跟外国的运动员交换，结果她交换回来许多她喜欢的东西，现在都放在家里。她通过参加特奥，也认识了一些好朋友，尤其是和一个在石家庄的女孩成了很好的朋友，两个人经常在微信上聊一些生活上的琐事。

问：宋爽，您去韩国参加过比赛，您对韩国有什么印象？

宋爽：挺好的，就辣白菜可辣可辣了。

宋母：他们出去比赛，咱们家长什么也不用管，你就乐意给孩子拿点钱，就给她拿点钱，等她回来的时候想买点啥就买点啥，其余的费用都是学校管。那次去韩国比赛，老师还领着她们出去买东西，就买一些带鱼呀什么的，好像给她小弟买的巧克力还是啥的，她小弟还挺喜欢吃的。他们每次出国比赛，随队都会有一个领队，一个翻译，还有教练。

问：除了轮滑和滑雪，听说宋爽游泳也很棒呢？

---

① 东北方言，照顾。

宋母：宋爽刚开始学习游泳，也是吃了不少苦呢，每次训练回来都说“在游泳池都喝饱了”。看似是一句玩笑话，但我们做父母的，听到孩子这么说，我们也是心疼的。

宋父：孩子练的是自由泳，那游泳池的水，我都害怕，浅水区也有两米多深，深水区得有四米多深。她比赛都得在深水区，得从岸上跳下去，我看着都害怕，根本都不敢尝试。

宋母：要不她回家总说喝饱了呢，她天天喝水都喝够了，尤其水还不好喝，对吧？（笑）去年比赛，游泳那个项目她都没去，说啥也不去，游泳说啥不游了。问她原因，她就说水太难喝了，怎么劝都不去了。再者，她现在也比以前胖了些，一进水里就蒙了，不会使那股劲了，都有好几年没游了。

问：她一般出国去比赛，阿姨您会给她准备什么样的行李呢？

宋母：一般都是学校准备，咱们就是内衣啥的，外衣给她拿两件，剩下全是学校的，鞋和洗漱用品什么的都发。

宋父：我跟着他们出去过一趟，住的宾馆都是标间，但是像她这种基本可以照顾自己的孩子，咱没必要陪同去。陪同去是啥？家长不放心。再说你陪同去，涉及很多方面，相关费用你得自理。你像他们上福建啥的，家长也可以去，但那来回机票啥的，这几天吃住的费用都得自己出。

宋母：像她这样自理能力强，咱们家长不用操心，再说老师照顾的，比咱们照顾得要好。

宋父：老师他们照顾得放心。头一次两次的，我们有时候一宿都睡不着觉，害怕。你说这孩子就这样出去了，适不适应啊？睡觉没睡觉啊？能不能丢啊？你说她在陌生的地方，哪也不知道，这要是跟老师走丢了可怎么办？就觉得像正常的孩子出国都有语言不通的问题，别说他们这种孩子了，怎么可能不让人担心呢。但几次下来之后，我们就发现老师们照顾得很细心，也很周到，打那以后我们就不担心了。倘若训练中有孩子受伤，她们的教练就会紧急地给孩子进行处理，所以把孩子交给老师来照顾，我们家长都很放心。

问：宋爽在参加大型赛事之前是不是都需要集中训练呢？

宋父：是这样，像国内的比赛，一般不怎么集训。你像上韩国或者美国参加国际赛事，就需要提前集训，她去美国那时候，好像提前在哈尔滨集训了一个月。我记得那时候正好赶上过年前嘛，我跟老师请个假，完了给她接回来，因为春节对我们家而言特别有意义。你说家农村的，她不在家，这年怎么过？后来我们还是在家过完年，初五我就给她送哈尔滨去封闭集训了。那次送她上

哈尔滨集训，我在那住了几天，人家运动员住那宾馆条件好，我还不能在那住，我就只能在旁边找个小旅店、小宾馆啥的住，在那看几天再回来。但是国内的赛事不像国际赛事，就只是参加比赛的头一个月才开始组织训练。

问：宋爽，封闭集训时，见不到爸爸妈妈的，您会想他们吗？

宋爽：也想，担心他们睡不好觉。想的时候就打电话，听到他们的声音就放心了。

宋父：这回去四川比赛，你说晚上六点多飞机，完了好像在青岛经停，半夜十二点半才下飞机。完了她半夜十二点半给我打电话，告诉我："爸，我到了。"她下飞机就知道报平安，告诉我她到了，十二点半我正睡着呢，突然电话响，我一看，来电显示是她，告诉我们她安全到了。完了还会跟她妈视频，把她住的那屋录下来，发给我们，让我们看看，就怕我们惦记。

宋母：有时候我们也陪她参加国内比赛，她上北京去比赛那次，我和她爸爸，还有她小弟全去了，我们还一起去了鸟巢、水立方、天安门等地方。（笑）既观看了她的比赛，也顺带连旅游啥的都有了。

问：宋爽无论是世界性的比赛还是全国性的比赛，都参加了很多次，您觉得她有哪些方面的变化吗？

宋父：最起码她出去见识多了，敢跟人沟通说话了。你要不参加这个特奥，可能一辈子咱们也走不出去。接触外界的机会变多了，性格变得越来越开朗了，也越来越有自信了，越来越会关心帮助他人了，也越来越会照顾自己了，我们对于孩子的这种改变感到特别欣慰。

长年累月的训练是真的很辛苦，但宋爽却坚持下来了，从来没有要放弃。特奥运动锻炼了她的毅力，这也是最初我们没有想到的。

再者，像她们这样的孩子，很多内心都缺乏安全感，遇事会比较胆怯，但宋爽自从参加了特奥的训练和比赛后，变得特别自信。像咱们在比赛之前一定会特别紧张，她现在就不会，在赛场上基本都能够发挥出平时训练的水平。

像现在她比赛结束回来，总是跟我叨咕①，说这回去四川比赛，那的火锅可好吃啦什么的，人家还说坐飞机都坐够了。（笑）比赛让她的性格变得开朗起来。出去比赛时她不仅能照顾自己，还能帮忙照顾其他同学，让我们觉得孩子是真的长大了。

① 东北方言，聊天。

宋母：就是上哪去，她也闯实[1]了，你像我一般上个陌生地方，我都找不着哪是哪，但是她现在上哪都行。我这一天上哪都蒙，但她是只要有个地方，反正去过一趟都能找着。再者看她说话反正是比以前要流畅了，没有像医生他说的症状会越来越重，我看反倒是比以前还强不少。

问：阿姨，我还听说您搜集了很多宋爽的新闻简报？

宋母：是的，她们参加完比赛回来都会接受采访，不仅仅是报纸，还有电视台的采访，她回来就给她爷爷奶奶打电话，让他们看电视，特别骄傲地说自己上电视了。这孩子参加大型比赛都是保持一颗平常心，但面对摄像机时却总是有点小紧张，不过能看到她有今天的成就，我们都很为她自豪。

兴趣广，生活丰富多彩

问：宋爽有哪些兴趣爱好呢？

宋母：她的兴趣还真是挺多的，比如唱歌、看电视剧和电影、玩游戏、绣十字绣、外出旅游，等等。我最近给她报了一个教唱歌的班，定期地领她学歌呢，一百块钱一节课。她语言能力不怎么好，又爱唱歌，有时候咬字不清楚，我说领她学学唱歌，对她咬字啥的，可能好一点。在课上老师就主要讲咬字、音准，以及如何正确发声等内容，老师也没有特别对待她，怎么教别的正常小孩，就怎么教她，但比正常孩子要费点劲，一首歌需要教上很多遍。通过上这个班之后，她的咬字真的比以前清晰多了，这两天读那文章啥的，来回都挺顺溜的。最近老师教了她一首《女人花》，还有《感恩的心》，她都能唱下来。

问：宋爽，能不能给我们唱两句让我们听听啊？

宋爽：那就唱《感恩的心》吧！（唱歌）“我来自偶然，像一颗尘土，有谁看出我的脆弱……”

宋父：她还喜欢看电影，看电视剧，人家就看韩国的，咱们都听不懂。有时候我进她屋，就看见她在那目不转睛地看。我说你能听懂吗，她就说屏幕底下不是有翻译字幕嘛，一边看着我，还一边嘿嘿笑。她还喜欢韩国的那个男明星，叫宋仲基，以及泰国的男明星麦克，她用那些她喜欢的男明星的名字充当她的网名，头像也都是这些人的照片。看韩国电视剧和电影的过程中，她还学会了几句简单的韩国问候语，例如：你好、再见等等，当然只是模仿电视中的

① 东北方言，敢闯荡。

发音，不过这已经让我们觉得很意外。

宋母：像是“五一”“十一”这样的假期，我们一家人也会出去旅游，她和她小弟都特别喜欢旅游。我平时因为要工作，假期的时候，就尽量多陪陪家人。今年我们就去了大连、北京、石家庄等地，但她最喜欢的还是石家庄，因为她老舅在石家庄。我和她爸爸结婚的时候，我弟弟才六七岁，她老舅小的时候就没少接触她，他们的感情始终都很亲近的，毕竟他俩年龄差不太多。

问：听说宋爽还喜欢绣十字绣？

宋母：对，也就是从前两年开始，她看我绣，她也想绣。最开始我给她买五块钱一个的那种，等她熟练后，我就给她买大一点的抱枕，放在沙发上的那种，让她自个儿捅咕①，不能说多好吧，但也算是有模有样了。我就教过她几回，完了她就学会了，谁寻思她还整的像模像样的，学习能力还是挺强的，而且干啥还都挺认真的。

宋父：其实宋爽这孩子从小到大一直都挺让我和她妈妈省心的，她现在长大了，也知道爱美了，天天嚷着要减肥，知道每顿都要少吃，天天都给自个儿定量，碗里盛那么一点就不再盛了。她自己也知道太胖的话，买衣服就不好买了，遇到好看的衣服也穿不上，就下定决心把减肥当作一个正事，一直在坚持。怎么说都是年轻人嘛，都爱穿新鲜颜色的，但是她有点胖啊，我一般就都给她买深色的（笑），不是都说深颜色显瘦嘛。一般逛街都是我给她挑，她自个儿挑那玩意儿，它也不好看啊，都是新鲜颜色的，我就觉得不好看，我买衣服就喜欢买深色系的，所以我们一家全是深色。但是这孩子看到我给她买了深色的衣服，她也不会不高兴，还总安慰我说：“能穿就行，我不挑。”

宋母：她看我平时出门都在脸上抹化妆品啥的，她觉得好看，也就开始学着往脸上抹了。后来我应她的要求给她买了化妆品，有时间的话，我也会教教她。平时我化妆，她就站在镜子边看着我。她也知道小女孩要美，慢慢地也就学会了。但难免有的时候哪个地方的妆化浓了，我就告诉她蹭巴蹭巴②。她其实学东西挺快的，尤其她要喜欢的话，她就会学得更快。

问：平时没有课的时候，宋爽一般都会做什么呢？

宋父：一般是在家看电视，她一个人在家没问题，家里有点吃的，她自个儿都能简单弄弄，填饱肚子。如果我不在家的话，一般就是和她小弟一起去逛

---

① 东北方言，制作。

② 东北方言，将化妆品抹匀。

街，她喜欢出去溜达，但我们不敢让她一个人出门，你看她现在虽然熟悉了从学校到家这条路线，但她放学的时候我们还得接她，就是害怕她来回过马路不安全，毕竟现在路上的车太多了。

不离不弃，携手向未来

问：宋爽已经是一个大姑娘了，你们有没有想过她的未来呢？

宋父：别人家这个年纪正常的女孩子都可以找对象了，但是你说她这种状况，找一个对象，对方家又能否接受呢？不敢想。肯定是挺难找的，当然如果有缘分，遇到相当的，找就找了，没有就拉倒①呗，咱也不能强求啥，你说是吧。

对于未来，我们就尽做父母最大的可能，能照顾到什么程度就照顾到什么程度。如果没能找到相当的，等我们老了，动弹不了的时候，那就只能靠她小弟了。我们现在就给她小弟灌输这种思想：她是你姐，你就得照顾，因为你是她唯一的依靠。

宋母：至于工作方面，我们也考虑过，可是你说现在就业这么难，大学毕业的学生工作都很难找，她又能干啥呀？他们这种孩子在社会上的包容度和接纳度也是很低的。像我们家有这种孩子，有时候在学校门口接她放学，总能感受到别人的异样眼光，不是歧视，就是同情，但好就好在宋爽这孩子从不在意这些，这让我们放心不少。

问：虽说宋爽和正常的孩子有一定的区别，但我看得出来她是一个内心很细腻的孩子，你们有过这样的感受吗？

宋父：像前面我提到我低血糖那件事，通过那件事我感觉我姑娘还行，最起码她心里有她爸。不管她怎么想的，她心里有她爸，就冲这一点，我也不能放弃她，我要尽自己最大的努力给我女儿一个温暖的家。

问：有的家长在得知自己的孩子有别于正常孩子时，就会选择把孩子遗弃掉，作为父母，你们曾经有过这样的犹豫吗？

宋父：从来没有，把自己的孩子扔掉，那还是人吗？从一开始我们就认定这孩子是缘分来的，咱不可能说因为孩子有病就抛弃不要她。咱就这么打个比方，就算只有一口东西，宁可说我不吃，我也得给她吃。

① 东北方言，算了。

宋母：那是不可能的，遗弃自己的孩子，那得有多狠心呢，你说说。毕竟是自己身上掉下来的肉，这孩子你能说不要就不要了？我们做不到。

宋父：现在针对这样的孩子，有一种类似于寄宿的地方可以接管他们，就是孩子父母都健在，但是单纯为了省心，把孩子丢在寄宿的家庭，托别人照顾，孩子父母一个月一交钱，或者一次性交几个月的钱，然后也不去接孩子，隔好长时间去寄宿家庭看孩子一眼就算完事。

你说我们当初为了她来到吉林市，我们就从没打算要把孩子送到这样的地方。要只是为了省心，那我们回农村多好，还有孩子的爷爷奶奶可以帮忙照顾，你说是不是？我们一家人刚来吉林那几年，一直租房子生活，房子租在特教学校附近，就是为了方便照顾孩子。他们本来就较正常孩子要缺乏安全感，我们做父母的更不能为了图自己省心，就把孩子送出去托别人照顾，就算他们可以照顾得很周到，还是没有办法代替父母带给孩子那种安全感。所以无论生活有多难，我们一家人都要在一起，这就是我们一直坚定的信念。

问：叔叔阿姨，你们在生了宋爽，还有她小弟之后，生活条件是不是有所下降呢？

宋父：总体来说还行吧。怎么说呢，反正就是我们家就我一个人在外头工作，我媳妇就在家负责照顾两个孩子。其实我也得感谢我媳妇，她为了这个家，付出得不比我少。说实话，我也不希望她做什么。她如果去外头工作，我还有点不舒服呢，我总觉得我一个大男人，养家就应该是我的责任，我也有这个能力给我媳妇和我的两个孩子一个幸福温馨的家。

问：阿姨呢？您对现在家庭的整个状态还满意吗？

宋母：挺满意的。我就寻思，我也不能太过于贪心，我也不想着享受荣华富贵什么的，只要一个家庭能幸幸福福，家里人都和和气气的，那就行了，这就是我对于幸福的定义吧。

问：叔叔阿姨，你们对宋爽以后的生活有没有什么期望呢？

宋母：就是期望她永远都能像现在这么幸福快乐，同时希望国家能够多多照顾这些可怜的孩子。

问：宋爽，您希望社会对您给予更多的关注和帮助吗？

宋爽：我不希望。

问：宋爽，您能理解父母对您的付出吗？那您有没有什么话想对您的父母说？

宋爽：有。爸、妈，你们辛苦了。

问：最后，请容我谈一下我自己的看法。我觉得像宋爽这样的孩子，本身是很缺乏安全感的，但是今天通过跟她的接触与沟通来看，我发现她之所以不希望博取社会的关注是因为她在家庭中、在父母身上、在家人身上得到了足够的爱与关注，像你们这样的父母让我很钦佩。我在孤儿院见过几个孩子，因为身体上有缺陷，被父母遗弃掉了，正是因为我亲眼见过这样的例子，才会由衷佩服像你们这样的父母。有些事如果没有亲身经历，是没有办法真正体会到其中的酸甜苦辣的，正是因为体验到了其中的酸楚，才会特别珍惜来之不易的幸福。当然，我同样希望社会能给予这些孩子更高的包容度和接纳度，而不只是同情与怜悯。她们也是落入凡间的天使，同样承载着一个家庭的幸福与未来。

感谢叔叔阿姨让我们看到了父爱母爱的伟大，让我们体会到平凡中也有幸福。祝福你们一家人能够一生平安，永远幸福！

宋父：谢谢你们！其实我们没有那么伟大，这都是我们身为父母应该做的。

生活里多了训练和喜悦——武娇艳校长口述

口述者：武娇艳校长

访谈者、撰稿者：金铃、孙启平，北华大学硕士研究生

访谈时间：2018 年 5 月 22 日

访谈地点：吉林省吉林市昌邑区特殊教育学校

问：您对于宋爽是怎么看的？

武校长：宋爽是一个女孩，她刚来到学校的时候，大概是七八岁吧，是个很腼腆的小姑娘，不太愿意说话，生活的自理能力以及情感的表达能力也都不是很好。他们家是农村的，是为了孩子才搬到吉林的，第一次见到宋爽，给我的印象就是：长了一张很可爱的小脸，父母呢，也非常好。

我们接受了她。接触了几天之后，发觉这孩子除了智力方面的问题之外，其他的，比如像身体方面没有任何问题。我们就想根据她的个人条件，来制定适合她的训练方式和训练计划，最终决定对她进行运动康复。

我们跟她的父母了解过，宋爽是没有参加体育运动的经历的。所谓的运动康复，实质是体育运动，她第一次面对，自然是胆怯的，害怕的，我们的教练员就由浅入深地去引导和训练她。经过一段时间的训练，宋爽的进步让我们每一个人都为之惊喜，后来我们有一场全国性的滑冰比赛，她就被选上了。

在整个训练过程中，能看出她是一个对待训练非常认真刻苦的孩子，尤其还是个特别好的运动苗子，所以我们在对她的训练上下足了功夫。可以这么讲，最大限度地挖掘她的潜力，最大程度地发挥她的潜能，希望她能够从体育运动当中达到康复的目的，逐渐接近正常人。从滑冰开始，她一点一点地喜欢上了运动，教练员在训练当中，每一个动作都要做 N 次的示范，可以说摔倒了爬起来，再摔倒再爬起来，这样上万次的循环，成就了今天宋爽在多个项目中的金牌，例如滑冰呀、游泳呀、轮滑呀，等等。家长从中也感到了快乐，孩子从小到大给家长带来的就是一种悲伤，当他们看到孩子在多个项目上取得的成绩之后，也感受到了和普通孩子家长一样的喜悦，一样的为孩子骄傲的心情。

可以说这些年来，宋爽的变化特别大，从一个小女孩，出落成一个大姑娘了，特别懂事。她跟别人比起来，可能经历更多一些，国内外比赛的次数也多，出去见识的机会也多。现在呢，我们带她出去比赛，几乎什么都不用管，她可自立了，不但能把自己照顾好，还能帮我们做一些事情。不仅这样，她还特别会关心人，也特别会照顾人，比如看到我脸色不太好，她就会贴过来问："你怎么了？怎么不开心?"或者"你哪里不舒服?"在参加比赛时，她会主动去照顾比她年纪小的同学，这种成长是我们最高兴看到的。应该说运动康复给她带来的益处是无限大的，宋爽的这种巨大变化，是我们当时也没有想象到的，这也使我们更坚信运动康复是正确的。身为学校的校长，我见证了宋爽一步步的成长，希望她能尽早地达到自强自立，融入社会这个大家庭。

问：武校长，您见证了宋爽的成长，她成长过程中的哪一件事给您带来的印象比较深刻呢?

武校长：印象很深刻的一件事情就是：她第一次比赛拿到成绩时，就是得到奖牌的那一刻，她的嘴角一直都是向上的，一直都是一张大笑脸，就像变了一个人似的，跟平时的她完全不一样，就好像瞬间打开了一扇门一样。我都不敢确定那是我认识的宋爽吗，原本的她是不爱表达的，不善言语的。获奖那天，她叫了无数声的校长，校长怎么怎么样，就想要表达她的那份心情。这样的孩子由于语言能力欠佳，难以表达出自己当时的心情，但从她的脸部表情和肢体语言足以看出，当时的她是非常幸福的。

这件事情让我看到了一个不一样的宋爽，让我感觉她瞬间就长大了。也让我有了一种自豪感，我知道是我们所有人的努力让孩子们这么快乐，同样这也是她自身的努力换来的，她通过特奥运动证明了自己存在的价值。所以，这件事情对我来讲感触最深，真的是很难得。

她得到奖牌之后，家长的心情也是无法描述的，他们上北京去接孩子，在见到孩子的那一刻，脸上挂着的不再是悲伤，而是发自内心的灿烂笑容。平时你说多少，你给她多少，她的脸上都从来没有过那种表情。只有她自己通过努力，在赛场上取得的成绩才能让她笑得这样开心，这样自信，这是我们和家长都最期待的。她的家人们也都因为她特奥运动员的身份而感到无比自豪，孩子不再是他们内心最深的悲伤，而是他们的骄傲。

最有趣的一件事情就是原本的她很少说话，就是那种你让干啥就干啥，从不与身边的人争执呀计较呀，内心特别单纯，特别乖，也特别听话的一个孩子。现在她长大了，对情感有认识了，对男生的特奥运动员，会作为粉丝去欣

赏了。她也跟正常人一样，要有她喜欢的男生特奥运动员在这个队里边，她锻炼的积极性呀参与性呀就更高涨了，这是让我觉得特别有趣的一件事。

问：武校长，您觉得宋爽来到特教学校之后，跟她刚来的时候相比有哪些变化吗？

武校长：她刚来的时候呢，还没有像现在这么勇敢，这么自信，就是那种在父母跟前，过着无忧无虑日子的小女孩，脑袋里边和生活里边是没有任何概念的。她来到学校之后，接受了校园的生活，接受了老师对她的教育，尤其是接受了特奥运动带给她的快乐之后，她的生活变得丰富多彩了。以前她的生活中只有亲人，现在她的生活中又增加了老师、同学、训练、比赛，等等，当然还有获得金牌的喜悦，以及与金牌擦肩而过的遗憾，这才是接近正常人的生活状态，才是真正的人生。

问：您对于宋爽以后的生活还有哪些期望吗？

武校长：我期望宋爽毕业之后呢，能够继续从事她的这些爱好吧。然后呢，能够有一份力所能及的工作，我相信以她现在的能力和状态来说，她是没问题的。

褪去稚嫩，勇于成长——张教练口述

口述者：张教练

访谈者、撰稿者：金铃、孙启平，北华大学硕士研究生

访谈时间：2018 年 5 月 22 日

访谈地点：吉林省吉林市昌邑区特殊教育学校

问：张教练，您好！请您说一下您对于宋爽的了解，行吗？

张教练：我认识宋爽这孩子有十多年的时间了，这期间我都是通过参与特奥的体育训练和比赛来接触孩子。在我看来，这孩子虽然在智力方面不如正常的孩子，但是从意志品质这方面来说，是非常坚强的。像我们有一些运动员呢，稍微遇到点困难就往后退缩，不能完成教练交代的训练任务，但这些在宋爽身上从来没有发生过。在比赛中你让她怎么比，怎么滑，她都能完全依照教练的意思去执行，从来没有跟老师讲条件的时候，也从不怕辛苦。正因为如此刻苦地训练，从 2008 年到现在，她多次被选中，代表咱们国家去参加大型的国际比赛，而且多次取得了非常优异的成绩，这一点是非常值得肯定的。

像这次参加我们东亚区的融合足球比赛，虽然主委会没有硬性要求，从我们学校这块来说呢，开展这么多年的运动训练，在足球这个项目上，还从来没有加入过女队员，因此这次的融合足球比赛，我们想让女队员加入到足球这个集体当中来。通过这一个多月的训练吧，宋爽在技术能力方面提高得非常快，家人也都是给予了非常大的支持，宋爽现在在场上，完全能跟男队员在一起配合啦，方方面面做得非常不错。

问：您对于她的父母有什么样的评价吗？

张教练：首先父母对孩子参与特奥运动是非常支持的，这是第一点。

第二点，他们对我们学校的整体工作，包括特奥运动的工作也都非常支持。像这次我们参加足球比赛报名，我首先是和她的家长打了招呼，虽然家长同意了，但孩子她并不了解这个情况。在我们开始训练之后呢，我就和孩子解释说：学校这回准备让她也去参加足球比赛，但是整个队伍只有她一个女队员，剩下全是男队员。当时她听了就有了抵触心理，回家就发脾气了，说什么

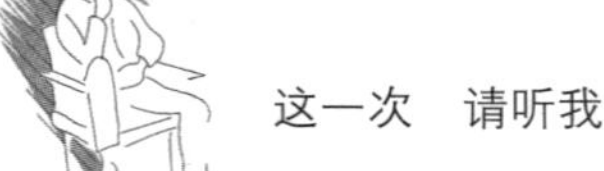

也不要参加这个训练，还说其他什么项目都可以，就这个项目不想参加。

第二天一上学，她家长就及时找到我，把这个情况反馈给我，我就和她父母一起分析这孩子是由于什么原因不想参加足球项目的。然后我就找宋爽谈了一下，起初她就是不出声，那么我就一个问题、一个问题地去跟她剖析。我问她是不是对这个项目不感兴趣呀，她说存在这个问题，说之前没踢过足球，尤其队伍里还都是男孩，所以就不想参加训练。后来我和她父母一起积极鼓励她，让她勇于接触新事物、新项目。在我们所有人的鼓励之下，她渐渐接受了这个项目，并开始积极地参与到训练当中了。由此可见她的父母还是很相信我们老师的，也会积极主动地配合我们老师的工作和训练计划。正是由于她父母的理解与支持，我相信宋爽一定能通过这个比赛，提升她以集体的形式参与特奥运动的热情。

问：您觉得宋爽在训练中跟其他的队员关系怎么样？

张教练：宋爽这个孩子，平时不太善于言辞，与其他队员之间的交流也很少。尤其这回我们参加的是融合的特奥足球比赛，所谓融合呢，就是说一部分是我们智力不健全的孩子，还有一部分是健全人，是和东北电力大学组成的这支队伍。这支队伍由十个人组成，六名特奥运动员，外加四名融合学校的学生。考虑到宋爽的顾虑，我特意要求融合学校的四名学生当中有一名是女队员。在训练中呢，这名融合学校的女队员对我们的宋爽产生了一定的积极影响，现在她和融合伙伴已经开始有了交流，但更多的还是和这个东北电力大学的女队员进行交流，这也就是我们希望搭建这个平台达到的一个效果，当然我也相信我们的孩子都会越来越好。

宋爽学校观察日记

观察时间：2017 年 12 月 21 日 8:00—14:40

观察地点：吉林省吉林市昌邑区特殊教育学校

观察者：金铃，北华大学硕士研究生

时　间	活动内容	备　　注
8:00	抵达学校，进入教室。	与老师、同学热情地打招呼。
8:10—8:45	第一节课为生活数学。班主任王老师领学生复习如何用手指表示数字，宋爽完全能够跟上老师的节奏，表现得很自信，也很活跃。但当老师讲解数学应用题时，宋爽一直对问题的理解有偏差，班主任王老师反复讲解，并用学生较为熟悉的日常问题来替换该题中的体重内容，帮助学生理解，明白问题意思的宋爽脸上终于露出了笑容，并在自己解答完问题后为前后桌同学讲解。	
8:45—8:55	课间休息	班主任王老师布置接下来的大扫除任务。
8:55—10:30	大扫除。 班主任王老师为训练学生的劳动能力，让学生自己撤换床单、被罩以及枕套，同时要求学生将撤换下来的被品按照相同颜色分类放好，并将自己的床铺整理整齐。宋爽快速地完成了自己的那一部分工作，因为邻床同学没有来上课，宋爽还主动帮助邻床的同学收拾整理，手上动作十分利落。而后，应王老师的安排，和同学一起用湿抹布将楼梯的扶手认认真真地擦干净。在王老师洗完床单、被罩后，宋爽和同学一起将床单被罩抻直，晾晒在楼梯的扶手上。全部完成后，宋爽和同学还将床铺下的箱子重新归类，摆放整齐，并用扫帚将地上的浮灰清扫干净。	王老师怕学生应用电器不当而发生危险，并未让学生参与洗濯。

（续表）

时　间	活动内容	备　　注
10:30—10:50	大扫除后全班休息。班主任王老师和宋爽去校长办公室领取周一参加活动学校所发的毛线帽子、围脖和手套。宋爽挑选了一个红色的帽子和一双粉色的手套，由于围脖都是一样的，宋爽便随意拿了一个。而后班主任王老师为了奖励全班学生辛苦大扫除，拿出了一箱饮料，并让一位男学生平均分给所有同学。宋爽怕不够分，自己主动要求将她的那份让与其他同学，她自己喝水就行。	其间，宋爽和同学在老师的带领下帮助初级班的学生们搬小床。
10:50—11:25	第四节课为唱游与律动。 学生将桌椅全部向后推，以求教室能有更大的空间，而后王老师和学生一起唱《珍惜》和《且行且珍惜》两首歌，又一起跳《生命的河》和《大王叫我来巡山》两支舞。宋爽作为领舞者，在队伍的最前端。跳得非常认真，每一个动作都做得十分到位。	
11:25—11:30	为吃午饭做准备。 宋爽去教室的柜子中取出同学吃饭用的小碗，并按照碗底的名字分发给同学。每位同学自己去水房涮一涮自己的碗，宋爽把自己的碗和老师的碗一起涮干净拿回教室。王老师向她表示感谢，宋爽脸有些红红的，看上去有些不好意思。	
11:30—12:00	午饭。 午饭是白菜炒木耳、茄子炖土豆。宋爽因为立志减肥，所以只吃了一碗，并且是全班同学中最快吃完的。饭后她将盛菜的盘子和勺子等装到大盆里，端到水房仔细刷干净，然后放回到教室的柜子中。并和同学一起将教室的座椅扣放在课桌上，将地面打扫干净。	
12:00—13:40	午睡时间。	宋爽提前睡醒，坐在自己床铺上玩手机。
13:40—14:35	宋爽和邻床的同学一组，先铺自己的床铺，但始终达不到王老师的要求。王老师拿宋爽的床铺为例，示范如何将床单铺得整齐好看。而后，宋爽和同组的同学花了一些时间按照王老师的要求一起铺好同学的床单。 收床单，两人一组铺好上午洗好晾干的床单。	
14:40	放学	老师将学生护送下楼，宋爽由父亲接回家。

成绩虽重要，快乐更珍贵

——小 D 姥爷口述

小 D，女，2003 年生，陕西省西安市人。独生子女。智力障碍三级。现就读于西安市启智学校。

口述者：姥爷、姥姥、小 D

访谈者、撰稿者：高启，陕西理工大学本科生

访谈时间：2017 年 8 月 15 日、2017 年 8 月 31 日

访谈地点：小 D 舅舅家

妈妈因病致残

问：爷爷您好，能问问您的工作经历吗？

姥爷：我是 1948 年出生的。1965 年初，初中毕业后就当兵去了，1975 年从部队转业。转业到陕西省物资局化工企业轻工总公司，一直干到我退休。

问：在总公司工作会不会接触到化工产品？

姥爷：我们过去是计划经济，生产厂光生产，我们是流通企业，生产出来的东西、物资由我们分配。但是我们经常下厂子，要了解很多化工产品的生产过程，也会接触到化工产品。

问：您总共有几个孩子？

姥爷：两个孩子，大孩子是个男孩，第二个孩子就是她妈妈。

问：她妈妈的情况如何？

姥爷：她妈妈出生在医学院第一附属医院，离这里很近。产前检查一切都正常。小时候，她动不动就感冒发烧，发高烧就抽风，医学叫高烧惊厥，经常半夜三更——那时候我还在丁白村这里住着——半夜三更就抱到医院去了。后来我们才知道，抽风次数多了就影响智力，最后形成智障，智商很低。

小 D（前排右一）

当时我们到处给治疗，去了很多医院，包括儿童医院呀，但是都觉得没有办法，因为小孩智力的形成就在两三岁，过了那个年龄段，智力智商是很难提升的。你给孩子到处看，这里那里都给看，都没有任何效果，只能就那样了。

问：当时妈妈上学情况如何？

姥爷：她没上过正规的，上的学校是社会上的特教班。当时西电公司有个特教班，热心的老教师搞了这个班。上了一段时间，也学不了什么，她记不住呀！就不上了。

姥姥：好比猴子搬玉米，搬一个丢一个。

问：她是几岁去上的特教班？

姥爷：七八岁了吧，我记着就在劳动公园那里。1999 年搬到倪家桥小学，就远了，她就中断了，再没学，就在家里。

问：妈妈小时候和周围的小伙伴们一起玩吗？

姥姥：她就不和外界接触。她爱看动画片，很少单独出去玩。

姥爷：她很孤僻，胆子很小，有些自闭，不愿意和其他小孩交流，和人家小孩玩不到一块。她基本不出去玩，在家看电视。原来我们在倪家桥住着，我上班在劳动路那里，她就一个人在家。她吃饭什么的，给雇了一个小保姆，我们下班后才回家。

问：当时他们兄妹俩相处得怎么样？

姥爷：他兄妹两个处得挺好，过去就是她哥经常带她，我那时候还经常出差，她哥哥经常给买饭。

问：她的自理能力怎么样？

姥爷：这个也怨我们那时候上班忙，没有很好地教她，像做饭呀什么的一直给她教得也少，加上家里有个保姆，把她惯得有点懒，啥也不会做，不会做饭。不过个人的自理能力可以。主动性有些差，你让她干啥她干啥，除非你指挥她让她干什么，她才干一点。

姥姥：我们两个工作都忙，所以对孩子也没太重视，家里有个保姆，就靠人家管着她，也没好好带她，家务基本上不会做，就简单的可以，倒垃圾呀，扫个地，拖地，这些可以。

姥爷：后来我们给她找了个对象，放到我们跟前就是为了便于照顾她。随着年龄的增长，尽管她智力不行，生理上还正常的，就给她成了家。小 D 的爸爸是山阳人，在西安打工。当时别人介绍时，我们实事求是把女儿的情况介绍了，他们家人都同意，最后结婚了。结婚就在我那里，我原来在劳动路那里住的建筑面积近七八十平方米，按照那时候标准，需要住一百二十平方米，当时就给补了一间二十多平方米的平房，和我在一个院子里。他们结婚就结在那里，起码有个窝，有个家。

问：你们也好照顾。

姥爷：嗯，她爸爸在西安打工，耳朵很背，有耳疾，所以尽管结婚了，我女儿吃饭还在我那里，晚上过去自己的房子。到 2003 年，我女儿从怀孕到生都是我俩一手照顾的，生下来以后从医院带回来，都是我们两个。

问：妈妈到现在有经济来源吗？

姥爷：她没有来源，她一直也没有上班，没有经济来源。

姥姥：她家是低保户，三个人都是残疾，爸爸是三级耳残，她妈妈是二级智残，就是吃低保的。

女儿重蹈覆辙

问：小 D 是那一年出生的？

姥爷：2003 年 4 月 8 号。

问：妈妈怀孕时，二老有没有担心过母子俩的健康？

姥爷：说心里话，在姑娘成家的问题上，是想以后有个娃，娃今后照顾

她。我们曾经也咨询过大夫，人家说："她是后天的智力残疾，不是先天的，一般不会有太大的遗传影响。"她是发高烧惊厥以后才智力残疾的。

姥姥：她一高烧就抽风，叫高烧惊厥，惊厥以后大脑就缺氧了。缺氧了，如果及时给吸氧就好了，那会的医疗也没有条件给吸氧，所以就影响到脑细胞发育，影响智商。

问：怀孕期间妈妈在医院有过检查吗？

姥爷：有检查，我们每个月都去检查，都说没问题。从营养、微量元素的补充上，我们都按照医生的要求去做了。

问：生下来以后主要是由二老带大的？

姥爷：是我们一手带大的。生下来以后，其他都很正常，一岁那会还是很好的。可能就是两岁的时候，也抽了一两次风。

姥姥：也是感冒发烧，也开始有抽风现象，和她妈的情况一样，一发烧烧到39度，就开始抽风了。后来人家说是缺钙导致的高烧惊厥，就是这种病，她妈就是这个病，她也是。紧看慢看的，病越犯越勤，到她这里还好点，一犯病就及时去医院，一住院就给打氧气呢，就能好点。

姥爷：我们住劳动路时，开关厂医院有儿科，离那里很近，经常去那里看，有时候去儿童医院住院。后来发现高烧惊厥，也到处看，反正效果不明显。人家医生最后给的结论是属于多动症，多动症表现在思维不集中。对真正感兴趣的东西，她记忆力还是很好的。过去在仪表厂上幼儿园的时候，教的唐诗呀，晚上睡觉前能背好多。

姥姥：后来脑子就不集中了，光爱动，思维很不集中。在仪表厂子弟小学上了三年，最早还在大庆路小学。开始还可以，后来老师讲课呢，她思维不集中，精力分散，她就爱动别人，就把这个一戳把那个一戳，影响人家学习，就不行了。

问：出现高烧惊厥的情况后，二老有没有担心像妈妈那样？

姥爷：我们当然也担心呀！为什么到处给看呀？

姥姥：有一个专门测智力的地方，在西医大还是儿童医院，专门给小孩看智力，叫保健室。她的智商比她妈妈好一些，她就是在正常人和非正常人之间的临界线上。

问：当年有没有考虑过让妈妈生二胎？

姥爷：没有。这事很复杂，她山阳县的爷爷奶奶年龄很大，都八十多了，管不了，谁看呀！

挫折着，美丽着

问：您刚刚说过上过幼儿园、小学，具体是什么情况啊？

姥爷：仪表厂幼儿园、仪表厂小学都上过，在我们隔壁。她思维不集中，不听课，影响别人，跟不上课程。学校别的孩子也欺负她，因为被欺负，她也就不愿意去了。

问：上学是几岁？

姥姥：（扳着指头）六岁开始上学。

问：知道她被其他小孩欺负后，二老是怎么做的？

姥爷：和老师私下聊过，和学校校长、班主任也都交流过，介绍过孩子的情况，希望能得到老师的关照。但是人家老师不能整天跟着她，下课后，别的孩子还是欺负她，她就因为被欺负，有些心理障碍，最后坚决不去学校。

姥姥：到三年级别人欺负她，她也不好好学，不上课了。最后不行了，老师就说你们换学校吧，我们才联系到西安市启智学校。

问：二老是怎么知道这所启智学校的呢？

姥姥：在北厂那边给她看病，看中医，人家的孩子准备到启智学校去，我们听说了，才找的熟人，没有后门进不去。

姥爷：就是我老家丈八沟那里，邻村有个老中医，和我私交关系很好，到那里看病去了，他家孙女也是那样，智力残疾比她厉害得多，从表象都能看出来。是从人家那里才听到的启智学校，就送到那个学校去了。

问：启智学校的缴费如何呢？

姥爷：学费没多少，伙食费也就几百块钱。这个学校在很大程度上是有公益性的，是教育局主办的，它就是专门照顾这些弱势群体儿童的，费用不大。

姥姥：按学期，一个学期缴一次费，早餐午餐都在那里吃的，下午 4 点放学，早上吃一顿中午吃一顿，下午回来吃。

问：课程内容如何？主要就是语文、数学两门文化课？其他的没有了吗？

姥爷：数学、语文，其他的课程就是教画画、体育、唱歌呀等兴趣课，原来我们还不知道她跑得有点速度，在家我们也不在意，她就是多动，脚腿没问题，利索得很，很麻利。三四岁时，十多斤的西瓜，她就能给你掂起来，给我的印象就是劲儿很大，很麻利，我们还不知道她跑得快。

问：她喜欢去启智学校上学吗？

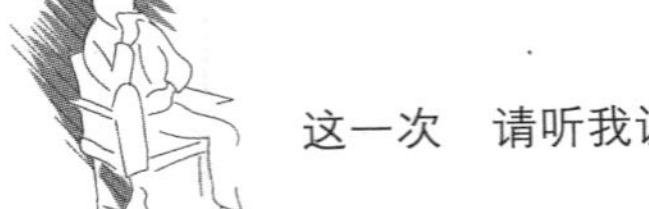

姥爷：喜欢。

问：学校作业完成情况怎么样？

姥爷：每天都有作业，作业都很简单，是根据这些孩子布置的，他们的进度很慢的。

姥姥：数学还喜欢学，语文的生字，她不爱记，记不住，把课文背得哗哗的[1]，对号对不上，就是光会背，让她指着字，她就乱了。造句不会造，为啥呢？字不会写，她不记字嘛。

问：二老对她的学习有什么要求吗？

姥爷：说到这里了，我有很多感触，我这个人是从小生长在农村，祖辈父辈都是地地道道的农民，到了我这一辈，解放以后才上了学。我很希望孩子都能学到知识，但是事与愿违，我女儿也和她妈妈一样智力残疾，我从内心讲，我也很痛苦，后来孩子又是这样，说实话对我刺激很大。

我还比较喜欢女孩子，娃是这样子，我很大程度上感到〔痛心〕，因为是我们带的呀，我们没尽到责任，所以有很大的内疚和自责。我们总觉得孩子很可怜，在家里尽量给她多照顾，当然也不是对她娇惯。她也任性得很，她就觉得学习很痛苦。

后来我觉得对这些孩子的教育一定要和正常孩子区别开来，她本身就静不下来，就不能用对正常孩子那种方法去管教她。我经常用一个词叫顽劣，有些顽皮有时很恶劣。但是作为家长，我们也有责任呀，所以我们要宽容她理解她，一定要多鼓励。尽管看着好像缺点很多，但还要看到她闪光的地方，所以我一直对她的学习没有更高的目标，认识几个字，简单地能说能算就行了。学习上，只要她每天能完成学校布置的作业就行了。她本来就不喜欢学，你要给她教更多的字，她就很烦，你一说她就炸了。这种情况下，她很任性呀，我就经常说要冷静，不要理她。

我们两个在家的时候，放学回来，吃还是先玩一会？我就说作业什么时候做，她说几点做，我就让她先玩会，到时间了去提醒她，她就坐那里做作业，做五分钟就坐不住了，她就是静不下来，思维不集中。

问：她在学校表现得怎么样？

姥爷：现在的表现还是很好的，在班级里，她扫地呀，特别爱干活。老师也会表扬她。

---

① 关中方言，流利的。

姥姥：她喜欢帮助别人，去美国比赛时，她就给别的同学叠被子，帮别的同学洗衣服。

问：她喜欢学校里哪个老师？

姥爷：你来！那么多老师你更喜欢哪个？

小D：刘老师我喜欢！韩老师我喜欢！

问：您喜欢和老师在一起做什么事？

小D：喜欢老师教我学习，学知识学文化，老师一讲我就会，还是可以记下的。

问：刘老师、韩老师都是文化课老师吗？

小D：韩老师是教数学的，刘老师是教体育的。

问：现在和班级的同学相处得怎么样？

姥姥：那还可以，她还是班长呢！别的同学欺负他们班同学，她会打抱不平。

小D：当时就是有的同学欺负别的同学，我就帮助被欺负的同学，我讲过不要欺负同学，他没听进去，最后我就把这些告诉老师了。

姥爷：和他们班级的同学关系相处得都很好，经常家里给买点东西，她要给同学带一点，分享一些。

问：喜欢和哪个同学在一起，喜欢做什么事？

姥爷：她们班学习不好的两个，她和人家关系好。

姥姥：就是玩，都用手机加的微信，在微信上聊的时间长，她不会写，用手按着说话。

问：和其他班的同学有来往吗？

小D：别的同学，他们班的老师生病请假了，他们就来我们班上课，就认识了。

姥爷：还有好多同学一起吃饭，一个宿舍的都能认识。

姥姥：以前她回来经常和我说，一起在美国比赛那个女孩，比她大两岁，一起出去的都是好朋友，现在经常一起，关系还很好。还有同级的，她是一班的，人家是二班的。还有几个走路上一起坐车，有时候她爸送她，我去接她碰到的，最后都认识了，还有就是老中医的孙女，这些我们都认识的。凡是我们接触过的，路上碰到的家长一说话，孩子之间也交流。经常见面，学校就那些学生都认识了，别的班的，高年级的，都认识了，见了面还谝①呢！还有一个

① 关中方言，指聊天、说话。

宿舍的，中午休息时，不分年级，所有女生几个宿舍，男生几个宿舍，她们宿舍的，她都认识。见了认识的，她爷爷给买的吃的，都给朋友散了，都是好朋友。

问：现在几年级了？

姥姥：她现在是七年级，开学是八年级，最高是九年级。九年后还有个职业班，就是教给孩子们很简单的劳动。

小 D：下学期还是现在这个教室，等到再下个学期九年级就到楼上了。

姥爷：不能光一年一年升级，过去学的字没记住忘完了，一定要记住，一辈子永远都记住，我们走到街上，不能说不认识。

问：上了启智学校后，二老觉得孩子的性格变得怎么样？

姥爷：她本来就很活泼，过去那叫疯，现在相对地能静下来了。这孩子还有个缺点口是心非，心里想的不会直接给你说出来，她叫你去猜，我们经常告诉她心里有什么就说出来，她就让我们猜呢。

问：二老认为启智学校的教育对她最大的影响是什么？

姥爷：说白了，启智学校面对的就是弱势儿童这个群体，在这个群体里还有比她差的。整体上，学校做得很好，也照顾得很好，我认为这些孩子的教育一定要有特殊的方法，要有一个相对好的环境。

我为什么放假让她到这里来？我这个儿媳妇性格很好很有耐心，经常给她讲讲道理，给她教这个教那个，她也很听；发现不对的地方不是批评指责，而是不理她。她很有眼色，一看你脸色一变，她就好了。过去在家的时候，我脸一掉，她就问："爷爷怎么了？是不是生气了？"你不能整天嘟嘟囔囔地批评她，还是要以表扬为主。我儿媳妇性格也好，人也勤快，还经常给她买东西。孩子嘛，既要有方法也要收买她，所以她和舅妈自然走得很近，放假了就一直在这里。我觉得在这里有锻炼有提高，学了不少东西，她舅妈教她做饭、洗衣服。每天洗澡，每天洗碗都是她自觉地干，在家里那些都是我们给做的，娃们在爷爷奶奶那里，确实也放不了。

问：您两位的教育理念、教育方法有什么冲突吗？

姥爷：那是肯定的，我一贯主张因人施教。对这样的孩子，不能用正常孩子的标准去要求她。正常孩子有时候你给他一个颜色他就知道了，这个你就要针对她特点，目的和方法要统一，你目的再好，方法不当适得其反。

在这个问题上，我和她奶奶确实有很大分歧。老太太嘛，爱啰嗦爱嘟囔，她肯定就烦了。要掌握她的缺点不足，更要看到孩子的闪光点，对一些优点要进行表扬，正常孩子教育也要以表扬为主。并不是要袒护她，在心平气和能够正常对话的情况下，再把她做得不够的地方给指出来，那她是能够接受的。如果当时就是直接批评，看着就不行，现在姥姥这方面也好了些。

问：姥姥会当面批评指责，是吗？

姥爷：就是很没耐心，对这些孩子一定要有耐心。

姥姥：我重点要抓学习，我一说学习她就燥[①]，她就接受不了，所以我现在也很少管，我管得太多了也收不到效果。

问：您也认同爷爷教育方法了，是吗？

姥姥：嗯嗯，有时候缺乏耐心，急得很。一直恨铁不成钢，一直嫌她作业完成得不行，就是记不住。

姥爷：单独和我在一起，放学回来就要先看会儿电视，玩一会。就问什么时候写作业，玩半个小时。到时候我就提醒她，一提醒，她就去写作业了。一定要有方法，不能一回来就让她坐那里写作业，那不行，她本来就不爱学呀。

问：姥姥改变了教育方法吗？

姥姥：原来我老想的，起码要把简单的字认识，出了门厕所能认识，车站牌子能认识，坐哪路到哪站能认识，一些常用字要会，我就逼着她要学。她不感兴趣，教也教不会，费的功夫确实不少，结果适得其反。认不得字也无所谓了，咱把她也不要求那么高了，既然是这样，我也就不想操那么多心了。操些心，落不下好不说，娃还接受不了，对我还反感，其实我没少劳神。

姥爷：也可以认图案嘛，不认识字，也知道那是理发店，那是干什么干什么的，可以看图案嘛。

特奥，能参与就好

问：二老是什么时候知道特奥会的？

姥爷：前年比赛前儿。2015 年在四川成都，她参加的跑呀轮滑呀，得了个铜牌。我们才知道她在运动方面还有些天赋，在家就没有发现这些呀。

姥姥：到学校去上体育课，老师发现的，发现以后就让回家在家练一练，就是礼拜天四点放学练习。

问：参加特奥前，她喜欢运动吗？

---

① 关中方言，指生气发脾气。

姥爷：我儿子那个也是孙女，滑板、轮滑鞋都有，脚长得快，那个不要了，就给拿过来，她就在院子里玩。

姥姥：滑板开始滑不了，一个脚一个脚地慢慢踩，踩一节踩一节的，最后两个脚就上去了，满院子滑开了。平衡能力还掌握得不错。后来她就把旱冰鞋穿着了，开始摔了很多，她不怕苦呀，皮实得很，摔一次膝盖都摔烂了，最后还要学。爱玩，感兴趣，就爱玩，学习学不进去。玩开了，就不怕疼和疲了。

我就招呼着下午四点放学了，领到街心公园去滑滑板，然后滑旱冰，礼拜天没事了，就带着她去。因为她在家就是胡乱翻，多动不闲，家里弄得乱七八糟的，仡佬拐角①都拾翻，所以我把她领到外边去，一玩一上午，有时候一玩一下午，这样子就学会了轮滑。

问：她参加了哪些项目？

姥爷：田径，轮滑、接力、200米还是400米跑，第一次就是在四川成都那里，那次是轮滑，学校老师给她报的项目。田径是在北京集训了一个多月，然后到洛杉矶去的，国家很重视，要选拔，速度达到多少才能让你去。派的教练还有专门的生活老师，都不让家长去。这学期放假后，体育老师还把她留下，每天去练习轮滑，连续了一个礼拜，可能这学期一开学还要去训练，国内哪里可能还有比赛呢。

问：除了老师训练以外，二老带着她去训练吗？

姥爷：学校正常体育课的时候才训练，另外不再专门训练。除非是九月什么时候国内要考试比赛呢，学校才组织专门集中训练一下。她和她舅妈走得很近，还很听话，人家也能教她很多东西。前一段时间不是很热，早上起来和她舅妈在那边跑步去了。

问：您有没有觉得参加训练以后，她的负担加重了？

姥爷：那没有，训练对她来说就和玩一样，她才高兴呢。

问：她去训练，家长都不陪同？您二位在家里担心她的成绩吗？

姥爷：不陪同。这些我们真的很淡泊，都无所谓了，只要她有特长能参与更好，我们也不想指望她干什么。

姥姥：在美国和她爸通过长途电话了，那是人家带队的给打的。通话时她爸说："好好训练，好好比赛，争取给咱拿个金牌回来。"也鼓励娃呢。她说："行，好好比赛。"

---

① 关中方言，指小地方小角落，常人难以发现或不注意的地方。

问：比赛之后回来，她有没有给二老讲过比赛过程？

姥爷：没有的。

问：我看到有一个项目她获得的是银牌，报道中间还有些曲折。

姥姥：回来也没说过。当时我们在地铁站接她，刘老师给我们说的。可坚强了可顽强了，有个孩子给她接力棒，把棒子给递到手上时，有些仓促，棒子没拿好，掉到地上了。她把棒子捡起来，跌倒了，爬起来再继续跑，说是不怕疼，赶紧跑，最后得了第二名，要不是摔倒了，就是第一。一听我就特别心疼，肯定娃腿摔烂了，摔疼了，回来腿上痂特别厚。

问：后来她为此有没有发过脾气？或者很遗憾？

姥姥：当时没有。她对拿金牌拿第一，也不像正常人那样很在意。老师安排，她跑得快，她就跑。老师给戴高帽子，好胜心强，还是要争着跑，跌倒不怕疼，爬起来再跑，那还是很顽强的。

姥爷：她不懂那些功利心，她的想法很简单，我们也是这样子的。学校有学校的标准，只要让她学点东西，让她参与了高兴就行了。

问：她就是很高兴别人能看重她，但也没有多少功利心？

姥爷：对。我们本身对这个也没有太在意，学校发现了才让她去，我们对这个不在意，只要娃能参与就好。能出国确实是个好事，孩子能开心就行，我说实话，我对女儿和外孙女内心很自责，只要娃开心就好，我们不要求她们怎么样。

问：您有没有因为孩子赢得奖牌而很自豪？

姥姥：也谈不上自豪，就是觉得很有希望，能有这些成绩就很不错。

姥爷：起码她腿脚齐跑得快，这也是天生的，我们平时也没管过。上帝对谁都是公平的，学习她不爱，但这个方面她也有几个特长吧。更重要的是这孩子特别爱劳动，能吃苦，哪怕没文化，任何时候只要咱能吃苦，咱就能生存。我们对她确实没有啥高的标准，只要孩子能快乐就行了。我老觉得对不起娃，过去我就给家里其他的说，我甚至在街道上看到其他同龄小孩，心里都很难受。我儿子女儿比她大一岁，从某种意义上讲，我更关注的是她，我这个人在那个环境下长大的，我一生特别同情弱势群体。

问：让家长现场观看孩子比赛吗？

姥姥：当然想，但学生多了家长也就多了，人都想去，学校有指标去不了。

姥爷：那年在成都比赛时，很多家长跟去了，他们就在比赛场地外边看着

也进不去，只有晚上才能见一下娃，人家孩子集体在一起住着，家长也陪同不了。国内比赛有学校老师，国际比赛连老师也去不了，省上去一两个，费用很大的，一般人也去不了。

姥姥：在去四川的时候，我这娃都没出过远门，那是第一次，北京去第二次，也才十一岁不到十二岁。那段时间就不放心呀，她从来没离开过家长，担心她吃饭、睡觉、换洗衣服。我给她带了十几条内裤，让她脏了弄个袋子装起来，等回来我再给洗。没想到出去一趟，她学会洗了，回来干干净净的，我看自理能力还有所提高，学了叠被子，学了洗衣服，人家老师都给教呢，在家都是咱一手包办代替的，出去锻炼得可以，还是有进步。

问：她是什么时候学会穿衣、刷牙、洗脸这些日常生活技能的？

姥姥：很小就会了，上幼儿园时就给她教了。慢慢就学会了，我们在家里也给教。

问：参加过特奥以后她有没有明显的变化？

姥爷：除了更高兴了，没什么变化。

问：社会的接触面有没有变化？交的朋友有没有变多？

姥姥：参加国际比赛的时候，有些外地娃加了微信，但后来都是她爸和人家家长联系了，娃都没有太联系。

问：除了运动，她还有其他的兴趣爱好吗？

姥姥：其他的好像没有，一天也画画呢，就是画得不怎么样，就是凭兴趣。还跳舞，在电脑上搜索舞蹈，在电视上看舞蹈，米米表姐给她教，可喜欢了。我给她爸说有没有这样的特长班给送去，最重要的是她喜欢，学校节目让她跳舞呢。她思维不太集中，很多她感兴趣的，要有人给教，她就模仿，感兴趣就学。兴趣来了就学，兴趣过去了就放下了。还是要有一个这样的环境，有很好的一个人带着她。

希望能自食其力

问：如果平时她发脾气和您二位闹，您俩是怎么解决的？怎么安慰她的？

姥爷：这个孩子比较任性，第一个缺点是你提起学习她就发脾气，第二个缺点是你还不能直着说，要是批评她，她就接受不了，就发脾气了，要换一种方式方法给她讲；要不然就等她发完脾气，牛劲过去了，心平气和地给她讲，还是可以的。

问：爸爸妈妈两边的亲属，孩子和谁相处得比较好？

姥爷：说具体点，爷爷、奶奶，还有你山阳县的爷爷、奶奶，你更喜欢谁？

小D：爷爷、奶奶、舅妈还有姐姐。

问：周围人对你好吗？

小D：还有麻将馆的阿姨，我还帮她收过麻将，和她说话，帮助人。

姥爷：就是给你吃过东西，对你好，谁给你吃东西，你就说谁好。谁批评你，你就和谁关系不好了。

小D：不是！评判了就注意着，而且我也会改的，人都有缺点，只要批评以后改正，还是好孩子还是好人，没事！不管是家长还是老师批评，只要是对的，就要听。

姥爷：人都有缺点，评判了以后知道改就是好孩子，家长老师都是为了你好嘛。

问：您对她今后的生活有什么想法？

姥姥：要大一点再说，现在才十四岁，要再大一点。

姥爷：我现在还没有看那么远，现在只能说走着看着。在这个学校再上几年就毕业了，毕业以后随着年龄的增加，起码让人带着打打工，不能像她妈妈一样，一辈子在家里呆着，还是要自食其力。只有自食其力，她以后长大了才能照顾她妈妈。

问：您对以后职业上的选择有什么期望？

姥爷：随着年龄的增长，她的体力渐增，具体干点什么事，要在有人带的情况下，有些复杂的劳动干不了。她爸爸的耳朵不行，她妈妈我那个姑娘也是那样子，一直吃药，想她大一点，只要她干点简单劳动，在哪打点工，通过付出有点收入。

姥姥：能够自理，有点收入就行。咱要求也不高，简单劳动能够自理，离家近一点。

问：二老觉得社会和国家还有哪些方面需要做的？

姥爷：我们过去把她送到启智学校去，当时校长姓杨，我和校长在办公室交谈，杨校长说："按国家要求，每三十万人口的地方，都应该有一家类似的启智学校；但是咱现在没有这个条件，都没有达到这个标准。"咱西安市就这么一个呀！年龄小的时候，有这一方面的学校，随着年龄增长要有这方面的政府机构，把这些对弱智孩子的关心照顾落实到具体措施上。希望政府有一定的

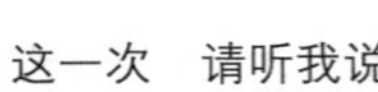

政策，而且要有具体的实施方案，让这些娃大了以后靠力所能及的劳动自食其力。

现在我们也希望，随着孩子年龄的增长，社会对她有更多的关照，有一个组织能帮助这些孩子们找到适合他们特征喜好的工作，专门有一个机构管理他们，跟踪他们。政府不给关心是不行的，毕竟家长的能力是很微薄的。希望政府这方面〔能加强〕，我们现在很迷茫，今后怎么做?

姥姥：她不是正常人呀，生活方面也有问题，需要关爱呀！我们都七十多岁了，太老了，确实很担心。

问：她有自卑心理吗?

姥姥：嗯，太自卑了。坐车给她办的残疾卡，她就不拿，她不愿意让人说她是智力残疾，她可有自尊了。

姥爷：过去在仪表厂学校呀，其他孩子都欺负她，说她是傻子，从小有心理障碍，有阴影。

给孩子正确的引导——刘老师口述

口述者：刘老师
采访者、撰稿者：高启，陕西理工大学本科生
访谈时间：2017 年 8 月 31 日
访谈地点：西安市启智学校

问：刘老师，您是从哪一年开始接触特殊教育的？

刘老师：我是 1997 年毕业，毕业到现在，一直从事特殊教育，二十年时间了。

问：在从事特殊教育过程中，您有没有遇到困难？

刘老师：毕业的时候，我对特殊教育并不了解，刚好有一个比较巧合的机会就进入了这样的学校，很快对学生——我的教学对象有了一个了解。我真的是庆幸自己选择了这样一份职业，这个人群更需要关注和付出，我觉得自己当初的选择很正确，选择了喜欢的职业。

问：这二十多年之中，您主要做的是哪些工作？

刘老师：刚开始，我一直从事班主任工作，负责生活语文的教育，后来也担任教研组长、学校大队部的辅导员。现在我在做行政工作，在教导处做德育工作，我所有的工作都是围绕着学生来开展的。

问：您什么时候和特奥结缘的呢？

刘老师：1997 年我进入特教行业，那时候特奥在全国知名度没现在这么广泛，学生也训练，但我对特奥了解不深。密切接触是从 2007 年开始，当时学校通过国际特奥会的选拔，参加了上海世界特奥会，我荣幸地成为陕西运动员领袖的指导老师。我用了大量的时间了解体育项目，对学生的训练会关注得多一些；也接触了特奥的非体育项目，参加了青少年高峰论坛，知道了怎么让运动员领袖更好地表达，用我们的影响力去推动当地的特奥发展，等等。

从那之后我就跟特奥结下了不解之缘。这项工作是非常有意义的，它对于让我们的孩子重建自信，让正常的人群重新去认识他们接纳他们，是一项非常重要的工作。从那以后，我就一直致力于学校的特奥运动的发展，包括在西安

市，我们也搞了很多活动。

问：您在举办活动的过程中，遇到了什么困难呢？

刘老师：其实经费和场地这个困难，我觉得还小一些，因为西安市残联和陕西省残联都是特别支持的，我们学校也非常支持特奥活动，学校无偿地拿出别的项目的费用。

我遇到的困难是大学生对特奥运动不是很了解。有时候我们会邀请他们来做伙伴或者志愿者，他们有一颗非常想帮助孩子的心，但他们不知道特奥运动，真的不知道孩子需要什么。后来我们给这些志愿者、大学生进行一些讲解，有一些小的培训，让他们先对特奥有一个整体的认识，对这一特殊人群也有一个整体的认识。这可能是我们在开展活动中遇到的困难，但是通过大量的工作，这种困难也很容易消除，大学生也很迫切地想知道我们需要做什么事，想了解特奥运动有什么样的背景，什么样的目标。这也是我们需要做的一个工作，困难其实也谈不上。

问：您认为特奥运动与特殊教育的结合需要怎样才能得到更好的发展？

刘老师：特殊教育目前要做的是对学生进行康复训练，教授文化课程和提升生活自理能力，等等。特奥应该也属于特殊教育的一部分，因为我们提倡终身教育，你可能在学校的时候是运动员，毕业成人了以后，仍去参加一些特奥活动，这个过程其实还是一个接受教育的过程。

特奥给孩子们带来的是另外一种，它可能不是书本上所能获得的，但是它能带来更大的提升，他接触社会、融入社会和别人交流沟通，他获得了一定的进步，他的能力和自信心得到提升，可能在别的事情上也做得更有自信；这也能给家庭带来快乐，家庭觉得我们的孩子其实能行。所以我觉得这也是特殊教育的一部分。如果说它们需要一个结合点的话，我一直在提倡特奥的内容可以成为学校的课程之一，比如说在兴趣课上，哪怕一周设置两节课呀，我觉得也是很有意义的。

问：您是怎么看待特奥运动的？

刘老师：特奥运动区别于正常运动的地方，就是大家认为的：它的竞赛性质会弱一些。参与对象的不同，决定了性质的不同。竞技运动代表了大众增强体质的愿望，但是我们特奥运动目标不同。特奥运动的目标是让更多的孩子获得成功的喜悦，而不是让竞技运动中竞技水平非常高的人去获奖。同样是增强体质，我们的对象不同，我们想孩子去参与，给他最大可能，让他获得成功的喜悦，这是有区别的。因为我们的孩子身体生理的原因，非常具有竞技性的项目不太适合他们。

问：在训练的过程中，小D有哪些事情令您印象深刻？

刘老师：孩子在训练的过程中，真的有非常多的挺感人的事迹。比如，刚开始把她选拔到轮滑队时，每周五训练，我都会在。开始她是一脸的不情愿，特别不开心。我就跟她谈：“你是不是不想训练？”她说：“是。”我说：“你是不是嫌训练太辛苦？”她说：“是。”

其实我觉得，一方面她是觉得辛苦，一方面她也是不自信，她觉得自己完成不了。这个过程中最需要的是老师的鼓励和对她正确的指导。我和我们的训练员张老师都很耐心地跟她说：“你是我们选拔上来的轮滑运动员，说明你是非常棒的孩子，你要通过自己的刻苦训练，努力地在比赛过程中拿到金牌。能拿到奖牌，爸爸妈妈爷爷奶奶都会非常开心的。”就是这样鼓励她。后来孩子比赛机会也很多，在她一次一次地获得成功以后，我再问她：“你现在喜欢轮滑吗？”“我喜欢呀，我很喜欢。”我说：“你现在觉得训练不辛苦了？”“不辛苦，我要坚持。”我觉得这就是我们老师和教练员对孩子有了一个正确的引导。

问：你们是怎么发现她在运动上有些天赋的呢？

刘老师：我们学校的老师，责任心都非常强。因为是特殊教育，一个学校只有两百个学生，相对普通学校，人数很少了，基本上每个老师对全校的孩子都能叫上名字。我们体育老师给孩子上课的时候，会非常关注孩子的运动能力；我们在进校时也对孩子进行了评估，你的肢体协调性呀等等。体育老师也基本都是特奥教练员，上课时非常关注孩子在哪一方面是不是很协调，是不是有一些长于别的孩子的身体素质优势，等等。而且体育老师在一起会经常沟通，也会跟我们教导处沟通，比如说我们最近又发现哪个孩子可以去什么什么队训练，我们就是这样选拔的。

我们也很尊重家长的意见和孩子的意愿，比如她在轮滑方面可以，在滚球方面也不错，我们会跟教练员还有家长有个沟通，她适合训练哪一方面，你们同意她训练哪一些。在这个过程中，我们的体育老师非常用心，一直在挖掘孩子们的潜力。

当然作为学校来说，我们不光是挖掘孩子们体育方面的潜能，我们兴趣课开了十多个，可能她在舞蹈呀音乐呀等等方面也有天赋，我们会对孩子的潜能进行一个分组，运动能力强的，我们都会吸收到运动员队伍中来。

问：在辛苦的训练过程中，有哪些事您记得比较深刻？

刘老师：我们学校操场没有完整的弯道，在去年参加全国特奥会之前，我

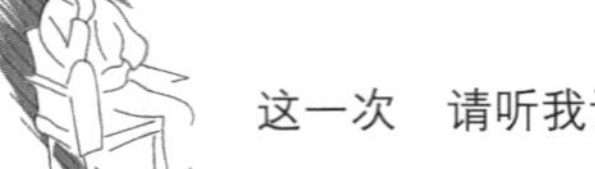

们把孩子专门带到城市运动公园，它有一个专业的轮滑场地。比赛是五月，已经很热了，为了孩子们在赛前有一个非常完整的赛道，让他们去试着感受，我们就让学校的车带着孩子们去。

城市运动公园那个地方是室外的，非常热，老师在旁边做后勤工作，给孩子们拿着水拿着毛巾等等，帮着他们看着东西。我觉得孩子们很苦，我们看在眼里也很心疼，但是比赛训练就应该有一种不怕苦不怕累的精神，我觉得这是在塑造孩子们不服输的精神，老师也很耐心也很爱孩子，这个过程虽然很艰苦其实我们都很开心。这种事情在训练中是常有的，想起来我们也是很感动的，也挺欣慰的。

问：您对于咱学校的孩子在特奥运动方面有什么期望吗？

刘老师：我希望我们这些运动员能起到引领示范作用。每次我们运动员比赛回来，获奖或者不获奖，我们都会在全校的集会上进行表扬，在全校师生面前对他们进行高度的肯定，也会在校内进行一次颁奖。我们也希望通过这些运动员榜样的力量，吸引更多的智障孩子参与到这项活动中来。有特奥精神的指引，我们可以自觉地参加训练，增强自己的体质，我觉得如果能达到这个目的，慢慢地推广达成，作为老师就很满意了。

这些娃里她比较强——张老师口述

口述者：张老师
采访者、撰稿者：高启，陕西理工大学本科生
访谈时间：2017 年 8 月 31 日
访谈地点：西安市启智学校

问：张老师您是从哪一年开始接触特殊教育的？

张老师：从 1995 年至今，已二十年了。我学的是普通教育，从学校毕业直接到特殊教育学校。以前没接触过这么多特殊学生，开始也有点不适应，但是过上一段时间，基本上就适应了，因为普通教育具有普遍性，特殊教育是在普遍性的基础上再特殊。进入特殊教育后，我觉得上课还有组织学生活动等很多东西，虽然大的环节基本都是相同的，但是小的方面还是有一些区别，就是结合自己结合学生，学习一些特教方面的理论知识、教育教学方法，慢慢地才融入了特教行业中。

问：您对特殊孩子教育的理念是什么？

张老师：对这些特殊儿童，要有爱心、有耐心，还有恒心，再加上生活上细心、操心，具备这些心，就能把事情干好。

问：在教课的过程中，有哪些印象比较深刻的事情？

张老师：我是语文老师，咱这些智障学生学习文化知识就特别难．比如现在教学生生字，你教好多遍，学生还是记不住，上课讲十遍二十遍，过上一两分钟，学生基本上又忘完了。我就经常在每节课上课的时候把上节课学的生字再听写，这样反反复复，循序渐进，终于到一定时候，班里有一定同学有一定的变化，有一定的进步。比如现在讲到第三课，他把一二课的生字会了，讲到第六课，他把一二三四课的生字会了。老师感到学生进步了，心里面也是很高兴。

问：这些孩子上课时注意力不太集中，您是用什么方法让他们注意您讲课？

张老师：咱这些学生和正常学生区别很大，就是你刚刚说的注意力特别容易分散。在上课中，要用快乐教学法，或者讲课要幽默一些，和学生做朋友，

在玩中学，在游戏中学，在设计的活动中学。这个时候学生的注意力就很容易跟着老师走了，就不容易分散了。

比如一个课文中的情景，可以让学生上来表演，分角色表演，还可以让学生在讲台上当一个小老师。这样学生的积极性马上就调动起来了，让学生扮演一个老师给学生讲一些简单内容，全体学生就感到非常有意思，这个时候注意力就特别集中，而且还很快乐，不是那种枯燥地学。

问：除了上课之外，班级还开展了什么活动?

张老师：我们经常有主题班会课，在每周一次的班会课上，会给学生讲一些励志的感恩的事情，尤其我们这些学生，光枯燥地讲道理可能他们听不懂，要结合那些故事和他们自身的家庭故事进行感恩教育。我们班的学生听感恩教育、先进人物教育，有时候都会流下眼泪。流下眼泪就说明他听懂了。这样循序渐进地每周一次，给她讲一些为人处世的道理，我觉得她比以前有了明显的转变。

问：在您的快乐学习法中，小D有哪些表现令您记忆深刻呢?

张老师：进步非常大，我已经带了四年了。开始接触她的时候，性格很内向胆小，上课你叫她，她都不敢举手，不敢发表她对问题的看法；而且性格还很犟，说一说就犯脾气；还有就是处理和同学之间关系，比如别人请求她帮助，她就不管。我还有韩老师经常跟她说："你的能力是很强的，就要帮助别的能力弱的同学，这样也是对自己的一个锻炼，也是增强班集体同学之间凝聚力的表现。"经过老师下课的开导，或者是采用游戏快乐的上课方法，她现在在我们班可以帮助老师管理同学，领同学排队，领同学读书读课文，收本子发本子，还有给老师取个东西；犯错误你批评她，她可以诚恳地接受，没有像以前那样一说她不对，立马就低下了头，一声也不吭，啥都弄不了的。进步还是很大的。

问：您是否会因为她的特奥成绩而优待她呢?

张：我们老师，对每个学生都是一样的，对每个学生都是关心的。取得了成绩，作为一个特教老师来说，肯定感到欣慰自傲，因为这些学生取得一点成绩都是特别困难的。虽然我没有亲自给她训练特奥项目，但是我也看到她能吃苦耐劳，经常利用课余时间在那里训练，这么小的年纪刻苦训练，能代表陕西，能代表我们中国到外省或者国外参加比赛，还都能取得好的成绩，作为我们老师来说也是特别高兴的，也是骄傲的。但是对班里的学生，我们都是一视同仁的，每个学生在自己的基础上取得一点进步，我们都是非常高兴的。

问：对小D，您有没有日常中印象深刻的几个片段？

张老师：这个学生就是比较爱让人表扬她，不爱老师批评她。这几年来，她在我们班也是能力比较强一点的，不管是在生活呀、体育呀、学习方面，都是能力算强一点的。我比较喜欢和学生谈心或者叫聊天吧，就问问她家里的情况呀，因为咱大部分学生都说不出来，也不知道她爷爷奶奶叫啥、在哪工作。开始的时候我问她，她啥都不说，现在我再问，她都愿意跟我说，这也是一个和学生之间感情的交流，也是训练学生语言表达的能力。

问：您对她的未来有什么看法？

张老师：这个娃，刚刚我也说过生活能力、自理能力还是比较强的，学习文化知识也有一定能力。咱这里的孩子，文化课拉开的差异是很大的，我相信她上完九年义务教育，最后上一个职业技术学院是问题不大的，可以学一门知识性、逻辑性不是很强的技能。在社会适应能力上，这些娃里面她还是比较强的，所以努力一下，还是能融入社会的。

问：对以后的特殊教育，您有什么期待吗？

张老师：对以后的特殊教育，对每个孩子，我们努力做到在他们的个人基础上都有成功都有收获。不管是学习上、生活上还是特奥上，都能针对每个孩子制定符合每个孩子发展的策略，也就是现在提倡的个别化吧。

问：您对自己有什么目标和要求吗？

张老师：我自己都干了二十多年了，一个目标就是与时俱进。现在就是提倡新的理念、新的观点，我们积极去吸收学习这些观点和方法，用于智障学生的教学教育上。

小 D 生活观察日记

观察时间：2017 年 8 月 16 日 9:00—14:00

观察地点：小 D 舅舅家

观察者：高启，陕西理工大学本科生

时　间	活动内容	备　注
9:00—9:56	很专心地看动画片。	坐在小板凳上，比较靠近电视，姥爷说了一次，将板凳向后移了一些。
9:57—10:26	姥爷关掉电视。小 D 回到房间里从书架上取下一本比较喜欢的故事书，靠在床上看书。	
10:27—11:31	帮舅妈做饭。主要是舅妈给教做饭，帮助舅妈去蒜皮，洗菜，捣蒜。在舅妈的指导下包了几个饺子。	
11:32—11:39	准备吃饭。自觉地去卫生间洗手，帮助舅妈摆放碗筷。	
11:40—12:13	吃饭。很有礼貌地让姥爷、姥姥、舅妈与客人先吃，自己等到最后。	帮姥爷拿酒，并且说喝酒不好，劝姥爷少喝点。
12:14—12:22	帮助舅妈收拾碗筷，洗碗。	
12:23—13:17	看电视	
13:18—14:00	午休	姥爷只提醒了一下时间，就回到房间里午休去了。

只要他平平安安

——余先生母亲口述

余先生，男，1979 年生，湖北省武汉市人。家中长子，有一妹。智力障碍四级。曾就读于武昌区培智中心学校。2005 年结婚，育有一女。做过网吧管理员、保安等多种工作。

口述者：余先生母亲

访谈者、撰稿者：洪静、汤秀秀，华中师范大学硕士研究生

访谈时间：2017 年 11 月 4 日、2017 年 12 月 1 日

访谈地点：余先生家

漫长求医路

问：阿姨您今年多大了？

余母：我 1953 年生的，今年六十五岁。

问：您家里有几个兄弟姐妹？您娘家就是武汉的吗？

余母：四个，我排行老三，家里还有一个哥哥、一个姐姐、一个妹妹。我们祖籍河南，我爸爸 1956 年调到武汉来，在铁路上工作，然后就一直待在武汉了。

问：您是哪一年结婚的？现在有几个孩子？

余母：1979 年元月结的，9 月生的他。现在有两个孩子，一个是他，一个是我女儿，比他哥小八岁。

问：您和您爱人是怎么认识的？

余母：我以前当过知青，有一个跟我下放在一起的同学，是我爱人的好朋友，我和我爱人就认识了。他那个时候是回队，相当于一个回队知青。他是武汉本地人，他们是城中村的噻，以前就叫余家头。

问：您当知青的情况可以说说吗？

余母：嗯，我六九届毕业以后，1970 年就下农村了。当时和农民一起干活嘞，还自己做饭。大概不到两年，因为招工又抽上来了，调到了 3506 纺织厂。

问：那您爱人从事什么工作？

余母：刚刚结婚的时候，他在武汉市人造纤维厂工作，后来纤维厂整体转向成毛纺织厂，他就在武汉毛纺织厂工作了。

问：您爱人工作的毛纺织厂和您工作的 3506 纺织厂是一个厂吗？

余母：不是一个厂。那个时候，3506 毛纺织厂是军需厂，做军需产品的。他爸爸的厂是民用的，做毛料的，就是华达尼、哔叽。

问：您之后的工作情况是什么样的？

余母：我现在退休了。我怀他之前一直在 3506 纺织厂工作，主要是织布，任务比较重。一个人看 24 台车，一天八个小时下来，就相当于走 60 里路。1983 年的时候，调到铁路工作，一直到退休。

问：您为什么后来会调到铁路工作呢？

余母：因为孩子有病，我在纺织厂三班倒，如果早上六点钟上班，四点半就要起来，就要抱上他走……照顾不过来。那一年我爸爸正好退休，铁路上有一个政策，就是你家里要是没有人在铁路上，允许一个子女到铁路上来。当时我三班倒，我姐姐在郧阳二汽，她工作舒服嘍，我哥哥在医院里，我妹妹在中南民大，当时就我工作比较累，我爸爸就把我调出来了。在铁路上的是白班，晚上可以回来照顾孩子。

问：产前检查一切正常吗？

余母：他在湖北中医学院出生的。产前检查是在厂里卫生所嘍，那个时候不允许你到外面医院去嘍。你要是有什么病，就到军工医院，一般的孕检就在厂里医院做。定期检查都是正常的，都没有问题。

问：余先生是顺产吗？

余母：嗯，是顺产的！用了……可能有两个多小时。

问：您什么时候发现他和平常孩子不一样的？

余母：半岁之前就感觉他好像……拿东西啊，总是用这个左手，这个右手不动。后来我们就觉得是不是先天性这个左手比较发达一点。半岁的时候发高烧，当时3506毛纺织厂就在同济医院对面，我们把他抱着到同济医院去看，那个时候医学不怎么发达，医疗器械蛮少，没有什么仪器检查，又没有CT……什么都没有！同济医院诊断说是感冒、发高烧，就按退烧处理了，但他那个时候发烧到抽筋了。后来他整个肢体左侧比较发达。结果到了一岁多还不会走路，感觉他整个身子有点偏瘫，就是往一边，右脚有点外翻。快到两岁的时候，他还是不会走路，我们又把他带到同济医院看了，就诊断他是脑瘫。

问：同济医院诊断为脑瘫之后，有没有想办法带他去其他医院检查？

余母：他的那个脚有点外翻了，当时只想让他脚不变形，就带他去按摩。粮道街胭脂路那里有个盲人按摩，我就把他带到那儿去。按摩了一段时间以后，那个脚就稍微好一些。后来又在我们铁路工作处专门搞按摩的医生那里一直按摩，在铁路医院扎针灸。结果他的肢体就稍微好一些，快三岁才会走路。

问：他三岁才会走路，那说话有没有迟缓？

余母：说话没有什么异常反应。两三岁的时候就会说话了，没有伤到语言神经，只伤到了他的运动神经。会走了以后，我们还是想让他恢复得好一点，三岁多将近四岁的时候，到湖北省人民医院，准备做脑部的检查，看看有没有治愈的可能，医院说要做开颅检查，我当时就没同意！因为他对碘过敏，做冠状动脉照影要用碘，不能做！我又想到做手术万一失败了，那还不如他现在这个样子，就没有同意做。

到1983年我调到铁路这边来了，1984年还是1985年，陆军总院有了武汉市第一台CT，当时有个熟人要我们把他带去做个CT检查。去就住了院，主治医生怀疑他是血管畸形，就说要做一个血管照影。但是他对碘过敏，不能做。不能做血管照影，就说做一个增强扫描检查。做的时候，打增强扫描的针，结果针打进去，他就吐，他还是碘过敏了，万分之一的人过敏吧。后来医生说他也不能做增强扫描检查。实际上，做平扫的时候说他不是脑瘫，是脑炎后遗症，半岁发高烧的时候是脑炎，小脑脑炎后遗症。

问：确诊他是脑炎后遗症之后，又带他去哪里治疗了？

余母：这个时候，他已经好几岁了，错过了最佳治疗时间。因为脑子里有

病灶了噻，六七岁的时候，就出现了一个继发性癫痫，抽搐。我把他带到北京积水潭医院去看。积水潭医院也没有好的方法，我就带他去了天津。天津有一家医院，一个教授在搞临床试验，用邵阳制药厂的一种药在做临床试验，我就把他带天津去了。那个医生讲，这个药嘞，还在临床试验阶段，他说："你要是吃嘞，我这里没有，你还得到邵阳去拿。"我就每个月去邵阳制药厂给他拿药。吃了一段时间，好像效果也不怎么好。

我又带他到青岛去看过。后来我又到黄陂的空军医院，想给他做个埋线治疗癫痫。做了一个CT，医生说他那个病灶区太满了，不好埋线。埋线只能控制一个部位，他是广泛性的，就不能做这个埋线。回来了以后，别人推荐我到武警医院。武警医院在汉阳五里墩那里，有个为民诊所，这个医生在那个地方租了一个诊所吧，可能就是挂武警医院的牌。这个医生家里有个祖传秘方，吃了他的药一段时间以后，癫痫就没有发了，我们就坚持吃了一段时间，之后就基本上没有发过癫痫。

问：您带他到北京、天津、青岛去看病，是您一个人带他去吗？

余母：他爸爸要上班，像这种慢性病，单位不批假，只能我带他去。我们单位照顾我，而且我们铁路职工可以不用买票。他生下来，我们在单位就办了独生子女证，享受独生子女待遇嘞，都是按有薪假处理的。后来那些教授、专家都说："他能恢复成这个样子，你们已经尽很大的力了。"但是已经错过了最佳的治疗期。

问：您跑那么多地方求医，家里经济压力大吗？

余母：那个时候工资只拿几十块钱一个月嘞，但是他在他们家是个单传，他们爷爷奶奶贴我们贴得比较多一点。

问：您带他去看病挺辛苦的吧？

余母：（笑）那肯定的，你最起码要租房子住嘞，比如在青岛地方，看了一段时间，就是功能恢复嘛，好像武汉也有这种，我犯不着在那个地方看，所以在青岛看了一段时间就没看了，就回来了。毕竟还是不能老请假，你要是看病噻，单位可以允许，你要是在那里康复治疗了，就不行。回来了以后，就一直在武汉按摩，当时测平衡能力的时候，他连不加水的空瓶都拎不起来。

问：我看现在他和平常人差不多呢，后来是怎么渐渐好起来的呢？

余母：慢慢地一直给他按摩啊、扎针灸啊。当时他的右脚已经外翻了，就脚板心不能落地，是一直按摩按摩过来的，按摩、扎针灸……

问：您给他按摩？

余母：医院的，找人呐。在家里我们也会给他按。第一眼看他，以为他好像健康正常的人，实际是右侧偏瘫。你看他那个右手、右脚、右腿都细一些，因为那个时候活动量还是小一些，肌肉萎缩。我们发现以后，就开始给他按摩针灸，才能恢复到这个样子。他四五岁的样子吧，我把他小时候的 CT 片带给北京的专家看了，专家说，按他那个 CT 片子的情况，能恢复到这个样子已经很不错了。那时医疗条件差，没有仪器检查，他就是小脑发炎引起来的高烧。要是按照现在这个医疗条件，可能他恢复得还要好。现在已经错过了治疗时间，想恢复到正常不可能，主要是智力方面还差些。

坎坷求学路

问：平时谁照顾他呢？

余母：都是我们照顾啊！我在纺织厂上班的时候，都是我自己带的他。我当时在 3506 三班倒，五十六天产假后就去上班了，带他上班，就在厂托儿所。我调到铁路上来，他已经四岁了，我妈妈和他奶奶帮着照顾。

问：他几岁上的幼儿园？

余母：额，三岁多上的。哎，反正我们是按部就班，上了托儿所以后，我就调到了铁路这边来，他就上幼儿园啦，幼儿园上了三年，就上小学。

问：他在幼儿园和小朋友玩得好吗？

余母：反正在幼儿园之后已经知道他有这个病了，老师就比较照顾他，经常把他带着。玩啊，干什么，都还可以，就是智力、思维方面要差一点。

问：到了小学，他是在哪儿上的？

余母：上小学，他因为……智力方面还是差些，就跟不上。他七岁上的学，在洪山铁小①，就是现在的中南路小学的学前班待了一年，他跟不上，再就是坐不住，像多动症一样，后来转到八一路小学。我还是想让他跟正常班。但是……确实……也影响班上的别人，没办法我才把他转走的。他当时在八一路小学读的是正常班，有几个孩子跟不上，老师就推荐去特教学校，因为整个武昌区就一个特教学校噻，就让我们自己去联系。读到了六年级，到新河街小学上的七、八、九年级，因为新河街小学有个辅读班，就是特教。

问：当时在班上各科成绩如何呢？

① 全名为洪山铁路职工子弟小学。

余母：特教里面是没有英语的，主要是语文、数学，然后音乐……就是一般简单的，好像到了九年级也就相当于正常小学三四年级的样子。他在班上算比较好一点的，因为是特教班，比他差的蛮多，所以他嘞，就算比较好一点的啦。但要跟正常班，他又跟不上。反正他们那个水平就是这个样子。

问：他有没有特别喜欢的科目啊？

余母：他就喜欢运动，踢足球。

问：他喜欢上学吗？当时和老师相处得怎么样？

余母：还行。（笑）呃……上课调皮。就几个孩子，不是这个闹就是那个闹。反正，呃……都是控制不了的。他们上课，上一下，老师就要管一下这个，又要管一下那个。反正一堂课，讲不了多少；教写字啊，也学不了几个字；教数学题，也教不了几道数学题。和老师相处得还好，特教老师都比较耐烦。

问：他家庭作业完成得如何？

余母：做也做，但是他们的作业比较少。特教嘛，就是能灌进去一点就灌一点，灌到哪一步是哪一步，没什么要求。

问：他们学校是不是分班？

余母：分普通班和特教班，有两个楼，是分开的，他是在特教楼。普通班和特教班做操、升旗都在一起，大的集体活动的时候在一起；其他的时候，都不在一起，都是特教班先下课，他们在上课的时候，正常班下课。

问：有没有同学欺负他们？

余母：还好，等正常班小孩下课的时候，老师一般都不让他们出那个铁门。

问：当时他们费用高吗？

余母：还好，好像就跟正常学校一样的。

问：平时他上下学也是您接送？

余母：接啊！学校有要求去接。那时候我住在洪山铁路局这个地方，每天搭车子将他送到那个地方，晚上再去接。中午他就在学校外面吃，我们是在那一家饭馆订了饭，一次付钱，然后他就自己去。

问：您当时在教育方面对他有什么期待？

余母：我们一开始是想让他学点知识，但是他确实学不进去，我想不管他对社会有没有什么贡献，最起码不害人呐，不给社会找麻烦呐，不在外面惹事就好，所以主要是引导他不要犯错误！他这个样子，我们期望值不能太高，只要求平平安安就可以了！

问：他在新河街小学读九年级毕业之后呢？

余母：就没上了，就在家里。

问：他后来和以前的同学有没有什么交往啊？

余母：现在一个都不联系。

问：您觉得辅读教育对他有什么影响？

余母：没有很大的提升。他们真正毕业的水平，就是小学三四年级，会写自己的名字，简单地和别人交流啊，再就是简单算算术啊，还可以。

问：您是否了解为特殊人群办的“阳光家园”？

余母：不知道。我们是到残联去申请给他办那个工作，他们当时说他的病……我们残疾人证上给他报的是精神方面的疾病，残联就不安排。好像那个就属于阳光工程吧。

问：“阳光家园”是针对比如说有自闭症、智力稍有点跟不上来的孩子……

余母：那个时候没有。他现在这个年龄也不适合了，“阳光家园”在2015年才成立，他那个时候都三十六岁了。

问：他多大的时候办的残疾人证？您为什么要给他报精神残疾？

余母：残疾人证是……可能还是在上学吧？哦，没有，没有上学了。在街道里办的。他那个时候，智力有问题嘛。他学习不行呐，他就上的那个辅读学校嘛。报的是精神残疾三级。

单传的儿子

问：小时候发现他有点不太好的时候，大部分人都知道吗？

余母：知道，都知道。

问：爷爷奶奶有没有因为他身体方面的问题不喜欢他？

余母：没有，没有！

问：您有没有怕别人笑话孩子？

余母：那肯定有呐！因为我们只能生一个，别人都有好好的孩子，你这个孩子这样……蛮自卑的！所以我老公蛮自卑，什么都不愿意说。他不像我，我看得开一些，摊上了，你就得认账。

问：周围小孩有没有欺负过他？

余母：欺负他！那些小孩知道他身体上有问题，我们在洪山铁路大院里头住，和他差不多大的孩子欺负他！我在上班，他没告诉我，后来别人跟我说了，我还到别人家去找过。

问：当时他生气吗？

余母：生气呀！那个时候，他因为手不得力，和别人打又打不赢呐。

问：他小时候生活是怎么安排的？

余母：小时候有人在家，我上班，他就在家里。他蛮大了以后，差不多十来岁以后，自己出去玩，完了到点就回来。

问：他小时候淘气吗？

余母：还好，还好。因为他走路不方便嘛，他就没有到哪里去。

问：当时您出门，他和您一起出去，还是待在家里呢？

余母：我出门就把他反锁在家里。上班就在那个大院子里头，反正……有一点时间我就跑回去了。他一个人在外面……别人总是欺负他噻，所以就把他关在家里。

问：他是什么时候学会自己穿衣服、吃饭的？

余母：差不多七八岁了，都是我们教他的。刷牙啊、洗脸啊，也都是我们教他。吃饭都用左手，都是自己吃。

问：他平时会干哪些家务？

余母：呃，洗衣服自己不会。吃饭，是我们做好了给他吃。其实年龄大了以后，他可以自己简单地做。一般我们没让他干，他右手不得力，就没让他干。现在好多了，可以帮忙搬东西啊，简单的体力活他都可以，我从徐东那边买的米，都是他扛上去的，后来有一次搬家，是他从一楼到五楼扛冰箱、洗衣机。

问：他一般周末在家里做些什么？

余母：玩手机啊、看电视、打球啊，就做这些事。

问：平时会带他出去散步、旅游吗？

余母：反正有空，我们休息就带他和他妹妹去东湖啊，出去玩一玩。说起来，我还没有和他一起旅游过，2014 年我们到神农架去玩，他爸爸，我姑娘带着孩子，我带着他的孩子，我们一家人都去啦，他不愿意去，他……好像在上班。

问：他喜欢走亲戚吗？

余母：喜欢呀，他喜欢走亲戚。（笑）

问：您爱人平常对他怎么样？亲戚朋友对他好吗？

余母：他爸爸比较溺爱他。反正管孩子嘛，我认为严格一点就好些。他爸爸不同，是要什么给他什么，最后顶不下来了，问他要钱。他爸爸同事在的时候，他去问他爸爸要钱，他爸爸就给。他掌握了他爸爸这个心理，只要有人在他就要钱。

问：他说他抽烟，爸爸知道也没跟您说，我感觉他爸爸还是挺惯着他的。

余母：没有，他是瞎说的！他半个小时之内交流是正常的，超过半个小时就瞎说了。你们肯定听得出来噻，他说献血就献了二百次，说两个月献三次。什么时候开始献的血嘞？当时我不怼他，你们有学问的人听得出来他瞎说！他一说长了，脑子就乱了。

问：他自己是无意识的？

余母：哎，他无意识的。他的思维还只一二十岁的时候，你和他短时间接触觉得他蛮好，外人都这么觉得。接触长了，你就知道了，时间长一点，他说话思维就不是正常的了。

我有时候烦他嘛。前天晚上他手机、电视还开着，我看他睡着了，就喊他把手机关了。他说他没睡着，我说："你头都朝那边去了，怎么没睡着呐？"他觉得烦，就骂我。他骂我，我就打他呐，他从床上蹦起来把我一推，推得蛮远的！他现在都三十多岁了，你说怎么办呢？

问：您刚说家里长辈都挺溺爱他的，能举些比较具体的例子吗？

余母：他要什么给他买什么嘞。他刚刚开始会说话，他们都高兴得不得了，就什么都依着他，总觉得他有病。我老公他爸爸是弟兄两个，底下也有几个儿子几个媳妇，但生的都是女孩，就我们一个儿子，知道吧？到他头上是个单传，所以爷爷奶奶都还蛮喜欢。都惯着他，要什么买什么，都依着他。他蛮大了，一回去就给他零钱，给习惯了。找盲人按摩时，我三班倒，是他小叔叔陪他去看病、按摩。再就是，我妈妈他们换着给他按摩。家里人对他都很好。

问：您和您爱人在培养他方面上有过分歧吗？

余母：有一回不知道是什么原因，他俩闹别扭，他爸爸吧，就把他捆着打，我心里不舒服噻，为他，我俩争吵了不少。

问：您现在是两个孩子？

余母：是的。他病了以后，街道就给了一个指标，我当时不太愿意生，就想给他看好。后来，我们段长，我们单位的领导就说："你就把指标拿着，你给孩子看病啊，给开点药，我们都给你按有薪假出去。你要是给这个孩子看好了，你不生，我不扣你的钱；你要是看得最终……你再生，我们也不扣你的钱。"就是说看不好我可以再生。因为孩子已经错过了最佳的治疗期，后来到了他八岁，我才生的这个姑娘。

问：特保是什么？

余母：那个时候不是只让生一个嘛？办理特保后就只允许生一个孩子。你像我姐姐、我妹妹她们都是一个孩子。我们这一代人基本上都是计划生育，都赶上政策了啊，就是二胎政策去年才开放的嘛。

问：符合什么条件才能办特保啊？

余母：你只要愿意只生一个，就给你办。就是响应国家政策，计划生育，只允许你生一个，不能生第二胎。单位填个表就可以了，批下来后，单位发你一个计划生育证啊。像我姐姐她们，退休以后给了三千五百块钱吧，就是一次性奖励。我们生了二胎以后，就没有这个奖励了。

问：带他去看病的时候，他的妹妹还没有出生？

余母：嗯，没有。

问：是什么使您想再生一个？家里人同意吗？

余母：我老了以后，这个孩子该怎么办呢？总要有个人管他吧！不管我再生个男孩女孩，总是要管他呐，就这样考虑，主要还是想帮帮他。家里人都同意。

问：妹妹出生的时候，您和您爱人会不会害怕出现他这样的情况？

余母：想过啊，后来产检我就做得比较勤。再一个，我妈妈隔壁有一个人，他姐姐会拿脉，号脉嘍，号脉说是个姑娘，说是一换胎就不会出现这个情况，即便他是先天性的。

问：妹妹出生时他已经八岁了，他会让着妹妹，会和妹妹分享东西吗？

余母：这个他都懂啊。他到现在还怕他妹妹。

问：为什么会怕他妹妹？

余母：他蛮喜欢她。他不喜欢自己的孩子，就喜欢他妹妹的女儿，是因为喜欢他妹妹。

问：他和妹妹关系挺好的吧？

余母：还好。因为他们隔的岁数远呐。

喜欢踢足球

问：您能说说他现在的日常生活及兴趣爱好吗？

余母：就是喜欢打球，喜欢运动，主要一个足球、一个羽毛球。他还喜欢唱歌，从小就喜欢，他听什么歌，听几遍就会唱。不上班的情况下，和一帮朋友凑在一起，和他们一起打打羽毛球啊、踢踢足球啊。湖北大学不是有个足球场嘛，他经常在那里踢球。我一说他“天天只晓得运动，只知道玩”，他就说：“我要不运动，我的手就残废了！我的腿就走不动路了！”他还代表湖北省残联参加过足球比赛，是学校里的特教老师组织的，是湖北省要他们这种学校派代表去，老师就把他派去了，去黑龙江和海口参加了两次，海口那次得了个三等奖。

问：什么样的比赛？

余母：他参加的足球比赛就是特奥运动会，是从各个特教学校抽去代表湖北省队打比赛。当时他已经离开学校了，新河街学校的体育老师打电话让他去参加的。体育老师姓雷，雷老师也是服了他啊，带他出去，什么都要听他的安排，那雷老师也生他气啊！（笑）

问：他从学校毕业以后，特教老师一直跟他有联系吗？

余母：哎，留了电话噻。

问：嗯，当时参加了足球项目？老师带他们去训练的？

余母：嗯。训练是在以前的老武泰闸体育场。除了本校的两个老师以外，还有武泰闸的一个专业体育老师。

问：去黑龙江和海口只是老师带的，还是有家长陪伴？

余母：呃，没有家长，都是老师带的，（笑）因为他去踢球时已经蛮大了嘛。

问：比赛有没有印象特别深的事情？

余母：他……在外面，我不知道。

问：他现在交往的朋友是特校的同学吗？

余母：那些同学都没来往过。现在一般都是打球时认识的，都是球友。那些跟他打球的人，都蛮喜欢他，他也蛮耐烦教别人。他球打得蛮好啊，他在那个体育场打球，跟别人打比赛得了不少东西！

问：球友知道他残疾吗？

余母：哎，都不知道，都想着他是左撇子。

工作最积极

问：他第一次工作是什么时候？

余母：呃，十八岁吧，他自己在外面网吧里打工啊。（笑）他是因为没办法啊，我和他爸两个人都是一般的工薪，要养2个孩子，比较困难，他能干一点就干一点。

问：他做过几份工作呢？

余母：多得很！反正在哪干都干不长，网管、餐馆服务员、保安，还有安检也搞过！他最喜欢的就是搞保安，他巴不得别人都听他的，就搞不长。他比较固执，别人不采纳他的意见，他就跟人翻脸，别人就把他开除了，就是这样子。（笑）我总跟他说，在外面就听别人的，别人叫你做什么你就做什么，他就不听，他非要别人听他的。他认为是对的，那就非要坚持。我一辈子干了两个单位，他这半辈子……干了十几个单位。（笑）

问：您觉得他做得最好的一份工作是什么？

余母：就是现在在学校里当保安，在我们家斜对面，周末不用上班。有时候学校搞检查、搞卫生啊，不是他值班的时候他都要去；再就是喜欢替别人值班。

问：残疾人证会影响他找工作吗？

余母：那肯定影响嘞。武汉市残联给他们安排工作，我们也去登记了，但是不少的厂家嘞，要人的时候，看他是精神残疾，就不要噻。

问：您有去跟厂家解释他的情况吗？

余母：那你解释不了噻，人家不听你解释，根本就不见你这个人，人家只根据资料选择。

问：他和同事关系好不好呢？

余母：（长叹一口气）哎呀，他这个人呢，他干什么事情就是三分钟热度。我蛮高兴，我女婿为他找了个在车管所搞保安的工作，那里都是年轻人，比他小，但别人都是正常人噻。正常人在哪儿干活能偷懒就偷懒，他就不知道！他是一个劲地早去晚回来，做事啊比别人都积极。这样的情况下，那些人就会拱①他噻，说他讨好领导啊、干活多了啊……他们不干活反而说他，他就在那里没搞多长时间就出来了嘛。

问：他怎么看待别人拱他呢？

余母：他就说“他们不做事还不让我做”。后来我女婿说：“你这样子做犯了众怒。”他不懂，他不懂得这个关系。我跟他说：“不管别人干什么，少说话多做事。别人说你什么，你认为你做得对，你就做；别人说你做得不对，你要

① 湖北方言，排挤。

是检查是你不对，你就不要做！”像他们这种人呢，在社会上还是比较受歧视！

问：我们上次问到有没有人欺负他，他比较回避这个问题，感觉他是受过一些欺负，但自己不愿意讲。

余母：嗯。不过呢，他在家里狠……但在外面一般不跟别人发生冲突。哎，要面子啊！跟他爸爸有点像。他说话啊干什么的，总是把他那个面子先留着，他不愿意说出来他的不是。

问：他们领导应该喜欢他吧？

余母：领导喜欢啊。但要是真晓得他有残疾，保安也不会让他去〔做〕。他到哪儿去都跟别人说他是转业军人，是退转军人。

问：找工作也是这样？

余母：唉！有病别人就不要他了。所以有时候我想去残联说给他找工作这个事情啊，我又想没那个必要。因为什么呢？他在外面已经养成性了，到哪里都跟别人搞不好，领导也烦，是吧？现在他工作的这个学校……看门的都是年纪大的，就他一个年轻的，别人有什么事情都让着他。

问：他现在的这份保安工作做得怎么样？

余母：哎哟，他一搞，晚上都是六七点钟回来，有时候七点还不回来。我吃完饭出去转一下，转到他那儿去，实际上他早就该走了。你看他在学校里工作蛮负责任的，别人学生家长都说他好。只要家长找到学校，小孩不在学校，已经放学了，他也帮着去给别人找，晚上没回来就是搞这个去了。我说：“如果家长没来接，你就不让学生走噻。”

问：他一直是个热心的人吗？

余母：他很热心的，他还献血，献了好多！他总是背着我去献血，好像光那个献血的小本本就拿了五六个。后来搬家的时候搜出来的，我才知道。

问：他的性格怎么样？

余母：小时候性格还好，长大以后总是考虑他有病嘞，家里他这一辈就他一个男孩子嘞，爷爷奶奶比较惯他，就把脾气惯坏了。他其实性格像我，有什么说什么，说完就完了，不会委婉地表达。他是个蛮负责任的人，但比较固执，他认为这个是对的，他就非要坚持。但他自我感觉良好噻，什么都要顺着他说！

他就是在特教班那种人群堆里长大的，他在这些人中间比较好、比较强，所以总觉得自己比别人强。我要是弄手机弄不好，问问他啊，他是先把我批一顿，说：“你还玩手机，这也搞不懂那也搞不懂！”他就是自己感觉蛮好，他没

有觉得他和正常人在一起算是低层的，他没有这个思维。

问：那您觉得他这样是好还是不好呢？

余母：不好！我觉得不好。这样子他目中无人呐，他在单位上班，总要别人听他的。

甩手的爸爸

问：他有没有结婚？

余母：结婚喽，他们俩自己谈的，两个人恋爱了一年多，2005 年 6 月结的婚。结婚的时候也不难，当时要的彩礼不多。其实他爸爸不同意他们结婚，就想这个孩子自己养着算了，要是成家以后怎么办呢？后来我给他爸爸做工作，我想：毕竟是个男孩子，他有生理上的什么要求以后，在外面犯了错误，出了什么事情，你要赔钱，你还不好看，那不如让他有个家庭。但是他结婚后，两个人搞不好。我的出发点是好的噻，他不珍惜！

问：他和他妻子是怎么认识的？

余母：他们是在网吧里认识的吧。不知道！反正他跟我说是在网吧里认识的。

问：他妻子情况怎么样？

余母：她身体蛮好的。她是嘉鱼的，家里比较困难，十五岁的时候就出来在外面打工，跟弟弟一起搞复印打字店。她爸爸去世得蛮早，她妈妈带 6 个孩子，农村的……反正就是顾不过来啦，她可能小学没毕业就出来打工了。

问：他老婆知道他残疾这个情况吗，接受了吗？

余母：知道啊。哎，她当时为什么接受呢？她那个人蛮要面子，我爱人那个时候在现在二七桥做了个木材生意，有蛮大的场地，当时那个场地租给蛮多租户。他们俩谈朋友的时候，经过那个地方，他就跟她讲："那儿都是我的。"她也就信了，信了他的话噻，知道吧？不可能我们都在的时候，这些东西交给他噻；再者，最后国家规划搞了个二七桥，那里的木材厂不是拆了吗？最后她发现不是他说的这样，两个人就基本上没在一起了。

问：您对儿媳妇还满意吗？

余母：她比他大，大他一岁多，我觉得她大就起码可以照顾他嘛。结果……不是这样。刚结婚的时候，我和她关系应该还可以吧。后来她想要做生意，想用余家头的房子做生意。我说："不行，做生意还不如租出去！你赚的钱不够生活。”我没让她做，她就……可能对我就有意见了。

问：他们结婚的时候是和你们住在一起吗？

余母：没有住在一起。他们住在余家头，我住徐东。我们这个房子是余家头老家拆迁还建过来的。他们两个人过不来，媳妇期望值比较高一些，再就是他的个性不好，两个人就分开了，但是还没有办手续，只是分开过。

问：有孩子吗？孩子健康吗？

余母：有个姑娘，明年就十二岁了，上六年级。孩子很健康。

问：他生孩子时有没有担心过遗传问题？

余母：那我没担心了，因为什么呢？他毕竟是后天的，不是先天性。

问：孩子谁负责照顾呢？

余母：孩子出生后就接到我们家住，她妈妈生了孩子 8 个多月后出去上班。她说：“他又不给我钱，我要用钱啊！我平常买东西，我都没有钱！”她要出去做工，反正我又退休了嘛，我就帮她把孩子带着嘞。孩子上幼儿园都是我带着啦，在我的想法当中呢，既然接手就要把孩子管好，就像我又生了一个孩子一样，就像我第三个孩子一样的，接送上学啊、幼儿园啦……全部都是我和我爱人。她妈妈走了差不多六年了。今年过年她提出来要孩子，我同意了。

问：您为什么同意把孩子再交给妈妈呢？

余母：因为我毕竟年纪大了，再就是我爱人 2015 年去世了，脑溢血，我自己一个人管孩子，确实达不到那个精力。再一个，孩子到三年级以后啊，培优啊干什么，费用比较高，他没有什么稳定的工作。我一个人的退休工资 2 000 多块钱，还要给他交社保，所以我也比较困难呐。

她妈妈提出来要孩子，我就让孩子去，让她跟她妈妈一段时间。她妈妈没有什么文凭，打工能赚多少钱呢？我就跟孩子说：“你过得好，就尽量和你妈妈在一起，毕竟我年纪大了。你要是过得不好，你就回来，我这个房子还是留给你。”我当时要的这个房子环境好嘛，我要的三室一厅，虽然我家人不多，但是三代人，我肯定要一个人一间房。我说：“这间房子是肯定给你留下来，你要是过得不好，你就回来。”毕竟妈妈是比爸爸仔细些，是不？

问：为什么妈妈现在要把孩子要走，是因为想女儿了吗？

余母：她不是，她完全不是！她收回来的压岁钱，一分钱都不给她女儿！孩子十一岁以前上学啊、培优啊、跳舞啊什么，钱都是我出，连生活费她都不给，都不给！所以现在她把孩子接回去之后，一分钱都不敢问我们要，不敢给我们提任何要求。她过年的时候，初二早上过来把女儿接走，回她老家，晚上

回来送过来。我有一回还因为这个事情和她争了的。她以前不带女儿啊，后来把她带回去，因为什么呢？她们家姊妹蛮多，她回去要给她们的孩子压岁钱，她要是自己没带孩子回去，她就收不回来这个钱。哎，她现在把女儿要过去，是认为好像这么大了好养了噻。你看接走了不到三个月，她女儿病了两回了！她因为上班不能请假，第一回打电话让我带孩子看病啊什么。但是她还蛮知趣，晓得拿张银行卡给她姑娘看病。

问：姑娘出生的时候他开心吗？有意识到自己是个爸爸吗？

余母：他开心啊，能意识到啊，但他就对他自己亲！（笑）假如他对孩子亲一点，我对孩子亲一点，她不可能选择她妈妈。她妈妈走了五六年，一分钱不给，全部都是我们负担她。我们养她到十一岁了，她能选择她妈妈，就因为他脾气不好……

问：既然他意识到了，为什么比较漠视孩子？

余母：她妈妈不管她，她就一直跟着我噻。他就没有管她的概念。他蛮贪玩，没有家庭观念，每个月工资也不给他老婆，也不管孩子。他姑娘有次发脾气说出来的，她说："我摔跤了，你从来没问过我！"那天他去接她，她同学摔了一跤，他连忙跑过去问别人摔痛了没有，还给别人拍拍。他姑娘回来后就跟我说了，她心理不平衡呐。

问：他为什么对别人的孩子比对自己的孩子好呢？

余母：唉，我就不知道！

问：现在孩子是和妈妈住一起吗？

余母：现在她就跟着她妈妈在外面租的房子。她想自由嘛，因为我管她，不让她玩手机啊，学习抓得蛮严啊；她妈妈上班，晚上九点钟才能回来，九点钟以前就是她的自由——她妈妈带她以后，专门给她配了个手机——玩手机啊、做点别的什么事情啊，没人管她。她现在……自由了两个月，吃不好，生病了，又贫血。她妈妈早上上班前，就给她把晚饭做好，放在冰箱里头。中午她在学校吃，晚上放学，要是冰箱有饭呢，她就在微波炉里转一下，吃了以后在家写作业。后来她妈妈好像觉得照顾不过来，又同意她回来在这边吃饭。我反正也不要求她每天过来，就是她妈妈没有时间管，她过来就可以。我对学习管得挺紧，我说："到我这儿来吃饭可以，但是不能带手机！"

问：孩子愿意和妈妈住吗？

余母：她就觉得爸爸对她不好，所以想和妈妈在一起。

问：她不想和您在一起吗？

余母：不想！你说隔代……我们那一代和儿子这一代都有点代沟，更何况又隔着一代。我管教孩子蛮严，她可能受不了我们对她的约束。哎，再者也因为她叛逆，想自由啊。上次比较晚，我去学校接她，她和同学约好了出去玩，我就不想她跟那些同学在一起。我说："不行，天都快黑了……"我说你一个女孩子，这个时间不要到处跑。她一边走一边要骑共享小黄车，我说："你不到十二岁，你这样骑，是要负责任的！"她说她同学还不是没有十二岁就骑！"没有十二岁就骑，你自己出了事，你就自己负责任。"我说她了，她说我不该说她，生气了，就不来我这里了。

她衣服都在我这里嘛，到了冬天，我就给她送衣服过去。她把门开开，喊都没喊我，我就蛮伤心呐！哎，养到了十一岁啊！这次她鞋子装好了，我就没给她送了。我说她妈妈："家里又不是没有穿的，她那么多衣服，你给她买，你赚几多钱啊？租个房子一千多，你赚几个一千噻！"

问：他现在有想过和老婆和好吗？

余母：那个……媳妇蛮坚决要离婚。一般女同志肯定想要个安定的生活。我也不太满意她。为什么呢？她出去打工，走了几年，连一个音讯都没有，连正常的逢年过节她也从来不问。我说："你不问问我们，你也要问问你的孩子呀！"他妻子说："又不是外人带呐，自己奶奶带，我有什么不放心呢……"冬天来了，我爬到六楼给她女儿送衣服过去，她连坐都不让我坐一下。她说："我都给她买了。"我这鞋子（指了指地上打包好的鞋子）都装好了，都没给她送过去。

问：在教育方面，您和她妈妈商量过吗？

余母：我不用跟她商量，我比她懂得多一些！我们毕竟是生活在大城市里，她待在农村，十五岁就出来打工了。这个孩子，我们培养得真的蛮优秀，到她那个地方懈怠得……我都担心我前功尽弃。哎，她拉丁舞跳得才好！现在还在跳，但是我没有出钱了。

我给她买了一份太平洋的保险可以享受到终生，读书都可以拿点钱出来，就是因为隔代不能投其他的保，只能买这种教育险之类。我真的是给她规划得蛮……我光给她保险，一年投一万五嘛。我说最起码孩子有个特长，读书啊，你要能考上大学。我到现在还对她讲："你好好地读，考上大学，干什么我会给你钱的！"

她爷爷的愿望就是让她以后考个幼师，一年有两个假呐，女孩子嘛也不要搞得太紧张了。所以我就照这个方向给她培养啊，真是一年四季，不管冬天夏

天都是我骑自行车出去送她培优、跳舞，都是我带她。她跳舞从六岁开始，一共十级，她考了八级了，跳得蛮好的，老师也蛮喜欢她。我那天去问了一下，那个老师说："这个孩子蛮正能量，同学关系处理得都蛮好，老师也蛮喜欢她。"我就是怕她前功尽弃，知道吧？

问：她爸爸不带她去吗？

余母：她根本不要她爸爸带！她说他不懂。我跟她妈妈说了，我说跳舞不能给她丢了，我说还有两级，顶多就两年，有个特长对她以后好。

问：您现在就是想将她培养好了，以后能帮她爸爸一点？

余母：哎，对，我就是这么想的！现在她妈妈提出来让我以后给我孙姑娘一套房子，说："我不要，给她留一套。"我说："留一套房子是有前提的，就是以后她要管她爸爸，不管她爸爸，我就不给！"肯定是这个样子，这是肯定的！

问：孩子对她爸爸怎么评价？

余母：我孙姑娘说："你们都管不了我爸爸，我怎么管？我以后怎么管呢？"我说："妞妞，他现在这个样子，已经比他小时候好得多了！爸爸年纪大了以后，他也不会再这个样子了。"

透支信用卡

问：他现在有女儿了，有存钱的概念吗？

余母：他没有这个概念，有一个花一个。我还遇到他搞信用卡透支。

问：他办信用卡了吗？

余母：嗯，他就拿身份证办，别人又不看他的面相，又不看他的什么。我后来找建行扯皮了，我说他本身就是个残疾人，他填我的电话号码，你们应该调查一下子的啊，是吧？他们说："那没有，我们不核实这些。"结果他还不上钱了，他已经逾期了噻，建行的法律顾问来催款，我给他还的款。

他怕他妹妹，我就跟我姑娘说："我出这个钱，以你的名义来给他还。"到现在他还以为是他妹妹给他还的款。他妹妹给他说："我还养孩子，我也有我的家庭，我哪来的钱呢？我都是跟同学借的一万块钱给你还。"实际上我还了一万一千多，利息噻，滚的利息。

问：那您有没有把卡停掉？

余母：律师通知我蛮早，我就不给他还，我就要等他上黑名单。结果上了黑名单，我才给他还了。没办法，你不还也说不过去噻，毕竟是他用的嘞。

你看，这都是律师发给我的短信，这一张卡五千多，还有另一张卡，还扣了我一个收低保办的卡，也是建行的，建行自动把钱划走了。后来我气不过，跟他回了一个短信，我没有还款能力，他已经把低保都给我划走了，我到现在都把这些信息保存着的。

后来我找建行了，我说：“钱我可以给他还，我也不让国家受损失，是吧？这毕竟是他用了，但我要求你们以后不准给他办卡，因为他毕竟大脑不清楚。”

问：他跟您说过他把这钱花哪了吗？

余母：他没说啊！办卡也没有说过，一直到透支，通知到我这里来了。

问：他自己晓得这个信用卡是透支的吗？

余母：他知道啊，他去年就办了，他有钱的时候会还，后来没钱了，转到最后，九十天没有还了，才到我这里。

问：他不是有工作吗？

余母：有工作，他吃啊、喝啊，他不还呐，就那赖着不还呐。

问：听他说，他钱用在买运动的装备上？

余母：哎，他喜欢打球，但他总是把他那些朋友邀到一起喝啤酒、吃烧烤，都是他付钱。

问：您有跟他讲过，让他不要这样吗？

余母：讲过！我说：“你这个钱，你用在你姑娘身上，给她去培优，以后等你老了，她会管你。你一分钱都不给她花，她以后就不管你。”他不听这些。我给他交社保，我说：“我死了，你怎么办？”他说：“你死了，我就等着死。”他就是给你来蛮的。

问：您有没有想着控制一下他的钱？

余母：你能控制他吗？他的工资你能看到？你根本就看不到他的钱呐。他弄到他手机上面，我也不会；他手机总是锁上，你也打不开他的手机。在他卡上，你也不知道他的密码。哎，就是没有正确引导。他爸爸蛮惯着他，他不耐烦带着他，就是给钱。我真的没想到他会搞这个信用卡，我气死了！我要一直搞到所有他办卡的银行全都给他上了黑名单！律师向我保证他五年之内办不了信用卡。那个律师的电话号码我留着呢，我说：“五年之内再出现这个情况，我就找你！”

问：他在节日里，或者您的生日，有给您送过礼物吗？

余母：在他的印象里头，没有年没有节，从来不想着给爸爸妈妈买点什么东西。他没有这个概念。只有我们付出，没有回报的，我们也只要他平平安安。

问：他平时表达过对您的感激吗？

余母：他从来不会说好听的话，就没有那个概念。

问：他的心智是不是还没有成熟？

余母：没有，没有！我最恨他一点就是汗脚，不愿意换袜子。我每天叫他换袜子，他不愿意洗，就塞到外面的鞋柜。我说："怎么出门就有一股袜子臭味！"我就在鞋柜里面找。以前住徐东的时候，只管哪里臭就去哪里找，准能找出臭袜子。

没办法，我昨天就给我姑娘打电话，说："你给我在网上买个手套，我要给他洗袜子。"天冷了，他就更不愿意洗。他小时候手冻得都烂了，现在活动多了，还稍微好一些。也可怜，这孩子又可怜又可嫌！摊上这个孩子了，还是得过！

外人都说他好，家里的人就是娇惯他多了，但他还是怕他妹妹。我现在不是把他身份证收了嘛，他说："你怎么又把身份证拿了噻？"我说："不拿身份证莫得还钱噻，你又莫得密码。"他问我收了放在哪里了。我说："在你妹妹那儿。"他妹妹来了，他问他妹妹要，妹妹说："我天天给你背在身上，就放在我那里。"他就不敢要了。他要是知道放在家里，他就会在家里翻天。

问："翻天"是什么情况？

余母：木工打柜子时问我配不配锁，我说不配！我的锁都是摆饰，他都能给你撬掉！唉，没办法！他不管是新的，他不管它，他都会给你搞掉。

政策有局限

问：我感觉他的生活比较自主。您在生活上对他有什么要求吗？

余母：他想干什么就干什么，家里事情，我们根本就没有指望过他，只要求他不惹事就可以了。

问：那您操心蛮多的，要操心他女儿，也要操心他，都是您一个人！

余母：哎，是啊！那又怎么办呢？我爱人性格太内向了，他要是像我这样子什么事都说出来，他肯定不会走那么早，他脑溢血走的嘛。他爸爸什么都憋在心里，不愿意说出来！

问：他小时候有受到社会的帮助吗？

余母：没有。现在国家对他们这一类人，虽然口号叫得比较响，但没有落到实际上去。比方像他这种残疾，他现在不是有个低保嘛，2006 年我给他买了社会保险，当时是一个月交 100 多块钱，我觉得我们两个人的工资，承受得了，结果每年递增，递增到去年……就是一个月 1 000 多了。那个管低保的人说："你的社保买得比低保还高，那就要把你的低保取消。"我说："这个低保又不是我要来的，也不是我申请来的，是政府政策，到他这个级别能够享受低保。我跟他买得多就是尽我的能力，我能给他买高一点，他以后退休拿的钱就高一点。"结果不行，管低保的人说我要是买这么高，那就把他的低保取消。我没有办法，今年 4 月还是 5 月，就给他把社保降到最低档。你说我们自己出钱，还是苦了我自己嘞，是不是？

而且他出去上班，也不准吃低保，只要查出来他上班，拿工资，就要把他的低保取消。那他有家庭、有孩子，仅仅这个低保，700 多块钱够用什么嘞？是不是？我觉得政府有些明文规定，大的方向是蛮好，真正落实到我们个人上，就有局限了。

问：您觉得政府对于他们这群人的关注还是没有落到实处？

余母：哎，他个人吃低保，他的姑娘不能吃，那他这 700 多块钱，他们两个人够不够呢？不够，他肯定要去打工。他一打工，只要查出来了，就要取消他的低保。像他这种情况，他要是一个人，我也养得起，但是他还有个孩子噻，他们两个人是单另的一个户口。

哎，本来学校里说，他爸爸吃低保的话，姑娘的学费免掉，另外一年还有补助。后来一查，他的低保只是他个人享受，学校里就不给他姑娘免那些了。他们就不考虑他孩子的事情。现在她妈妈把她接走了，我就没有再找社区了。

问：您有没有担忧以后老了管不了他？

余母：我不是给他买了养老保险吗，他有生活费啊。再者我这个房子和里面买的东西，我这一代人用了还可以管他一代人，反正都给他安排好了。他姑娘大了以后，要是认识到这一点，就要管她爸爸啊，是吧？她不管他，我就托付给我姑娘和女婿。我姑娘当时结婚的时候，我就说了这个情况。哎，生活上、经济上不让他妹妹负担，就是平常照顾啊、关心一下他啊。反正只能这样安排了，我也只能担着这个能力。(苦笑)

我喜欢帮助别人——余先生口述

口述者：余先生
访谈者、撰稿者：洪静、汤秀秀，华中师范大学硕士研究生
访谈时间：2017年11月4日、2017年12月1日
访谈地点：余先生家

坦然接受现在的我

问：您哪一年出生？

余：1979年出生的，属羊。

问：您会写自己的名字吗？

余：会啊。

问：您可以写给我看吗？（递上白纸）

余：可以。（用左手握笔写下了自己的名字，字迹很工整）。

问：您的字写得不错呢，是谁教的呀？

余：开始，都是我爸妈把我左手……扶正，扶正写。逐渐长大了以后，不管写什么字啊，就顺畅多了。别人写作业，你看啊，从左边开始往右写的吧，我可以从右边往左边写。（脸上露出自豪的笑容）

问：嗯，当时您有意去练这个字吗？

余：是……有意的。用右手拿笔拿不了嘛！

问：您是多大的时候记事的？

余：在我的印象当中应该是十岁左右。

问：您小时候淘气吗？多大的时候开始自己出去玩的？

余：小时候不淘气，就是到了十一二岁的时候开始到处跑。

问：您独自出去玩，回家的路上有人说您腿脚不方便，欺负您什么的吗？

余：有人倒是这样说。

问：跟妈妈聊的时候，她说您小时候在大院里被人欺负，您还记得吗？

余：这个记得……都记得。

问：这个您方便说一下吗？

余：我不想说。（低头沉思）

问：您一般怎么应对？您的爸爸妈妈知道吗？

余：有人倒是这样说。但是对我怎么样……还是没有。一般要应对的话……要么就是被别人打了，要么就是我把别人打了。打架……一般爸妈都不知道。一般以前在外面打架，身上基本上没伤口。

问：您平时跟谁一起生活？

余：跟爸爸妈妈。

问：您读书的时候每天早上几点起床？是爸妈叫您，还是定闹钟？早饭怎么解决？

余：读书……读书的时候，平时都在七点过一点起床，基本上都是爸妈叫我。平常是……怎么说呢，早饭家里做好了，我起床洗手洗脸，吃了就走。

问：您什么时候意识到自己身体和别人不太一样？

余：那么小嘛，反正……也不懂。也就是两岁吧，只知道爸妈把我抱到好多地方去跑，去看病。怎么说嘞，十几岁的时候，虽然能走、能穿衣服、能上学，我自己心里还是有点怪爸爸妈妈。那长大了以后嘞，也不得不承认，身上残缺就是残缺，有毛病就是有毛病，爸妈也把我带大，也努力过，想让我完全康复，但那是不可能的，只能达到这种程度。

问：当时您心里能接受吗？

余：小时候，哪知道能不能接受嘞，只是知道自己不一样。你看有的人遇到一点挫折，什么自杀啊、死啊，会给爸妈带来这种负担，反正这种想法我都没有过。

问：之前我们问您妈妈武汉的阳光家园是什么时候成立的，您在旁边说是2015年，是吧？您一直在关注这个动态吗？

余：这个都不需要特意知道。我们打比赛是在2015年之前，当时快出去比赛了嘛，学校很重视，这方面的资料基本会大概介绍的，不会介绍很多。反正从那开始我就在手机啊、在电脑啊看这类消息。

问：您平时喜欢跟谁在一起啊？会和家里人在一起吗？

余：球友啊，总体来说，还是愿意和爸爸妈妈在一起。妹妹也有工作，也……也忙，她也不经常回来。她要是经常回来的话，我们还可以在一起的。

问：听阿姨说您比较怕妹妹，是吗？

余：怕我妹？没这一说！反正怎么说呢，怕也不怕。只是说妹妹自从结了

婚以后呢，关系不像以前那么好。但我为什么那么喜欢妹妹的小孩呢？那孩子长得蛮好的，蛮可爱的。像我妈之前说过，妹妹的小孩来跟我女儿玩，只要我女儿把她弄哭了，我就打我女儿。为什么呢？妹妹的小孩不是小嘛！我女儿为什么就跟她妈的性格是一样的呢，现在成这样子？妹妹的小孩一来，我就喜欢抱着，我女儿，我抱得蛮少，但是我妹妹小孩一来，就基本上在我身上。

问：现在妈妈不在跟前，您跟我们说一下您是跟爸爸亲一些还是跟妈妈亲一些？

余：妈妈在也是那一句话，不在也是那一句话：我跟爸爸关系好！爸爸容易包容啊！我爸爸属于内向型的，妈妈是外向型的，就跟那一张纸……薄薄的一张纸一样，一点就着！

培智学校的优等生

问：您在八一路小学上了几年之后转到新河街上的辅读班？

余：那时候八一路好像就待了……有个三年多吧，准确来说应该是三年多。

问：新河街小学为什么会有七、八、九年级？

余：以前叫湖滨街小学，挂了两个牌子嘛，一个叫湖滨街小学，还有另外一个牌子就是武昌区培智中心学校。七、八、九年级是属于培智中心的。

问：八一路和新河街小学这两个学校，您喜欢哪一个呢？

余：肯定是八一路小学了。因为八一路小学那边，基本上老师跟学生的关系融洽些；但新河街小学那边不是很融洽。

问：为什么不是很融洽？

余：各个班有各个班的老师啊，基本上其他班的老师都不愿意跟另外几个班的学生讲话。

问：您喜欢哪一门课程？

余：喜欢体育课。

问：体育课怎么上？

余：体育课的话，无非就是跑跑步啊、压压腿啊……再就是打打篮球啊、摸摸篮球啊。

问：当时和班里的同学、老师相处得怎么样？

余：跟班里同学……怎么说嘞，因为我从八一路小学到培智中心去读书的时候啊，基本上我们班上也就是八、九个人。同学的家长，怎么说嘞，认为我的智商高嘞、反应能力也比较快，基本上都是带着他们的。你看上体育课啊干什么的，整队啊……都是我。学校组织秋游啊干什么的，不都是我领队？跟老师关系还挺好。只要是没退休的老师，我基本上还是会去看。

问：当时学校是有正常班的，那您跟他们玩过吗？

余：正常班……跟他们玩啊，但是我们下课，他们上课，就有点不搭噶[①]。实际上，要真正玩到一起嘞，老师对我蛮放心。为什么呢？因为他们正常班的有足球课啊、羽毛球课啊什么的，基本上我可以跟他们一起打足球、羽毛球。跟本班的比，其他人那就玩不到一起。

问：对于学校，您有什么比较深刻的印象吗？

余：没有什么比较深刻的印象。像我们班的话，老师就在黑板上写几个题目让你做。我妈知道的，早上书包背去，晚上空着手回来。

问：为什么呢，是因为作业特别少，根本不需要带回来？

余：作业做完了，空着手回来啊，第二天早上就空着手进学校。也不是说作业特别少啊，那些题目，基本上会做。不是说，真正的有什么不会做的。在那里，拿个作业，我速度快，搞完它，空着手就回家。

问：您在学校觉得有很大的提升吗？

余：没有很大的提升。七八年级的作业，就像小学一二年级，三四年级写的作业。你想啊，一本书回来，老师要求背哪个课文，回来我直接背。

问：当时学校有没有组织什么特别的活动？

余：有活动啊，春游啊、秋游啊，没有特别的。

问：上学的时候，每天的生活安排是怎么样的？

余：就是起床啊、穿衣服啊，洗手洗脸，去到学校上课。然后中午放学就和我妈刚说的一样，跟别人家里说好了，到点去吃饭。吃完饭了，中午再进学校。下午放学，基本上八点半以后啊，爸妈来接。不来接的话，就自己坐公交回家。

问：之前说过您到八九年级妈妈就不接送您了，开始独自上学了，那您放学都是很听话地回家吗？

余：也不是很听话，坐车回家，下车就在附近玩。我还一个人经常去网吧玩过。

---

① 湖北方言，搭界。

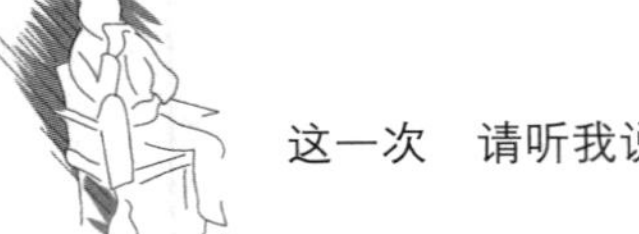

问：中午在外面吃饭，您习惯吗？

余：不习惯也不行啊。怎么说呢，妈妈和别人谈的什么标准，我就吃什么。但肯定自己家里饭才好吃啊。（笑）

问：爸妈有什么拿手菜吗？

余：他们做什么我吃什么，基本上，都是他们的拿手菜。对于吃的方面，我不挑。（表情很开心）

问：衣服呢？会有什么比较挑的吗？

余：衣服也不挑。嗯……挑，哪里好玩，到哪里去玩。（笑）

问：在家里会帮助家人做事吗？早上起来拖地、晒衣服这样的事情会去做吗？

余：帮得少，这种事情，好像在家里做得蛮少的。（不好意思地笑）

最喜欢的工作是保安

问：您去过哪些地方呢，出远门那种？

余：远门，就是黑龙江啊，比赛完从那回来。还有就像我爸妈带我去看病，北京啊、天津啊、广州啊、青岛啊……这些地方。

问：您第一次工作是什么？是怎么找到这份工作的？

余：当网管。这个工作嘛，我在网吧上网的时候，网吧老板认识了我，后来我就问他："你们这里是不是差网管？"他说："是。"

问：当时您干得顺手吗？喜欢这个工作吗？

余：顺手啊！也不是说喜欢这个工作，只是说找到这份工作能赚钱。网管干了有几年，然后主管干了一年多。

问：后来为什么放弃这个工作呢？

余：第一回到黑龙江去打比赛的时候，我放弃了这个工作。当时我的女儿才一岁多一点，教育局或者我们学校老师找到我家去了，点名啊，要我去打比赛啊。

我从网吧下班回家吃饭的时候，他们说："教育局要几个智力障碍轻微一点的，健全一点的能出去打比赛。"年年教育局啊、残联啊、培智中心的这些老师抽人去，年年打比赛没打赢过，那次就要我们去。

我说："可以啊，要去可以去，我最起码要跟我上班的网吧说一声。"我跟老板讲，老板说："就属你在这里做网管做得最娴熟，怎么要走？"我说："没得办法。”他问我为什么要走，我也不想说。

问：您还记得您的第二份工作是什么？

余：第一份工作做的是网管，第二份工作是酒店，第三份工作是回到网吧做主管。那时候，是网吧老板要我回去做的主管，就是做主管期间，我才去打比赛的。

问：您第三份工作辞掉了去打比赛，那您回来之后做了什么工作？

余：回来……就一直没变啦，一直做保安或者安检。

问：对于这份工作，您是什么态度？

余：我做了那么多工作，现在这一份工作，虽然工资不高，人舒服。

问：您说过，电脑啊，手机啊，没人教您就玩得特别好，您有没有想过从事相关方面的工作呀？

余：关于电脑这个事情呢，我真的不想做了。你也知道，现在是信息发展时代。对电脑这种需求呢，基本上都是无硬盘的，全部都是无系统的，你要我去做无硬盘的、无系统的机箱，做个系统就完了，不要检修，做主管工资不会那么高了。但是硬盘的就不一样了，硬盘要检修，主管都要检修。

问：如果做网管和现在的保安工资一样，您会选择做保安还是网管？

余：做保安。

问：您觉得保安这份工作的职责是什么？

余：保安的职责就是安全呐，保护别人的安全。

问：您喜欢做保安有什么原因吗？

余：原因就这几个字：惩治罪恶。

问：这份保安的工作是您自己找的吗，怎么找到的？

余：这份工作是我自己找的，自己找的保安公司，直接应聘的。这是区公安分局的一家保安公司，比较正式。

问：您现在这份工作有寒暑假吗？

余：有。还有一个多月就要放假了。

问：您喜欢这个工作的原因是不是因为有寒暑假？

余：那不是，我喜欢。保安公司给我安排到这里，说礼拜六、礼拜天双休，“哎哟，双休！”反正我也知道学校一放假我们就跟着放假，国家制定的法令节日还有什么节日，有多少天休息，和别人都一样。但我们放假就没有工资了。

问：您放假期间干什么呢？

余：在家。因为放假期间我们不需要值班，门口有个老师在值班。

问：当时您为什么想到要去保安公司做保安？

余：做保安的话，怎么说呢……第一，可以给别人一个安全感，可以提醒别人什么东西不能带，什么可以带。第二，可以帮助别人，像偷盗啊、打架闹事啊，这种都可以管。

问：听说您工作特别负责任，家里人会夸您吗？听说您经常帮助一些孩子，能说一下具体的细节吗？

余：我不指望我爸妈，还有家人夸我。具体的细节……比如说送孩子回家呀。晚了，学校里都没人了，不能把一个小孩丢在学校里吧。

问：您觉得做保安辛苦吗？

余：说苦也苦，说不苦也不苦。现在区公安分局这个保安公司能把我调到学校这里，那是再轻松不过的事情了。

问：您喜欢和学生在一起吗？

余：不是说我很喜欢和别人在一起，每天早上只要一进校门，就有学生来找我，都愿意跟我在一起。

问：您之前也做过其他保安，觉得现在这份工作最有意思，是吗？

余：最有意思的是在东湖做保安，接触人广泛些啊，一些外来游客啊、外籍人士啊，我会和他们聊天。

问：您会觉得跟他们接触比自己在家里好些，是吧？

余：在家里可以口无遮拦，有什么说什么，但外面不一样。

问：我感觉您比较喜欢帮助别人的。那小时候有没有想过当个警察？

余：有这个想法，但是这个手脚……从小时候开始，我就知道别的公安部门不可能收这样的人啊。就目前来说，区公安分局管辖的这个保安公司嘛，我进去了以后呢，反正办公室领导啊，都蛮重视我的。没进这个保安公司之前，我住在徐东的时候，就在我们小区的……那时候属于铁路上的物业有限公司吧，跟我妈是一个系统的，在那里……我当保安的时候捉了一个偷盗的，而且是我亲手把他制服的。

问：当时受伤了吗？

余：没有。还有一次，我们小区的一个不大年龄的学生，跑到游戏机厅把别人的游戏机砸了，老板拿刀子出来，我赤手空拳把那个刀子夺下来。小孩胳膊这个位置被刀子划了一下，然后被油浇的……整个手上烫伤了。

问：您不怕吗？当时是怎么想的？

余：当时只知道小孩有错误嘛，但不希望别人拿刀子对着一个小孩嘛。

问：您当时打120了吗？联系他的家长了吗？

余：当时没打120，是我亲自把他送到医院，然后小区里面的居民告诉他爸妈，他爸妈直接去的医院嘛。当时……呃……怎么说嘞，当时他小孩在急救，在急救室里头待着，包扎啊、抢救啊，就没顾上感谢啊什么的。然后……这个小孩后来也结了婚。他结婚叫我，我没去。这个事我妈知道。

问：您为什么愿意帮助他？

余：那没办法啊，当时在那小区里头做门卫啊，总不能看着人拿着刀子砍一个学生吧。

问：现在的同事对您怎么样？

余：现在……几乎不和别人扯皮。以前做的工作嘛，你像保安这种行当的话，我各个地方做过，都是……不是说我做不下去，是别人知道我右手没劲，右脚走起来有点……就像两边歪一样，不平，走起来别人一看就知道有残缺，别人找理由，我就不干了，就回来了。但是现在这家保安公司做了以后，别人认可，愿意。怎么说呢……就属现在这个保安公司，我时间做得最长。

问：现在的公司和以前的公司有什么区别呢？

余：是有差别。反正以前的保安公司有蛮多的同事都跟我这样说……领导不认可，你没办法，只要我们认可，走哪都有朋友。以前公司同事会打电话给我，问我现在有没有做事，在哪儿上班。有的时候如果我没有上班，没有工作，他们还是尽力想办法把我联系到他们那里去做事。

问：您有和领导发生过冲突吗？

余：有。有些方案呢，我说怎么做，哪一种是最简洁，他不采纳，非要用他那个，我那个方案拿出来，他不接受，就会有冲突。

问：妈妈貌似不太认同您这样的处理方式？

余：她这种方式，我不采纳。我是有病，我要不是……这个手脚的话呐，你看看……我找一份工作绝对比我妈妈的工作好。

能救一命是一命

问：听妈妈说您去献过血，家里有五六个献血的本子。您为什么要去献血呢？

余：五六个？怕是献血中心那里还有四十几个。献血好像是从2014年开

始的。嗯，怎么说呢，我第一回献血是我跟一大帮朋友踢完足球回来的路上，看见一个小孩，被车子撞了，送到医院抢救。能帮助那个小孩，就帮助那个小孩。去的一大帮朋友里，二十几个，只有五个人的血型跟那小孩一样。然后，我跟其他四个就开始献血，一直到今年的九月，就没去了。

问：您是什么血型？您还记得自己总共献过多少次血吗？

余：B型血。总共大概有两百多次。

问：两百多次？

余：平均……两个月三次。（自豪地用手比画）

问：您两个月献血三次，每次献完之后对身体有影响吗，头会晕吗？

余：嗯……献血，反正我听别人说过的，频繁献的话，对身体不好。有一回，献血回来的时候，在家里看电视，看得蛮晚，爸妈都睡觉了，我坐在那里看着灯……一闪一闪的，就像幻觉一样的，我站起来那一下，就有点不舒服，不舒服一会呢。然后红枣吃了有二十个，红糖拿着……喝了两大杯。那天晚上我记忆蛮深的。

问：那您没有和妈妈说过这个情况？

余：没有。不想让妈妈担心，我包括献血都没跟她讲。

问：您有没有查过献血的相关知识，最好多少时间献一次？

余：严格来说啊，你献一回血的话，肝功能造血胞要隔个十五天才完全恢复，吃饭啊干什么啊，在大量运动的情况下，或者是剧烈运动，头会晕。但是医院方面，献血中心那里的医生跟我说过，献血最好是一年只来个四回到五回就可以了，不要那么频繁。

问：您为什么还要频繁去献血呢？

余：我的理解是说，只要有医院打电话要我去献血，我还是愿意去献血。一个人的血，能换一条命就换一条命，能救一条命就救一条命！

问：您以后还会去献血吗？

余：如果有人打电话给我，我还是愿意去。2016年我才知道，当时是查献血资料的时候，才知道如果说献血达到五次以上，那个献血本，就那两个本本，留在献血中心，一旦你的家人有什么事，直系亲属不用排队，直接去拿血。如果早一点知道，我爸也不会去世的。

问：您献血的一部分原因是因为您爸爸？

余：爸爸健在的时候，我就开始献血了。我只想，后面要是有这个本本的话，能保留。比如说，我家里直系亲属，我妈妈或者哪个，需要用血，不用排队，直接可以去血库拿。

问：您其实很爱家人，您用语言向家人表达过这种爱吗？

余：没有表达过，比如说像“妈妈我喜欢您”啊，“妈妈我爱您”啊……那肉麻的话，我说不出口。

维持不了的婚姻

问：您可以说说妈妈对于您婚姻问题的看法吗？

余：我妈妈，怎么说呢，她始终不赞同我这个婚姻。〔我们〕是在网吧里头认识的。

问：您当时是怎么跟您妈妈说的？

余：反正我爸健在的时候，我先跟我爸商量的。因为什么嘞？我爸好说话。（笑）

问：您妈妈听您爸爸的话，也就同意了，是吗？

余：嗯。

问：你们是怎么认识的？

余：我们是在我做网管的时候认识的。她平时去网吧里上网，就坐在我旁边啊，我眼睛好得很，她坐在我旁边，斜角45度，我可以把她电脑上这么小一点点数字看到。看了她QQ号以后，我直接啪啦啪啦一击搜到了她，加了进去，我们就开始谈。

问：谈恋爱有什么事情让您印象比较深刻的？

余：一年几乎没什么深刻的印象，就是看看电影啊、出去玩啊。

问：你们不是2005年结婚的吗？那个时候讲彩礼吗？

余：讲啊，两万彩礼，其他要求倒没有。他们家，她排行老五，老六就在武汉市开了个打字复印店，她的哥哥老三以前在余家头那个理工大学里开了个门面，把我家摸个底掉，还需要问？问都不需要问了！

问：妈妈说你们有过争吵，是因为什么呢？

余：还不是因为一点小事啊，就开始吵啊。那要看谁不对，最简单的一个例子，下班回家晚了，她就变着法子说你在外面有点什么。

问：您有给她解释吗？你们平常吵架您会让着她吗？

余：不解释！解释干啥？越描越黑，到时候说不清楚。有时候吵着、吵着，我就出去了，不想吵。

问：您觉得说不清楚就没跟她说是吧？那您回来有哄哄她吗？

余：没有！没必要去说！有时候哄，有时候不哄。

问：您觉得这是你俩性格方面的差别吗？

余：性格，应该是。

问：您对她哪些方面不满意呢？

余：对她不满意的也就是小孩出生第八个月，她就开始不管小孩了。就开始出去打工啊，一年回来一次啊，就这样。

问：她为什么这么快出去打工了呢？

余：按道理来说，小孩到了八个月以后，大人是应该在家里休息一段时间的。她家兄弟姊妹六个，个个都是在家闲不住的，都想往外跑，找事做，想上班，不想搁在家里待着。

问：这是您对她最不满意的地方？

余：最不满意！一年回家一次，我知道你在外面干啥？你也不汇报你的地方，也不告诉我你在哪儿！一年回来看一次女儿，就是小孩放假了再回来看看呗。

问：您在她回来的时候，和她吵过这个事情吗？

余：说过啊，她说她要上班啊！反正我跟她吵得最凶的一次是我爸当时帮她找了个事情做，让她到商场里头去站柜台，一个月两千多，她不愿意，她嫌工资低！

问：您现在对婚姻有什么想法呢？

余：还能有什么想法呢？想法肯定是有的，想维持，但维持不了！

问：维持不了？您想维持是因为孩子还是因为您想维持感情？

余：怎么说呢，要想维持的话，肯定是以小孩的名义去维持。如果没小孩的话，她要离婚……无所谓！小孩大一点再大一点，我也……无所谓！但是小孩才上小学，十岁，你说小孩的心理阴影有多大！

问：您身体不太好，她怀孕的时候，您有没有担心过孩子出生后也会有健康问题啊？

余：担心过啊！

问：那您有没有做过什么措施去防范？

余：反正我担心肯定也有担心呐，最起码去医院那里定期检查啊。怎么说呢，怀孕期间的女的啊，包括生完小孩……脾气都大……我就跟我妈讲，让我妈提醒她去定期检查。

可爱的女儿

问：您怎么看待您女儿的出生？您有没有觉得自己做爸爸了，特别开心？

余：有啊。女儿从出生到六岁之前，都蛮听话。她不听话的时候，大多是我妈在管，我经常在下午六七点钟下班。

问：她小时候您有抱着她，哄她睡觉吗？

余：蛮少。

问：那谁做这个事情？

余：基本上都是我妈啊。

问：您跟她接触得比较少？

余：嗯（点头）。

问：您觉得您女儿可爱的地方是哪里？

余：怎么说呢，反正她从小到大，包括到现在，我都觉得她蛮可爱。听话的时候蛮听话，但是调皮起来，谁的话都不愿意听！

问：您跟女儿争吵吗？

余：女儿……没有机会吵，因为接触时间少。

问：您平常有没有跟她在家里一起谈谈心啊？

余：谈过啊。她没有什么大的反应，只知道点头、听。

问：她就是这种性格吗？

余：这个……怎么说呢？最近几个月吧，她和她妈妈在一起，我们过了段时间发现她的性格和她妈一样。

问：她妈是什么性格呢？

余：暴脾气呗。

问：您有没有考虑过可能是因为她现在处于叛逆期，应该多包容一下她，多跟她交流交流啊，毕竟孩子现在还小啊。

余：考虑了啊。没有办法，没有那个办法去包容、去交流，她不来！奶奶给她打电话，她都不回来！

问：那您有没有说“你回来，我接你”？

余：不去接！

问：女儿不愿意回来，是不是因为你们有时对她太严厉了？

余：还不是希望她好啊？虽然我是特教班的，在那里学数学、语文啊，但

是总体来说……我知道一年级到三年级到四年级，平平淡淡过，把学习搞好就行了。五年级、六年级、中考、期中考试、期末考试，是要写到档案中的，这是要拿总成绩出来的，由不得她一点马虎，所以我说她，也是为她好。

问：您对她学习上是严厉的，生活上呢？

余：生活上，她基本不听我的。（笑）

将运动进行到底

问：您从什么时候开始接触特奥的呢？

余：就是第一次去黑龙江打比赛开始的。

问：您出省参加特奥的足球比赛，是哪一年？

余：打比赛哪一年我不记得了，只记得去了两回，黑龙江，还有一次在海口。

问：有一次踢了第五名，您自豪吗？

余：这有什么好自豪的？既然是点名要我去，我就要努力踢。好的成绩呢，怎么说呢，好像裁判有意识地……不想让我们赢球。我们老师说了，能赢就赢。但是怎么说呢，能跑、能踢、能跳的，就是我，不可能光靠我一个单打独斗。

问：等于说当时的成员条件都不是很好，就您好一点，拿到这个成绩您也是功不可没？

余：我们第一回去黑龙江打的成绩是第五，第二回去海口，怎么说呢，打了一块牌子回来了。

问：有没有想过继续参加特奥运动会呢？这个有年龄限制吗？

余：我都三十几岁了，想是想，还有谁能叫我去呢？有年龄限制啊。特奥会啊，你比如说啊，一个老年足球队是打到五十五岁到六十岁。像我这个年纪的话，应该是四十五岁到六十岁之间的一个年龄段。但这种队伍，没人组织，特奥会没有组建出来。

问：您有没有想过建议特奥运动会增加这个项目呢？

余：增加的话，可以增加。但怎么说嘞，要增加出来的话，随着年龄增长，也不可能再去参加比赛。一个特奥会运动员的巅峰期是在二十七岁到三十四岁之间，超过三十四岁，想达到什么那个……运动员的标准的话，想拿出一个好成绩是不容易的。我都三十八岁了，再出去打，没有那个体能去跑。

问：您平时的兴趣爱好是什么？

余：足球、羽毛球，还有一个就是喜欢唱歌。

问：一般去哪里唱歌？

余：一般跟几个朋友在一起啊，到量贩式的 KTV 唱歌。喜欢唱歌那是……从小就喜欢。比如像那种零零后新出来的歌，听一遍就会。蛮早以前了，我背着爸爸妈妈，在洪山体育馆旁边不是有个“巴山夜雨”嘛，在那里搞过一回湖北的 K 歌比赛，我拿了第二名。爸妈到现在都不知道。（笑）

问：您的生活比较自主吧？

余：你像我妈说的，到什么神农架去，一般我不喜欢去的地方，谁叫都叫不动我。

问：您喜欢跟家里人一起走亲戚吗？

余：喜欢。走亲戚嘛……兴奋！有地方可以转转啊、说说话啊、聊聊天啊。

问：您喜欢和别人聊天？

余：我基本上全都是微信上，全都是聊天。你看我现在……微信上面有不少队伍啊，一个足球团队、一个羽毛球团队、一个骑行队伍……

问：还有一个骑行队伍？您骑行会有压力吗？会觉得右边的手脚不方便吗？

余：不会，没有压力，很放松。

问：您现在身体怎么样？

余：现在身体……挺好的。

问：您觉得是这么多年锻炼的结果吗？

余：基本上……怎么说嘞，还归功于我爸妈。他们不把我带着去扎针灸啊、按摩啊，我不可能有现在这么活跃。在爸妈还有亲戚的帮助下，背着我到处治病啊、搞按摩啊……那时候我自己也想了一下，看有没有可能恢复到我能跑、我能跳，像正常小孩一样的啊，跳绳啊、踢足球啊干什么啊，运到那种。逐渐长大以后，可以跑。在湖滨街小学的特教班那里，上课、搞运动会啊干什么的，我跟正常班级的六年级的同学比不会差，我一百米可以达到 10 秒 15。我要不运动，根本达不到这个结果。如果我不运动，随着年龄增长，肌肉肯定会萎缩蛮快，那时候真的就走不了路了。

问：您自己也了解过这个状况是吗？您以后会继续运动下去吗？

余：我妈没跟我说具体会怎么样，但我自己了解，也听别人说过。不运动的话，绝对肌肉萎缩很快的。反正我会继续运动，只要能跑能跳。如果能让我

再出去参加特奥的话，我希望能打个名次出来，好名次。

不会怨天尤人

问：您一个月的工资会拿来做什么呢？

余：一般……现在啊，大多数的工资，就是去想办法整理自己的装备啊，买双鞋啊，把车上的零件换换啊……我妈说的，让我尽量少抽点烟，但是我控制不住。以前的话呢，在酒店做的呀，或者是小区搞保安的时候，那烟抽得多，有夜班嘛。自从到这个学校，一包烟可以管三天了。酒嘛，自从我爸不在了以后，酒也喝得少了。（笑）

问：学校不给抽烟是吗？

余：因为这个小学属于一个区重点小学，时不时地教育局来检查，没得机会让我抽。

问：您什么时候染上抽烟这个习惯的？

余：这个好像……那还是在洪山那边住的时候。我记得我爸爸那时候抽的什么烟呐，两毛五分钱一包的“游泳”啊、“星火”啊，现在市面上看不到的。那记忆最深，妈妈去上班，爸爸去上班，哎，正好那一天把我反锁在家里，我没事干，就把最底下的一个抽屉吧，那种老柜子的，大的家具嘛，那个屉子打开，看到一条烟，我拆了一包。就从那时候开始学会的。

问：爸妈知道吗？有没有责怪您？

余：我妈不知道，我爸知道。好好的一整条烟给拆了，他肯定知道嘞。反正……爸爸说我最好别抽烟。

问：您被反锁在家里？

余：其实……那时候我都已经十岁了，要想出去也可以出去。为什么呢，我可以出去，我没有那个胆子。

问：为什么不敢出去？

余：我的窗户外面就是一个小平台，那一楼以前我记得好像是个理发店。那个平台，也就是……好像就是两米三左右，像那个高度其实我可以蹦下去，但我不敢蹦。那个脚，没有力。如果蹦下去，脚骨折，会残废，所以那个时候不敢，害怕自己出事。

问：之前听您讲过您的朋友挺多的，有一些球友，经常一起玩吗？

余：球友那就多了！像什么骑行啊、爬山啊、出去野炊啊……活动很多。

问：那在这期间，例如吃饭之类的，是你们平均分呢还是谁付？

余：AA 制啊。找一个人把账付了，付了以后再算出来一个人花费多少。像骑行啊什么的，就是在一起买点水喝啊，中午吃个饭啊，平均一个人不会超过 100 块。

问：您有没有想过存钱给女儿用？

余：我妈用我的身份证给她……办了张卡，她基本上每个月就丢个四百五百啊，往那里面丢。

问：就是您的妈妈把它全都准备好了？

余：我妈就把它存了。像那个卡到了我身上也动不了，它是个死钱。

问：您哪一年开始吃低保的啊？

余：这个是我妈一手办的。她办低保、社保干什么，我都不知道！她只说："你把你的身份证拿来给我一下！"包括我小孩，你们第一次来的时候，我妈跟你们不就说过嘛，小孩的入学有我这个残疾人证的话……干什么的话可以免减费用嘛。她就是给我说"你把身份证给我用……""把你什么残疾人证拿来给我用一下"……我说："你要这个干啥？"她说："你拿给我用就完了，什么都不用管！"包括拿我身份证去银行开户啊什么的，开单子、开个卡……

问：您放心吗？

余：放心啊，她是我妈！换做是别人，不给！

问：听说您只要参加工作，就会被取消低保？

余：像我们这种人的话，出去做事，靠自己双手赚的钱，是吧？现在这个保安公司的一个负责的经理，还有一个队长，我以前都认识。我就跟他们讲："我来你这上班，管理也好，你们要我做什么都可以。但是有一点，你们要帮我办妥。"就是说，我在你这上班，不要把我名字挂在网上，一挂到网上，社区那里就查，查了，我低保又没了。

问：所以现在的工作没有挂在网上？

余：没挂，我跟他们打了招呼："不要挂了，挂了就完蛋。"

问：对于这三十八年，您最大的感触是什么？

余：这三十八年……嗯……怎么说嘞，最大的感触就是：爸爸妈妈，把我生下来，带我去看病，就好像给了我一次重生的机会一样。可以蹦，可以跳，我不怨。现实就是现实嘛，改变不了。我觉得我真的挺乐观的。

余先生工作观察日记

观察时间：2018 年 10 月 28 日 15:00—17:00

观察地点：武汉某公园

观察者：洪静、汤秀秀，华中师范大学硕士研究生

时 间	观察内容	备 注
15:57	来到工作地点，碰到同事，交谈了几句后，进入治安室拿起对讲机，开始正式工作。	因武汉市近期打击黑恶势力，且 2019 年第七届世界军人运动会在武汉召开，被所属保安系统调到某公园执勤，开展巡逻工作。当天为周日，属于加班。
15:58	在公园巡逻。	接到朋友电话，告知对方自己正在工作，迅速结束了电话。
15:59	要求在公园空地处打羽毛球的市民重新摆放自行车。	
16:03	行至公园东北角，把乱停放的共享单车，放至指定停放处。	向观察者介绍工作的具体职责。管理共享单车使其有序停放；不让游客在公园长椅上睡觉；不允许游客在公园钓鱼；提醒游客将宠物狗牵绳。
16:04	礼貌要求市民将停放在公园座椅处的自行车推走。	
16:05	远眺湖对岸情况，继续向前巡逻。	
16:10	行至公园湖边一角，看见站在湖边不听妈妈话、不愿离开的小朋友，劝说小朋友远离岸边。小朋友未作任何反应，走上前，并伸出手，对小朋友说："乖，听话，湖边不安全。"	
16:19	行至公园西边，碰到两位乱停放自行车的游客，礼貌地要求其将自行车推走。	

（续表）

时　间	观察内容	备　　注
16:24	至此，已巡逻完公园的大半圈。	余所属保安团队，主要负责公园的东、西半边。
16:25	看到家长带着小朋友在公园草地上踢球，上前制止。	
16:28	巡逻一圈后回到起点。	
16:29	站在湖边，远眺对岸的整体情况。	
16:32	再次碰到乱停放自行车的情况，上前制止。	
16:34	回到公园中间的治安室与同事聊天，表情很放松。	
16:39	继续巡逻，碰到玩耍的小朋友，上前提醒小朋友慢点跑步，小心摔倒。	
16:41	进入公园门口的治安室，与同事交流工作情况。	
16:43	出门。	
16:44	起身，看到在栏杆上攀爬的小朋友，提醒其注意安全，不要爬在上面，表情严肃。	
16:48	进入划船处的治安室，寻找巡逻车的钥匙。	
16:50	骑上巡逻车，开始了再一次的巡逻工作。	

喜欢训练不怕苦

——潘士杰母子口述

潘士杰，男，1998 年生，湖北省武汉市人。独生子女。智力障碍四级。毕业于武汉市武昌区培智中心学校。现待业在家。

口述者：潘士杰、潘士杰母亲
访谈者、撰稿者：康琳，中南民族大学本科生
访谈时间：2017 年 12 月 3 日、2018 年 1 月 21 日
访谈地点：潘家

出生时特别可爱

问：您能不能介绍一下家里的基本情况？

潘母：我在超市里面上班，离家很远，在大鹏村那边。他爸今天上班去了。他爸没有正式的工作，在酒店里打杂，就是下岗了，自己在外面找个事做，打打工。他爸爸一般很少管他。他跟他爸爸的交流也不多。士杰小时候很怕他爸爸，现在不害怕了。

问：您家里边有没有和士杰一样的孩子？

潘母：（摇头）之前没有。但是说起来，不知道是不是因为他爸爸小时候生过病的缘故。他爸小时候条件差嘛，有一次病了，发烧，差一点给烧坏了，烧不行了，抢救过来的，所以，不知道是不是因为这件事有点后遗症。抢救过来之后检查都是正常的，但是，我觉得可能还是有一点影响的。其他就没有什么了。

问：您一共有几个孩子，生士杰之前做过产检吗？

潘母：就这一个孩子，他是 1998 年 6 月 4 日出生的，是在街道口那边的妇幼保健院。产检做过，但是做得很少，只做过一两次，都是比较简单的，不

是像现在做那种高科技的产检，那种没有做过。

生士杰是顺产，生下来的时候特别可爱（笑）。当时看孩子，感觉没什么不对劲的，反正当时看不出来。三岁的时候，说话还有点不会说，就到医院去看，医生说他智力不好。当时肯定是接受不了啊，但是没有办法。他说话学得比较慢，其他方面也是。像穿衣服是在学校上学的时候才学会的，刷牙、洗脸倒是小时候也会，吃饭都是自己吃。总的来说，生活方面都是慢慢会了，就是知识方面不行。

问：有没有考虑过再要一个孩子？

潘母：没有。因为知道他是负担，负担特别重，就不敢要。他爸爸工资也不高，我工资也不高。小的时候也带他去看过医生，但是看过也没什么用。

问：其他人知道他这种情况吗？

潘母：同事，一般特别要好的就知道，一般的都不知道。亲戚都没有说什么。

最大的问题是好动

问：他上过幼儿园吗？

潘母：上过，四岁的时候。在公安厅那里有个幼儿园，还有中南街那个幼儿园，都上过。上公安厅那个幼儿园的时候，就是好动啊，总是动来动去，所以他们幼儿园不接收了。不接收了就到中南街了，因为我们是属于中南街管的，学校没有办法，只有在那里上了。幼儿园一共上了两三年吧。他最大的问题就是好动，然后就是教的知识，他学得不行呀。但他心里是喜欢上幼儿园的，喜欢去玩。

后来要读小学，一开始送他去附近的梅园小区的梅园小学。去报名的时候，不是要经过考试什么的吗，当时老师考完试就跟我说不行，没通过考试，

孩子不能在这里上。去上学之前也做了个智力测试嘛，拿着智力测试去报名，梅园小学说不行，就介绍我们去培智中心学校。就送到……积玉桥那里不有个，文化宫那里，有个培智中心学校，就是专门〔收〕他们这种孩子的学校。有点远，坐车有好几站路。

好像是他八岁的时候，2006年转过去的。那个学校教知识教得简单一点，慢一点。一般早上送去，一天都是在学校，我们都是早上送去，晚上接回来，中午在学校吃。他们就学体育、语文、数学，还有劳动课。劳动课上剪纸呀，做卫生啊，什么的吧。他们都是一个班上十个人，一个年级就是一个班。九个年级，一直管到初中毕业。开始的时候是接，小时候是接送，后来大一点就让他自己坐车回，中午在那里吃饭。在那里八岁开始，上到十七岁，他就是从一年级开始上到九年级。现在没上了。现在就在家里。

问：他现在会写字吗？

潘母：他现在会写字，有些会写，有些不会写。会写一些简单的。认字也是只会一些简单的。其实他上的特殊学校，教的还是比较基础的。学校里老师都挺关心他，乘除加减都教了，他们学没学到就不知道了。平时也会让他在门口附近买东西。他也会自己出门坐车，武汉市内的，他知道怎么回来，平时也挺喜欢出去玩的。

问：当时您一般喜欢跟谁一起玩啊？

潘：杭子恒啊，我一直跟他打羽毛球。

问：是只有上课的时候才会打羽毛球？

潘：上体育课的时候打。平时要上课就在教室里上，要下课了才能打。

问：你们会有比赛吗？

潘：没有。

问：您羽毛球打得怎么样？

潘母：（笑）羽毛球不行。他那个时候比赛不是铅球嘛，铅球、篮球，他都挺喜欢的。一般都是在学校活动，在家里没有。

问：学校平时会有演出吗？

潘母：会举行一些汇报演出之类。他们也会排练，那次比赛，也不是比赛，就是活动嘛，他跳舞啊。还有打的腰鼓。他平时唱歌，有时候看电视就跟着唱，但是有的字，他肯定不清楚。

问：关于少年宫，您印象最深刻的是什么，现在跟少年宫那边的同学还有联系吗？

潘：没有了。

潘母：少年宫的费用还好，基本上就是每个月两三百块钱啊。在那边，（笑）有时候就喜欢帮助别人，有时候也会喜欢撩一下别人，就是小孩子调皮嘛。他就是爱动，注意力不集中，没发现其他的。跟小朋友交往也没什么，说话肯定差一些。他表达能力要差一点。他也会聊一些学校的事，他还记得。

问：小时候他还不怎么听话的时候，您跟他爸爸会打他吗？

潘母：小时候是有打。有时候在学校嘛，小孩子嘛，他们那种学生都是，差不多智力都有点那个的，有时候喜欢撩一下别人啊，摸一下别人啊，玩的时候推一下别人啊，把别人搞得不好的，家长找到学校去了嘛。回来就是反思，有时候就打他。现在就没有了。真的长大了，就没有打他，打也打不赢他（笑）。

惹我最生气的就是在学校惹祸，惹祸了，回来就是一顿打，平时没有什么。他也不是真的喜欢打架，就是喜欢推一下，撩别人，玩呢。不是真的打。真的打架，没有。

问：是他爸爸打他多一点吗？

潘母：嗯，小时候他爸爸打他多一点。真的大了，就没有打他了。小时候还是蛮那个，看着还是挺可爱的。小时候没有这么胖，特别瘦。九岁的时候，胖起来的。小时候不好好吃饭，给他买的那些喝的，什么葡萄糖酸锌口服液。喝了之后，不知道怎么就能吃饭了。

他小时候这个腿上面，被别人推了，摔在玻璃上面，这么大一块（用手比画大小），缝了 8 针。再一个就是住院的时候，打的针有激素还是怎么的，就是从那之后长胖了。现在也吃得多，全都是那种大碗，一碗。有时候让他少吃点，控制他体重。

问：他做过什么让您觉得开心的事？

潘母：上学的时候，那天好像什么节吧……母亲节好像是，他画的画，他们老师让拿回来，画的就是我和他，牵着他。老师教的。

问：他平时会跟您说，妈妈我爱你什么的？会不会抱您啊？

潘母：没有（笑）。有时候抱我（笑）。

愿意比赛，想去比赛

问：您是通过什么渠道知道特奥的呀？

潘母：学校。少年宫那个学校。他们每次打球啊，比赛啊，不是有一个选

拔的过程嘛。他参加的是铅球，他还喜欢篮球，这些在学校平时都会学习，在家里是没有训练的，在学校有专门负责教他铅球的老师。

问：您平时会带他训练吗？

潘母：平时……就是送他到老师那里。我们上班也没有时间，就让老师陪他，有老师教他们。本来有的科目他照常上，再额外增加训练，他也不会觉得他的负担有点重，他还挺开心的。武汉这边夏天挺热的，冬天又很冷，他过去训练会很辛苦，也没有抱怨过，他喜欢这种训练。反正每天什么时候去训练，他都会去。比赛是老师带他们去的，跟我们就是保持电话沟通。

训练还是看心情吧，有时候蛮认真，有时候就不认真。他原来在千正街那里训练，每次我带他去，我就在那里看着。他平时的生活状态跟他在训练的时候也没什么很大的区别，就都一样。他一般是放学的时候去，有时候星期天去。要去比赛的时候，训练得多一些。每次训练几个小时吧，一共训练了几个月，这期间也没说什么不想去，他还是挺想去的。老师有时候会表扬他。

问：您记得吗？老师怎么说您啊？

潘：要我不往学校外面跑，只能在教室里坐着。

问：老师夸您的时候怎么夸您呢？

潘：上次教电脑的那个老师，帮她教人打，我陪他打了一下，但是〔到了〕开始上课的时间了，一下子上去了，就没有打了。

问：您参加比赛是什么时候啊？

潘母：是上五年级的时候，没有出去比赛，就去别的大学里训练，参加融合赛，参加得蛮多的。上了八年级，才出去比赛。

问：您当时和大学生比赛都去过哪个学校，还记得吗？

潘：湖北大学，就在那打。

潘母：还有中南财经政法大学。

问：您觉得跟大学生比赛怎么样啊？

潘：还可以。

问：他们打得有您好吗？

潘：有。

问：你们平时去多久啊？

潘母：半天，应该是半天，从学校去那里。每次去的人数不定，几个人去的都有。

要出去比赛，老师就在训练中间进行筛选，选好后告诉你结果。老师觉得他认真，还不错，还有就是听话，他还是挺乖的，还比别的孩子力气大一点，所以就……

问：从一个学校选了几个人啊？

潘母：好像有几个人吧。就是武汉市的残联选特殊学校，每个学校都选一部分，然后在一起，先去四川比赛……

问：铅球没有融合项目吧，都是篮球吧？

潘母：篮球，都是篮球，铅球有没有比赛，和大学的？

（潘士杰摇头）

潘母：铅球就是训练，比赛得少。

问：他集训的时候您过去了吗？

潘母：集训的时候，我给他送过去的，送过去我就回来了。集训好像是半个月吧。他是后来去的，因为脚趾受了伤，他去得晚，大概是 7 月，2015 年的 7 月。

问：是特奥之前的集训吗？

潘母：嗯。去北京。我把他送去了就走了。当时他们在北京残联，那个地方叫什么呀，忘记了。那个中心专门集训，环境蛮好的。一开始知道送他去北京，那肯定很激动啊，想着能去比赛啊。当时士杰就表现得很开心，他愿意比赛，他想去比赛。他开始的时候肯定不知道这是比赛，最后叫他去集训了，比赛的时候，他才认识到了这个重要性，开始肯定还不是很清楚。

问：在北京集训的时候，您是怎么获取他的消息的？

潘母：通过雷老师，雷老师在那里带他们集训，会在一个微信群里面发他们训练的实况。

问：教练对你们好吗？除了训练，还带你们做什么呀？

潘母：带他们去玩。那时候在北京集训，雷老师带他们去天安门广场，带他们去那里玩了。

问：士杰是先去四川比赛，再去北京集训，最后去美国参加比赛，平常也会参加大学生的融合项目？

潘母：嗯，对。

问：他什么时候比赛的？

潘母：2015 年。他那时候还没毕业，比赛完了就毕业了。

问：您记得美国的宿舍怎么样？

潘母：住酒店。

潘：邵东和我，我们俩，就我们两个。

问：去美国比赛时，除了您和邵东，还有谁吗？

潘：比赛的选手记不起来了。

问：当时带你们去的教练有几个啊？

潘：就雷老师一个。

问：当时有哪个学生家长和你们一起去吗？

潘：没有。

问：他们去美国去了多久啊？

潘母：十天吧好像。

潘：4 号去的吧。

潘母：8 月 4 号。

问：你们是坐飞机去的吗？

潘：坐飞机去的。

问：之前坐过飞机吗，坐飞机有什么感觉？

潘：没有。它一飞上去，我一下就懵了。当时我看了下面，感觉还可以。

问：您记得坐飞机坐了多久吗？

潘：十四个小时。早上六点钟才到。到了就直接去的酒店，当时和邵东住在一起，吃饭的时候，要自己去大厅吃。有人陪我们一起吃饭。都是训练的，都是一起的。

问：大概多少人啊？

潘母：有很多个，是全国的嘛。武汉地区除了他和邵东，还有汉口的，其他不是培智的，江汉路那边也有一个学校。比赛完了，教练还带他们去玩了的，什么动物园啊。

潘：那不是的，那个美国有个校区，酒店里往那边走，玩了个游戏。

问：记得当时一些细节吗？

潘：那个美国……饭菜不好吃。

问：您当时在和谁比赛？

潘：就和外国人打。

潘母：好像黑人、白人都有。因为那时候比赛，他们老师都发微信嘛，视频嘛，专门有个群嘛，都看得到。

问：您是拿了什么奖？

潘：金牌。

潘母：两个金牌，一个银牌[1]。

潘：另外的……篮球不是金牌或者银牌。

问：他回来有没有跟您讲关于比赛的事？

潘母：没有。

问：他得奖的时候，您开心不开心？

潘母：得奖的时候，肯定是有点开心的。他还是知道金牌啊，知道哪一样拿第一。他们当时去比赛的好像都拿了奖，金牌、银牌、铜牌好像都有。

问：比赛的费用您这边负担吗？

潘母：费用都是残联出的，但回来之后是没有什么奖励的。嗯，他出去比赛拿了金牌。我们这个院子里都是："哎呀，潘士杰拿了金牌，奖了多少钱啊？"我说："什么钱，一分钱都没有。"就是有个，武汉市残联的，他们有奖励一个月好像100多块钱，一共是拿了1 000多块钱吧。现在没有了，就拿一年的。

问：他会不会因为球打得不好啊而不开心？

潘母：不会的。因为他不像正常的人，输了就心情不好呀，他们没有那个概念，输了没特别不开心。他也不知道输赢，就不管其他人怎么想，自己想怎么玩就怎么玩。

问：您对特奥会了解吗？从特奥会归来，有人对士杰进行采访吗？

潘母：特奥就是专门针对这些智力残疾孩子进行的一些比赛。当时拿了金牌银牌回来了之后，采访，在家里没有，就他们从美国回来，在车站，有《楚天都市报》他们的〔采访〕。

问：您觉得特奥对他生活影响大吗？会不会开朗一点？

潘母：对他生活确实没什么影响，我觉得他一直就是这样。在外面的话，他跟别人就一下混熟了。像他去比赛的时候，跟他们语言不通，也跟别人特别好。

问：现在还参加比赛吗？

潘母：那没有。现在没有运动了，从美国回来就没有运动了。在学校的时候是经常参加。他毕业好几年了，这几年一直都在家里边嘛。和以前那个郑老师有联系，我有他微信，他有时候和他说话，聊天。有事的时候就打个电话。

---

① 铅球金牌、4×100米接力金牌和标枪银牌。

想给他找个事做

问：您带他的过程中，有没有感觉特别累？

潘母：唉，那真的是累。他六岁的时候送去上小学，小学老师不收，我都急死了，我想，不上学怎么搞？急死了，那天我把他带着，心情不好嘛，觉得不公平。带到江边去，真的想……（哽咽）带他不知道心里（哽咽）流了多少泪。现在大了，生存是最大的问题。

你看就像他这样，就他一个，等我们老了以后，那就不知道怎么活。（叹气）……现在这么多年了，有想不通的，也没有什么了，开始的时候接受不了这个事实。这么多年，反正已经想通了。每个人的命运是改变不了的。

问：他现在是毕业了？

潘母：嗯，毕业了，毕业了就不让上了。他那里有个托养的，没去上。还是想让他尽快找份事做，嗯，也不能一直托养啊。我想托居委会帮他找个事做，像我们自己来的话，没有那个圈子，关系都不熟。居委会的话，专门有管残联的嘛，跟他们说帮忙找事，说了好几次，也找了，就是他不愿意做。叫他在院子里面扫地，他不愿意扫。然后，我想给他办个低保，他一起的同学都办了低保，又说他不够格，办的残疾人证是四级，说他那个不够资格办低保。

问：除了安排扫院子之外，居委会还给过什么帮助吗？

潘母：没，没有了。

问：扫院子的工资怎么算啊？

潘母：工资他是交社保吧，一千多块，两千吧。他那天说，想去餐馆做服务员，去传菜啊，但别人看他肯定做不了啊，所以就没去。他现在就是一直在家里。

问：我看士杰还挺能干啊，刚刚他在帮家里修水管，是吗？

潘母：嗯，是，他今天是在帮忙。

问：您现在就希望居委会给您提供一些帮助？

潘母：是的，主要是就业。……我们社区里有一个阳光家园，我们去居委会说过的，大概有几个月了吧，到现在都没有回信。那回是说什么……说人多了还是什么，不清楚。想把他送到那里面，他可以有个地方待，是吧。阳光家园里面的情况，没去过就不知道。其实一直蛮想给他找个事做，找个适合他做的事。

问：有没有人告诉过您，他们这种小孩可以去什么工厂之类的吗？

潘母：听说过，但我们没有……就得通过居委会来帮忙。居委会去了两次，他们都怕麻烦，能少管就少管。

问：您想过让他做什么？

潘母：做个简单的，出体力的工作。

问：他从小到大，经历过哪些社会上的帮助？

潘母：原来在学校的时候，有特困户补助，两三百块钱。现在没了，在学校其实也就有过两三次吧。有时候发点牛奶呀什么的，他们学校，别人赞助的。

喜欢去电玩城

问：他平时性格怎么样啊？

潘母：有时候特别犟。内向倒还好，就是不听话。你说他不听，顶撞我。就有时候你说他对了，他也不听。你叫他这个不能做，那个不能，他就不听。他昨天就玩得晚嘛，他总是这样，看电视看到半夜十二点钟，一点钟。让他帮忙去买个东西啊，那他是会的。

像现在没事做了，他就跑出去玩，去游戏机室，电玩城。在家里基本就是看电视。打游戏去玩得少，一般就是在家睡觉看电视，总是看一些动画片什么的。所以就想给他找个事做。

他也会跟社区的小孩一起玩，相处得挺好的。那些小孩都喜欢跟他一起玩，邻里都认识他。他喜欢在院子里跑，喜欢和小孩子玩，他们都认识他。有时候我们都不认识，他都认识。他平时，有时候喜欢跟陌生人讲话。今天不知道怎么了（笑），可能是因为他语言表达差。

问：士杰他自己也能出门？

潘母：能。但是每天还是担心啊，我上班有时候还是担心啊，就怕他在外面出什么事啊。

问：分不清谁是坏人，是吧？

潘母：对，对，是的，分不清好坏人。所以说，就是怕他出去玩，怕他被坏人骗了。他又没有分辨能力，现在外面的坏人又多，怕他被别人利用啊。

问：您平常都什么时候去电玩城，玩多久？

潘：下午，一直到晚上。

问：您出去是一个人玩还是找朋友玩啊？

潘：一起玩。

问：您的朋友住哪啊，这个院子里面吗？

潘：不是，电玩城的。

问：您都去哪个电玩城啊？

潘：就中南那个自然广场那里。

问：您平时都玩些什么啊？

潘：拳皇。还有篮球。

问：您什么时候开始玩电玩的？

潘母：就没上学的时候，在家里。上学了就没玩了。

问：您平时带多少钱过去啊？

潘：我现在还有游戏币，现在还有。

问：您自己买的吗？

潘母：有时候我们不在家里，他找奶奶要钱。奶奶给个五块钱啊，十块钱啊。奶奶八十多了。像我们上班的时候，就是奶奶在家里带他。我一般是九点钟去上班，晚上六点钟才回来。士杰在家里的时候就蛮好的，躺在床上看电视，有时候就跑出去玩了。奶奶说，他也不听。

不想他结婚

问：他平时喜欢不喜欢帮您做家务？

潘母：这做得少。有时候叫他做，他高兴了就愿意做，他不愿意做，你没办法。

问：是您一直带他吗？

潘母：反正就都在家嘛，从小就在我身边。

问：您工作有间断过吗？

潘母：一直在上班。工作性质没换过，就是工作的地方换过。他平时跟奶奶住一间房。他二伯跟我们一起住，还有一个姑妈。他们条件都还好，他们家的孩子都大了，有些在上班，有些结婚了。

问：他和家里哥哥姐姐啊，弟弟妹妹相处怎么样？

潘母：嗯。（点头）

问：平常他们会一起玩吗？

潘母：回来就一起玩啊。有时候姐姐来了，就带他一起玩，会去外面逛街啊，买东西吃东西啊，他就喜欢吃东西。(笑)

问：他平常更喜欢哪个长辈啊?

潘母：更喜欢姑妈。

问：你们平时会带他去亲戚家吗?

潘母：很少。因为我是襄阳人，我亲戚不在这里，他爸爸亲戚都在这里，都住附近，就很少出去。也不会去串门，就过年或者过节的时候，会带他逛一逛、玩一玩。

问：士杰会对女生产生好感吗?

潘母：这……(摇头)。

问：那您考虑过这方面吗?

潘母：没想过这个。我感觉他自己都生存困难，是不是？有个同事儿子结婚了，我说，看你儿子结婚，我是想都不用想了。

问：士杰，您平时有没有玩得好的女生同学?

潘：……就教我们电脑的朱老师。

问：您比较喜欢她是吧?

潘：嗯。

潘母：他搞不清楚。(笑)

问：那您还记得起来她长什么样吗?

潘：记不起来了。

我把他养一生嘞——潘士杰奶奶口述

口述者：潘士杰奶奶
访谈者、撰稿者：康琳，中南民族大学本科生
访谈时间：2017 年 12 月 3 日
访谈地点：潘家

问：奶奶您平时是一直在家里带他吗？

奶奶：嗯嗯，一直在屋里头带着他，我倒还是害怕他到外面惹么事①。他妈妈跟他爸爸都得上班呢。我们住在一起。

但我总是有点气。你看他这一家人，他们两个人，他的爸爸呢，又抽烟又喝酒，他的钱就够他花；他妈妈呢，又赚不了几个钱，没钱。我一直贴着他们钱，我一直也没赚钱，一块钱都没②得，我还吃着低保。也还是蛮好呢，政策下来了，1957 年，才拿一千多块钱，然后又息息补了③呢，补了个刚刚两千块钱。有哪个用呢？怎么娶媳妇？这些都没得钱。

还有他们五个，包括潘士杰的叔叔，我包他们吃。包不住嘛，没得办法了。我搞个麻将室，我的麻将室搞得蛮便宜，别个都是三四十块钱一桌，我只十六块钱一桌，都是八十几岁的老人家，老人活动呢。这公寓呢，老房子，还得管他五个人呢，我小菜钱都没得够，现在的小菜钱还蛮贵呀，没得办法。

我总怕他在外头玩，我总是说不过，总是嘱咐他，千万别在外头做坏事呀，你要做坏事那就不得了，你要赔钱，我们哪里找钱去赔嘞？你忍心，我这个人都多大年纪了，这是犯法，要去坐牢，我们没得钱，跟你说没办法，你只能去坐牢。

问：您以前是做什么的？

奶奶：啊？以前，以前是做线头，我都几十岁了，还摆地摊嘞，摆地摊为了生活，两个娃娃，在地下摆地摊。然后呢，我就搞个麻将室。现在还在搞，

① 湖北方言，惹什么事。
② 湖北方言，没有。
③ 湖北方言，补了一点点。

不搞，没得钱呢。就在那屋里，那屋不看都是桌子嘛。没得办法，我说像他这个条件，他可以请个阿姨，搞个低保也可以，但他还是有点不那个。我看他，可以搞个低保，要不然我在包你们，我在带你们，没办法嘞。

那老家伙呢，死了两年多了，快三年。原来有个老家伙，他爷爷，比我一人包还要强一点呢，他这一走，缠着我了，没得办法。像我出去买菜，哪个菜便宜，买点便宜菜，那门口的菜要贵一点，真的要……脑筋也不好。我八十三岁。买的糍粑，忘记拿，又跑出去，回到那个摊位，去把糍粑拿回。我糍粑不拿回，要不然丢了钱。

问：从什么时候发现士杰和其他小孩不一样？

奶奶：他这个儿子撒，他是小啊，一手我给他带大的。他生出来她没管，（指了一下潘母）她到外头，到家乐福，她也没得时间管，那儿子都是我管。那讲话，跟别人，还是差些，他还是反应力各方面都差些。他这么呢，二十岁了，已经二十岁了。我跟他妈说，让他做事嘞，又没得事他做。再一个呢，他做事嘞，他不耐长。唉，他妈找到居委会去，别个说，我找不到。

他妈也只拿几个钱。他爸爸呢，又喝酒又抽烟，他爸爸的钱也只够他爸爸花，再没得办法呢，就只有我，我也原来没得钱，还是吃低保，后来才补得。蛮好，交了两万七千多块钱，才拿个生活费，我们拿两千。每个人有两千块钱，原来没得，加一点工资，加了只有两千块钱，得三个人吃，还一个没结婚的儿子，我们还是条件不蛮好。（笑）

问：您是三个儿子，一个女儿，就剩一个儿子没结婚了？

奶奶：1964 年生的，还没结。他爸爸是最小的。一个二十多岁，身上没一点钱，跑到外面，我又害怕他做坏事，我总要挣个把钱，五六块钱，放他那，就是他屋里三个人。

我的两千块钱，要五个人吃饭，他屋里三个嘞，我嘞，一个，还有一个没结婚的孩子，五个人。自个儿也不小心，上屋子里头拿衣裳，摔下来又把手打了，打了石膏几万块钱①。

问：您的三个儿子里，士杰家情况是最不好的吗？

奶奶：三个儿子，三个儿子都是我们一个单位，全部下岗。下岗没得事做，我的几个伢又蛮老实。那是大儿子，他在搞水管子，他那私人的，在外头搞。

没得办法啦。别人都吃低保，他没得办法，没媳妇，我把他养一生嘞（指着士杰）。

① 奶奶当时右胳膊打着石膏。

潘士杰生活观察日记

观察时间：2018 年 12 月 26 日 9:30—21:00

观察地点：潘士杰家和江汉路城市英雄电玩城

观察者：康琳，中南民族大学本科生

时　间	活动内容	备　注
9:30—11:00	起床。帮叔叔搬旧冰箱到室外，搬新冰箱到厨房。	其间跟奶奶叔叔解释观察者的目的，赠送了观察者一个在娃娃机里抓到的钥匙挂件。
11:00—11:30	帮奶奶做饭，负责煮面。	
11:30—12:30	吃饭，帮奶奶收拾碗筷。	
12:30—13:00	换衣服，问奶奶要钱。出门前检查是否带手机。	
13:00—14:00	乘公交车去电玩城，中途转乘一次。	在路上向观察者介绍圣诞节期间电玩城的活动。观看抖音上介绍抓娃娃技巧的视频。
14:00—14:20	到达电玩城，径直走向娃娃机。自己用微信扫码支付后开始抓娃娃。用完了微信上的零钱后，开始四处转悠。	
14:20—15:00	指导观察者抓娃娃。	
15:00—18:10	帮周围的女生抓娃娃，因为抓得准，断断续续一直有人请他帮忙抓。	
18:10—18:45	在商场内的小吃街买了一碗面。	介绍说每天的晚餐都是这样。
18:45—20:00	继续寻找允许他帮忙抓娃娃的人，中间也帮别人抓了十几次。	
20:00—20:30	转悠到其他机器前，稍作逗留。	
20:30—21:00	继续回到娃娃机区域，寻找可以帮忙抓娃娃的人。	
22:45	打电话给观察者，告知已到家。	

他的世界永远快乐

——邵东父亲口述

邵东，男，2001年生，湖北省仙桃市人。家中长子，有一弟。智力障碍一级。现就读于武汉市武昌区培智中心学校。

口述者：邵东父亲
访谈者、撰稿者：屈武亮，中南民族大学本科生
访谈时间：2017年10月12日、2017年11月9日、2018年1月17日
访谈地点：邵东家、邵父车内

一步一步教走路

问：您知道父母的名字吗？

邵东：我知道。

邵父：他的吐字不是很清楚。

问：叔叔，您能不能简要地介绍一下您的家庭情况？

邵父：我们不是武汉人，是仙桃人。他爷爷今年八十一了，奶奶今年七十八，都是农村务农种田的。2000年我和邵东妈妈结的婚。她之前在保险公司上班，有邵东以后就辞职了。现在没有什么工作，就是带小孩吧。她现在在仙桃待着，带小的，今年十三岁了，2004年生的，弟弟是正常的。刚开始他妈妈也来过〔武汉〕两三年，他弟弟还小，没有上学。他弟弟上学了之后就没过来。大的我带着，小的妈妈带。

上班之前我是当兵的，当兵有十年了吧。结婚就要了孩子，就是因为这个事情转业的。先是到仙桃的中国工商银行，现在调到武汉中国工商银行。当时我主要是为了这个小孩，他读书嘛，武汉这边读书的条件稍微好一点，刚好这个单位有一个机会，有一个名额要从仙桃到武汉这边。调工作是自己争取过

来。这边的单位刚开始不知道情况，也没有说。后来就跟单位说要照顾小孩，单位也算帮助很多吧。单位给我的时间，弹性比较大。有时候小孩有事啊，我就讲。以小孩为主。

问：邵东出生之前，妈妈有没有去医院检查过？

邵父：没有。

问：邵东，您有没有生病的经历？

邵东：没有。

邵父：他不知道。上个星期国庆节还感冒了一次，不过也好几年没病了。现在体质还好一点，基本上很少病。小的时候经常病，体质相对来说比其他小孩要差一点，应该是过了三四岁吧，就好多了。

我隐约听到医生议论，这个小孩可能有点问题。把他抱着，他没劲，脑袋耷拉在肩膀上面。再一个他出生的时候，他手啊和脚啊，还是可以看出来不一样的。我们刚开始不懂，后来听医生说的话，就可以感觉到。仙桃当地的医院确诊不了，就到武汉同济医院做了确诊，三个月就给他确诊了，是唐氏综合征。刚开始肯定是心里有些接受不了嘛，我们两家整个家族史里面都没有这个事情。

问：我看以前的报道说，他五岁才学会走路？

邵父：嗯，应该说是四岁左右吧。

问：您是怎么教他走路的呢？

邵父：刚开始到三岁之前，他基本上站不稳。站不稳的话，我们基本上就是让他靠着墙站了，之后再慢慢教他。

再一个，小的时候，他上下楼梯就不行。我们家旁边有个超市，超市旁边有三个台阶，我每天就带他走那三个台阶，训练他。也训练了很长时间，有十天半个月。把这三个台阶走下来之后，我就到步行街，找比较多的台阶慢慢走，锻炼他。慢慢地，他就会上下楼梯了。现在他都不能〔很利索地〕下楼梯。因为他协调性不够吧，他下楼梯，必须得一步一步地往下挪，就是一步一看；他上的话，可以一步一看直接上，下的话还不行。

问：小时候洗澡，是您帮着洗？

邵父：基本上是我和他妈妈帮他洗。什么时候会自己洗？这个应该也是十二三岁左右。现在都自己洗。原来他自己洗，每次打了沐浴露或者洗发液，他冲不干净，还要我们监督他。现在基本上什么都可以了。

问：其他生活技能的学习情况如何呢？

邵父：大部分生活技能，都是在学校教会的。他们的教育也是很重要的。在家里面，我们平时要求他帮我们做一些事，锻炼他嘛。扫地啊、刷碗啊、自己洗衣服啊、叠被子啊什么的，反正就是锻炼他的自理能力。

问：什么时候他可以做简单家务了？

邵父：这个具体时间倒不好说。现在是 2018 年，九年级，应该是 2013 年、2014 年左右开始的吧。二三年级的时候，他应该有个十一二岁之后才开始的。平时就是有意识无意识地锻炼他，从小时候，他就在家里面帮着做家务啊什么的。这些小事现在基本上可以，自己上学，自己放学，自己回来。家里面早上起来洗漱啊，吃饭啊，整理内务啊，什么都可以自己做。

问：他的生活技能，您有什么印象比较深的？

邵父：比如说，我们叫他洗衣服，刚开始我们没注意，他洗衣服就放洗洁精，一下倒了很多进去。洗碗，他刚开始就是简单冲一下，后来我们教他要用洗碗布什么的，慢慢地就教会了。现在家里面这些小家务都可以自己做。

比如坐地铁，我就要告诉他从哪坐，到哪一站。他认识，说到哪一站，他就会在上面看，有几站路，到下的时候他就特别仔细，到了站，他就知道。最关键的是这个出口，比较熟悉的地方他知道出，比如说刚才我们要从螃蟹岬①出来，他就知道从 A 出口出，不熟悉的话，他就不知道从哪里出，要盯住他才行。但这也经过锻炼了，我把他丢在地铁上面好几次，〔暗中〕跟着他、训练他。

问：他现在自己能出门吗？

邵父：可以，自己可以走。我上上个星期就把他丢到汉口那边，我说我骑摩拜走了，你自己回去。他就自己一个人从汉口那边回来了。

问：坐车回来？

邵父：是的，还不错，挺棒的。

① 武汉地铁站站名。

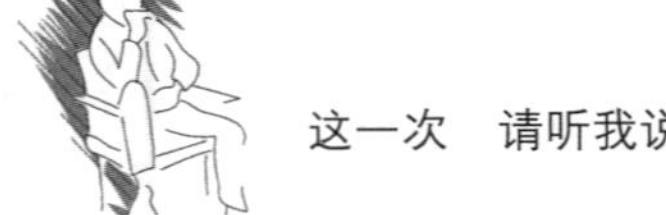

问：您一个人照顾他的时候，遇到过什么困难？

邵父：困难还是有。刚开始上班的时候，并不是那么宽松，有时间才可以接送他。特别是天气不好的时候，就担心他，他要走路，身上就全部打湿。再一个，天气不好，他要打伞，他的视线不好，就担心车啊不安全。天气不好的话，我就必须去学校接他。这和我们上班的时间发生矛盾。现在单位知道这种情况，基本上有什么事，提前说，就可以提前安排，也算是一个照顾。

问：是不是他小的时候，您得天天跟着他？

邵父：基本上我是天天跟着他，二十四小时跟着他。应该说有六七年时间吧。

问：这是不是意味着您得牺牲包括社交等等呢？

邵父：这个没办法的，什么东西都给放弃了，有些事情丢掉了嘛，有得有失吧。小孩有这样的成就，我也很高兴的。没有什么事比小孩重要，他的一点点进步，在别人眼里或许是不属于什么，但在我们这里，就会非常开心。他现在这样，我们觉得已经不错了。

宽松的爸爸，严厉的妈妈

问：妈妈怀弟弟时做过检查吗？

邵父：弟弟检查过。

问：您平时无法和弟弟在一起，弟弟有没有抱怨过？

邵父：这事情，我们都跟他弟弟说，弟弟也比较懂事，很理解。他有时候还关心我们两个，经常打电话关心我们两个。

问：您和弟弟关系好不好？

邵东：好。

问：您现在想弟弟吗？

邵东：想啊。天天在学校，周六周日回去。

邵父：基本上每个星期回去。他俩挺好的，反正他放不下那一个，那一个也放不下他。以后肯定都要过来的。

问：您和弟弟平常在一块玩什么呢？

邵东：我俩在一起就看电影啊，玩啊。上个星期看了《羞羞的铁拳》。

邵父：平常跟弟弟一起打球啊。

邵东：我打得好些。

邵父：你吹牛，弟弟比你打得好些。

邵东：你吹牛。（踢了父亲的凳子）

邵父：呵呵……

问：弟弟学习好吗？

邵父：弟弟学习成绩还可以，他一直在我们那最好的学校的快班里面。

问：他今年是上初中？

邵父：上初二。

问：明年就要升初三了。您对弟弟有什么规划吗？

邵父：他，我只希望他健健康康、快快乐乐地成长。我对他学习这块要求得不是很多，弟弟是比较勤奋的那一种，他平时不贪玩，倒是有时候是我们带他出去玩啊，看看电影啊。他自己愿意搞，我们就不能再给他压力了。但是他要是不愿意搞的话，那么我们就要去压他了。我们现在没有给他任何压力，我每次跟他说你考多少都可以，你跟上就行，因为他本身在快班嘛，我说你咬紧就完了，不要掉队。一千多个学生，我叫他保持在二百名以内〔就可以〕，也没要求说是一百名啊或者几十名那样的。

问：家里的亲戚，邵东最喜欢谁啊？

邵东：堂姐，还一起唱歌呀。舅舅最好，就是带我玩，经常带着我，他请我坐车。

邵父：他和亲戚关系都挺好的，都挺喜欢他的，没有轻视的看法。我们家里谁出去，都愿意把他带着。还有哥哥姐姐一块的话，就经常出去唱歌啊，看电影啊，逛街啊，出去玩。如果说我出去，就更不用说，吃饭什么我都把他带着。从仙桃搬到武汉，住在凤凰山这边没熟悉的，也没有和邻居经常来往。

问：他睡觉的情况怎么样？

邵父：一说睡他就睡。

问：孩子平时喜欢吃什么？

邵父：他啊，他这家伙就喜欢吃肉。

问：除了运动，他平常有什么爱好吗？

邵父：喜欢干什么？（对着邵东）

邵东：没有。

邵父：画画、唱歌呢？

邵东：嗯。

邵父：还玩游戏啊，王者荣耀。画是学校教的，唱歌是自己听他喜欢唱的歌，他就把它下载了，自己听。

问：看来你们父子关系非常好啊？

邵父：嗯。他特别喜欢跟着我。我朋友多一点，经常带着他出去玩。他喜欢出去玩，所以就喜欢跟着我。这么多年，应该有五六年吧，都是我一个人带着他，因为这个小孩是丢不开的，你必须把他带着，所以我走到哪里都把他带着，他慢慢习惯了，他就喜欢跟我。

问：你们父子之间是否有特定的交流方式啊？

邵父：基本上他是这样的。他有他的房间，我在我的房间。每天早上我要是叫他起床的话，有时候他就故意不理你。不理你，要敲门，给他报告。他喜欢看电视，特别喜欢看抗日剧。看了之后，他喜欢的那个人是队长啊，他就队长啊，你就喊我少队长。这样，按规矩给他敲门，你一敲门，他马上就醒了，马上就起床。

问：那还是挺可爱的。平时有没有哪门课，如果他碰到自己做不了，他会不会很难过？

邵父：他没有这种情绪。在学习这一块，他们可能还是概念性不很强。就是反正只要我参与了，我就很开心，是这样。

问：您和邵东妈妈在教育上有什么分歧吗？

邵父：他妈妈在仙桃嘛，不在这里，大部分时间基本上就是我作主。回去的话，对他的分歧是稍微有一点，不是很多，但是也有。比如说看电视，他妈妈基本上让他看得比较少；再一个打游戏啊，我就放松得比较多一点。打游戏啊，看电视啊，我把他时间放得比较长一点，但是我也不是说放着他不管。他妈妈就是管得比较紧，时间限制紧一点，我限制松一点。

问：也就是您比较宽松，妈妈比较严厉？

邵父：应该是吧。他其实还蛮懂得规矩的。他在这里也听我的话，我要说什么，他就非常听。他也不调皮捣蛋啊，他蛮乖的。他要是不听话，我一批评，他也害怕。我要不带他玩的话，那他怎么办？实际上也只是故意气气他，没有说是特别的要求。在其他方面，他是做得蛮好的。自己被子自己叠了，每天洗漱啊干什么，都是他自己。他每天早上还比我先起来，像自己过早①，自己上学，现在暂时还没有什么要我操心的。反正就是我放手放得狠一点。他妈妈在有些方面还是帮着他完成。我是完全放手，就是他自己做。比较下来，我

① 湖北方言，吃饭。

比他妈妈狠心一点吧。

结缘特奥，运动场上绽放英姿

问：他是什么时候接触特奥的？

邵父：那是2014年，在四川的时候开始的。他去四川是第一次参加特奥会，参加了三个项目，一个是立定跳，一个是投掷，就是像投掷铅球，他们不是铅球，是像沙包的形式，还有一个是50米跑。他的50米跑和立定跳拿了两个银牌，投掷拿了一个金牌。

2015年是去美国，拿了两个金牌，100米和200米。比赛刚好是我们这边的十二点，过一点点应该是，教练就给我打电话，叫我给他鼓劲。我说："邵东，你待会儿给我加劲跑啊，你把那几个小伙伴给我甩到后面，给我甩远一点。"他说："好，加油。"他就很大的劲，士气很足，真的。看他的视频，真的是跑得很快，甩得远远的。我这有视频嘛，（展示视频）最边上是他，真的拿了两个金牌回来。

另外，这个报名是学校老师推荐的，不是自己争取的，他运动方面还可以吧。他这种性格，在学校里面老师比较喜欢。他是比较服管的，老师说什么他都能服从；别的学生比较调皮，不好管。再一个他比较主动、比较积极。他和谁的关系都好，他走到哪，感觉马上关系就好了。见面时候，他看见老师，马上跟他打招呼。

邵父：这个照片是当时上台领金牌，旁边小伙是哪里的？

邵东：旁边是外国人。

邵父：俄罗斯的。

问：他能感受到这是一个荣誉吗？

邵父：嗯，能感受到。

问：领奖时，他有没有什么反应？

邵父：他也知道拿了两个金牌，回来很高兴，很开心。他自己内心也比较骄傲。

问：您当时愿意他参与特奥吗？

邵父：嗯。出去的话，他们机会也不是很多嘛，我们肯定是愿意他出去。再从我们家长来讲，像他们，别的家长可能担心孩子走这么远，害怕他受不了什么的。我在外面走得比较多的，比较放心。再说，他出去，一个老师跟着呢。

问：去四川是您陪着去的吗？

邵父：老师们集体带队，我们是自愿跟着去的，陪着，看一下。毕竟想着第一次出去嘛，也是自己想看一看它到底是一个什么样的比赛，什么活动。还想看看他的比赛表现。再一个想给他打打气。出去的话，有时候老师给他打气不行，还得要我给他打。其实他最相信我的话，给他打气，稍微能好一点。那个时候，我们去了三个人，他跟他妈妈住。我和我另外一个，是我老表，也过去玩了，我们两个人住在一起。我们去是自费的。训练的时候，基本上我是一直陪着他。比赛的时候，他进场，我们进去不了，只有挂牌的教练可以进去，还有裁判才能进去。

有很多家长也去了，他们都在旁边看啊，都在给他们加油啊。那里有志愿者，志愿者比较多。另外，大部分看的都是家长，各地方来的家长。当地看的呢，有一部分，但不是很多，这个比赛规模不是很大。

问：比赛前后，您和他有交流吗？

邵父：就是给他加个油嘛，就是待会比赛的时候，你该怎么做啊。就加油啊那些。

问：美国那次您去了吗？

邵父：没去。

问：他有没有跟着老师练啊？

邵父：世界特奥运动会之前，他在北京集训了一个月，在北京奥体中心。教练专门训练了一个月，那是封闭式训练，专业老师。训练的话，我们没法看，不让陪同，但他妈妈去看过。

问：一起训练的，您还记不记得？

邵父：那个胖子，帮你压腿的那个叫什么？

邵东：苏放。

邵父：苏放，对。那个教练还记不记得叫什么名字？

邵东：叫陈什么，是吧。

邵父：陈教练。

问：那陈教练平常带你们练什么，一天训练多久？

邵父：那时候训练得背上面全都刮皮①了。刚好是七月嘛，七月训练了一

① 湖北方言，破皮。

个月，背上面全部晒得刮皮了，脱了一层皮。这是当时训练的一个照片，背上面全部都刮皮了，这黑得。这个照片看得比较清楚一点。这上面的白点点，就是脱皮了，可能这上面看着不清楚。

问：您有没有说打球打太累了，不想打了？

邵东：没有。

问：一直想打？

邵东：嗯。

问：他之前就比较热爱运动的吗？

邵父：他一直跟着我嘛，我基本上每天带他运动一下，打球啊，跑步啊，每天带他一个小时左右。刚开始是跑步，每天陪着跑，在大街上，就是在大东那一块。后来是在学校里面，我每天带着，让他在学校里跑一跑，然后打打篮球，一个多小时吧。

问：输的时候，他会不会觉得很难过？

邵父：不会，他们就是以开心为主，输赢在他们看来可能也有一点概念吧，概念性不是很强。

问：回来后，他会给您讲比赛时的事情吗？

邵父：他回来讲啊。再有就是出去交了朋友，交了哪几个朋友啊，他会讲。他们这个小朋友啊，实际上出去，他们相互之间的关系都非常好，不只是他跟别人，别人跟他也是一样的，是相互之间的。互相之间打招呼啊，拥抱啊，这都是他们老师教的，就是非常有礼貌。他是没有任何〔其他〕想法的，他的世界永远是快乐的。

问：您跟其他家长有没有联系？

邵父：我老婆跟他们家长联系比较多，我联系得稍微少一点。

问：你们会不会带着孩子一起去参加武汉地区的聚会？

邵父：我还真没有一起聚过会，但是他们就会经常聚会。他们家长经常在一起，出去逛一下呀，走一走啊，稍微聊一下。但是没有说是带孩子一起走的，这个没有。

辛苦付出收获回报

问：特奥回来之后，他的生活出现了哪些改变？

邵父：上电视上了好几次。去年吧，评武汉市第三季度时代楷模，他是武

汉第一个，也是湖北第一个学生代表拿到这个时代楷模的。发了个证书。

问：他是不是受到更多的关注了？

邵父：我觉得社会接触面这一块，还是跟原来差不多。说到关注，因为他拿了金牌，相对名气稍微大一点，附近知道他的人就比较多一点。我们心里还算是蛮高兴。他现在表现很不错，我们也满足了。其实他拿什么奖，我们心里也没有什么特别的，我们只想小孩健康快乐成长就可以了，其他倒不是很重要。

问：他出名了，他知道自己的这种变化吗？

邵父：他只知道自己得奖，但是他内心里面，他不知道这个奖有多重要的，他没有那个概念。如果别人说，他很高兴。

问：他出名了之后，周围的人反应是什么？

邵父：反正都挺开心吧，毕竟像他们拿金牌的，没想到。没想到说是有这个特奥会，像这样的孩子可以出去比赛啊，大家比较意外。

像家里面的亲戚都很高兴嘛，感觉付出有回报，也就值了。单位刚开始不知道，后来才知道，这个就是宣传不够吧。（笑）他们是在电视上面看到有节目，看了之后才知道这个事。采访反正也不少吧，挺多的，电视也上了三四次。就是拍照，拍小节目了。在地铁上面，也有他的照片，地铁上面那个电视也放过他。

问：除了精神上的鼓励，还有其他方面的吗？

邵父：他们去美国，回来给了 1 000 块钱。后来回武汉评了时代楷模，奖了 5 000 块钱。他妈妈把 5 000 块钱捐给学校，学校里面不要。不要，他妈妈就给他们学校学生买衣服啦。

问：听说邵东经常和一些志愿者有交流？

邵父：是这样的，有一个融合运动，就是他们和湖北大学、湖北经济学院、武汉科技大学的大学生一起打比赛。比如说篮球，就是大学生上两个，他们上三个，两个大学生带他们三个孩子打对抗赛。像你们大学生就不许偷懒，只能接球之后传给他们，让他们投篮。融合足球是除了守门员，两个正常的大学生带两个他们这样的学生打比赛。在学校里面推广得比较多。

他们也有基金这一块，所以这样的哥哥姐姐们挺多的。那是一对一的，比如说他们有二十个学生去，最少的话，就是组织者不算，大学生至少也有二十个人去。一人带一个他们这样的小孩，就是去哪里都带着他们，因为除了运动，其他还不方便啊，这得靠志愿者。再就怕他们到处跑，怕不安全。所以跟志愿者接触比较多，志愿者的几个哥哥姐姐都蛮喜欢他，他属于比较活泼、开朗的那一种。

问：您对特奥有什么看法吗？

邵父：特奥运动这一块，主要是要推广，让更多人来参与，让更多的人知晓这些孩子，关爱这些残疾儿童。

展望未来

问：看报道说，他还参加过学校的艺术团？

邵父：学校里面有什么表演节目，基本上都有他。因为他比较活泼，喜欢表达他自己；再一个比较好管；再一个他喜欢参加这些活动，相对来说，或许他比别人稍微强一点点，就是有些细胞方面强一点。所以在学校有什么活动都让他参加。

他已经九年级了，基本属于最高年级了。这个年级，相对来说，他的能力比别人大些嘛。他某些方面，也比别人相对来说好一点吧。基本上每次在外面有什么活动，包括融合活动，他都会去。学校里面重大的活动，要升旗啊干什么的，也都是他去。

问：邵东上学要上到什么时候？

邵父：正常情况下，应该是上到 2018 年 7 月就结束了。但可以在学校里寄读。

问：您也是打算让邵东在学校再待着？

邵父：走一步看一步吧。看我这边工作情况，我现在越来越忙。因为他，我已经把我工作上面的事都放弃了，但现在，既然他能够自理，我想有些机会再不把握的话，过去就过去了，年龄大了嘛。所以我现在稍微忙一点，不像原来。

问：关于邵东的未来规划呢？

邵父：一直到现在，最担心的就是他的工作这一块。像他这样吧，出去做事，基本上做不了什么事；想做的话，就是简单的机械化的操作，就是体力活。这样还得有熟人，有关系，别人照顾你，才能收留他。要不然，正常出去打工，估计是比较困难的。他肯定和正常人不一样，毕竟他做事啊什么的，是有差别的。别人要是请人，不可能说是请像他们这样的人，除非说是有熟人帮助啊。反正以后的工作，是我们最担心的吧，也是一直挂在心里的一个结。

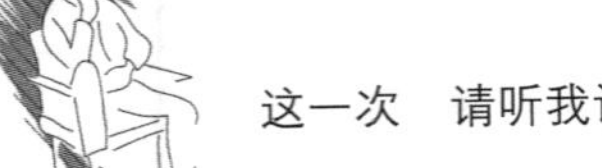

他 2018 年马上就毕业了，毕业了之后，要给小孩找个地方上班。上班赚钱倒是次要的，关键是让小孩不能闲着。让他闲着，他没有打交道的群体，他的智力会逐渐减退。一定要有人跟他交流，思维能够跟得上，要不然的话，就是慢慢地越来越跟不上，跟正常人的差距更加大了。最主要的是他要有个活动的范围，他自己的群体。

具体就是他毕业了之后看情况，有可能送到北京那边去，他的姨伯在那边管一个体育场，管一个公园。他可以帮他看一下体育场啊，捡一下垃圾，矿泉水瓶子帮捡一下。到那边他自己锻炼一下，挺好。也有可能就待在家里。这个是没办法的。工作这方面的话，因为是你去别人那里工作，人家付工资，你还干不了事的话，也不好。这个事还不能确定。

问：您如何排解自己的压力？

邵父：压力肯定是有。这个小孩，我们现在想什么时候是个头？还不是有压力啊。但是这个事情反正落到自己头上，必须自己负责，必须坚持下去。自己的事嘛，病是自己的事，这不是别人造成的情况，是自己造成的情况，肯定要自己面对嘛。没有什么抱怨的，就自己努力吧，做好就行。

这一段路也是自己慢慢地走过来的，反正以前自己经历的事也很多很多，都已经放下了。这么多年了，邵东跟我在一起，我也很快乐，其实。得你自己觉得快乐才行，你要是觉得烦恼的话，那是自己转不过来了。

问：您心态很好啊！

邵父：没办法。

问：还有一个问题，您考虑过邵东以后的婚姻问题吗？

邵父：这个事，正常情况下他们是不能去结婚的，因为身体状况。但是作为我们家长的话，肯定是希望他能够结婚的，但是如果结了，不是就害别人嘛。

烂漫的校园生活——邵东口述

口述者：邵东
访谈者、撰稿者：屈武亮，中南民族大学本科生
访谈时间：2017 年 10 月 12 日
访谈地点：邵东家

问：您上过幼儿园吗？

邵东：上过，在仙桃。

问：几岁上的幼儿园啊？

邵父：五岁就开始上幼儿园了。待了三年。后来在这里搞了九年，今年读九年级。

问：您喜欢上幼儿园吗？

邵东：喜欢。因为有同学在。

问：爸爸是怎么了解到这所学校的啊？

邵父：第一个是打听嘛，再一个到网上搜索。比较正规的学校就只有这个培智中心，江岸那边还有两个学校。这些都是国家性质的，不用掏钱。提前来看过，选武昌这边，因为我在武昌上班。从小就到处给他找学校。最开始是在胭脂路那里搞康复训练，康复训练之后就上了幼儿园，搞康复训练的时候也开始读书了，认字了。小学和初中在这里。

问：这边的老师和普通学校的老师有什么不一样吗？

邵父：区别还是比较大的。对这边的老师来说，爱心是很重要的。他们一块儿的小孩，他是可以自理的，有些智力比他稍微差一点的，就需要老师来照顾。再一个比较调皮的，有的学生动啊什么的，老师要多盯着一点。这里的学生，老师又不能打又不能骂，只能说慢慢地引导他们，也是比较辛苦的。他们老师都特别好，特别有爱心，要不然这学生是带不下去的，他们这学生不好管。

问：这个学校是寄宿的还是走读的？

邵父：走读的，早送晚接。现在可以自己回去，因为我们住得比较近。如

果是下雨，天气不好，就接他一下。平时天气好，就让他自己回去。

问：您喜欢这所学校吗？

邵东：我喜欢这里。

问：老师教什么呢？

邵东：教数学，语文，还有编织、电脑、美术、运动。不紧张。

邵父：科目还有烹饪。

问：学习起来困难不困难？

邵东：不困难。

问：您的成绩怎么样？

邵东：成绩很好。

问：您能排到第几？

邵东：我排第一。

邵父：哼哼哼，排什么名啊，考试就是优啊。这个考试分 A、B 卷，他的语文成绩还可以，数学成绩稍微差一点。因为像他们这样的小孩，数字概念不是很强。他的这个加减法，10 以内或者 10 以外的加减法，他要用手扳着算才可以，用心算，他是算不出来的。

问：您最喜欢哪个老师？

邵东：我喜欢文老师，他也是班主任。

问：其他老师对你们好不好？

邵东：好。

问：您和同学相处得怎么样？

邵东：很好。

问：那您有好朋友吗？

邵东：有。

问：谁是您好朋友？

邵东：魏凯。

问：黄凯？

邵东：魏凯。

问：你们俩是怎么认识的？

邵东：我俩师兄弟，他是师弟。

问：你俩打球，谁打得好？

邵东：我打得好些。

问：您经常找他玩吗？

邵东：找啊。

问：我看邵东和我们也没有很大区别。他还是能听懂我们在讲什么，能给我们回应。

邵父：他能听懂，大部分还能听懂，但有时候他的吐字不是很清楚。另外，有的话他不知道怎么来回，自己内心清楚，他不会表达。

问：学校里，有没有理解能力比他还要差一点的？

邵父：有理解能力差的，也有好的，这里面都有。

问：他是算中等，还是上等？

邵父：中上等。

问：他在学校表现得怎么样？

邵父：他属于班里比较听话的那种。学生每次吃饭，就是打饭啊、汤啊什么的，在二楼，都是他去给打饭。反正就是做事，老师就安排他。只要有什么事，搬凳子啊什么的，就说邵东你去。邵东勤快一点吧。

邵东生活观察日记

观察时间：2019 年 3 月 23 日 9:00—17:00

观察地点：家里和室外

观察者：屈武亮，中南民族大学本科生

时 间	活动内容	备 注
9:00—11:00	起床，洗漱，和爸爸一起吃早饭。随后与观察者一同在客厅看电视，和观察者聊天。	
11:00—11:30	出门买菜，帮助爸爸提菜、洗菜。	
11:30—12:10	吃午饭，与爸爸一起洗碗。	由于观察者在场，略显拘谨，话不多。
12:10—13:00	使用爸爸的手机，玩手机游戏《王者荣耀》。	
13:00—14:00	爸爸提议出门逛逛，与邵东一起在小区的健身器材边玩了一会。	
14:00—14:15	观察者提议和邵东一起去看电影，并获得爸爸的同意。	
14:15—14:35	爸爸开车送邵东及观察者前往电影院。	邵东显得很开心。
14:35—14:55	邵东主动提出帮观察者取票。	
14:55—16:40	看电影，看到高潮时分，会喃喃自语。	
16:40—17:00	电影散场，邵东爸爸开车接回家。	

我的晚年为他而活

——杨思凡爷爷口述

杨思凡，男，2004 年生，湖北省武汉市人。独生子女。智力障碍三级，唐氏综合征。现就读于武汉市武昌区培智中心学校。

口述者：杨思凡爷爷

访谈者、撰稿者：王傲，华中师范大学博士研究生；王建华，华中师范大学硕士研究生

访谈时间：2017 年 12 月 1 日、2018 年 11 月 8 日

访谈地点：华中师范大学操场

一出生就放在我们跟前

问：他的父母是哪年结婚的？

爷爷：结婚，他们是 2004 年，当时就怀着这个孩子。

问：您是爷爷啊，孩子的父母怎么没来照顾他？

爷爷：这孩子从小就是我们在带，因为我们退休了，他爸爸妈妈都很忙，我们就说为了减轻他们的负担，主动把带孩子这个事情承包下来了。何况现在年轻人赚钱也很困难。

问：您的儿子和媳妇的家庭条件是不是不太理想？

爷爷：条件是不行，我们这个家庭原来在我们的单位属于中等偏上，但是这孩子出世以后啊，花了一部分冤枉钱，就把经济条件拉下来了，再要恢复元气就难了。我是 1950 年生的，思凡小的时候我快要退休了，我退休就少了一笔收入，而且那个时候我们机械厂在改制。

问：什么机械厂？

爷爷：我们厂专门做工业上面用的量产品的尺子之类，我们叫量具；还做

刀具，比方说钢铁要做成不同形状，要用刀具来加工它，我们就做那种刀具。

问：思凡的奶奶是做什么的？

爷爷：奶奶是我们这个厂的检验，都是一个厂的。我们这个厂属于重工业，原来跟苏联关系搞得蛮紧张的时候，我们这种重工业要搬到小三线去，1968年、1969年搬去阳新，八十年代整体搬迁回来了，我是1977年还是1979年先回来的。

问：思凡的父母现在在哪工作？

爷爷：他爸爸在武汉公汽公司。他妈妈当时是个体户，孩子出生以后，她就没干了，现在她又转行在做水果生意。大概前年她跟我姑娘打电话，说她做亏了20多万。现在赶回来没有，还不知道。

问：思凡的爸爸妈妈都比较困难，给思凡治病要花很多钱，所以就请您出力帮忙带的，是这样吗？

爷爷：不是，思凡一生下来从医院里抱回来，就一直在我们跟前。

问：这个决定是谁做出来的？

爷爷：没决定，他们谁也没说什么，我们就把孩子抱下来了。孩子有需要，哪里需要说呢？

问：杨思凡之后就一直是跟着您，而不是跟着爸爸妈妈，是吗？

爷爷：不是，杨思凡五岁以前是跟他爸爸、妈妈、我，还有他奶奶住在一起。

问：哦。杨思凡五岁以前和他爸妈相处得怎么样？

爷爷：跟他妈妈接触比较少，跟他爸爸接触多一点，因为爸爸经常带他去看电影、吃麦当劳，他最喜欢麦当劳，总带他出去玩。他妈妈刚开始条件不是很好，在我们家里待了五年之后呢，她就想出去做生意。当时杨思凡有个舅舅在卖水果，她就参与了，在那里学了两年，她自己有些关系了之后，就跟他舅舅分开了，单独地开了个户。从那之后就不跟我们住一起了，单独出去了。

问：为什么做生意了就不和你们住一起了？

爷爷：我儿子现在跟我们在一起，媳妇跟她妈妈一起在武汉站那边。因为我儿子在我们这边上班，在汉阳，他在公汽公司里面跑24路；他如果在武昌，每天上班很难办。武汉站到汉阳钟家村很有点远，所以儿子在我们这边住。

问：那么说是因为妈妈做水果生意，所以他爸妈就不能经常住一块？

爷爷：有这个因素。但是，唉，也是因为孩子，你看这样的孩子，90%都是爷爷奶奶在带，你看见没有？像他们这样维持下来的很少，很多分道扬镳了，你知道吗？

问：他五岁以后，妈妈大概平均多长时间来看一次？

爷爷：原来大概一年来个一两次，现在一年来一次。我每次打电话，她总说在忙！她平时很少回来，因为进货。她有时候到海南进柚子和香蕉，有时候到新疆进些梨子什么的，伊犁的那个蛮小的梨子。她搞批发回来以后，一般晚上一到武汉，赶快卸车，第二天要想办法出手，不能放长了。原来在沙湖有个批发市场，后来开发了楚河汉街，就把沙湖的都撵走了，现在撵到武汉站那边去了。那边生意不好，交通不方便，她那个货回来以后，两三天要不处理的话，都坏了。他妈妈也不容易。

问：他出生以前，爸爸就已经在公汽公司了？

爷爷：对。孩子出生之前他就已经工作了，工作了以后认识她妈妈的。公汽公司还挺忙的，我儿子忙的时候没什么时间陪孩子，他陪不了，就是休息的时候接送一下孩子。休息的时候，他早上把孩子送到学校上学，他在附近停车的地方，在车上睡觉休息，一直到下午放学，把孩子接回来。

问：他爸爸多久休息一次？

爷爷：他们一个星期好像只休息一天，不规范。服务行业的工资也不是很高。

有一线希望，就要给孩子治病

问：杨思凡在哪个医院出生的呢？

爷爷：在武汉商职医院，就是汉口龙王庙那个地方。

问：当时怀小孩的时候没发现什么问题？

爷爷：去检查都还好，都没发现，生之前是一点问题都没有。

问：是什么时候发现的？

爷爷：生了以后，医生才跟我们说这孩子有问题，还说这个孩子胃肠道不好。这个事情还是要怪那个时候人都没有常识，他家家[①]当时稍微提示我们一下，可能情况就不一样了。后来我们才知道，杨思凡的外公家里有几个孩子也是这个情况，有一个孩子已经死了，另一个小的还活着，比杨思凡严重多了，走路完全不行，都站不起来，只能够盘着腿。这些情况，我们都是后来才知道的，当时都不知道。

问：医生具体怎么说的？

爷爷：说那个病的名字，我忘了。就是说他那个染色体好像是差一个，只有二十一对。生下来第三天，医生就跟我们说这个问题，我当时心里都凉了。医生说别的我不知道，但说这个肠胃病，我是很清楚的。他从小到大光是为这个肠胃，就生了很多病，最近这几年已经犯了三次了。我有胃病我知道，犯了胃病以后很难受的。

问：刚生下来，您看出来有什么问题吗？

爷爷：刚出生的时候我就发现有症状，但是我们不太懂，一个是耳朵有点叠过来了的样子。商职医院给我们说了以后，我们找了其他医院的医生也咨询过，说一般这个病蛮好判断，就是两个问题：一个是耳朵；然后就是小手指，小手指的关节少一个，正常人应该是三个，是吧？我们的孩子就是两个。

除了手和耳朵之外，还有腿上面关节的这个地方有一点内斜，有的人斜得很严重的，他斜得还行，这是后来才看出来的，当时看不出来。当时能看出来的就是两个眼睛距离比正常孩子大一些，正常孩子两个眼睛在鼻梁两边，隔得比较近，他要远一点。还有一个是说话，他说话语言表达能力不行，这个表现得很明显，他一直到将近三岁还不会说话。三岁多的时候，他妹妹过生日，他好像突然说了一句“妹妹”，说得很清晰，从这一次开始才陆陆续续会说话。现在说话呢，就是单词能说清楚，但是不能组成一句完整的话，比较复杂的东西他说不完整。还有一个，就是腰部有问题。别的小孩大概七八个月的时候，基本上就可以坐在床上玩了，他一岁以前都是趴在床上玩，因为他腰部不好，没有力。

问：当时针对这个情况家里有什么办法吗？

爷爷：家里就是希望能够带他去求医问药，为了这个到处奔走，后来到农村去找土医生——因为城里医院说这个病根本没办法治，是全世界性的不好

① 湖北方言，外婆。

治。治病的高手，有的隐藏在民间。我们总是抱着一丝幻想，到处走，到处去打听，但是都不行。这样的病，在农村根本没人听说过。后来我们一打听，才知道现在这个病有个统一的名称叫唐氏综合征。这个名字我们也是这两三年才知道，原来不知道是叫什么病，只是说它染色体多一个。我们问了几个医生，后来有关这方面的书也买了，自己在家里看。书上说得太可怕了，说国际上有一个寿命最长的，只活到四十岁，在我的印象中好像没到四十五岁。

问：这两年是怎么知道唐氏综合征的？

爷爷：是学校搞活动，拉的标语，上面写着“唐宝宝”①，我还不懂“唐宝宝”是什么意思，“唐朝的宝宝”吗？后来我问老师，老师说这是患一种病的孩子，叫唐氏综合征。到底是引用哪个姓唐的什么人的名字，我就没有问。

问：当时家里对孩子的治疗有没有什么分歧？

爷爷：家里只要有一线的希望都要治病的，我们准备把房子卖掉。我们没有分歧。我还有一个女儿，女儿和女婿是公务员，条件很好，他们不会看重我这个房子，我当时就想如果孩子有一些希望，就准备把房子押出去，但是到处求医问药都没效果。

生活和开销，爷爷奶奶全管

问：孩子生下来之后就是您和奶奶在管？

爷爷：唉，对。当时是想着我们的状况比较好，养一两个孩子是没问题的。孩子刚出生，我还没退休，退了以后条件差下来了。他们好像习惯我们养了，我们怎么好向他们要钱呢，是不是？他爸妈赚的钱是自己的，我们从来都不过问。

学校要什么东西，比如说校服，要首先找到父母，但是他们忙的时候回不了话，学校马上要处理。像昨天孩子交校服的钱就是这样，没办法，孩子家长联系不上，打电话也不接，发微信也不回话，老师只好给我打电话，那只有我出。上午把钱一付，孩子下午放学穿回来。

这个孩子平时吃喝拉撒都是我的。我怎么好要呢，你自己要愿意拿出来啊！孩子的事情不说别的，他每年的服装都挺贵的，一套根本都不够换。马上孩子再买冬装了，孩子从里到外，包括鞋子，这都要花钱。孩子服装挺贵的，

---

① 唐宝宝，民间对唐氏综合征人士的爱称。

那钱从哪里来？他们不过问，而且心里想反正你们不会让我的孩子冻到，不会让我孩子穿得蛮差，到学校来被人笑话。他们现在有这个固定的想法。

这么多年，每年孩子的乘车费，一个月将近一百块钱，休息还带他出去玩，一年下来就是一千多。孩子原来小的时候坐地铁，一米二多了一点，被地铁工作人员抓到两次，他很害怕，我就给他买了公交卡。

问：在地铁里面为什么抓他？

爷爷：超过了一米二，超过了一点点，〔不能免票了。〕我们这蛮多人一看地铁里抓孩子，就自己跑了，最后地铁没办法，还得把孩子给送回去。我做不出这种事情来，我怕这个事情吓着孩子，给孩子造成阴影，所以我从那时候起给他买了一张公交卡。现在老堵车，我们最迟六点钟要出门，要不然到学校就迟到了。

问：没有地铁吗？

爷爷：有地铁，但是费用太高了，坐地铁到积玉桥四块钱，坐公汽一块六，天长日久的，数目就不小了，是不是？而且我天天都要接送。

问：那坐公交从汉口过来还蛮远的？

爷爷：是的，他每天坐公汽路上一个多小时，但是也不闷，他跟我说话，因为他喜欢交流。有时候就是睡觉，他早上起来早，就在路上再睡一下。

今年武昌区政府做了一件好事，一个孩子发五百元的乘车卡，所有孩子都有。今年9月公交费是我们自己出的，国庆之后这个卡就出来了。现在武昌区政府这样一搞，确实给我减轻了一些压力，我压力还是有点大。

问：特殊学校每个月的费用怎么样？

爷爷：没什么费用。学校教育是全免，课本这一类的东西也是免费的，家长只付午餐费，平均每月二百元左右。就是用完了学校发的作业本以后，要家长买一点作业本。一般一个学期给他买一个厚一点的语文本，差不多就够用了。

问：您退休的时候，奶奶已经退休了吗？

爷爷：对，她先退休，因为有病，病退的。她原来在工厂是在一线，车间里面天天加班。我当了车间主任以后，跟厂里建议把她换到检验单位去了，就轻松多了，检验她只是抽查一下。所以我退休之前，奶奶管得多一点。

问：你们退休之前，小孩子日常的照顾，你们能兼顾吗？

爷爷：还好。因为那个时候厂子已经不行了，他奶奶经常能够回来一下，而且杨思凡五岁以前他妈妈在家里，可以帮我们管。杨思凡两三岁的时候，还在摇篮和车里面，他腰不好嘛，站不起来。到三岁多以后会说话了，我们就给他买了一个可以站在里面，下面带轮子的那个东西，他可以在地上跑和走，慢慢地练。

问：那时做饭洗衣服这些事情都是谁做的？

爷爷：这些事情都是他奶奶做，他妈妈就看一下孩子，她要有事就去搞她自己的事情去了。

问：2010 年您退了之后，就主要是您在负责照顾杨思凡，奶奶身体不好，是吧？

爷爷：不完全是。好像是 1998 年，那个时候厂子不行了，当时武汉水泵厂有个维修车间，正好没人干，我就承包了，把车间技术拔尖的工人带出去一批。做了几年之后有一定的实力了，约了三个同事到外面去租了一个厂，在卖二手机床的地方买了十几台设备，拿回去修了以后，找武汉市退休的老工人来干。老工人责任心强，认真，不像从技校招过来的年轻人，条件又高，手艺还不行。

我退休的时候是 2010 年，六十岁到了，我就到原单位去办手续，拿个单子，然后到社保局去办的退休证。我们在外面做了大概有个七八年，2014 年我六十四岁了才没做了。我们一起做的几个同事的子女都不是搞机械的，那个厂留着也没用，就卖了。

问：等于说您退休了之后还在做事情，是吧？

爷爷：不做没办法，家里没办法支撑下去，是不是？我老伴虽然是病退，但是那个时候拿不到钱，总是拖欠工资。现在国家职工基本上都有保障了，原来那些老工人很艰难，经常因为工资在马路上面闹事。

问：2014 年为什么不继续办厂了？

爷爷：如果他家家能帮忙多带几年杨思凡的话，我还可以坚持再干几年。因为我们把厂子经营得还可以，主要做日本包装机上面的零配件。那个小日本你说它不好，但是它比我们中国的信誉好很多，我们把产品发过去以后，第二个月款就可以回来。它给的价格在日本来说是偏低的，但是在我们这里收益还可以。

我们做的国内的一些公司的产品，拖两三年都不给钱，刚开始合作的时候还可以，做一年以后就不行了，用我们武汉的土话，就毛坯①了，总是拖呀拖，一直到我们厂卖了以后，有些钱还收不回来。

---

① 湖北方言，耍赖。

问：孩子的家家平时也帮忙带一下，是吧？

爷爷：家家也管，比如说奶奶生病的时候没办法，就打电话让家家来接孩子。接一段时间以后，就跟我打电话说她腿不行了，身体不好，让我接回来。去年孩子奶奶住人民医院，我在那照顾他奶奶将近两个月，后来他奶奶一出院，他家家那边就说不行了，我就过去接孩子回来。

问：奶奶生病住院之前家家没怎么管过吗？

爷爷：杨思凡一二年级，那是我最忙的时候，家家管过。他们原来的水果行在沙湖，离孩子学校比较近，她会帮忙照顾孩子，周一二三四五她管，星期五晚上我下班以后，把孩子带回来过星期六星期天，到星期一的早上我给送到学校。寒暑假，包括春节都是在我们这里，最多他妈妈把他接到亲戚那里去玩几天。他家家的老家在蔡甸侏儒村，他妈妈带到那里去走亲戚，最多两三天就给我送回来。

我们每天带着孩子挺辛苦的，但是我乐意，因为他跟我时间长了，感情都是磨出来的，我现在怎么苦怎么累都愿意。他经常犯胃病，一犯就吐。吐得最狠的一次吐的水都是绿色的，我们把孩子送到医院，医生埋怨我们，说孩子的胆汁吐出来了，你们怎么才送过来？因此我们后来很注意。这孩子从幼儿园一直到现在，他的菜都是我单独做的，是单独开的小灶。他吃东西有点挑，肠胃也不好，辣的东西不能吃，蛮硬的东西像油炸的黄豆啊、兰花豆啊也不能吃。再就是冷饮一类，一点都不能喝，一喝，晚上回去就不舒服。你看我无论到什么地方，都给他带一瓶开水，我自己也带一瓶。这是专门为他买的比较好的保温杯，能够保温十二个小时以上。

现在在学校里吃的大食堂，有时候难免……午餐里面的土豆丝他消化不好，回家之后胃不舒服。不过这种是短暂性的，都不要紧，到第二天基本上可以恢复。晚上回家，我单独给他煮稀饭。

晚上放学我接他的时候，别人总是问我“你每天背着个包包干什么？”我带着孩子的衣服，带着毛巾。他在学校运动量大了以后，里面衣服都汗湿了，没条件换。放学以后，我首要任务就把他背后摸一下，如果有汗，赶快放毛巾在后背里面，有时候看汗多了，就把两条毛巾同时放进去，保证孩子不生病。

有时候晚上轮滑完了，或者是在学校打了篮球以后，他洗了澡我还要给他洗衣服。把他的事都忙完了，我才能够洗漱上床，那个时候基本上他已经睡着了。他有时候等我，催我快一点，我说这个东西不能快，因为要洗干净，但是每天他都催我。

早上他如果想吃稀饭，我们就四点多钟起来给他做，还要给他炒个菜，不然他不吃稀饭，以前里面放盐放糖我都试过了，他都说不好吃，非要有一碗菜。我每天睡觉最多也就四五个小时。

现在长大了要好些，夏天知道穿什么衣服。今天上午我给他把衣服拿出来了，还给他拿了一件背心，我怕他冷，结果他说，天气预报说今天是晴天，实际上今天是阴天，他背心没穿，我不知道。等到我把孩子送到学校，老师跟我说，他今天要轮滑，我说那我要赶快去拿鞋，我又回王家湾把鞋给他拿过来。我回去拿鞋，发现他把衣服甩在床上面，背心没穿，于是我又把那个毛线背心拿来了。现在他自己热了，晓得把衣服脱掉，但是这天气啊反复无常，下午突然变冷了怎么办呢？有几次下午变天了，没办法，我总是把我自己的衣服脱了给他穿，我自己冻得瑟瑟地回去。

大人病了好办一点，把药一吃、针一打就好了，小孩病了不好办。这孩子有点小毛病，就是不想去大医院。他怕打针。每次我都说没人说要打针，但是他知道去医院肯定要打针，因为他犯胃病的时候，我把他送医院去，医生一检查，说要抽血。我把他带过去抽血，他说是不是要打针，我说："不是的，就检查一下你的血。"把他哄过去了以后，那个医生说把手伸出来，他不知道是干什么，把手伸出去医生就一咀①，一咀他就叫起来了。我说男孩要坚强，鼓励他，他还是怕打针。

问：思凡平时在家有什么兴趣爱好？

爷爷：在家里就是画画、唱歌、玩他的小火车，再就是下棋。唱歌的话，这孩子发音不太准，我总是要他小声地唱。原来我上班的时候，星期天他就要求我带他去玩，武汉市除了沙湖公园没去，玩得最多的地方是汉口江滩和汉阳江滩；其次是解放公园和月湖琴台公园。他最高兴的是到江南路玩，一个是夏天能玩水、游泳，一个是冬天到江边去挖沙，还可以在沙上面写写画画。游泳的东西，我给他武装的不是一整套，是两整套。这孩子从小就喜欢户外活动，性格好动，喜欢在外面玩。

问：您觉得在家里他是跟您，还是跟奶奶、爸爸比较好呢？

爷爷：他想起他奶奶和爸爸的时候，就是在我这里受了委屈，就去投向他们。平时他很少跟他们在一起，特别是晚上要睡觉的时候，我说以后你跟你爸爸睡，他不肯，我说你跟奶奶睡，那更不愿意了，我说那你跟我你就要听话。

---

① 湖北方言，用针扎。

为什么不跟爸爸睡呢，爸爸在那个房子抽烟，烟味蛮重，他不喜欢。我们那个厅蛮大，我平时在那个厅里抽一支烟，他都不停地说“不能抽烟，烟有毒，不能抽烟”。也不知道他从什么地方学的，反正我要在家里抽烟他不让，我只能走出去抽，我就被他管得这么紧。我这人任何人都没管下来，包括他奶奶管也管不下来，这个家伙把我管住了，不让抽烟，那就不抽烟了，那就去外面抽。

我往出去走的话，他还看我拿的什么东西，我要是拿着包包之类的还换鞋，他就怕我跑了，要问清楚我要到哪里去。要是我说出去转一下，他就说我也跟你一起去。我们家里这三个人，他奶奶和他爸爸任何时候出去，他都不问，我只要一动脚，他就要关注了：“你到哪里去，我也要去。”我说我有事，他说：“不行，带我去。”就我不自由，真是很不自由，一出去就非得要带他。他生活各方面都能自己处理，穿衣服穿鞋穿裤子都能穿好，饭吃完了洗碗擦桌子，都可以。

问：这么多年在教育孩子方面，您跟家里其他人有没有什么分歧？

爷爷：他们一般对孩子学习啊什么的都不管，就是我累了，他爸爸休息的时候帮我送下孩子。孩子学习好坏，他们都不知道，基本上都是我在操心。老师有任何问题，基本上99%都是找我。

老师态度非常好

问：杨思凡上过幼儿园吗？

爷爷：上过。孩子两三岁的时候跟平常小孩一样，你不认真看，刚接触他，你看不出来他有什么问题。他喜欢跳舞，小时候唱歌跳舞都可以，包括现在在学校里基本上唱歌、跳舞、打球都可以，很爱运动。

问：他当时是在哪个幼儿园？

爷爷：在我们住的洪起商住楼附近的幼儿园，就在我们小区大门的侧面，很近的，好像是名字打得很响，叫什么国际性的什么幼儿园，但是具体名字我忘了，因为十多年了。现在我们那边一片全部拆了，做成了中央生活区，叫王家湾中央生活区，都盖了新楼，原来的老房子都没有了。我们的房子还没拆，不过也快拆了，这一两年他们要找我们谈的，因为中央生活区完工以后，还要规划做花坛、修路、修商店。他当时是在王家湾附近幼儿园上的学。

问：您能说说他上幼儿园的情景吗？

爷爷：他在幼儿园读了三年。在幼儿园，他跟平常小孩没什么区别，而且很外向，幼儿园的演出都少不了他。他应该跟其他小孩玩得还行。长大了，同龄的小孩都不愿意跟他玩了，他没办法，只能一个人玩。小的小孩愿意跟他玩，但是他不愿意，非要找跟他差不多大的或者大一点的。

问：同龄的孩子为什么不愿意跟他玩？

爷爷：他们玩的东西、玩的方法和想法都不一样。我们孩子一检查说是有这个问题之后，我就看了很多这方面的书，书上面介绍说唐宝宝一般胆子非常小，要是受了别人欺负，他都不敢过去。比如说他一个人玩玩具，别人来跟他抢走了，他就算了，自己再去找别的玩，再到后来他没的玩了，就自己一个人玩。但是，我们的孩子从来没把他在家里关过。我原来工作的时候，只要一休息，就带他出去玩，认数字、认颜色，很多东西在家里怎么教他都记不住，都是出去学的，比方说，带他到公园看花的颜色，看火车的颜色，火车有白的、红的、绿的，路上看见了货车，他就给货车起个名字叫“破火车”。

问：上完幼儿园之后，您是想把他送到一般小学，还是优先考虑的是特殊学校？

爷爷：一般小学在报名以前要测试、考试，一个是数数，一个是认颜色，他没有那个能力。如果通过不了测试的话，他就不能上一般小学。

问：您是已经带他去考试了，还是说担心他考不过就没带他去考试？

爷爷：没有去。刚开始就报的武昌区培智中心学校，我们很担心他进不去，结果一报考还行。他这个学校环境比较特殊，有的孩子更不行一些，但是我们当时不知道，我们在家里看我们孩子，觉得报这个学校都没希望。其实我们来了两次，第一次来，孩子六岁，说孩子小了，我们等了一年，好像是2011年他七岁了才上一年级。他们这里的孩子都是八九岁才入学，年龄普遍偏大。在这个学校学了一年多的时候，他比别的孩子表现还好很多。

问：他们老师说他属于A类，就是第一类的？

爷爷：他们分几类，我不知道。反正他现在作业考试都是A卷，表现还可以，考试基本上都是90分以上。以前上四五年级的时候，他数学分数很高，每次基本上可以达到98到100分，就是语文差，写的字不行。他们学的东西都非常简单，但是每次考试很多同学都不行。六年级读完以后，按照一般的学校，他应该读初一，但是他们这个学校是九年义务教育，初一叫七年级，这个学校在积玉桥那边。

问：您当时是怎么知道培智学校的呢？

爷爷：她妈妈原来在武昌沙湖水果行做生意，沙湖离这个学校大概只有两

三站公交。那附近的人到她那去买水果，她就打听、就问，最后问到了。那个时候还不难进，我们从汉阳来，也能进去，现在要进去就非常困难了，不是本区的很难进得去。

问：他在学校里主要学什么？

爷爷：就是语文、数学、音乐、画画、体育、生活课，再就是舞蹈，舞蹈班。音乐他们叫音律。

作业不是蛮多，但是每天有做的，每天把在学校学的东西回去跟家长一起回顾一下。每次他都是自己做作业，做完了我们检查，看今天学习的内容听进去了没有，学到手了没有？我们的孩子数学成绩还可以，我没操什么心，没检查他什么，就是语文操心。其实语文他应该也行，就是有点懒，让他多写一个字都不愿意。有时候一个字本来就多耽误一点点时间，把那一横加上去就对了，他非要少写一横，或者少写一点，最后发现出错了，就得全部改。你让他改一个两个还可以，改多了他就不耐烦。现在大了，我们说他就逆反，跟正常孩子一样，单靠说服不行。他有时候说我们老师说的可以少写一点，我说我明天就问你们老师。他还是怕老师，听说要问老师就乖乖地加上去。

学的内容要低得多，现在七年级了，还没学乘法，但是教孩子学，比方说他要认钟表，那个一大格五分钟，他记住了，原来是叫他五个五个地加，一直加到 12 个五个，完了以后，12 个五个等于 60，就是 60 分钟。这样加了多累，我说你用乘法快些，乘法是什么，他不懂，我说不懂就背乘法表，他的文具盒里面有乘法表。他背了大概一两天以后熟悉了，我说你再算，这个乘法比你那个加法是不是快一些？到后来他就很认真了，期中测试的时候，老师跟我说，这孩子给他 A 卷，他能全对。正常孩子认钟表应该不算一门学科，但是这些孩子没学过，对他们就很难。

我们年纪都大了，很担心我们不能动的时候孩子怎么办，好在现在七年级在学习生活上面的基本技能了，用电饭煲、炒菜、洗菜、切菜都可以，都是这学期学的。老师每天发消息说要把他们洗菜、切菜、炒菜的视频发给学校。没办法，这个你不能造假了，是不是？有时候饭吃完了以后，他就去淘米、切菜，切好了以后我把它用塑料袋一装，放冰箱里面冷藏起来。第二天放了学，我做饭的时候他就去切菜。

当然他没有我们切得那么标准，切得有的粗有的细，炒的菜呀不是盐给多了，就是少了，不过那都不要紧，毕竟刚刚开始，最后做出来也可以吃。他还没有放盐的标准，不知道多少菜放多少盐，这个需要一段时间磨炼。

我们这远呢，有时候一堵车回家五点半了，现在五点半到家基本上天已经黑了。这个时候他想做饭也不能让他做了，他的动作毕竟太慢，我快速把饭做好。吃完以后，他还有作业要做。作业做完，顶多玩一下就要洗了睡觉。

问：您提到学校教孩子做饭，好像一般学校不会学这些？

爷爷：对，特殊学校就是这样的，重视孩子们的基本生活技能培养。他们现在七年级了，九年级就要毕业了，教他们一些生存技能。

生活自理他很小就会了。这种孩子宁可去做事，也不想写作业。他小时候我们在拖地，他趁我们不防的时候，就拿个拖把把家里到处拖。厨房对他有危险，他小时候我们不让他去，但是他就喜欢弄。小时候被烫过，脸上弄得都是的！那次我们家里煨汤，把瓢放在汤罐子里，满满的一罐子里面都是汤，他在上幼儿园，就把那个瓢一拍，结果一整瓢汤一下子泼到他脸上去了。他在家里挺喜欢做事，他自己想学，也喜欢，要他去切菜做饭，他很高兴的。现在长大了以后，喜欢切菜、淘米、做饭，他认为这个蛮新奇的，再要他拖地他就不愿意了。淘米是他读五六年级的时候会的。

问：您觉得这些课程对他有一些帮助吧？

爷爷：很有帮助。因为我们最担心的就是今后老了不能动了，谁给他做饭，他怎么生活……他现在慢慢练了，自己会做了，就是炒的菜不是咸了就是淡了。我们现在这个身体状况，感觉还好，近一两年应该不会犯什么病，再照顾他几年没问题。我也是胃病，我的胃是在单位里面弄坏的，单位里忙的时候要加班，晚餐基本上到十点钟了，很晚才回去吃饭，菜放凉了，自己也不想热，就冷菜冷饭地对付。年轻的时候受得了，但是这样积累下来，年老了它就给你翻老底。

问：他在学校里面跟老师和同学们相处怎么样？

爷爷：他在学校里应该是个名人，学生和老师对他无人不知。有一次我妹妹过来把给孩子买的安利产品送到学校，她一说杨思凡的名字，学校的门卫就说东西你就放这里，杨思凡是我们学校名人，没有老师不认识他。

问：老师平时对学生也挺好的？

爷爷：老师很好。学校有什么大事都跟家长商量。这个学校的优点就是老师的态度非常好，老师跟任何同学都不发火。曾经有个学生趁老师不注意的时候，从旁边把老师摔下去了，那个女老师真的不错，她起来以后，拍拍身上的灰和泥巴，没做声就走了。一般正常的学校才不会这个样子。

前不久学校搞运动会，我们家长也在。这些孩子入这个学校的时候年龄就

偏大，再读几年就长得更高了，有的个子蛮大，其中有一个男同学冲上去，从侧面抱着一个女老师啃了一口，那女老师惊慌失措地把眼镜弄掉地上了，老师什么话都没说，只是红着脸走开了。老师能怎么办？那个孩子的家长在不远的地方看着，还在窃笑！孩子做出这样的事情，家长不管是家长的问题，是吧？现在你孩子在学校占了便宜，今后到社会上面去了，你要倒大霉。就算是孩子不懂事，你家长在旁边看到了，你却不管，孩子不懂事你家长也不懂事？这是害你的孩子。当时我们看到蛮气愤。

这个学校，我不是吹捧他们，老师确实比别的学校的老师更难做人，不仅对孩子态度要好，而且要面对家长。家长看到自己的孩子有时候在学校受了委屈，或者是孩子们有时候疯疯打打的，下手重了一点，家长来了以后就找老师，说你是怎么教的孩子，不依不饶的。老师受了委屈，没地方说。你说这么多孩子，老师每个人都盯到是不可能的事！所以孩子出了任何状况以后，家长跟老师都要好好沟通，要相互理解，是吧？受伤了的就去医院看，不能责怪老师，责怪老师干什么？老师没责任的，因为下课了之后，孩子出去玩，老师难道要跟着他吗？没这个事，这些闹事的人，我们不理解。

问：他跟同学之间相处怎么样，有没有人欺负他？

爷爷：小孩子之间磕磕碰碰总是有，你看他蛮多伤疤。别人伤他，很难说是有意识还是无意识的，反正我没追究过。

以前的幼儿园离我们很近，一出小区门就是了，谁敢欺负他？无论有什么事，他奶奶长期在家里，经常到幼儿园门口去看一下。小孩子一看家长总在门口转，谁敢去欺负呢？

小学的时候五年级六年级的倒好，七年级孩子大了，你看他手上到处都是伤。有一次大概是为一个什么玩的东西，小孩子都想玩，以前小的时候你跟他讲，玩具让别人玩算了，他听，现在大了以后，他认为自己大了，力气也大了，玩具就要自己先拿来玩，别人不愿意，于是要抢，这一搞就起冲突，就伤到了。你说是有意还是无意呢？更何况这种孩子他们下手不知道轻重。

问：这个事情后来怎么处理？

爷爷：这个就是跟家长沟通了，让家长看了一下他的伤，那个家长赔个小心，也就算了。我总不能打别人孩子，是不是？他手上伤现在都没好，腿上的伤刚刚好。他自己并不觉得有什么，第二天上学又跟别人玩到一起去了，小孩没记性，不记仇，自己都不在意的。

发现了运动天分

问：您刚才说杨思凡在学校很出名。他出名主要是因为特殊奥运会吧？

爷爷：对。第一个他自己蛮喜欢体育运动，而且他曾经多次代表武汉市和这个学校出去参赛，拿过多种奖牌，比如说滚球、轮滑。但是这个孩子胆子很小，轮滑要加速，加速就要跑，他就不敢跑，结果轮滑的速度提不上来，只能平滑。他拿金牌银牌铜牌的项目主要是滚球。湖北省在体育馆比赛的时候，他去参加，为学校拿了一块金牌回来，然后到武汉新洲去，好像是参加一个叫新洲东亚滚球大赛，比赛时也是拿了一个金牌。

问：滚球大赛是哪一年？

爷爷：好像是读三年级还是读四年级的时候，噢，应该是 2013 年。2016 年他到成都去了，是全国的特殊奥运会，因为成都太远了，他水土不服，所以那一次成绩不太好，不过也拿了银牌和铜牌两块奖牌，所以他们老师还是蛮满意的，觉得能拿个铜牌还是挺不错的。2016 年从成都回来以后，他还在武汉体育馆参加了一次湖北地区的滚球大赛的选拔赛，也是拿了个金牌。在学校里，他也经常参加班级之间的羽毛球赛，经常拿一些小奖。他的金牌和获奖证书我都保留了，虽然这样的东西不太值钱，而且国家不认可，但是作为孩子，他努力了，就想给他留个纪念。

问：您应该是通过学校了解特奥的吧？

爷爷：对，主要是学校组织安排。

问：他什么时候开始表现出运动方面的天赋的？

爷爷：他从进这个学校就好动，好打篮球、羽毛球，老师就发现了他的特长。每个新生进校之后，都会有老师对孩子的特长进行关注。当时他的班主任曹老师推荐他去练练滚球，发现他在滚球方面有一点天分，让他好好练习。

他其实更喜欢足球、篮球，篮球最爱，但是篮球没地方练，我们小区没有这个场地。到别的学校去打篮球，一个大人带个孩子，人家不让进去，而且你进去用他的架子要付费。每次我带他去有篮球架的地方，他就在外面站着，一看就是半个多小时都不走。他对篮球兴趣蛮大，但是费用太高，你用人家的篮筐，篮球自己带不行，要用人家的球，球也要付费。我们想的是孩子玩个篮球都要付费，没那个必要吧。大学虽然有不要钱的篮球架，但大学基本都在武昌，我们那附近没大学，有几个小学，但小学不让进去。

特校里面有篮球，但是学校说一个孩子只能报两门运动项目，他报的是滚球和轮滑，要是再报篮球的话，就要牺牲一个项目，但是滚球和轮滑他都还喜欢。而且滚球如果要不滚了的话，学校可能也不愿意。现在学校里面的选手基本都是新手，今后要参加大赛的话，还要靠他这种老将出去拿分。

问：他自己怎么说？

爷爷：他自己觉得这个东西比学习好玩，他的想法非常简单。比方你跟他说明天湖北大学有人来搞融合活动，他最高兴，因为每周五湖北大学都要派几个学生过来帮助指导打篮球，他听说这个事情就知道有篮球打了，就高兴。湖北大学的学生来是因为学校有几个孩子是篮球班的。杨思凡并不是篮球班的，他就是自己事忙完了站在旁边看，他们球掉了，他就赶快去抢，就能玩一下，这样他就很高兴了。所以这个事情，头天不能跟他说，要当天去的时候才跟他说，不然前一天他就会一晚上兴奋得睡不着。一般是上午去上学，下午搞融合活动，教练是雷老师，雷老师管他的滚球，还有一个夏老师管轮滑。

问：他是一进这个学校就开始训练的，是吧？

爷爷：一进学校老师发现了他的天分以后就开始了，不过一开始我们不知道，到第二年开学的时候，学校要家长填个表，我们还不知道轮滑是干什么的。最后训练了不到一年出去参赛，效果还可以，老师就让他继续训练。正式开始是 2012 年，他们学校好像一选中了以后，看看只要没什么问题，基本上都会定下来，训练得好的话就比赛看一下。

问：他参加特奥训练是一件蛮艰苦的事，他能坚持吗？

爷爷：他每次要参加大赛之前，学校就要提前两个月训练，每天放学练一个半小时。去年我是全程陪他练，刚开始练得蛮累的，因为天天放学练，练到下午五点多想吃点东西了，可是学校没东西吃啊，没办法，我就要他坚持。每次要他坚持就要付出代价，他想要什么玩具随便开口，要给他买到。有时候买到了就放在旁边，跟他说：“你练，练好了这些玩具都是你的。”

他很想要那个卡通片的玩具，名字好像是叫猪猪侠，里面有一套金木水火土的玩具，把它往手上一戴，就能够变绿色的和其他的动物。他要这个，想了很长时间我都没给他买。这一次练滚球的时候，我说：“你要是滚好，每天耐心地练，我给你不是买一个，是买一套。”他就同意了，练了几天表现还可以，老师也表扬他。雷老师有时候也给他发吃的，发点饼干，有时候给一个两个的。我看他表现可以，就去给他买了一套。

但是他呀，任何一套玩具，再好玩，买回去玩半个小时就不好好玩了。家里的汽车三四个全部都拆了，现在只有两个飞机因为没地方飞，一直没有拆。一个是无人机，在我们小区里面玩，怕飞到别人家里把别人撞伤；另一个是直升机，也是要有场地。家里其他玩具都玩坏了，比方说那个小火车，本身有拼接的东西，有桥梁和关卡，他玩了一会儿之后不好玩了，自己就把家里的板凳搭得很高，小火车爬不上去，他就在下面推。推了一次两次，太长了，自己也不愿意推了，就怪小火车没用，把小火车摔了，摔了之后就要拆。他自己会换电池，知道电池怎么上。我跟他就搞了一个小起子，蛮小蛮小的十字起子，本来是换电池用的，他就用这个起子，自己就把小火车拆了。我说："为什么要把这个东西拆了?"他说："有问题，爬不动。"我说不管爬得动爬不动，这么小的火车，你让它往板子上面爬，怎么上得去呢，是不是?

问：除了在新洲、成都、武汉体育馆参赛之外，还有其他大型的比赛吗?

爷爷：哦，还有一次在河北邯郸，是今年，2017 年，大概是 5 月 12 号出发的。但是到邯郸以后，孩子病了，发烧，所以这一次没搞好，只搞了个第六名。这一次也是滚球。

问：没听说过他参加轮滑的比赛?

爷爷：还没比赛。轮滑我刚才不是说了吗，这种孩子天生胆小，他不敢快，总怕摔倒了。你看他的速度比慢的要快一点，比快的要慢。他要是参加大赛的话，会浪费学校的一个名额，因为他拿不到奖牌，拿不到分。轮滑反正也就带着训练，就是想让他这两年能够突破一下。要他在加速方面有突破，我看比较难。

问：篮球不也是有点危险嘛，他就不怕被篮球砸到啊什么的?

爷爷：篮球还好，轮滑他是怕摔倒，怕撞到人。

问：他参加这四次大型的比赛，每次你们都陪吗?

爷爷：我身体不好，第一次到新洲我去了，以后每次都是他妈妈陪着去。我在外面要是搞病了，孩子怎么办?

问：新洲的那场比赛大概是怎么样一个流程?

爷爷：新洲的那次是这样：先是每个地区的对抗赛，就是这边是 A 地区对 B 地区，那边是 C 地区对 D 地区，谁赢了就跟另外一组赢的队伍再对抗，然后再不断选拔。

问：滚球大概是怎么个玩法?

爷爷：我听老师介绍，滚球是英国皇家最高尚的娱乐方式，一般在室内玩，就是目标球发出去了以后，你再打出你的球，谁的球离目标球最近，谁就

赢了。但是别人的球靠近目标球了，后面的人可以想办法破坏掉，把他的球打走，或者是把那个目标球打远一点，打到靠近你的球。有很多技巧的，要瞄准啊、占位啊，等等。每次别人的球滚了以后，他就观察一下方向，然后换自己的球。裁判也在旁边看你的打法，裁判说不行，那你就换个地方，到这边来斜着打过去。打得非常好的人，就把别人球打走了，让他自己的球靠近目标球就赢了。

问：这种游戏挺安全？

爷爷：是很安全的，但是他的兴趣是篮球。篮球要看身高，杨思凡身高也不高。这个家伙蛮好动，每次比赛完之后都很兴奋。他从小就争强好胜，在家里吃饭要拿第一名，做别的事情，比如玩玩具、走棋都非要第一名。他跟我们走棋，我们肯定要让他，不然我们赢了他就生气了，说不玩了不玩了，他自己赢了就蛮好。吃饭也是，他吃饭的时候就看，他看看我，我是一大碗饭，他还剩一点，他就宣布他赢了，我说那不一定，最后我快吃完了，他就不让我吃了，他就开始耍赖，那我只有等他，等到他还剩一点点了再吃。

问：他在外地两次都没发挥好，会不会回来之后心情就不好？

爷爷：两次当中有一次到成都，水土不服，身上长蛮多的小疙瘩，他痒痒。第二次就是今年到邯郸，可能我们这边5月已经热了，那边还比较冷，他的鞋和衣服都不够，结果一去就搞病了。在预选赛的时候打了一下，我看到老师发的视频，旁边有几个家长评论说杨思凡不错，肯定是要夺冠的样子。结果过了几天之后就不好了。回来之后，他妈妈没跟我说，我去问跟他们一起去的人，人家说杨思凡在那里发烧病了。他自己从不讲这些事情，他每次去参加比赛回来也不说这些。他去参加比赛，如果是拿金牌回来就会蛮高兴，说我赢了，我第一名，我第一名。输了他就不作声。

问：特奥对杨思凡有什么影响？

爷爷：他能够见很多世面，能够结交很多朋友。

问：您觉得特奥运动会有没有需要改进的地方？

爷爷：我对这个，相比之下属于门外汉，我只了解一点基本常识，它也许有深奥的地方，我还不了解。他出去玩，能够开心，而且能够为咱们湖北省、武汉市以及这个学校拿一些奖牌回来，也是很好的事。

但是这个滚球，你就是滚得再好，今后总是要离开学校，这个东西国家不认可，不可能拿这个当成个职业，所以对他以后的人生规划可能没有太大意义，只能锻炼他的意志和团队的合作精神。

问：那您还希望他以后继续参加这些活动吗？

爷爷：当然希望。现在他可能难退下来，老师不愿意，校长也不愿意，老队员基本上是他们八年级九年级的，再老一些的已经毕业走了，他现在在这个滚球队里面属于主力队员。今年招进来的新手，我看了一下，一二年级的很小很小，连基本常识和规则都不知道，才在学。等他们起来以后，杨思凡肯定就毕业了。

特奥让他有了新朋友

问：他从幼儿园到现在应该还蛮多同学的，这些同学之间走动多吗？

爷爷：幼儿园很多是城中村的，现在拆迁了以后，不知道都搬什么地方去，就没什么来往了。而且他们说的话跟我们有差别，我们一般跟他们很少交往。

跟现在的同学呢，平时会一起玩，下课和每天放学的时候一起打球。学校器械室就在他们教室旁边，有时候门没锁，或者练球的把篮球放在篮架下面上课去了，杨思凡他们一下课首先冲出来就是打球。他跟球队的几个孩子一起打，这几个孩子都比他大。原来球队有一个孩子很调皮，总欺负他，总不让他打。后来我把那个孩子给狠了①一下，结果被老师发现了，老师说这不行，学校到处是监控，你不能这样。不过那个孩子以后就不再欺负他了，现在每次碰到我还喊爷爷，跟杨思凡相处得很好。孩子就是孩子。

问：这个孩子平时都有哪些朋友？平时是在家里还是在学校玩得多？

爷爷：在家里朋友不多，我们小区是封闭式的，连隔壁我们相邻的两家这么多年都互相不认识。就是过年过节的时候，他妈妈那边的表哥表弟这样的小朋友会来玩一下。我女儿的孩子比他小一岁，他跟妹妹是朋友，但是妹妹在外校也很忙，一个星期回来一次，回来匆匆忙忙吃完饭，玩不了一下就要走。每个星期五他妹妹回来，他们可以在一起玩一下。

问：他们相处得怎么样？

爷爷：相处很好，妹妹性格要好强一些，我们从他们俩都还小的时候就压着她。现在妹妹长得比他高一些了，我们也总是说他是你哥哥。他们都想赢，都好强，他们下棋，哥哥呢本分些，老实地走，妹妹就玩狡猾，趁哥哥不注

① 湖北方言，凶了一下。

意，多走几步。

问：他们一般下什么棋？

爷爷：飞行棋、跳棋。跳棋用的智慧多一些，妹妹在这方面就好些。

问：家里平时走亲戚走得多吗？

爷爷：平时不太多，大家毕竟各忙各的，顾着自己的日子。

问：他喜欢走亲戚吗？

爷爷：他最喜欢走亲戚了。一听说要到哪里去，或是哪个要请客，要到哪个酒店，他就很高兴，然后自己找他最满意的衣服。但是衣服是有季节性的，夏天不能穿带夹层的衣服，他却说这衣服好看。

他很多朋友和志愿者都是出去搞运动会的时候认识的。我陪他到新洲的那一次，就有很多的志愿者，都留了电话号码，不过很多是在校学生，毕业了以后就基本上没联系了。有几个头两年还在联系，他们都很鼓励思凡。那个时候他还小，更喜欢篮球。有一次篮球友谊赛，杨思凡这个家伙，你别看人长得蛮小，结果一去就投进了篮筐，当时全场雷动，都鼓掌了。志愿者当中有几个大哥哥把他抱起来，全场转了一圈，大家都在欢呼，他自己蛮高兴。像这样能够结交朋友，视野也开阔，是有很多好处的。孩子赢了以后就会很自豪很有底气，现在在学校里，有些学生比较崇拜他，放学的时候有些孩子看到他就喊，到处都有喊他名字的，有的家长也喊他的名字。很多家长和同学，我和他都不认识。

这是我一生最大的压力

问：杨思凡从小有没有什么社会团体资助过？

爷爷：没有资助过。

问：那您的亲朋好友有什么帮助吗？

爷爷：我们几个兄弟每年都会来看一下，也还蛮关照的。他很小的时候他们都劝我们，说这孩子很可怜的，不要遗弃了，要关心他。至于说我的朋友，我一直到现在，都没有让我的同事我的同学到我家里来过。我原来在钟家村，我们厂原来也在那附近，所有的同事都在那附近，就是因为这孩子我们搬远了，才搬到王家湾，跟他们没交往。现在基本上单位同事都不知道我们住在什么地方，因此这种事情他们也不知道。他们宴请我，我都是找很多理由推辞。我很多同学原来都是武汉市一中的，有个同学会，很多同学都邀请我，像前年从广州来了一个同学，五十多年前的同学，邀请我到他那去玩，但是我一次都没去。

问：您为什么不希望您的同学知道呢？

爷爷：部分是因为经济原因。我还在工作的时候，我会去参加同学会，那个时候手上比较宽裕。工厂没改制的时候，我是车间主任；改制以后，我是负责工厂分厂的厂长；后来我承包了一个厂子，所以那个时候蛮宽裕，同学邀请，基本上都没推，我个人去的。我每次哪怕是上班，接到电话我都说下班我就过来。前几天我还跟孩子学校的雷老师说，那个时候我送礼送出去大把大把的钱，一分钱都没有收回来。那时他们看到我有这个厂，有这个实力，同学之间大事小事都要我去，我去的话，有时候没带钱会很尴尬。后来他们再喊我，我总说我有事，他们说退休了怎么还这么忙啊，我说我是真的忙。他们到现在都还没放弃，想要我参加活动，每年他们搞活动就想让我加入。

问：除了经济原因，您还有别的顾虑吗？

爷爷：我和同学原来相处都还可以，但是这么多年以后，我担心有些同学把这当笑话说。我觉得他们不知道最好。另外，原来工作的时候，我当厂长的时间很短，因为破产太快，但是我当车间主任当了十多年，难道没有对头吗？就算是没对头，在车间管理工人的时候，气愤不平的大有人在。当时我还有足够的权限，他要从我这拿钱，他不敢反抗，那个年代还好，不像现在，现在恐怕要打架了，但是有些事情他会耿耿于怀。我就怕他们知道孩子的情况以后会当笑话，说我这是报应。我有些好同学，工厂的单位里面的同事也还有几个真心的朋友，包括我下农村时候的老知青，以及在农村时候的一些好朋友，我一直都没忍心让他们知道。这个事情是我这一生最大的压力。

忧心未来

问：您对他的未来有什么想法？

爷爷：啊，未来我们就老了，动不了了。在校门口等孩子的时候，我和几个比较熟悉的家长经常在一起讨论这个问题。你看，基本上来接送孩子的都是爷爷奶奶级的，不是爷爷奶奶，就是外公外婆。孩子的父母，真正把心思放在孩子身上的很少很少。所以说，他们九年级毕业之后能有什么出路呢？没出路。阳光家园，那是有限制的，要本地的户口，就是要武昌区的户口，或者说买房的那个证件。

问：汉口没有阳光家园吗？

爷爷：整个武汉，武昌有一家，江岸区有一家。它们不接受其他地区的，没有这些地方的户口很难进去。

问：学校老师有相关的建议吗？

爷爷：老师没这方面建议。老师的权限只有这么大。孩子踏上社会，社会上基本没有他们的岗位，除非是特别好、特别清醒的。最好的工作就是到小区做个保安，但是这样的情况少之又少。这些孩子都很可怜，有的是被父母遗弃了，家里老人有病不能接送，也很难带孩子，我知道的就有一两个最后连学都没法上。没办法，政府管不过来，这样的人太多了，同情不了，没办法的。

问：如果是有可能的话，您还是愿意让他进阳光家园的，是吗？

爷爷：那当然呢，如果有可能的话，那是最理想的。

问：您接触过阳光家园的工作人员吗？

爷爷：没有。我们也在考虑，哪怕孩子能够在学校再留个一两年也可以，那样，孩子就又大一点。现在我们家长每天在门口等放学的时候，基本上都在谈孩子今后的出路问题，每个人都谈得蛮伤心。我们一年比一年老，是吧？现在我还能动，说不定哪天就不能动了，怎么办？

爱生活——杨思凡口述

口述者：杨思凡

访谈者、撰稿者：王傲，华中师范大学博士研究生；王建华，华中师范大学硕士研究生

访谈时间：2017 年 12 月 1 日、2017 年 12 月 5 日

访谈地点：华中师范大学操场、武汉市培智中心学校

问：您是哪一年出生的呀？

杨：2004 年。

问：您属什么？

爷爷：就是属相，爷爷属虎，你属什么？

杨：猴。

问：平时都和爷爷一起生活吗？

杨：一起。

问：跟爸爸呢，也一起，是吧？

杨：是。

问：您跟谁最好？

杨：爷爷。

问：平时跟家里人玩什么？

杨：下棋。

问：您下得怎么样？

杨：很好。

问：真的啊，那是您赢得多，还是爷爷赢得多？

杨：我多。

问：爷爷说您喜欢耍赖啊。您特别争强好胜，是吧？

杨：是，就是想赢。

问：和爷爷还有没有一起玩别的了？

杨：没有了。

问：爷爷不是说带您去公园吗？
杨：有。
问：那在公园玩什么？
杨：足球。
问：在家里做家务吗？
杨：做。
问：什么家务？
杨：煮菜。
问：您做得怎么样？
杨：很好。
问：喜欢做家务吗？
杨：喜欢！
问：爷爷说您会炒菜？
杨：是。
问：做得怎么样？
杨：好吃！
问：爷爷说您做得咸了？
杨：不咸。
问：平时喜欢玩什么？
杨：小火车。
问：还有呢？
杨：下棋。
问：还有呢？
杨：足球。
问：还有呢？
杨：没有了。
问：爷爷说您喜欢篮球呀？
杨：喜欢。
问：您为什么喜欢打篮球？
杨：因为很高。
问：每天是爷爷照顾您，送您上下学？
杨：是的。

问：您平时喜欢上学吗？

杨：喜欢。

问：学校好玩吗？

杨：好玩。

问：每天几点钟上学？

杨：九点①。

问：几年级了？

杨：（一只手伸出两个指头，一只手伸出五个指头）

问：哦，七年级。

问：学校里学到东西了没有？

杨：学到了。

问：成绩好不好啊？

杨：成绩很好。

问：爷爷说您有点懒啦？

杨：是的。

问：跟同学相处怎么样？

杨：好。

问：你在学校有好朋友吗？

杨：有。

问：你们平时在一起玩什么？

杨：乒乓球、羽毛球、篮球。

问：您上课都学什么内容？

杨：语文、数学，还有体育、生活、写字课、轮滑、滚球。

问：这么多课，您最喜欢上什么课？

杨：想上体育课！

问：为什么呢？

杨：可以踢球。

问：踢球就是足球，还喜欢什么呀？

杨：羽毛球、乒乓球。

问：那语文、数学这些课您不喜欢吗？

---

① 应该是八点。

杨：喜欢。

问：更喜欢哪一个？

杨：生活课，一次三节课。

问：为什么呢？生活课可以学到些什么呢？

杨：劳技，用空调、用洗衣机。

问：洗衣机，您学会了吗，在家洗衣服吗？

杨：是的。

班主任：还上烹饪课。

问：还有做饭是吧？你们现在还在学做饭吗？

杨：是的。

问：做得怎么样？您都会做什么菜？

杨：土豆片。

问：您炒土豆片都是怎么炒的呢，能不能教教我？

杨：土豆，就是给它削皮，然后切，最后勾着①，就炒。

问：然后呢？

杨：就是放盐，然后加油。

问：数学课呢，您学到什么？

杨：人民币，还有练习购物。

问：你自己现在会买东西吗？

杨：会。买巧克力。

问：你们小区卖东西的叔叔阿姨，您都认识吗？叔叔阿姨都喜欢您吗？

杨：我爱你。

问：什么？

班主任：你是不是一有空就跟他们说"我爱你"啊？

杨：是的。

问：您跟叔叔阿姨说"我爱你"，所以他们就喜欢您，是吧？

杨：是的。

问：有时候会和妈妈在一起吧？

杨：吃。

问：吃？妈妈都做什么给您吃？

---

① 指的是炒菜的时候手臂要弯曲。

杨：火锅。

问：您喜欢吃火锅吗？

杨：喜欢。

问：您喜欢妈妈吗？

杨：喜欢。

问：妈妈平时带您玩吗？

杨：动物园。

问：您喜欢去动物园是吧？

杨：喜欢。

问：动物园最喜欢什么动物？

杨：梅花鹿。

问：还有呢？

杨：还有老虎。

问：您最近是跟妈妈住一块的，是吧？

杨：接。

问：接？就是说妈妈等会来接您，是因为爷爷要去照顾奶奶，是吧？

杨：爷爷照顾奶奶，奶奶病了，下午手术。

问：您去医院看过您奶奶吗？

杨：嗯，武昌医院。

问：奶奶现在怎么样？

杨：很好。

他是我们班的优秀学生——杨思凡班主任口述

口述者：杨思凡班主任

访谈者、撰稿者：王傲，华中师范大学博士研究生；王建华，华中师范大学硕士研究生

访谈时间：2017 年 12 月 5 日

访谈地点：武汉市培智中心学校

问：老师您好，我们想了解一下杨思凡在学校的情况。

班主任：最近好像是奶奶生病了，他偶尔可能是到他妈妈那里去住，因为有的时候放学是他妈妈来接的。具体是什么情况，我们并不太了解。我是刚刚进的这个班，他家里的具体的情况我不太好多问，只知道他平时是跟爷爷一起生活。

问：您是这个学期才开始带杨思凡，是吗？

班主任：是的。

问：您觉得杨思凡是个什么样的孩子？

班主任：我们属于分层教学嘛，他在我们班上算是 A 类生，属于程度比较好的。

问：您这个分类教学具体是怎么操作的呢？

班主任：我们根据学生的能力，采取个别化计划，给他们分层教学，对不同能力的学生提供不同的教学。杨思凡程度比较好，包括在学习上面比较跟得上，做事情啊各方面都很出色。最突出的表现就是积极参加各种各样的活动，比如说这次我们元旦活动中，他就被选进校舞蹈队。

问：哦，我还以为他平时只是喜欢滑轮滑和打篮球呢。

班主任：没有，他也跳舞，他在我们班跳舞跳得最好。跟其他孩子相比，他的表现欲会强一些。他很喜欢表现自己，比如说他平时跟爷爷住在一起，他妈妈偶尔过来看他，他就会特别在妈妈面前表现自己，做事情啊，做作业啊，就会表现得非常好。他跟其他的孩子相比会更外向一些。

问：您觉得他学习方面怎么样？

班主任：学习还行，你督促他的话，他还是愿意搞；但是你要他主动去搞，可能还不是特别自觉。总的来说，他对学习的兴趣没有他对参加活动的兴趣大。

问：他在学校里跟老师还有其他同学相处得怎么样？

班主任：他还算是一个比较懂事的学生，但是因为我们班的男生特别多，男生之间多少还是会有一点喜欢疯啊闹啊，加上他又是一个性格比较外向的孩子。他比较喜欢帮助别人，比如说班上哪个同学没有带东西，我在班上问谁愿意借，他会主动借。他在这方面做得很好。他比较不好的一点，就是有点喜欢告状，可能是因为在家里跟着老人住，老人对他保护得多一点，所以有的时候同学撩撩他呀，他就喜欢跟我告状。但是他比较听劝，只要我说同学之间互相撩一撩、闹一闹是很正常的事情，他也知道。他平时在外面也蛮乖的，下课的时候就跟同学出去打打球啊什么的，我平时也会三不沾地①出来看一下，他们也还好。总体上，他在我们班上的学生中算是比较懂事的。

问：他爷爷说他好像最喜欢打篮球？

班主任：他在我们班属于比较擅长体育运动的。他喜欢打篮球，一下课就跟同学拿篮球跑出去了。滚球他也打。上一次我们学校培训高尔夫球，他也能打，打得很好。

问：作为一个特殊学生，他在特校里面，一天的安排大概是什么样的？

班主任：我们早上是八点半开始十五分钟早自习，然后从八点三刻开始，上四节课，第二节课的课间做操。中午十二点钟放学，吃午饭，他中午会回家或是不回家。如果是在学校，会把高年级跟低年级的班搭配在一起，在一个教室里吃饭休息。下午是两点上课，上两堂课。三点四十就放学。

① 湖北方言，时不时地。

杨思凡生活观察日记

观察时间：2018 年 11 月 10 日 8:30—16:30

观察地点：杨思凡爷爷家

观察者：王傲、王建华，华中师范大学学生

时　间	活动内容	备　　注
9:00—9:20	闹钟响了，杨思凡起床、洗漱。	
9:20—9:35	收拾房间。仔仔细细叠完被子之后，用刷子把床刷干净。	
9:35—10:10	吃早饭，吃得很慢。	
10:10—10:30	在自己的房间玩手机。	
10:30—11:15	爷爷拿了字帖，杨思凡练字。	爷爷说没人看着杨思凡就不会好好练字，让观察者帮忙看一下。
11:15—11:50	画画。	
11:50—13:40	在客厅看电视。	
13:40—14:10	吃午饭。	
14:10—14:55	玩手机。	
14:55—16:25	爷爷带着杨思凡在江边的公园玩耍。放风筝、玩秋千、玩飞碟。	碰到小区里认识的人，杨思凡主动打招呼。
16:30	爷爷带着杨思凡回家。	

每一次起舞都是对生命的礼赞

——张心蕙口述

张心蕙，女，1985 年生，上海市人。有一妹。智力障碍四级。毕业于普通中学、夜大。2006 年至 2011 年为阳光之家学员。2011 年进入福利工厂就职。

口述者：张心蕙

访谈者、撰稿者：莫利婷、徐佩琪，上海师范大学硕士研究生

访谈时间：2017 年 10 月 15 日、2018 年 11 月 10 日

访谈地点：上海市 MANGOSIX 殷高西路店、星巴克殷高西路店

普校毕业，再上夜大

问：您的受教育情况是怎么样？从幼儿园开始，您还有印象吗？

张：就是普通的幼儿园，小学也是普通的。中学在虹口区实验中学。和同学之间相处蛮好的，同学之间还挺互相关心的。各科成绩还可以，语文好一点，其他方面跟同学比起来弱一点，但老师会帮助我，课后会单独给我辅导功课。

初中毕业了以后，因为我的身体的原因没有找到工作。在家人的建议下，读了夜大。大专毕业了，就在区残联的帮助下找了一份工作，是民政局里面的福利企业，做一些简单的劳动。

问：在中学时，您最喜欢哪个老师？

张：比较喜欢班主任，班主任对我比较好，有同学欺负我的话，他会主动地去批评。以前我比较内向嘛，有些同学知道我的身体原因会欺负我，老师就会批评教育他。就是说大家都是一样的，不能分类。老师说完以后，这种欺负我的事情比较少发生。

问：您刚才说去上了夜大对吗？

张：对的。初中毕业以后一直没有工作嘛，那个时候我们就想：现在如果

有一张文凭的话，在区残联帮助下工作可能比较好找。虽然说可能在工作上不一定有用，但是比较好找，然后就去学习。

问：上夜大是在什么时候啊？

张：在阳光之家那个时候。先进行成人考试，考试以后我工作也有了，那个时候就想既然考上了嘛，就去念念，也是进行一个提高自身。

问：噢，您上夜大是从哪一年开始的？

张：从2011年开始的。读了两年半。

问：上夜大主要学哪些内容啊？

张：当时学的是物流管理，可能在工作上用不上，它就像有一个文凭。物流管理的话，是文理科的都有，也是增加一些知识方面的。

问：夜大是周一到周末都要去？

张：不是的。夜大是晚上，一般一周里面抽个几天，晚上加上双休日，因为平时大家都要工作嘛。

问：您当时觉得压力大吗？

张：还好吧，虽然是成人课程，也是从最基本的开始学，别人的程度比我好一点，但是我也是在旁边慢慢再慢慢地进行学习，老师也会讲解。

问：您班级里面也有残疾人吗？

张：现在夜校也有残疾人的。我们里面也有一些残疾的和我们一起上的。感觉都一样，大家都在一起学习。

问：上夜大的想法是家长给您的建议，还是您自己想要去学习？

张：一般是家长给的建议，本来想可能找工作比较困难，然后就想起有个文凭的话，可能在区残联的帮助下更加好找一点。

问：您一直以来上的都是普校，是不是父母的坚持呢？

张：对，他们觉得普通的学校的话，可能可以有一个跟健全人交流的机会。一般到辅助学校的话，待在那个环境对我有一定影响。

但后来随着社会的发展，因为那个时候还没有像现在发展得那么快，现在阳光之家有的时候有社会实践，让我们去参加学习，会有人来教我们去做一些简单的手工作品。还有一些公益的演出，比如说在社区，比如说我们开展一些大型的活动，有关残疾人的话，助残周、特奥会，会邀请我们去参加。主要是现在随着社会的发展，残疾人越来越开放了，也融入这个社会了。到社会上去，人家也能接纳，不像以前去单位人家接受不了，毕竟我们能力有限。如果他们现在招我们去工作，万一有什么差错，现在国家有规定了，人家单位也规定了，不能拒绝残疾人的聘用。

进入“阳光”，收获阳光

问：初中毕业以后在家里待了一段时间，那时几岁呢？

张：十六七岁吧。那个时候在家待了段时间，然后居委会什么的也帮忙找工作。可能人比较瘦小的原因，找不到工作，学历也不高。后来知道了阳光之家，在那里学到了很多东西。

问：您是怎么知道阳光之家的呢？

张：阳光之家主要是政府办的，然后有关的残疾部门，通知到我们各街道居委。我们有在街道处登记嘛，你们这个残疾人多少，他会通知。反正十八岁就会让你进入阳光之家，之前都在自己的特殊学校学习，学习毕业后，到阳光之家，通过培训之后，就业然后再其他的。

他根据残疾等级来，如果需要就业，他会通过培训，阳光之家有一个手工的培训，主要是对外就业，让他们出去，就是进行一些工作，工作也是一些专门招收残障人士的单位，是挂靠在民政局里面的。工作也不是很难，主要是流水线的手工为主。

问：阳光之家是在您家附近的吗？

张：对的。它就在曲阳路那边，就叫曲阳阳光之家。阳光之家进去有劳动技能培训啊，或者文化方面的啊，虽然比较简单，但是也比空在家里要好。

问：劳动技能培训，您可以具体点说明一下吗？

张：他们会跟一些企业进行共建，就是企业的活拿过来一部分让我们做。比如说我们做洗杯子的东西，还有一些口罩，人家用的口罩，医用口罩这些。进行包装或者进行制作就比较简单，也不会很复杂，也没有时间的规定，三点半下班，做到这个时间就结束了。

阳光之家除了学习还有很多活动，2010 年世博会的时候，有人来参观，会有些演出，或者让他们看一下我们在阳光之家的这些日常事务。

问：还有别人来阳光之家参观吗？

张：比如说一些外地的，也有一些像台湾的、国外的团体，他们也是特殊教育方面的人员，会来参观，然后互相学习。他们来看看我们这里的机构是怎么样进行培训的，他们也会带来一些视频，通过那个投影机来播放，看他们那边的机构是怎样进行学习的。

问：除了技能以外，别的还教一些什么呢？

张：还包括唱歌啊，音乐方面的，舞蹈，美术方面的会有简单的，就是有点像那种简笔画呀，会教。老师都是志愿者，有些是自己的家长。家长通过看这方面的一些书自己学习，然后简化地教我们。我们有个小乐队。阳光之家会请志愿者，青少年活动中心的、少年宫的老师过来，教我们一些简单的乐曲，不是很复杂，可能对他们专业的来说比较简单，但是我们学起来就比较难。我们是从简谱开始，一个音符一个音符这样教的。

问：你们是每个人都要学各种乐器吗？

张：不是，现在有口琴，有萨克斯，有电子琴。比较简单的、容易学的乐器。然后有一个专业的老师来教，老师也是志愿者。他们就是教我们比较难，他们每周会来一到两次，一直这样持续下去。当我们掌握之后，会让我们演奏一些小的、简单的歌曲。也就是一些很欢快的，一些国外的著名乐曲。

问：您学的乐器是自己选的吗？

张：是自己选的，一般是口琴比较多，因为口琴比较简单，口琴是简谱，其他像电子琴、萨克斯是五线谱嘛，一般选口琴比较多，然后再配一些其他的简单的乐器，主要是旁边的一些配合。然后演那个二重奏啊，或者像人家的一些交响乐啊。

问：还挺有难度的……

张：歌曲选的比较简单，不是说那种专业的，看起来很难，或者是《欢乐颂》那种啊，或者是《我的中国心》，比较简单的，老师给我们的是简谱的，因为简谱比较好学习，他讲解得也比较简单，让我们可以由浅入深地去学习。

到 2010 年的时候，我们受到世博会的邀请，正好有一个残疾人的馆，是专门展出残疾人相关的一些东西，为一些比如说市领导啊，还有一些国外的来宾啊演出，大概演出了三次吧。正好是 10 月，分三个时间演出的，那个时候有很多嘉宾来。包括一些其他类别的残疾人，肢体〔残疾〕的，聋哑的，他们也表演一些，都是大家集中起来。

问：表演了什么内容呀？

张：吹曲子。一个是《隐形的翅膀》，这个比较励志一点，领导们听了都比较……领导不单单参观我们，还有一些聋人的绘画，肢体〔残疾〕的做的工艺品，一路参观下来，了解一下我们残疾人的生活，我们有什么需要改进的。比如说那个时候俞正声啊，市领导的一套班子啊，韩正啊，殷一璀啊，他们都来了。还有一些就是世博秘书局的那个领导洛塞泰斯，还有美国加州的那个州长施瓦辛格，他们都来的。最主要是看一下我们残疾人士生活学习的情况。

问：每天在阳光之家的学习时间是多久？

张：从早上八点半到下午三点半。

问：那中午吃饭呢？

张：中午的话有吃饭的。和企业进行共建，提供午饭。我们呢就是有政府出资给餐费，都是免费的，就是每年政府拨款嘛。有时候一些爱心企业也会进行捐助，比如说服装啊，一些零食方面的。每当中秋节嘛有月饼啊，还有过年嘛，会有零食什么的。

问：噢，那还挺好的。您每天去那里，是由家里接送还是自己去的？

张：自己去的。一般都提倡自己去，实在有困难的，有些家里比较远的，家长会接送一下。有时候家长可能会送到车站，到了阳光之家以后，老师也会打电话给家长，说到了，让他们放心。

问：阳光之家大概有多少人呀？

张：嗯……大概三四十个。每个阳光之家人不同的，有的阳光之家多一点，我们阳光之家是三十个到四十个左右。

问：是所有人？

张：唉，对的。所有的，不分残疾类别的。有轻度的，也有比较重度的。

问：都是在一块？

张：对……一起学习一起劳动。

问：您觉得去了阳光之家以后，和您没去之前有哪些明显的变化呀？

张：没去之前比较内向。去了之后，可能大家都是差不多的，感觉有好多的共同话题，比较聊得来，然后就大家一起了，大家可以互相帮助啊。

问：您在阳光之家待了多久呀？

张：待了蛮长时间的，大概在2011年的时候出去工作的。像残疾人找工作比较困难，需要依靠残联，残联的工作又比较少，因为很多工作是不能从事的，像一些脑力的、体力的，有些单位也不会招收像我们这样的，他们主要需要大脑灵活的。

福利企业，顺利就职

问：阳光之家出来后，您就参与工作了吗？

张：那个时候正好有合适的工作嘛。我们有规定的，就是说可以出去劳动的〔学员〕，就会给你说，让他们自食其力，通过残联把他们输送出去，送到各个单位，就是说哪个单位需要。他们〔单位〕跟残联有共建的，感觉各行各业都有，有服务行业的，有生产行业的……

问：在阳光之家，你们从培训到工作有哪些相关的制度？

张：它是这样的，老师会对每个人的，就是说制作的手工的程度进行一个测评。如果你要求工作的话，可以到区残联的一个专门的就业部门，然后他们会安排。安排的时候，用人单位也会对你考核。但是一般的话，出去工作的人也比较多。相比于现在的一些岗位啊，比较简单，主要以手工为主，就是一些简单的，〔比如〕印刷厂装订书本。像我们单位就是〔做〕螺丝的装配，小零件嘛，比较简单，主要是工具加上人工一起做的。

问：这样的话，您周一到周五都是……

张：都是工作的，双休日有双休。每个单位不同的，我们单位是双休日休息的，别的单位可能会有做一休一。

问：您是几点钟上班，几点钟下班？

张：八点半上班，五点下班，它是按照正常正规的〔时间〕上下班的。

问：周边的同事都是来自各个地方的阳光之家？

张：对。各个区的。有些单位会有一些肢体残疾的，都是残疾人比较多。也有阳光之家，也有福利院里面的。我们单位原来是福利院里面的，后来变成一个单独的企业。它属于民政局，以前是开在福利院里面的，招收都是福利院里面的残疾儿童，后来搬出去之后，就变成一个单独的企业了。

问：现在和同事相处得怎么样？

张：我们同事都是阳光之家〔出来〕的，都是残疾人，关系也比较好，领导对我们也比较关心，过年会有一些补助，虽然不是很多，但也是补助。领导对我们的要求也不是很高，他们有一个量的规定，你一天要完成多少，从上班做到下班就可以了。工资也是按照国家的标准给的，休息制度也是按照国家的规定。有些同事家里比较远，他也不会因为你的迟到扣钱或者扣你工资什么的。他会提醒你晚一点到也不要紧，确保你路上的安全，因为他们有时候要坐公交过马路。我们单位也考虑到了，〔同事〕地址也都在我们家周围的附近，主要是在市区。因为郊区的呢，他是生怕我们路上这个……他就考虑到安排在市区比较繁华的地段，周边有学校、医院，就是考虑到上班的路程、时间，还有安全。

精彩特奥，精彩人生

问：我们在新华网上看到您母亲写的一篇《女儿，你也是胜利者》的文章，您有一位以你为傲的母亲，她提到一位乒乓球教练教您打乒乓球，您就是通过这个机会走上运动这条路的吗？

张：嗯，对的。那个时候 2007 年我们上海市开特奥会。在这之前，从特奥申办成功之后，就举办了一些特奥运动项目的培训，有乒乓球，有保龄球，还有各种各样的包括滚球啊。比赛的项目较正规的来说比较简单，以参与为主。比赛的性质、流程也比较简单，在正规的前提下简化。

问：就是 2007 年的时候，乒乓球教练找到您？

张：2007 年之前吧，2006 年。反正从特奥申办成功之后，就开始进行一些运动项目的培训。

问：可以介绍一下教练教您打乒乓球的情景吗？

张：当时我们从最基本的开始学，包括手型啊，包括该怎样打球，该怎样发球这个最基本的。比赛也是比较规范的，到最后还是比较简单的。比如说要是大家胜利了，大家都有奖牌，都可以上领奖台，也有一、二、三名，但是还设置四五六名这样。教练也在规范的前提下注重参与为主。

问：您是什么时候知道有特奥的？

张：大概从特奥申办成功。残联、街道、居委会进行一些宣传，阳光之家也进行宣传，媒体上也会进行宣传——比如特奥比赛的内容、特奥的概念，国外举办特奥的发展史都给一一介绍。

问：您是怎么参加特奥活动的？

张：开始通过区残联。残联或者各个街道在阳光之家会每年定期地举办特奥比赛。开始的时候确实以训练为主，让我们了解特奥嘛。2007 年特奥会举办以后，一直到现在特奥的项目还在，每年会举办比赛。像 2007 年的话比较多，每个月基本上都在开展。后来特奥结束，就基本每年举办比赛。现在我们 7 月有个特奥日，就是我们上海市政府定的特奥日，会开设一些以各个街道为

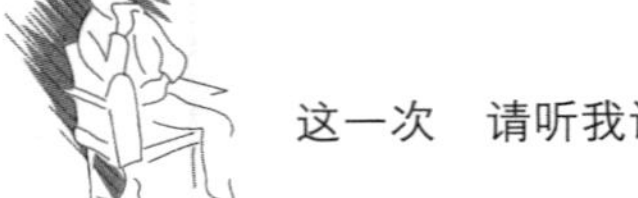

主的特奥比赛。

问：您开始练习乒乓球的时候，觉得有难度吗？

张：有的，像是发球的手势，像是该怎么打让对方接不到你的球，可能会有难度。可能我们的反应能力比较慢，人家的反应能力比较快，因为乒乓球，除了手的运动，可能还有整个身体的反应能力，开始我们的反应能力比较慢，老师发过来的球，我们不一定能够接住。后来慢慢地训练，就比较习惯了，因为和我们比赛的人，有些人也是和我们差不多的，基本上都能接住的，因为他们发的球也不是很激烈的，都是比较平稳的，相对来说比较平稳的，也不像别人发的比较快，他们打过来，基本上大家能接在一起的。

问：您最开始，每周会训练多少时间啊？

张：每周会三四次的样子，因为不太了解嘛，会多一点。后来就是有重大比赛的话，时间也会花得多一点。每周街道残联会进行一次乒乓球训练，你想参与都可以报名。比赛的话，平时参与的人都可以去比赛的，并不是很专业，不要说要挑好的，一般都是你们喜欢乒乓球的都可以参与的，区里和市里的都可以比赛的。

问：每次训练大概有多少时间啊？

张：比如说是上午九点开始，到中午十一点结束，大概一两个小时，考虑到我们的身体原因，也不可能进行很长时间的高强度训练，因为我们的程度比较低龄化，以热身为主，以运动为主。根据个人的身体条件，有些身体不是很好的，一旦强度大的话，他可能会对身体产生伤害。然后就是，我们会分年龄段地训练，少年组的是在18岁到25周岁之间，25周岁以后属于成年组。

问：您主要是参加了乒乓球项目吗？

张：嗯，对的。还包括一些是跑步啊、田径啊，都是街道的。乒乓球是市里面的。其他的都是以街道为主，跑步啊或者滚球啊这种。现在还有投篮，那个据说很简单，跟篮球比简单，就是把篮球投到篮筐里，然后计数，要在规定时间内你投了几个。都是比较简单的，都是以街道为主，然后市里的话，就是乒乓球、保龄球。

问：您都参加街道里的这些活动？

张：市里可能有规定，比如说以前的话就一些乒乓球、保龄球，后来增加到跳健美操，都会有。不单单是我们，肢体残疾的、盲人的都有。健美操我也参加。市里面比赛的话，只有一、二、三等奖，街道的话，会有第五名第六名。

问：那您平时有训练吗？

张：像现在工作的话，以公司为主。以前在阳光之家的话，平时会去。如果说是市里面要比赛了，会每个星期抽出一两次、三次进行训练。

问：这个训练时间大概有多长？

张：训练时间大概是一个小时吧。会到区残联，残联会有一个地方进行乒乓球的训练。有些人参加保龄球或者其他项目的，会到一些规定的场合进行训练。

问：平常是老师带您训练吗？

张：对的。老师带我们训练。就是按照真比赛的规章流程来训练，一个人发两个球，这样进行训练。

问：在阳光之家的时候，是放学以后去训练？

张：不是的。就是在上课的时间，早上或者下午都可以，一个小时左右的时间，集中起来进行训练。还有双休日可能会到区残联进行训练，有那个专门的乒乓桌啊。现在可能有时候其他残疾人也会进行乒乓球的比赛，像聋哑人啊。肢体残疾的话，以轮椅为主。盲人的话，根据他们的自身条件进行运动项目的比赛。

问：现在您工作了，平常就不太有时间去训练了？

张：每年可能会有一次，老师会让以前参加过比赛的同学进行比赛。一些工作的都跟单位请假，因为单位也比较支持我们参加一些涉外的活动，在工作以外的活动。其实也不是经常嘛，单位也是批准的。

问：您觉得训练辛不辛苦呀？

张：还可以吧，就是体力方面比较累，但是当看到自己在比赛，不管是得奖没得奖，只要是参与了就比较高兴。

问：除了老师以外，父母也会带您去训练吗？

张：父母看的时候才会陪伴在身边，有缺点会指出来。父母可能比较辛苦，只要你参与了，他就要陪伴在身边。

问：您平时比赛，一般是在区残联？

张：因为残联是一个比较集中的地方，街道的话是比较分散的，大家各个街道，都集中到残联，每周大概是两次三次进行训练。在家的话，可能有些在家，没有那么好的设施。双休日，下午或者上午进行训练，残联的话设施比较好，地方也比较大。

问：你们现在比赛要去外地吗？

张：不是的，一般都在上海。一般都考虑到残疾人的身体原因，去外地，管理方面比较麻烦。也是由主办方提供场地，一般都是在体育馆里面的室内进行比赛。

问：有没有让您觉得印象深刻的比赛？

张：去年的比赛吧。本来我们是分开的，肢体的管肢体的，聋哑人跟聋哑人就放在同一天，特奥的管特奥的。对于我们来说可能时间比较短，比赛大概在两三个小时内就结束了。他们聋哑人可能比赛一天，他们打得也比较规范，聋哑人是比较专业化的，比赛也比较激烈的。有时候我们结束去看看，他们比较专业，跟专业的选手差不多。

问：您对比赛的结果如何看待？

张：参与吧，我们是重在参与，我们的口号是“我运动，我健康，我快乐”。包括之前的教练员，裁判，他们针对我们的都是参与为主。我们是三个人一组比赛，在三个人里面决出这一组的第一名，然后在几个第一名中进行比赛，决出这一次的第一名。因为全市的比较多，会选出几个第一名进行颁奖，以区为主，比如虹口区谁得第一名，静安区谁得第一名，市里面都是以区为主的，所以是个集体的比赛。街道啊，可能以个人为主。

问：您比赛输的时候，心态还是挺好的，是吧？

张：还可以的。可能一开始，心态会觉得有点失落，后来老师或者家长都会说是以参与为主，说我们的比赛毕竟不是专业的，我慢慢就习惯了。像有时候我们还是有团体赛，比如说是选好的人和其他区的进行比赛，决出名次。基本上市里的都是团体的。

问：2007年的8月22日，您还有印象吗？就是您参与上海特奥会执法人员火炬跑的时段？

张：当时的场景很热烈，两边都是一些留学生啊，政府的官员啊，日本当地的一些老百姓，市民都来参与。还有一些就是说驻日本的大使馆的，大使王毅都来接待了。那个时候，我先和日本的特奥运动员交接，一直跑到中国大使馆结束，就一路的，根据他们定的地点。

问：我觉得您参与过的大型活动好像挺多的。您昨天给我发的一张穿红色礼服的照片，我印象特别深刻。那是什么环境下拍的呀？

张：是2011年的特奥慈善晚宴，在浦东的陆家嘴那边。我主持这场晚宴。当时是个拍卖嘛，都是明星捐助的物品。像刘嘉玲啊，像周立波啊，像包括上海市政府官员都出席了，最主要是一个捐助的晚宴。当时很多的嘉宾，还有一些社会上的企业家，他们都为我们特奥人员拍卖的那些〔物品〕进行募捐，还有他们带来自己的物品。

问：参加特奥以后对您有什么改变吗？

张：了解了特奥的一些发展的过程，也认识很多运动员，其他区的很多运动员。可能时间长了，他们也认识我了，因为有时候比赛看到有很熟悉的——上次看见了，这次他又来参加了，就是说社会接触面变大了很多。

问：可不可以举个例子？

张：比如说闵行区的，人家家长也认识的，说“你又来啦”什么的。因为那个时候市里面进行特奥运动员培训，领袖培训，他的孩子也来参加了；特奥运动会比赛，他的孩子也来参加。家长也认识了，学员之间、运动员之间也认识了。

问：平时联系，你们会谈些什么话题？

张：工作上面的。可能她也工作了，我也工作了，就谈阳光之家方面的。每个区阳光之家都是相同的，都有劳动技能什么的学习，只不过学习的东西不同，工作的、劳动技能培训的内容不同，但是都差不多。她会告诉我他们阳光之家每天学习点什么东西。

问：您觉得参加了特奥以后，自己哪些方面的能力得到了提升？

张：比如说运动方面的能力，还有交流方面的能力，都有提升的。

问：交流方面比如说像是您刚才说的接触面……

张：对，就是接触面比较广。我们的教练员是区残联的老师，区残联是负责特奥运动的，专门负责我们特奥运动的残疾人出去的老师，由他们带队到指定的场馆去比赛。时间长的话，这些老师也认识了，在比赛的时候，老师负责我们的管理。像是比赛场馆比较多，他们会喊这个区，比如现在有虹口区谁谁谁比赛。老师会在边上和我们说不要紧张，因为我们比赛的话，有些会出现紧张的情况。就是教我们不要紧张，不要以名次为主，以参与为主，会进行讲解，这样的话，我们在比赛过程中就不会很紧张。

问：您觉得特奥运动哪些方面需要改进？

张：我觉得都还好，因为比赛性质每年也不断地在改进，就说开始的时候比较简单，现在呢也增加一点点难度了，也等于半专业化了。然后也增加了，除了体育方面的一些运动的比赛，增加一些健美操啊，那些肢体残疾的，他们进行轮椅的交谊舞，还有轮椅排球。

我还是乒乓球啊，现在增加了健美操，还有保龄球，还有举办一些跳绳啊

这种比较简单的。今年的话，好像运动比较多，我看运动的宣传海报上有健美操。

问：健美操?

张：也叫韵律操吧，就是在广播操的前提下花样很多——融合了舞蹈、健美。我们之前参加过一次，我记得我第一次大概在2008年还是2009年。我们请了老师，专业的老师，人家体育学院的老师教我们跳。他可能说难度系数不很大的，类似于在广播操的规范上面再增加一些舞蹈的动作，有点像广场舞，动作比较简单。音乐的话是比较优美的。在那个时候，我们得了第二名。就是他动作都是一样的，比较有规律的吧，不像人家专业的健美操，有一些很大幅度的比较技术性的动作，咱们有点像广播操一样的。之后我们就每年会举办健美操的比赛，特奥健美嘛。虽然今年我没有参加，因为我们考虑到工作了嘛，可能耽误很多时间。他们平时周一到周五，会抽一个小时到区残联进行训练，学员会把这个发到朋友圈里面，跳的视频啊或者是比赛的照片。

每个区就是会抽出十个人左右吧。最主要是队形上面的编排，动作是简单的，队形可能会有一些变化。然后呐，比赛因为是从上面往下面看，一般是一些出席的领导啊，或者是各个阳光之家的学生，他们是坐在台上，从上往下看的话，可能会更加清楚。他们不是一个平面的。他们是在篮球馆啊之类的室内比赛，每个队都穿统一的服装，每个区穿不同的服装，看上去比较好。其他特奥运动员就会把照片发给我看一下。

活动丰富，且歌且舞

问：我之前在网上看到您的一些信息，您认识倪震老先生吗?

张：倪震伯伯是我们腰鼓队的，他在2003年的时候创办了残疾人的文艺团体。一开始是腰鼓，因为他觉得腰鼓比较简单，可能适合我们这种残疾人学。开始的时候人很少，后来慢慢地演变到区里面的各个街道的残疾人都过来。因为开始的时候没有阳光之家，家长想孩子待在家里呢，孩子的性格会发生变化，想让他们到社会上去活动啊，实践啊，但没有一个好的地方可以接纳我们。这个时候我们的倪伯伯创办了腰鼓队，这样一些残疾人就可以学习，通过学习之后，再提供我们一些舞台，到敬老院，到社区，主要去公园里给人家表演。渐渐地演变成舞蹈，现在他们还有这个乐器。舞台也是更加多了，每年都会举办残疾人文艺晚会，文艺汇演，阳光之家，包括我们腰鼓队表演。还有特奥运动，我们有田径，还有乒乓球之类的，我们都会去报名参加，参加一些体育方面的运动会。从开始什么都没有，没有一个很好的平台，现在平台很多。

问：您是先去参加腰鼓队，再去的阳光之家？

张：对的，他的腰鼓队，2003 年就成立了，阳光之家大概在 2005 年、2006 年开始创办的。

问：您是他一创办腰鼓队就加入了吗？

张：对的。他那个时候在召集，我们得知了以后，我们就去参加。开始还比较简单，后来有舞蹈，特奥运动，他都融入进去了。

问：腰鼓队的场地呢？

张：开始的时候是在公园里，或者借街道的活动中心，后来是在我们残联活动室，去敲啊，去跳舞啊。每周一到两天，双休日嘛。平时他们都有工作嘛，有阳光之家。

问：一直到什么时候呢？

张：一直到大概出来工作的时候。因为有时候加班，可能就很累了，工作之后就比较少了。

问：您平时还有什么兴趣爱好吗？

张：我比较喜欢音乐啊，舞蹈什么的都比较喜欢的。

问：我看到您发的朋友圈，是您在参加健美操吗？

张：是我学习芭蕾的照片。我比较喜欢芭蕾，因为我觉得芭蕾很优雅，我那个时候是在〔自己〕学校外面学的。〔芭蕾〕学校里面，大家都是比较健全的，就我一个是残疾人。最主要是我觉得在外面可以接受比较专业的关于舞蹈的训练。

问：这个不是残联组织的，是在外面自己找的？

张：因为像我们残疾人，都是以广场舞、健美操为主。不是很专业，简单化，一个曲子下来，动作都是一样的，没有什么难点，都是重复性的动作。有时候看专业舞蹈演员参加舞蹈比赛，很漂亮，很专业。我哪一天能够跳得那么专业就好了。

可能是参与了特奥以后，慢慢慢慢自己习惯和社会接触了，就自己去找。自从我工作了以后，父母也是锻炼我的能力，父母也知道我比较内向，希望我多和健全人在一起，今后能够改掉一些缺点，能变得比较外向一点，自己一个人能够处理在社会上碰到的一些事情。所以非常支持我要多和健全人在一起，和他们慢慢地融合在一起，毕竟以后我会离开父母一个人生活，要多和社会上的人接触一下。

问：专业的芭蕾舞应该挺难的吧？

张：对的。我们学员也都不是很专业，都不是从小学习的。因为舞蹈是最好就是从小学习的，可能成人的话就是骨骼发育都已经成熟了，没有小孩子那么柔韧性好，就是从专业的、基本的一点点地增加难度，他会有一个基本功的训练，柔韧度啊，芭蕾的专业知识，专业技术方面的训练。老师也是慢慢地教，成年人嘛，除了身体还有家庭方面的牵绊，不可能每天都有时间去练习，但是老师还是比较耐心的。

问：那您每周去几次？

张：都是周六周日，像我的话就是周日，周日中午，晚上也有的，那我选择白天，因为白天比较方便，对我来说，路比较远嘛，在普陀区宜昌路那边。女孩子一个人晚上也不方便。

问：您现在跳芭蕾舞到了什么程度呢？

张：还在基础的阶段，因为老师和我们说芭蕾舞可能要很久才能完成一个舞蹈作品，专业的话可能要学习七年以上才可以跳一个舞蹈作品。我大概是2015年开始学的，现在大概就是两年左右的时间。

她会从基本功开始教起，比如说是一个站姿，手型，包括芭蕾的跳啊，包括是一些基本的组合。老师也会编排一个小舞蹈，但是这个舞蹈都是以集体为主的，不是个人的舞蹈。就说动作，个人去跳，没有集体跳得那么优美。大概在2017年，我们组织了一个汇演，是分开的，个人管个人。学得比较长一点的，他们有学了五六年的，会跳简单的一段，《吉赛尔》或者《天鹅湖》那个一小段的舞蹈。

问：您下午几点钟要去跳芭蕾舞啊？

张：十二点半吧。这里三号线过去还是比较快的，大概是三十分钟左右吧。

问：我听到您说的一些词挺专业的，您是自己会去看一些舞蹈方面的书吗？

张：对的。芭蕾的那本就是说发展史，芭蕾从开始的起源一直到它后来的发展。

问：周末的时候，除了舞蹈方面的，您还会看其他书吗？

张：还有中国文学方面的，《中华上下五千年》，还有就是戴尔·卡内基的

《人性的弱点》，有人生意义的那种书。

问：那您看完了，会跟朋友交流吗？

张：嗯，会的。现在都是用微信、互联网，都会交流交流从书中学到的一些好的知识点。

温暖家庭，陪伴成长

问：您现在跟爸爸妈妈一起住吗？

张：嗯，对的。

问：小的时候都是爸爸妈妈陪着您？

张：小时候经常生病，都是妈妈陪着我去看病。包括刚开始参加腰鼓队，我妈妈陪着的。我们参加一些活动，参加特奥运动会，或者去街道里参加广播操比赛，我妈妈都会去观看，因为很多家长都会陪着孩子去的。但是后来经过一系列的实践，社会交流活动后，可以独立地去参加一些活动，或者去工作。

问：您母亲写的那篇文章中，说您一开始参加乒乓球刚好是夏天？

张：对的，比较热，我们的场馆没有空调，只有电风扇，比较热，还要进行一些手势的训练，开始时是比较辛苦的，后来也慢慢地习惯了。

问：您是怎么坚持下去的？

张：家里也有鼓励，自己的话可能坚持不下去。一周几次训练，这些内容比较枯燥，自己可能坚持不下去。

问：那您从家里面到训练乒乓球的地方路程远吗？

张：还可以吧，不远吧，反正公交车就可以到的。基本上都是家长陪的，因为家长要在一旁指点你啊，鼓励你啊之类的。老师会指点你，家长也会告诉你该怎么打能让对方接不到你的球。

问：就是在您训练乒乓球的时候，家长都要在的是吗？

张：对的，每次就是家长会看我训练的过程，哪些需要，就是需要回家再练习的，哪些是每次的弱点，然后老师也会指出来，回家去练习。

问：那一般是爸爸还是妈妈陪您去的呀？

张：是我妈妈陪我去的。毕竟是女孩子嘛，妈妈参与的话也是方便一些，有时候比赛的话，妈妈送我过去就比较方便一点，爸爸毕竟不方便。妈妈比较细致一点。

问：您妈妈平常有时间吗？

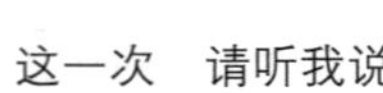

张：那个时候单位效益不好，我妈妈是提早退休的嘛。因为我进到阳光之家，她也成了一名阳光之家的社区志愿者，阳光之家有活动的话，她会来做志愿者的。

问：您妈妈在阳光之家主要做什么啊？

张：我们阳光之家有工艺品，用珠子做工艺品，我妈妈会边做边教我们做。也有老师教我们做一些餐巾纸盒子啊，或者一些小的小动物啊，或者花瓶之类的。

问：您的妹妹和您的情况一样吗？

张：她不是的，她是健康的。当时国家的政策：一胎如果是残疾人的话，可以考虑生二胎。爸妈考虑到再生一个是健全的，今后可以照顾我。

问：您和家里的妹妹关系好吗？

张：蛮好的。尽管说现在妹妹不和我们住在一起，但是她有时候，每次节假日，大家都会聚在一起。因为妹妹的工作比我忙，她的工作性质和我不一样的，她平常要加班啊什么的，平常聚的时间不是很多，但是过节了，大家都聚在一起。

问：妹妹也在上海吗？

张：对的。她在公司里面做管理工作，一些业务上面的管理啊。

问：您是先天的还是后天的？

张：后天的，当时是因为发烧引起的，可能没有及时地治疗，对身体产生一定的影响……刚出生的时候，因为刚生出来的婴儿，体质都不是很好的嘛。有一次，一个病房里有的病人发烧，我被传染了。当时没有考虑到会发生很严重的后果，就当做普通感冒处理了，因为治疗迟缓了一些，就导致这样了。

问：小的时候家里人经常带您去看病吗？

张：是的。小的时候体质比较差，经常生病，看病的次数比较多。因为体质的原因，应该说三天两头就会看病，只要别人感冒了，我就会感冒。有的时候半夜里发烧了，父母就抱着我去看病。因为医院比较远，看完病回来也比较晚了，父母吧，比较受累一点。慢慢长大了，身体也有了一些改善，特别是参加了一些运动以后，包括与社会接触以后嘛，就慢慢好一些了。

问：您去看病，都是谁陪您去的？

张：小时候，肯定都是爸妈陪着你去。长大了，会自己去。父母会让你自己去看病，要学会生活方面的技能，要自己去看病，自己去配药。

问：您对打针吃药还有印象吗？

张：我记得挂盐水比较多。后来我们去看的话，最主要看的是中医吧，中医多一点，我们喜欢看中医。中医的话，医生说我体质比较差，肝火比较旺，需要调理。喝药喝得比较长期，可能中药吃得比较多。

问：吃了很长一段时间的中药吗？

张：对的。会吃得比较长一段时间。从小时候到现在，反正中西医都看过，有些需要看西医的话就去看西医。因为我发育比较迟缓嘛，在发育方面的话看中医。像阳光之家的很多人都是发育迟缓，可能和内分泌失调〔有关系〕，有些人长得比较高大，有些人长得比较矮小，有些人比较胖，有些人比较瘦。

问：大概在您几岁的时候，父母意识到您发育迟缓的？

张：大概是在小学的时候吧。别人到三年级的时候，慢慢慢慢都在长高嘛，但是我依然是原来的样子，身高方面比较迟缓一些。父母发现了就带我去看，看了后，效果也不是很好，这个也是和每个人的身体有关系，还有就是治疗的最佳时期也错过了。还有就是在学习方面，人家发现我这个反应不是像人家比较灵活，比较外向，我可能比较内向，可能是和性格也有关系。

问：这个情况，您能够给我们具体描述一下吗？

张：就是在小学的时候，我不太合群，总是喜欢一个人，比较孤僻，老师也会向家长反映这个情况。

问：那您什么时候性格从内向变得比较外向了呢？

张：这个大概就是在参加特奥运动，阳光之家之后吧。开始在学校里，虽然大部分的同学对我也是很好的，但就是和他们有一种距离感吧。我这个人在学校里的时候就是比较孤僻。有同学和我说话，我就和他们说话；同学们不和我说话，我就不太会和别人主动地聊天。在阳光之家和特奥运动之中，毕竟感觉找到了同样的人嘛，交流的话就会比较多。

不断提高，享受生活

问：我看到您曾经参加过特奥领袖培训班，您还有印象吗？

张：对的，那是 2007 年的时候，那个时候要比赛，让我们准备一份演讲稿，谈谈自己在成长的过程中，在没有参加特奥的时候是什么样子的，在参加特奥的时候是什么样子的，改变了什么。最主要是以特奥为主，还有就是以成长的经历为主。

问：那个演讲，您是得了第一名吧？

张：对的。当时就是我讲我从小时候到参加特奥比赛，还有在阳光之家的一些情况。主要就是小时候体质不好，父母带我去看病，比较内向，和同学交流得比较少。一般我都不会主动和人家去交流，就是人家欺负我了，老师发现了的话还有家长发现的话，就是会和学校去沟通。还有就是参加特奥比赛，申办特奥成功了以后参加阳光之家，以及世博会申办成功以后参加世博会的演出。还有就是参观方面的，都写进去了嘛。包括工作以后的情况，因为刚开始参加特奥领袖培训的话，还是以阳光之家为主，自己的成长经历，参加特奥运动，包括在阳光之家里面学习生活的一些情况。

问：您觉得您现在的性格怎么样？

张：就是比以前改变了很多的。以前还是比较内向的吧，内向可能是一个比较固定的性格，但是比以前来说要改变很多。很多生活方面的技能也都学会了，比如说工资发下来以后，到银行去取，取一些数目不是很多的，会到自动取款机去取，不用排队。自己出去工作以后，一个人去指定的银行办一些业务。现在比较方便了，会用支付宝、淘宝购物在网上购物、缴费之类的，如生活方面的水电煤缴费，以前可能要去邮局之类的地方，现在就是说网上都可以自己去做。

问：这个都是您自己操作的吗？

张：对的。这个就是通过慢慢慢慢地学习，因为看见周边的一些同样的伙伴或者一些同事，他们都会用了。我们残疾人也都会使用支付宝了。在学习的过程中，我们在自理方面也发生了改变。我们使用支付宝、淘宝，然后我们网上也会交流，今天买了什么东西，发到朋友圈里面、发到群里面。基本上现在都发生了改变。

问：是谁教您的啊？

张：一开始会有家长教我们，有些也是看同伴、亲戚朋友是怎么使用的。因为这个过程比较简单，慢慢地也就学会了嘛。

问：您现在和身边的人相处容易吗？

张：现在应该是比较容易相处的，大家亲友聚会，有时候都会听听别人身上发生的事情……因为我们相处的范围比较小，相处的对象还是以残疾人为主，亲戚朋友聚会的话，你可以听到他们的新鲜事情。因为他们的工作和生活和我们是不一样的，比如说他们之间和同事之间的事情，一天到哪里去玩，或者是他们在网上买了什么东西，因为他们买的东西比较〔贵〕，我们还是比较节俭一些的，低端一些的，因为〔我们〕在工资方面，工资待遇不是很高。就是大家聚会的时候，我们会交流我们买了什么东西。

问：您平时最喜欢和谁在一起啊？

张：还是觉得和我们的一些小伙伴在一起比较有共同的语言。和父母、兄弟、姐妹之间，也会有一定的交流，但是总体而言还是觉得和我们的小伙伴有共同的语言，因为他们的思维，平常的言语，觉得就是能够交流的。亲戚朋友的话，有些话题会是工作方面的、朋友之间的、买的东西，我们可能都不是非常了解，那我交流的东西，他们也不是很了解。我们旁听的时候，就是知道他们会去一些国外的地方啊，比如说我亲戚去了欧洲国家。但是我们单独去旅游的话，不是很方便，因为我们在语言方面就不是很……他们在英语方面都比我好，他们可以自由地购物，但是我们要去的话，只能跟着旅行团，有的时候父母要跟着一起去。

问：您出去旅游过吗？

张：去了香港。我记得出境游的话，除了去日本和韩国，就是去参加火炬跑以外，其他就只去过香港，因为那里主要是以国语为主的地方，还可以去交流和购物；到国外的话，就是交流方面比较不容易，还是需要父母的陪同，就是我们的交流方面比较差。我们会在国内进行旅游，国内的话，就是国语嘛。

问：您周末都会做一些什么事情？

张：周六周日的话，就是会看看书啊，最主要的是在网上和别人一起聊聊天，然后把老师教的舞蹈动作练习一遍，做做家务，帮父母分担一些家务之类的。

问：您在网上和同伴聊天，具体聊什么呢？

张：因为大家平常晚上聊得时间比较少，周末就比较集中。比如说前两天我们阳光之家举办了一个喜迎“十九大”文艺演出，他们把照片发在了网上。尽管我没有参与，但是我看到他们发的照片，也会问他们：“你们表演的什么？得了什么奖？”因为这个是比赛性质的演出，会颁奖的。我们阳光之家得了一个第三名，舞蹈得了第三名，其他阳光之家得了第一名，第二名。他们会把照片和视频放在网上，我看到了以后会问他们。然后会和我的舞蹈老师进行交流，因为她在专业技术上比较了解，我们因为是每周就〔练舞〕一次嘛，有的时候在舞蹈方面要沟通。

问：您刚才说你们也有微信群？

张：对的。我们阳光之家建立了一个群，然后把大家都拉到群里面。平时的话，有些人都要工作，在现实当中交流得比较少，所以说在群里面的话会交流得多一些。比如说我工作的情况，你最近工作怎么样，我们很多同事是阳光之家的，有些人都是同一个阳光之家的，有些人就会问你们同事怎么样，像我们的同事有些人都结婚了，就会问一些家里面的情况……我们也会问阳光之家的人的情况，他们有谁来参观了，包括又举办什么活动了。

问：和您同时期进入阳光之家的人，现在还有在阳光之家的吗？

张：也有的呀。像是我们有些人已经工作了的，有些人还没有出去工作。我们都会通过微信来聊天，比如说我们又有阳光之家的人去工作了，在咖啡店里，有的人在人家咖啡店里学习咖啡的制作，他会把咖啡制作的过程发到朋友圈里，然后我们会对他进行评论，那个时候我们有几个人从阳光之家也进入咖啡店工作了，也发给我们微信，给我们看他们的咖啡店进行培训，签了合同成为长期的员工。我们每年不断地有学员从阳光之家走到社会上去，正规地就业。

问：你们平常会有同伴们的聚会吗？

张：有啊。我们同事之间会进行聚餐，就是谁谁过生日了，会进行聚餐。包括我们阳光之家的，也会进行聚餐，大家互相聊聊嘛，因为觉得大家之间有共同的语言。和正常人相比的话，我们和正常人的语言比较少，我们之间的话题会比较多。感觉大家聚在一起就比较愉快。但是我们也不会像和正常人一样聚很多的，因为要考虑到大家的生活习惯，时间方面的，还有毕竟说我们还是比较节俭的，经济方面的考虑，一般每个月或者定期的，大家会聚在一起。

问：现在您会经常回到阳光之家吗？

张：会的。有时候下班比较早的话，就会回到阳光之家，看看他们的老师，看看他们的学员。老师也会比较欢迎，会看看我们工作的情况，老师也会给我们提出一些建议，和我们说："要以工作为主，工作方面还是要认真工作。"因为我们阳光之家有一个宣传栏，工作的有一个海报，包括我们去工作的人的照片都会贴在上面，像是我们阳光之家里面的学员，已经有二十几名学员走上工作岗位了。贴出来的时候，会有简历。人家来参观了，就会看到我们有那么多的学员都走上工作岗位了。有时候就是有一些人来参观的话，也会把我们请去，让我们介绍一下在没工作之前在阳光之家是怎么样的，工作了以后是怎么样的。因为有些参观的人也想了解一下我们工作的人。

问：那您可以给我们举个例子吗？

张：比如说前两天虹口报社的记者要求采访工作的人，就邀请了几位出去工作的人，不同工作类型的人，然后让他们进行介绍。包括我们的成长经历，我们在阳光之家的生活学习情况，参加特奥运动的情况，还有包括我们出来工作的情况。让我们谈一下，他们会进行一些笔述。

问：您当时去了吗?

张：去了。当时他们是邀请我去的嘛，我们大概有三位同学，比较有代表性的学员去的。

念念不忘，必有回响——张心蕙母亲口述

口述者：张心蕙母亲

访谈者、撰稿者：徐佩琪，上海师范大学硕士研究生

访谈时间：2019 年 4 月 27 日

访谈地点：星巴克（殷高西路店）

迎难而上，硕果累累

问：心蕙姐在来阳光之家之前都是在普通学校接受教育的，对吗?

答：对，她就是虹口区实验中学毕业的。

问：在去普通学校的时候，您会不会担心学校里的同学对她不太友好?

张母：对，我们也担心的，所以我们经常跟老师沟通，问问情况，但肯定还会有同学欺负她的，她人长得也矮小。

问：您是一直都希望她在正常的环境中接受教育，而不是去特殊学校?

张母：对，因为她父亲也是教师，所以我们一直希望她能在一个正常的环境中成长。虽然她比人家要慢一点，但是我们也希望她能够跟上社会的脚步。

问：你们在家里会帮助她学习，特别训练她跟别人相处的能力吗?

张母：会的。她在腰鼓队，腰鼓敲得很好，是我们在家里提前教她的。所以她在腰鼓队很自信，觉得自己很厉害。她喜欢跳舞，我们也很支持她去跳舞。

问：现在周末也在练习吗?

张母：她现在基本上周末都自己出去。她喜欢芭蕾，所以她在网上买了一些书，平时也会买芭蕾票去看演出。现在她一般出去玩也不用我们带，都跟朋友一起去。

她已经考出四本证书：计算机初级证书、西点点心证、计算机维修……现在电脑玩得也挺好的。学习计算机维修比较难，我们都是家长陪同她的。还有心理学的证书，本来都是阳光之家的老师去学习的。因为她喜欢心理学，所以也去学习了。好多老师年纪大了，这门课背诵的内容比较多，所以在临考的时候很多老师放弃了，他们就是去学习一下，了解一下，然后考试就不去参加，

大概有一半多人临考前都放弃了考试。心蕙回家跟我说，好多人都放弃了，要不我也放弃好了。我说你去考，考得出考不出那是另外一回事，考不出也没关系。这次也挺好的，考出来了。

问：这次考试是哪里组织的？

张母：是我们残联，市残联组织的。

问：是针对残疾人和一些老师……

张母：对的。她前面还去大专学习，夜大也考出来了。

问：那段时间还挺忙碌的，平时去阳光之家，晚上还要去上夜校……

张母：嗯，是的呀。后来就工作了，一边工作一边学习。

问：在阳光之家待了多少年呢？

张母：在阳光之家大概从2006年开始到2011年，待了五六年才去工作。

问：她去工作是您这边提出来的？

张母：我们是自己提出来的，主要是想让她走出这个圈子。因为阳光之家，主要是玩为主，学习也是在玩中学习。工作则是残联安排的，民政下面的福利工厂。

问：找工作之后，需要再对她们进行培训吗？

张母：做培训都是业余的，觉得合适她的东西再去培训培训，支持她多学习。她现在还是比较独立的，她自己的工资自己管理，我们都放手让她自己管理，衣服什么的都是她自己购买。因为我们老了，总要离开她的。等到真正老了，再放手，她会束手无策。现在放手，如果她有什么差错的话，我也可以在旁边指导指导她。所以她现在是蛮独立的。

遇见特奥，成就今天

问：我看您之前写了一篇文章，是说有一个教练找到心蕙姐，要训练她。

张母：那个时候就是2007年特奥运动会。开始的时候，我们也很盲目。那个教练是我们区里的，也是残疾人，他是肢体残疾人，但是他乒乓打得很好，就教这批孩子打乒乓。

问：他也是先联系到这个组织才联系到您的吗？

张母：对，我们是先联系到残联。那个时候也是刚刚组织起来，特奥运动也没有像现在这样完善，所以也很盲目。残联开展什么活动也会让他们参加，比如说乒乓、跳绳、拍球……

问：训练会不会比较辛苦？

张母：是的。就天天跟着她跑来跑去，一个星期也有好几次的训练。

问：那个时候是在阳光之家吗？

张母：对。那个时候乒乓和腰鼓都是在周末，周一到周五在阳光之家。

我现在这么多年的体会就是他们这些孩子一定要多参加活动，走出家门，那些不参加活动的孩子成长得会比他们慢。一定要走出家门。现在阳光之家的小孩，嘴巴也会讲，人也很活泼。在家里就只有接触到父母，这是不行的。

问：在成长的过程当中，有没有让您印象比较深刻的事情？

张母：很多的。比如说，那个时候知道她要去日本、韩国了，她的心情很愉悦。最早的时候还没到日本、韩国去，她在上海代表特奥运动员发言，组织选特奥领袖，她得了第一名，她就成为代表，去参加日本、韩国的活动。如果没有特奥，就不会有她的今天。

问：他们出去参加交流活动，也是通过选拔吗？

张母：对。他们也是通过选拔的，那个时候我真的很高兴，没有想到她会得第一名，成为特奥领袖，很光荣地到日本、韩国去。我觉得我的付出好像没有白费，这个让我印象特别深刻。

相依相伴，共同成长

问：她参加各种活动都是您陪着吗？

张母：一开始是这样的，后来就不用陪了。读业余大学那个时候，就是手搀着手陪着她的。

问：会不会占用您比较多的工作时间？

张母：那个时候我已经退休了，刚好有比较多的时间，她就是我家的重点工作。

问：您在她去阳光之家那段时间就已经退休了，对吗？

张母：是的。她敲腰鼓都是我全程陪同，还有其他一帮孩子。因为我是亲友会主席，有的家长没有陪同，所以那时要带五六个孩子一起去那边练习。练习的地方是有一段距离的，不是在家门口，要带着她们一起去。

问：是在街道那边吗？

张母：那个时候腰鼓队算是区里的。街道比较近，区里的就远一些。

问：这个组织是您一开始就了解到的吗？

张母：开始是由残联领导的，是残联逐渐介绍给我们的。

她学习西点的时候是我陪同的，都是我全程陪同的，所以她考出来证书，我也觉得很开心，很有成就感。她考了西点、手语，还有计算机、计算机维修这四个证书。而且通过这样的学习，她也会关心人了。有一个小朋友身体不好，她也会去看他，她真的成长了。

最让我印象深刻的就是我前年胆结石开刀住院，后来她也来陪夜，换她爸爸的班，让她爸爸回家休息。她来陪夜，我觉得很欣慰，觉得我的女儿真的长大了，她也可以帮我了。

感恩政策，奉献社区

问：您之前在阳光之家做过志愿者，是吗？

张母：对。一直做志愿者，到现在已经有十八年了，现在我是四川北路亲友会主席。

问：是从心蕙姐开始学习的时候开始的吗？

张母：对。那个时候还没有阳光之家，我就带她出来参加社区活动。

问：是先参加腰鼓队的吗？

张母：差不多同时进行，腰鼓队早一点。其实没参加之前，四川北路街道就组织我们参加一些手工活动，那个时候我就已经出来了，再就是敲腰鼓，然后就是阳光之家，再参加特奥活动，她成为特奥领袖，去韩国、日本参加火炬跑。

问：当时您陪她一起去的吗？

张母：没有，当时是老师带着他们一起去，王毅，现在是外交部长，带他们一起去的。

问：您在阳光之家教他们学什么呢？

张母：就是做志愿者，他们本来就有老师教做手工，我们就在旁边帮帮忙，组织一下。

问：你们现在还会经常回阳光之家看一看吗？

张母：我是亲友会主席，所以我现在也经常会去阳光之家看看。

问：您现在主要负责什么工作呢？

张母：主要是负责我们的家长，做到承上启下的作用。上面有什么政策跟家长谈一谈，下面有什么诉求，就跟上面反应一下，起到一个联络人的作用。真的！每个家庭有这样一个孩子都是很不容易的。她是特别幸运的。他们跟自

己比是很有进步的，但跟正常人还是不能比的。真的，应该说他们现在是很幸福的。阳光之家每年都有春游、秋游。

我现在就是希望他们的工作能够长久，能够一直〔干〕到退休，这就是我现在最大的愿望。她这个工作也做了好多年，现在也是签了四年的合同，那边也有很多熟悉的同事。到了一个地方，她也有进步。这个环境跟在阳光之家中是两样的。工作之后她会做家务了，每天早上她不睡懒觉，很早起来去买菜、扫地、拖地，都会去做的。这一点是去工作以后的进步，所以说环境能够造就人。

其实她能够到今天这样，我心里也是很满足的。本来知道她是智力残疾人，我们也很担心她以后的生活。她现在也就是人看上去矮小一点，其他都蛮好的。她的表达能力是可以的，像上次去竞争特奥领袖，她还会跳舞，这些都是加分的。还有一个就是演讲，她年纪轻，记性好，都是脱稿演讲的。

最让我感触深的就是她们这些孩子能有今天的成就，成为今天这样的人，都离不开我们党的好政策。如果没有这样的政策，这样的环境，现在都还是在家里。她在世博会的时候，韩正、俞正声都接待过她，那个时候她做阳光之家的讲解员。世博会是在2010年，她参加义卖，是节目主持人，和姚明、肯尼迪的外甥一起合影。还有杨澜、周立波，就是在这个时候认识了周立波，然后她也参加了达人秀，还得了三个Yes。所以看着我女儿一点一点成长，我也跟着她一起成长。我印象很深的。没有这个大环境，就不会有她今天的成就。

他们的生活也很充实的。她在我们家里是最差的一个，因为她智力比较低，但是她得到的要比其他的孩子都多，比如说韩正、俞正声，还有世博会的外国领导人都接见她。最让我感动的是，俞正声对她说："你妈妈要为你骄傲。"我是很感激的，要感谢我们党，没有他们就没有我们的今天。

她自己现在工作了，工资是不高的，但是也可以自己生活，成为一个独立自主的人。现在我们国家对残疾人的福利是很好的，生活都是能够保证的，虽然她们也是最低工资。应该说每个残疾人都有这种感触的，如果没有这种好政策，就没有他们的今天。所以他们蛮幸福的。

回顾反思，献计献策

问：那您对阳光之家的建设有什么建议吗？

张母：阳光之家里面学员智力参差不齐，智力有好有坏。好一点的人，帮助差一点的人，互帮互助共同成长。现在的阳光之家学员的福利很好的，街道每年两次出游，春游、秋游，一年一次体检，去年市残联劳务所还举办唐诗一百首比赛，学员都争先恐后地争第一，还有文艺比赛，特奥培训等等，精神生活很丰富。最好再多增加一些劳动技能的培训及生活能力的培训，让他们成为自立的人。

问：进入阳光之家的人，有没有一个年龄限制呢？

张母：有的，三十五岁以后就不能进入阳光之家了，现在医学比较发达，智障人士越来越少，所以已经加入阳光之家的学员，年龄到了也就不用退出。

还有，我觉得家庭环境也很重要。我们接触的孩子多，有些孩子智力还可以，比正常人稍微笨一点，读书差一点。但是如果他去做一些工作，都是〔做得〕很好的。可是由于家庭不好，有些父母也是智力残疾人，他不会管孩子。像这种孩子，他生长在这种家庭都是很痛苦的。如果他有一个很好的引导者，那他肯定不用加入这个组织的，可以像正常人去发展。

还有就是离异家庭也比较多。我们这里残疾人有很多是单亲家庭，生了这样一个孩子，父母离婚的比较多。〔孩子能〕到阳光之家就好很多，因为阳光之家毕竟是一个大的家庭，这么多孩子，他接受能力好就可以接受多一点；接受能力差，就学得少一点。像我们街道有一个孩子，这个女孩应该说还是挺好的，智力还可以，其实她可以不用戴〔残疾人〕这顶帽子的。但是她妈妈，孩子一出生就离开家，父亲后来再婚，这个孩子就是奶奶一直带着。残联也介绍她去工作。一开始残疾人的工作都不是很好，去饭店洗碗什么的，都很吃力。她也不想做了，就天天在家里，阳光之家她也不想去，因为她的脑子比他们要好，里面这个环境她也不喜欢。现在她拿的钱跟去工作的钱是一样的。工作，她要被时间限制，不能早退，不能迟到，还很辛苦。就这样在家里混日子。

智障人是一个很庞大的群体，各有各的不同，真的要针对每一个人的情况去做是有难度的。一般都是〔靠〕家庭教育，你有一个好的家庭，那孩子肯定是比较幸福的。像我刚才说的那个女孩，如果有一个好家庭好好引导她，她应该可以发展得更好。

随着国家发展，对残疾人肯定会越来越好。现在就是一个看病问题。他们的工资 2 420 元，今年加到 2 480 元，除去吃饭，留不下很多钱。医保是有的，需要自负百分之五十，如果真的生病了，医保是不够的。现在残联帮他们买了一个保险，但有很多病是不能报销的，商业保险，他们残疾人也是不能买的。我们就是盼国家建设得好了，拿最低工资的残疾人也能享受重残无业人员的免费医疗，这样残疾人的生活也会更好。

张心蕙生活观察日记

观察时间：2018 年 11 月 24 日 7:30—18:00

观察地点：家里和室外

观察者：徐佩琪，上海师范大学硕士研究生

时　间	活动内容	备　注
7:30—8:00	已经起床了，做些家务，擦桌子，整理自己的房间，准备出去游玩的东西。跟妈妈说中午不回来吃饭了。	
8:00—14:00	和同事约好去朱家角游玩，一起坐 17 号线到达朱家角。和同事一起游览朱家角古镇风景，边看边和同事聊聊工作上的事。休息的时候尝了朱家角的特色粽子，在微信上把朱家角的风景发给其他同事。	
14:00—15:30	回到家休息了一会，开始练习芭蕾老师教的动作，边练边若有所思。跟观察者讲解老师上课时讲的要点难点。	
15:30—16:30	翻看《上下五千年》，先把之前看过的几章翻览了一遍，再继续往下看。	
16:30—17:00	和朋友在网上聊天，商量买些需要的东西。	
17:00—18:00	开始准备吃晚饭。吃晚饭同时把电视打开，收看当天新闻。晚饭之后开始清洗碗碟，桌面，拖地。	

慢慢来，孩子总会长大的

——小C母亲口述

小C，男，2001年生，浙江省杭州市人。独生子女。智力障碍四级，唐氏综合征患者。现就读于杨绫子学校高中部。

口述者：小C母亲

访谈者、撰稿者：李一方，浙江大学本科生

访谈时间：2017年11月22日、2018年5月21日、2018年6月1日

访谈地点：杨绫子学校智慧树咖啡馆、C家

选择：毕竟是一条生命

问：他小时候的情况如何啊？

C母：他生下来，身体就不太好。他是唐宝宝，就是唐氏综合征。唐氏综合征的问题他都有：两个耳朵是天生就听不见的，双耳重度耳聋；心脏失室缺，就是心脏有洞洞；鼻子又是腺样体肥大；舌头也比正常人厚、比正常人大；有鞘膜积液的问题。反正他身上开过好几次刀，鞘膜积液开过一次，鼻子开过一次，舌头割了一下。心脏后来没开，因为长大之后，他的心脏慢慢地就自动修复了，把洞填满了。唉，他的五官都有问题的嘛。眼睛也有很大的问题，散光加远视，已经治疗了很多年，一直治疗到现在，也没什么效果。现在他弱视也蛮厉害的。

我生他那时候三十九岁了，当时检查还没有像现在要求这么高。我就没有检查嘛，所以发现他“不好”是生下他以后突然知道的。那时候，我一生下他，他就被送到ICU里面抢救了。其实医生已经跟我明确说清楚的，他说这个孩子是没有用的，意思就是你不要再做任何抢救了，你只要和我们说一声，我们就会把他气管拔掉，然后他就走了。

那时我就想，他毕竟是条生命嘛。如果能够经过抢救救活他，那我说是最好的。如果实在救不活他，是医学救不活他，那我可以说这样放弃他，我是心甘情愿的。但是如果医学能救活他，我们却因为他“没用”而不去救他，那我心里会有点愧疚的。如果我做这种决定的话，我是真的会内疚一辈子的。后来，我就说，救吧。然后就抢救回来了。

问：抢救回来之后，他的身体还是很弱吗？

C母：很弱的。哎呀，他一生下来就一直住在医院里面，那时候医生都说他要一辈子在医院里过了。唉，他小嘛，又免疫力低下。只要周围有人带菌，他肯定立马就传染上了。我记得那时候他在医院已经住了快一百天了，也差不多好了快要出院了。结果来了一个新的小病人，这个病人有传染病，他马上又传染上这种毛病了。

后来在他差不多一百天的时候，我态度很强硬的，坚持要把他从医院里带出来。我说再这么待下去，我们就真的要永远地住在医院里了。其实我主要是怕有些得脑膜炎的小孩会被送进来，那就会把脑炎这种病菌也带过来啊。他要是再传染上脑炎，该怎么办啊。所以他一百天之后，我就把他带出医院了。不过就算把他带出来了，差不多每个星期，他也还是要回医院去看病的。因为他每个星期都会突然出现一个状况，而且是必须要送进医院的那种。

但是他很乖的，从小就不哭的。我记得他刚满月的时候，医生觉得他很可怜，就让我带他出来试试看。我当时就把他接回家里面了。但是才到家里五天，我就感觉他又不行了，然后赶快把他送回医院去。而且那个时候要抽血的嘛，在他身上其实已经抽不出血了，护士就从他的股动脉里面抽。人家的小孩在旁边哭得稀里哗啦的，他一点哭声都没有。

反正在他满月之后，我自己就在医院里陪着他了。因为他得的是吸入性肺炎，特别严重，每天都要吸痰。吸痰是件很痛苦的事情，就是要把管子从他嘴巴伸到口腔的很里面，接着把他的痰给吸出来。那他很难受的啊，就会把嘴巴咬得死死的，不让你吸。后来医生没办法，只能把管子通到他鼻子里面去吸。但就算是这样，他也还是不哭的。

问：刚刚还说到他的听力，后来您是怎么解决这个问题的呢？

C 母：耳朵是这样的，他生下来 2 个月大的时候，被检查出来听力的高频区有问题，一只 110 分贝，一只 120 分贝。但是听力的中频区和低频区是好的。

高频区的问题呢，就比如说听一些正常的声音的话，他是没问题的。不过只要超过 70 分贝，这个声音传到他耳朵里面就会出现啸叫声，传进去的声音并不是正常的声音，然后他就会紧张。

后来 7 个月大的时候，他两只耳朵的听力有一点进步。当时医生就和我说，有进步就有希望。再后来到他两周岁的时候，他听力基本是到 70 和 80 分贝。然后现在是 50 跟 60 分贝。就是他现在有时候听到高频的话还是会紧张的。

听力方面的问题对他的语言表达能力也有影响，他现在语言表达还是有很大问题。还有一个原因就是他舌头的问题，他的舌头要比正常人大一点，要长一点，说话的时候就很容易口齿不清。

这个问题我们也努力过，语训了很久。在他 26 个月大的时候，我发现他语言障碍很大。刚开始就尝试过割舌头，然后又参加语言训练。最初我们是在上海儿科医院语训的，过了一段时间，还是没什么效果。医生就告诉我："你不要训练了。他不理解为什么要训练，也不配合你，因为他不懂得你要他坐下来学发音有什么意义。说到底你这个钱是白花的。"后来我们又去华东师大语训过。当时每天要赶两个小时到华东师大的语训中心，这算是全国最好的训练中心了。但是训练了有半年的时间，什么收获也没有。其实送他去华东师大语训的时候，他自己已经有点懂事了。他也想训练，想说话。但是有些音，他就是发不出来的。比如说这个"b"的音他可以发出来，但是"p"的音他就发不出来的。

后来嘛，我就放弃掉了。所以现在他有些音能发，有些音不能发。比如卷

舌音，他根本就发不出来的。其实除了语言方面，其他都还好的。如果他话说得再好一点，和其他孩子正常沟通是绝对没有问题的，包括和他们一起玩也没问题的。

现在呢，他就是因为说话不灵清，和正常孩子一起玩的时候，他还是会弱弱地跟在后面；或者就在边上看着，他并不会主动地参与进去。我发现这个问题的时候，已经是前年了。我感觉他开始因为语言表达很难让一般人理解，慢慢地自己也就不想告诉你了，或者就是慢慢地把自己稍微有一点隔开了。有时候，就是我这个做妈妈的，都听不懂他的话，然后就要让他写，更不要说是从来没有和他接触过的人了。

前两年，我在“智慧树”咖啡馆发现一个事情。当时有几个人在聊天，他有时候要走进去听，他们就说：“你听不懂的，快走，你说的我们听不懂。”几次下来，他就不去了。或者他挤进去的时候，他们会说：“没你的事。”

但是在网络上，他能交流得比较顺畅的。虽然他没学过拼音，但是他可以写上去，系统会识别出来。那他一句话发出去以后，大家都能看懂啊，他就会觉得很好，很开心。

问：他身体现在还好嘛？

C 母：后来他身体就开始慢慢地恢复了，到七八岁的时候已经恢复得很好了。为了让他锻炼身体，也为了锻炼他的手脚协调能力，我就带他尝试运动。我先是带他学习打乒乓球，之后又学习打羽毛球，其实那个时候他还不太会的。后来学校老师发现他在运动方面表现还不错，就开始让他尝试了特奥。刚开始老师说让他先踢踢足球看。

现在呢，他已经有足球、篮球、游泳这几个锻炼项目了。游泳呢，不是为了比赛，而是他为了锻炼，每天在坚持的一个项目，每天游一个小时左右。现在他也已经比较强壮了，一米六的个子也已经有一百三十斤了。

母爱：唯一能改变孩子的就是你

问：在照顾他方面，您付出了很多努力啊。

C 母：嗯，其实我们家人都很照顾他的，家里所有人都对他充满着爱。因为他有缺陷嘛，在我们家里，他自然就变成最受关怀的一个孩子了。反正他相当于是生活在一个被爱包围的环境里面。在这个环境里成长，他就变得特别阳光，应该说他其实属于蛮暖男的类型，就比如他看到你们始终都会笑的。我觉得虽然他在智力上有缺陷，但是他在情感上是没有缺陷的。

我嘛，当时怀孕的时候，感觉年龄偏大了一点，所以我本来不想自己来管小孩的。在生产之前，我也不知道他是“不好”的嘛，就很早地找好照顾小孩的阿姨了，也和阿姨说清楚了，小孩晚上是和她睡的。这个阿姨的身体体检都已经全部做好了，也在我们家里准备他出来了。

生下他，我知道了他“不好”嘛，我蛮着急的，我和他当时的主治医生有很多的交流。沟通以后，我就问他：“我要怎么办？我要用什么方式让我儿子有改变？”这个医生是留美回来的博士，他跟我是这么说的：“世界上没有一种药可以治你儿子的病，唯一能改变他的就是你——妈妈。你放下手中所有的活，你什么工作都不要做，专心致志管你儿子管五年，可能会有效果。”哎，我就觉得真的没有治他的药吗？后来才知道这是先天的病，治不了。

你可以去触发他的某些神经，他可能会有所反射，也会有所改变。后来啊，我就按照医生说的，放下工作，专心管了他五年，其实也不止五年，而是一直到现在。因为管了五年之后，我自己也觉得已经离不开他了，他也离不开你啊。在经济上我也可以承受，那么我就一直专心陪他成长。其实我现在可以说，过了这么多年，我发现有很多东西他真的是可以反射出来的。虽然你教他的过程会很艰难，你要一百遍、一千遍、一万遍不停地跟他说要这么做，他也会慢慢知道他应该怎么做。

一直以来，我对他的期望是很低的，我最基本的愿望就是他能健康、快乐、幸福。当时医生说这个孩子是没用的，也说清楚了这个孩子的身体是很差的。有了这两个最差的心理准备之后，我就会觉得他的每一点进步对我来说都是很大的惊喜。最起码，他比医生说的要好，将来还可能越来越好。所以在对他没有什么要求的前提下，我发现他一直在进步，那真的会有一种很强烈的成就感和幸福感，哪怕这种进步的过程会很艰难。

问：您会因为对他没有要求而去纵容他吗？

C母：如果是原则性的问题，我一定会纠正他。比如尊老这一点，你是必须做到的。

有一次，他还小，当时我爸爸还在。我爸爸是老年痴呆嘛，有时候我们没有怎么注意他的行为，他会一个动作做起来，对爷爷说：“爷爷不准动！”在他凶长辈的时候，我会和他说：“你要向爷爷道歉，而且必须道歉，以后也不准这样子做。”但是他不肯。那一次，我们两个人扭了很长的时间，大概有几个小时。我就告诉他：“你不道歉，你就什么都不能动，哪里都不能去，饭也不

能吃，什么也不能做。”最后他熬不过了，到了很晚的时候，差不多晚上十点了吧，他承认错误，说对不起了。但是我觉得我们这个唐宝和其他唐宝比起来，性格还算是比较好的。如果我们说得通，也说得在理，他还是会接受的。

另一方面，我一直觉得一个人的素养是会帮你加分，所以我一直很注重培养他的情商。我觉得他现在智商已经不高，如果情商不高的话，他肯定会被人讨厌的，人家也不愿意和他做朋友的，那他就会很孤独，会很孤单，你说是吧。如果他智商不高但情商高的话，人家非但不会讨厌他，甚至还会喜欢他。而且我不可能陪他到老的。那如果我这样教育他，至少在我走了以后，人家是不会讨厌他，或者有可能人家还愿意帮助他。所以我就刻意在情商这方面对他要求比较高，就比如什么事情可以做，什么事情不可以做，什么事情应该怎么做，我对他的要求还蛮多的。

我觉得对于特殊孩子，家庭教育真的很重要。家长如果对他们一点要求都没有，放任他们，那么他们的性格可能会有缺失。有时候家长可能觉得孩子已经这样了，那不要去管他了，让他喜欢怎么样就怎么样。这样下去的结果是他们会无法无天的。事实上，他们还是可以被教育好的，是可塑造的。所以如果我觉得这些事情很重要，我会去教育他，会去管他，会去塑造他，在这个过程中我就会慢慢改变他的。可能你一遍不行，一百遍不行，一千遍不行，但是说不定一万遍就行了。就是磨啊磨啊磨，磨到一定程度他就接受了。就是花的时间会长一点。

比如，他叫一声“妈妈”，这一声“妈妈”叫得真的很辛苦啊。他到五周岁的时候才会叫“妈妈”啊，一声“妈妈”就让我觉得我真的超级幸福，哪怕我要用几十万声的“妈妈”才换回来这一个“妈妈”啊。他五周岁之前是不会表达的，他就是“要”“不要”“要”“不要”这样子，其他什么都不会。走路也是到了两周岁才会走的。他们这种孩子的接受能力啊、行为能力啊，都是比别人慢了很多拍的。

问：您大概是从什么时候开始发现他对身边的人有贴心的行为呢？还是从小就表现出这样的特质嘛？

C 母：那不是的，小时候他情感的表达也就是相当于一两岁孩子的表达，真正开始有反馈是八岁开始吧。

八岁之后，我觉得他倒真的有飞跃的进步，就是他第一次参加特奥那一年。这一年开始，他整个人都有很大的变化。其实之前他一直是被照顾的一方，也不知道怎么表达情感。但是慢慢地，他开始对情感的接触会有反馈。比如说，你对他好，他会来亲亲你，抱抱你。第一次是我不舒服，他就在我边上，拿那个小手在你身上这边按，那边按，然后问你这样好一点了没有。

还有一次呢，大概三四年前吧，正好也是我人不舒服。那天他是去上学了。本来我每天会等他放学了以后在学校里再运动半个小时到一个小时的，有时候打篮球，有时候踢足球。当时嘛，他的姨妈在这里，就跟他说："你今天自己去打篮球，再打半个小时。"然后他说："不行，妈妈不舒服，我要回去陪妈妈。"他一回来，就拿了一个凳子坐在我的床边。虽然他自己在玩手机，但是玩一会以后就会和你打招呼，"妈妈你好一点没有？"我说："好一点了。"过了一会，他又问你："妈妈，你好一点了没有？"我说："好一点了。"这样子。

另外啊，我还记得今年有一次。我那天高血压，身体很不舒服，又正好是吃晚饭的时间了，我就给他煮了一碗面。面煮好以后，我和他说："你自己吃，妈妈不舒服，先去房间睡觉了。"他说："哦，好的"。他就自己把面吃完，过了一会，他又拿了一杯水和一点药到房间里来，和我说："妈妈吃药"。那时候正好快夏天了，五六月的样子，我说："那你等会自己去洗澡，洗完澡以后把衣服放在那边，然后自己去睡觉。"他说："哦，好的"。后来等我人舒服一点了，我起来一看，他把碗都洗掉了。这种事情以前是从来没有过的，因为他从来不会洗碗的嘛。

问：他对其他人也会很暖嘛？

C母：会的。有时候你走路不小心，又或者路上遇到台阶的时候，他会过来拉你一把。一些很细小的地方，都可以体现出他很关心人。

有一次，大概六七年前，他十岁左右。当时我们房东的儿子大概是二十几岁，也蛮喜欢他的，经常跟他一起玩，有时候有什么好吃的东西，也会拿上来给他吃。有一天，那个小伙子生病发烧了，在家里挂盐水。他下去的时候，发现哥哥在挂盐水。然后他就不吃饭，一定要等到哥哥把盐水挂好了以后他再吃饭。那个时候，哥哥很感动的，对他说："哥哥对你好，你知道的哦。"我就发现，他把爱接纳进去之后，还会把爱给反馈出来。那时候我就觉得他已经真的长大了，懂得去爱别人了。

有时候，我的一帮朋友也会被他感动的。有一次我们一起聚餐，我的一个朋友和我说："你有没有发现每次我们一起吃饭，他会把每道菜夹一遍给我吃？他对我很好的，他给你夹了一块之后，也会给我也夹一块。"

后来我才知道，唐宝这种孩子都是很暖心的，一般的唐宝孩子都会表达出他们的情感。他会把他的爱表达出来的，也会用一点他的小动作来告诉你，他很喜欢你。现在不管他走到哪里，大家比较欢迎他。可能是因为大家有照顾弱者的想法，但是也有蛮多的时候是因为真的喜欢他。

学校：把孩子看成是自己的孩子

问：他上过幼儿园吗？

C母：上过，是正常的幼儿园，大概是他两岁半的时候吧。但幼儿园当时是拒收的，后来和院长商量了很久，院长要求我配备一个阿姨全程跟着他。然后我就给他配了一个阿姨。当时他还没有发现自己和很多小孩子不一样，那时候他还不懂这些。但是事实上，当时对他的伤害是蛮大的。

他读小班时，有一次我自己过去接他，我们一走过去啊，他周围的那些大班的孩子就会喊："妖怪来了，妖怪来了！"然后"啪"的一下全都散开。当时看着这一幕，我心里很难受的，他们好像把他看成是妖怪一样。后来在这个幼儿园读到中班，我就考虑带他来杨绫子学校上学了。2007 年 9 月的时候，他就来到这里学习了。

问：您当时是怎么想到要带他来杨绫子学校读书的呢？

C母：杨绫子学校是我一个朋友推荐给我的。他和我说这里的老师很好，硬件和软件都很好。而且他有个侄子，智力障碍的，也是在这里上学。后来 2006 年 10 月还是 11 月的时候，我自己来杭州看过，对学校挺满意的。当时这里是个新校区，2006 年刚刚搬过来的。我对于他什么时候可以来上学等等的情况也做了一个了解。当时我知道这边有一个学前班，他马上可以来上学，后来就决定来这里了。

其实那个时候吧，选择也有很多的，也考虑过其他学校。因为我们在上海也有家的嘛，本来是考虑在上海读的。但是上海那个学校离我们家路程有一点远。我也去看了。之后和这所学校比较了一下，还是觉得杨绫子学校比较适合他，而且环境也更好一点。来了以后也觉得杨绫子学校确实不错，他到今年已经在杨绫子学校读了十一年了，老师和学校的设施也都很好。

当时进这个学校没有什么门槛的。这个学校是属于杭州上城区的，有九年制义务教育的政策，所以有上城区户口的特殊孩子来读书都是零门槛的。而且在这里念书，我们从来没有出过学费的，都是政府出的。除了伙食费，其他费用都没有交过。高中的话，政府会拨款，一些定向的款项会落实到学校。但是读高中的话，是要参加考试的。高中已经不属于九年制义务教育的范畴了嘛。

那时候学校是面向全市招生的，只要有杭州户口的孩子能考上，那这个小孩就可以来学校念书。而且高中的教育其实更偏向职业技术那一块了，要求也比较高一点。

问：这十一年里，老师应该换了好多次吧？

C母：换了好几拨了。他学前班是一个班主任，一二年级是一个班主任，三四年级是一个班主任，五年级到九年级是一个班主任，再到现在是一个班主任。但是对之前所有的老师，应该说对杨绫子学校所有的老师，我一直都很感激的。他们做的很多事情会让我很感动。因为他们一直把他这样的孩子看成是自己的孩子一样，在很多方面都去帮助他们，这一点我觉得很不错。

他刚进杨绫子学校学前班，才六岁，大小便根本不能自理。我就会把几套换洗的衣服裤子放在学校里。他有时候尿出了，老师就会帮他换，换好了再把脏衣服放起来。有时候，老师还会帮你把脏衣服洗掉，像妈妈一样。而且他们也从来不会跟你来表功之类的。老师不会和我说帮他洗了衣服什么的，但是我可以从换洗的衣服看出来。我有时候觉得这些老师是在默默地付出，这个学校真的是很不错的。当时我们选择读这个学校，现在还认为是对的。

问：您觉得学校教育和家庭教育有什么不一样吗？

C母：其实我觉得有蛮多的东西，他是得益于学校的。因为家长教的方法和老师教的方法有很大的不同，老师教的方法可能会更有效果，就比如老师教他系鞋带就是这样的。我刚开始在家里怎么教都教不会，哎，有一天他突然会了，我问他们老师，才知道学校那几天一直在教孩子们系鞋带。相对来说，杨绫子学校的老师在这一方面还是蛮好的，老师也不放弃的，什么样的孩子就用什么样的方式来教。就比如针对他的教育方面，老师和我会有不一样的方法。

他一年级的时候，老师要教他写字，我当时想的是，他生活能自理就已经很不错了，写什么字呢？所以刚开始，我对他在学习文化方面的要求是一点也没有的。而且刚开始学写字的时候，他也是很排斥的。对他来说，写字是一件很困难的事情。其实那时候他们班也没有几个孩子会写字，就大概只有两个孩子会。后来老师就来家访了。我就说，我对于他这样的孩子，在学习文化方面不用很大的要求，他能学一个字就学一个字，能学多少就学多少，我不想刻意地去要求他。但是班主任很认真，对我说："他妈妈，我觉得这是一个很大的问题，现在是他学习文化最好的时间。对于他来说，学习一点文化并不是很难的，主要是刚开始学的时候，他自己要坚持。我们是可以把他的学习习惯和行为规范好的。"

我觉得既然老师认为他有这个能力，他可以写字，那我就不要放弃。我开始在家里逼他学写字，也确实是逼出来的。我印象很深的，有一次，他七岁，大概是12月。他不肯写字，就拿着那个笔，一直在玩。我叫他做作业，他就画一笔，然后又要玩半个小时，再画第二笔。我就把他关在门外，不让他进来，关在楼梯口。关是关在外面，但是有点怕的，我就经常在猫眼看他。那个时候我爸爸妈妈还在的，我妈妈觉得心疼就去把他拉进来，拉进来以后，我再赶他出去。一直折腾到晚上十点半，他自己敲门了。我说："你想通了没有？""想通了。""那你做不做作业？""做。"十点半了，我再让他开始做作业。后来，他每天都会很乖地先回家做作业，然后再玩。这个习惯到现在都还是这样的。

问：他现在的文化水平怎么样？

C母：他认字还行。七年级还是八年级的时候，学校发了一张一千字的认字表，他就错了一个。但是错了以后，他自己又发现了，纠正了错误。那基本上这一千个字他也能认识，能组词，能写。这样我觉得已经是很不错了。而且他现在会去看身边有文字的地方，也能表达。虽然表达可能没有正常孩子这么流畅，但是大概的意思我能理解，就这样一个水平。就是到现在为止，他在数学方面还是有点欠缺，就逻辑思维这一块，他确实很差。他的数学理解能力还是在十以内的加减法，还要用手或者计算器来帮助完成。

其实，学校的课程是更注重生活需要的。就比如他识字不像正常孩子一样从拼音开始学。他会先学习跟生活有关联的东西，就好像天、地、上、下、雨、雪、水、火之类的字。就到现在，他也没学过拼音。主要是拼音太难了，老师只能教他们认识字。但是呢，他所有的课是和生活相联系的，叫"生活语文"，"生活数学"，去学习怎么适应生活，怎么穿衣服，怎么叠衣服，怎么刨黄瓜，怎么洗脸刷牙。

问：高中的课程和之前的课程有什么区别？

C母：高中就会更注重就业一点。他们每个学期有两门可以自选的职业课，这学期他选了一门是烘焙，另一门是清洁与服务。"烘焙"就是做西点嘛，然后他上完"清洁与服务"以后就回来铺床、擦桌子什么的。而且他很愿意帮你做。

有一天，他突然到我房间来，帮你铺床。哎，我就很开心。那天又正好碰到他们的校长，我也正好说起这个事情。我说，我觉得很感动，他居然会帮我铺床。校长也很开心，说："哎？他学了有用。"

而且啊，他们学校里面的活动还是挺多的。有一天我偶然路过地铁站，就是凤起路那一站，发现那里有一幅他的画。我想，那应该是学校和外面合作举办的一个活动，他们真的是被社会各界关注着啊、关爱着啊。过一段时间，又有什么人来学校里来看望他们啊，或者来陪他们搞活动啦，玩游戏啊。这种活动很多很多的。像这个咖啡馆也是学校开的，“智慧树”咖啡馆主要是作为一个实习基地的，在他们要踏上社会之前，学校会有正规的老师带着学生来做实习。以前也有很多家长来这边义务工作的。现在他们正规起来了，我基本上也就不用来做了。

有时候我真的觉得杨绫子学校的孩子算是很幸福了。但是很可惜的一点是，他读完高中以后是会毕业的。如果他不毕业，能一直在学校多好。为什么这么说呢？因为他们在学校有玩伴，有同学，他们会生活得很开心。虽然他们不一定要有什么交流，但是他们是在一个很放松的氛围里面。但是等他们到了社会上，他们是会很紧张的。因为他们要跟其他人接触，而他们又不知道别人能不能听懂自己的表达，也不知道自己能不能融进那些群体。我是觉得他们是融不进去的，也没办法融进去的。虽然有些人可以包容他，可以顺着他的思路走，但是也有很多人是不会这么做的。

闪光点：他有无限的可能

C母：也就最近这几年，社会的包容度比以前会好一点了，因为社会上也一直在慢慢地宣传去关注残疾人这一块。以前我带他出去的时候，人家都是斜眼看他的。但是现在这种情况很少了。比如他去参加活动，或者出门，人家还会安慰你或者表扬他：“哦，他还不错的啊！”至少人家还会有一些暖心的沟通，不太会斜眼看你，这就是一个社会的进步。而这种进步是我们这些人最能体会到的。一般来说，你没有这样的孩子，你是体会不到这方面的进步的。

我印象很深的有一次，2011 年他参加全国特奥会回来以后，被杭州市评为四好少年。当时杭州有二十七万学生，包括小学生和中学生，要经过一层层推荐和选拔。那时候，学校推荐他，后来区里也推荐他，一步步上去的。那一年，全市一共有六十个学生被选为杭州市四好少年。他是其中一个，也是他们学校到现在为止的唯一一个得到市里荣誉的孩子。去市里评比的时候，有一个个人才艺展示和个人综合评估，他在评委面前表演了一个舞蹈。这个舞蹈的名字也蛮有意思的，叫“我真的真的很不错”。当时有两百多个孩子去参加这个

评选，每个人的才艺表演按规定只有一分钟的时间。这么多学生的评比要在一天里面完成，是有点来不及的，所以有些孩子的表演会被中途叫暂停的。但是他整个舞蹈一共有五分钟，评委是让他全部完成的，一分钟一秒钟都没让他少。而且在他表演之前，评委也专门介绍了他的情况，让大家不要发出声音，静下心来看他跳舞。

当时他们老师其实也很紧张的。因为他从来没有自己一个人跳过舞，怕他怯场或者怕他跳不好。但是那天他发挥得特别好。跳好之后，在场所有人都站起来给他鼓掌，鼓掌了很长时间。那个时候啊，我真的觉得蛮感动的，因为社会至少会尊重他，让他有一个可以完全展示自己的机会。

问：当时您也在现场？

C母：对，在省少年宫里面嘛。家长其实是不能进去的，我是因为特许，才让我进去的。评委也很多，包括市里面的、教育局的、市人民办的、省人民办的领导都在。从那个时候开始，我觉得他有无限的可能。其实刚开始总觉得我们孩子这个没用、那个没用，但是从他的经历来说，我们的孩子真的有无限的可能吧，就看你怎么去挖掘他，怎么去发现他。这个很要紧的。因为像他这种孩子，你让他废掉了，那他就废掉了。如果你去发掘他，那么他可能也会有闪亮点的，有他的特长。但是，你不能去帮他规划好。这种孩子，你不能规划的。你只能无意中去发现他的潜能。

就比如啊，他画画其实蛮有天分的。2011年的时候吧，他有一幅画被上海政府展示在公交车上，当时叫流动的画展。那时候我们刚刚带他去过北京的长城，他这个画里面就有长城的城墙，也有他自己、姐姐、妈妈啊，体现在这个画里面。

他叫我爸爸是叫爷爷的。因为想爷爷，他以前自己就画了一幅画，有房子，然后呢爷爷就在里面。他画上就写了："爷爷的美好回忆只有两个，阿宝和你一起的睡觉，欢乐，美好时光，咱们爱。"那他表达的这个话可能语序有点乱，不过我们都能理解嘛，他就是有想念的东西在里面。

还有啊，每年赛立美术馆都有一个画展的，他有一幅画展出过。当时有一个老画家刚好也在，这个老画家和我说，他的画是很有他自己的想法和个性的，他画的东西都是他心里想的东西。然后他一样一样告诉我，这个代表什么，那个代表什么。我就觉得：哎，是真的蛮有道理的。

他的想象力是很丰富的，但你要让他自己去发挥。画画不一定要照着模板去临摹、去模仿的，也不一定要把这个东西真的画下来。后来我就发现他所有的画都代表了他自己的思想。但是呢，他很少在家里画画的，基本都是在学校里画的。他美术老师也很有意思的，知道他有这样的天赋嘛，后来学校搞了一次大型的画展，老师就叫他去台上现场做了一幅画。因为老师觉得他可以现场发挥，其他的孩子可能还是要有老师的指点，很难自己发挥。

我们还经常做志愿者的，经常去帮助他人。我的观念就是：我们是被爱的一方，但是我们还要给予别人爱。我们经常出去参加义工活动，让他去感受帮助别人的快乐。他在参加爱心互助会这样一个群体，这个群体专门是为我们这种孩子打造的，他们有一个非洲鼓队，经常为需要帮助的人去表演。其实他当志愿者的时间已经蛮长了的，已经有五六年的时间了吧。我第一次带他去鼓队看的时候，他还说他不喜欢。第二次去的时候，他又和我说他要去参加。既然他喜欢，我们以后每个星期都会去一次。

这个爱心互助会不是学校的组织，而是一个杭州地区的民间组织。它叫爱心互助嘛，意思就是互帮互助。这个组织呢，都是一帮有问题的孩子去参加的，基本上都是杨绫子学校毕业的孩子，他们也参加过“开门大吉”〔节目〕的海选。其实我也是刻意带他这样做的，因为他得到了很多的爱，我觉得需要在得到和付出之间有一个平衡，他不能一直是得到的那一方，这样他的人生才是完美的。

再有就是特奥会嘛。今年他没参加，但是前几年杭州市的特奥会，他一直是参加的。对他来说，参加足球和篮球比赛的机会还是很多的。

问：老师为什么会选择他去参加比赛呢？

C母：可能是因为在他这一类的孩子里，他是属于比较好动的，灵活性也比其他的孩子要好一点。我记得，当时是快放假的时候，老师通知我让我带他去学校里训练。我印象是蛮深的，大概是2010年吧，就在暑假的时候，我们当时还在上海，他的老师打了个电话给我，她说：“他妈妈，你们暑假有没有什么安排？”我问有什么事情。她说：“今年全国特奥会想推荐他去参加。”我说：“啊？他参加什么啊？”老师说：“足球。”我说：“足球，他行吗？”老师说：“可以的。你答应的话，明后天就要把他送来训练。”

我是同意的。因为我觉得，不管是参加也好，不参加也好，对他来说，运动总是对身体有益嘛。我的初衷就是这个啊。我当时也不知道特奥会是怎么样的一个比赛，有什么比法。第一次比赛的时候，他是那一届特奥会最小的运动员，才九周岁不到。比赛的时候，我发现和他比赛的人都很高很壮的，就他个子最小。我和老师说我很紧张，他能不能行啊。老师说：“没事，他已经训练

很久了，让他自由发挥吧。”最后他发挥得很好，拿了一个金牌，他就越来越有信心了。这次以后，学校所有的体育活动，他都会热情高涨地要求参加。

我可以说，参加特奥会以后，他还是有蛮多变化的。最开始，他对体育运动是有抵触的，比如你叫他运动，他会很反感，他就喜欢坐在那里不动。接触了特奥会以后，他对所有和运动有关的项目，包括羽毛球、乒乓球、篮球、棒球，都很有兴趣。他的身体现在是越来越好，心理素质也比以前强了很多，沟通能力也是，各方面变化确实是蛮大的。

特奥会还是对孩子有很多积极的改变。一个是他有自信心了。我觉得这一点很不错的，在这之前，他不是很有自信，他会觉得他只是运动玩玩的。另一个是有荣誉感了。自从接触了特奥以后，他输掉比赛会很不好意思。就像他这次发挥得不好，有一个球失误掉了，只拿了一个铜牌。当知道自己拿到的是铜牌，他会有几分钟的失落。我在旁边观察他，我说：“你是不是自己失误了，然后有一点不开心？”他说：“嗯。”我说：“那我们记住了，以后尽量不要再有失误出现了。”他说：“嗯。”

算起来他已经参加了四届特奥会了。2010 年开始，他第一次参加全国特奥会，比的是足球个人技术赛，拿了个冠军。后来三次都是代表学校篮球队、足球队参加比赛的，大概是 2012 年、2014 年、2016 年。今年这个是特奥东亚区的篮球赛。

未来：希望他能融入社会

问：关于他的未来，您有什么想法吗？

C 母：以后嘛，他上大学肯定是不可能的，他现在文化水平也就是小学一年级水平都不到的。文化水平这块，其实我也是花了蛮多的心血。像数学这一块后来我就真的是没办法。现在还好，反正有计算机嘛。而且他们学校的数学、语文课和正常学校的数学、语文课教法是两样的，老师会去教你应用型的课程。但是他学的时候和应用的时候还是有一定错位的。他们这些孩子，像他这种理解能力还好的，有时候还能理解一点；有些孩子他就算学会了，也不会应用。

问：您有没有想过他以后组建家庭之类的事情？

C 母：那肯定想过的。如果他有这种需要，又刚好有这种机会，那他的人生肯定是会很完满的。如果他真的想结婚，那我会让他结。但是我不会让他找一个正常的人，我会让他找跟他差不多的孩子。

不过呢，他现在没有什么男女朋友的概念。虽然他知道电视里说的“老婆、老公”是什么意思，但是他不一定就有男女的感情。不过在他青春期这段时间，我是很关注这一块的，也怕他在青春期里面会出现什么问题，但是到现在为止，我觉得好像还没有什么问题出现过。

如果以后他和另一半要一起生活，我给他们俩配一个阿姨。阿姨会在生活上照顾好他们，让他们自己有情感交流就可以了。因为如果某一天他需要有一个家的时候，他是出于情感需要，而不是生活需要。就像我们爱心互助会里面也有一些三十几岁的孩子，他们到现在为止都没有那种真正的家的概念。你说的那种真正生活在一起的，比较少。

问：您听说过阳光之家吗？

C母：阳光之家？我们不知道。杭州的话，社区里面会有工疗站的。但是工疗站这种机构仅仅就是帮你管住他，不可能像学校里一样给他一个很宽松的环境，真正地教给他知识。而且工疗站会把精神疾病的人和智力残疾的人放在一起的。有些家长把孩子送进去以后，还是会把孩子带出来的。因为有些年纪大的人会有暴力倾向，小孩子送进去可能不太好。但是我没去过工疗站，因为他读书还没毕业，我们还没接触到这个方面。但是我是不会把他送去工疗站的。

其实我希望的是他会有自己的工作，有和社会接触的机会。就比如他们学校会在毕业之前组织几场招聘会，星巴克啊、超市啊、某些咖啡店啊，会来学校办招聘会，但是成功的概率是很低很低的。因为他们这种孩子不可能像正常的孩子一样接受系统的培训，在培训中发挥自己的特长。他们毕竟是智力残疾。只能说你给他一个指令，他可能会做好，比如你叫他把这个杯子盖子旋紧，那他可能会做好的。但是非机械的活，他可能就不行。如果他去做服务员的话，在和客人的沟通交流中就会有问题。

作为家长，我是希望他以后有工作的。如果他没有工作，那他毕业以后就会一直在家里面了。就我们今年上高中的这一批小孩里面，原来他初中班里是有十二个学生的，但是只有六个学生上了高中，有六个学生以后就要一直待在家里面了。这一点，我心里还是很难受的，就这么早，才十五六岁就开始待在家里。在家里，除了家人就没有其他人陪他，那这个小孩的退化就会很厉害了。

我真心希望能有适合他的工作，希望他能融入社会，让他感觉自己像一个正常人一样上班下班。他们这种孩子其实并没有觉得自己是弱者，也没有觉得自己是残疾人。无非就是他在观察正常孩子的时候，会很奇怪那些正常孩子怎么会懂这么多，怎么可以做这么多。

其实从某种角度来说，他们比正常的孩子要幸福多了。因为他们没有学习的压力，也没有生活的压力。他们一直很纯洁，就像一张白纸。在他们身上，你是看不到半点邪恶的东西的，他们也不懂得怎么去伤害别人。他们把人性最原始最善良的一面呈现出来。所以我说啊，看着他们这种孩子，有时候想想，作为家长而言，我很幸福的一件事情就是我有了这么一个孩子，我的生活压力轻了好多好多。我对于这种孩子期望值没有了，也没有任何压力了。我的任务就是陪着他成长。看着他慢慢地成长，看着他变老，有这个过程，我经历了，就可以了。

家庭环境对孩子成长最重要——小C班主任口述

口述者：小C高中班主任

访谈者、撰稿者：李一方，浙江大学本科生

访谈时间：2018年5月21日

访谈地点：杨绫子学校

自律、认真、暖心的孩子

问：老师，您好，我想了解一下小C的情况。

老师：他很小很小就在我们学校了，已经将近十年了。自我接触他以来，最深的印象就是他非常自律。所有的事情，他都不需要你一件一件地去告诉他该怎么做。比如到什么时间，他就会做什么事情。可能是因为在学校里养成习惯了吧。到了高中以后，也不是义务教育阶段了，不像以前都是语文课、数学课，而是专业课，比如园林啊、花卉啊、清洁服务啊之类的。有时候上课，一上就是连着上三节，中间也没有休息的时间，有时候就会要求他长时间地站着。他是很认真的，就比如他现在学的清洁服务课，他都会非常标准地做好，做的时候非常认真，不需要你一遍一遍口头去提示他，反正他会自己一个人很好地去完成。

还有就是他很守时。他从来不会说："今天我不舒服，所以我迟到一会。"最近给我印象很深的一件事是我们学校的开幕式。他那时候有彩旗队的表演，但是他生病了，就休息了一段时间。我就和他说："我们不去了吧，你都生病了，而且外面太阳很大。"但是，他还是坚持一定要做完，做完以后才回到班级去休息。他从来不会因为生病而不去做这些事情，应该说是一个很有毅力的孩子，而且在学习方面也是这样。他可能说话的时候，发音不是特别清楚，但是他的情感表达都很好的。他会给你写出来，告诉你，他在表达什么。

问：他妈妈还说过他的情商很高。

老师：是这样，他也是很孝顺的一个孩子。平时，我和我们的搭班老师一

起工作。他看我们累了，就会过来给我们捶一捶，捏一捏，真的是一个很暖的孩子。我们去上操地生活，他会负责整队，整好队了以后，如果没关教室的灯的话，他会进去关掉灯，然后再出来把门关掉。他的习惯真的很好，其实这也和他妈妈有关系。她是一个很注重细节的人，教育孩子的时候也会这样。所以他是那种全校老师都很喜欢的孩子，见到任何一个人都会打招呼。即使他只见过你一次或者两次，他也都会和你打招呼，和你说“早上好啊”。

在学习上，他可能对于时间的观念不是很清楚，但是你告诉他十分钟以后要做什么，可能我一回身就给忘记了，但他会问你：“裴老师，我是不是要去做什么了呀?”我说：“哦！裴老师给忘记了！”他是会记着的，然后来告诉你。你对他的好呀什么的，他回家以后都会和妈妈讲。

我有的时候会觉得他比我认真。我有时很随便呀，把东西乱放，他都会帮我摆好。比如在家里，他的房间永远是干干净净，一丝不苟的，他的衣服也永远叠得整整齐齐的。所以他给你的感觉就是很可靠，你不需要担心他偷懒啊或者什么的，这是他很好的一点。可能他平时偶尔会有一点小小的固执，会坚持他自己的想法。但是我觉得他们这种特殊的孩子，特别是唐氏的孩子，他们对事情的执着是不能过多地勉强的。他可能就是比别的同学多了一步，就是一定要把什么东西摆在什么地方。那你就让他去好了。我觉得正是因为这一点小小的固执，他才会把事情做得这么认真。可能我们是那种“这个事情就这样啊，差不多可以了”的想法，但是他一定要做到最好。

问：他和同学的关系好吗?

老师：很好的。他前段时间有点不舒服，在家休息了一个月。因为他们家就在学校旁边，能看到操场嘛。我很感动的是，他妈妈说他会站在窗户那里看同学参加活动，特别特别想来。后来我去看他的时候，他妈妈就说：“我们去学校看看同学吧!”结果看到同学的时候，他特别特别开心，同学看见他也超级开心，开心得不得了。因为他平时就是那种跟每个人都会玩到一起的小孩。

这一次他不是去参加特奥会了吗?其实他身体并不是很允许他去参加的。但是最后他还是去了，主要因为他自己坚持要去，他妈妈也陪着去了。其实这背后啊，他妈妈也付出了很多的。她是一个在各个方面对待孩子都很好的母亲，包括对我们。我们开运动会的时候，她也会过来，陪着我们每一个孩子。比如我们走方队的时候，她会帮我们拿班旗啊，给我们孩子带水果带吃的啊。

融合比封闭更有好处

问：家长的举动对孩子的影响很大吗？

老师：对啊。很多时候吧，孩子的这些表现和家长有很大关系。如果家长就是一个很温暖的人，孩子也会特别特别的温暖。还有我们学校的环境也是这样的。我们对于孩子的教育，更多的是基于情感上的。我们不会强迫你，比如今天你这个行为必须怎么样，必须做得很好。我们还是希望孩子能更自由一点地成长，而不是去约束他。虽然也不是没有规范，但是让他在这个规范里最大化地去发挥他的主动性，那样是最好的。

就他吧，坐得最直那个永远是他，吃午饭最认真的那个也是他。他对于食物有一种敬重的感觉，就是他一定要都吃掉。即使不怎么好吃，他也不挑食，而是把它慢慢吃完。你会从他身上看到一种耐心，无论对什么都很有耐心的那种感觉。但是他妈妈有的时候会说他做事慢吞吞的，那我觉得慢吞吞就慢吞吞啊，也不耽误什么事情。他也没有什么着急的事情。

上课等各个方面，他都很积极的。其实我们有的孩子主动性并不是很强，需要你去提示他，但他永远不需要你去提醒的。你刚想提醒他，他可能已经自己去做这件事情了。而且他不是会有一部分时间出去玩嘛，我觉得和这个也有关系。他总是能出去旅游什么的。那可能他见的人也多了，和社会的融合也会比较多。

问：这种社会融合对于特殊孩子有很大的意义吗？

老师：嗯，你从他的身上其实就看到一个特殊的孩子在和社会融合以后，他的行为和思想的改变。如果他仍然在一个封闭的环境里，接触的人只有这么多，这是不利于他的教育的，也不利于他眼界的开拓。你现在带他出去，他完全没有任何问题，他不会因为人际交往产生问题，因为他已经适应了这个环境。对于他来说，这些活动给他带来的虽然也有身体健康或者是荣誉方面的好处，但是我觉得最大的好处还是他能接触到更多的人，和这个社会更加地接近，能走进社会，这对他来说是最可贵的。

这也是我们学校一直在倡导的，社会融合比在一个相对封闭的环境下生活会更有好处。我们学校就是属于活动特别多的学校，这种活动事实上比起单纯的上课要好很多。因为我们的孩子缺的就是人际交往方面的东西，给他更多的机会，他就知道怎么去更好地适应社会了。但是说句实话，这种融合毕竟还只有比较小的一部分人有机会去做到，大部分的孩子只能是在学校里面的。所以

我们还是希望他们有更多的机会能够出去。

问：是不是他在之前就比其他孩子表现得好呢？

老师：其实，他小时候的智力指数并不是特别的好。唐氏的孩子在智力方面都不是特别出色。我们通常在教育的时候，是会把孩子分成 A 层、B 层，这样才能给他们做个别化的教育。

现在呢，虽然他的表达没有那么好，但他的整体素质其实是一直在提升的。在他很小的时候，他妈妈也没有想到他到高中以后还表现得这么好。我觉得是因为他的基础打得很好，所以一到九年级就开始一直在不停地进步。

问：老师觉得关于这种社会融合，我们普通人能做些什么呢？

老师：我最大的感觉就是，对这种特殊的孩子同情啊关爱啊，这些都不是很需要的。你就是和他们平等地相处，这样就好了。像我和他差了八岁，我就会站在一个朋友的角度去和他说说话，聊聊天。像自闭症的孩子，他可能会对陌生人的接触特别敏感，所以刚开始的时候，你可能需要观察他一下，看他有没有对你很反感。对待这些孩子，我们不需要特别热情地嘘寒问暖，你就去和他们玩一玩，疯一疯，你就自然地融入他们了。然后你就会发现他们和我们不一样的地方，可能仅仅在于他不能很好地表达自己，不能很好地运用我们在运用的东西。但是你把我们所用的东西稍微简化一下，改变一下，他也能很好地和你一起生活。现在不是都在提倡通用设计嘛，就是说我设计出来的这个东西，老人能用，小孩也能用，那特殊人群是不是也能用？

我们的观念其实也在改变的，从最初的把这些特殊的孩子当成是病人，后来可能是当成一种缺陷，需要补偿什么，到现在就是把他们当成一种有特殊需要的人群，意思就是他们的需要比我们更多一点，更特殊一点。其他方面，我们就把他当成一个普通人来看待嘛。慢慢地你就会发现，其实他们和我们没什么不一样。

包括他，他也会有特别调皮的时候。比如你叫他，他明明听到了，但他不应答。他就看着你，然后坏笑着跑掉了。这不就是小孩子特有的那种调皮的状态嘛！其实他这种状态挺好的，要不然他连这种调皮都没有了，那多可惜啊！

学校、家庭、社会教育都很重要

问：老师是怎么看待家庭教育和学校教育的作用呢？

老师：我当了快一年的班主任了，我感觉对于一个孩子来说，学校教育很重要，家庭教育也很重要。同样程度的两个孩子，家庭教育的方式不一样，那两个孩子可能会走向完全不同的方向。

比如有的孩子，他可能就认识五十个字，但这不重要。他能每天去旁边的超市买东西，能坐公交车上下学，能在咖啡店或者在超市收银，这就好了。他不需要认识很多字，也不需要会算加减法，因为收银机会给你算的。所以最重要的还是要让孩子学会生活上的技能。

有些时候我也在想，学校在很努力去做这些教育，但是并没有很好地去引导家长怎么去教育孩子。毕竟像他妈妈这种能够把孩子弄得很好的家长是少数，她是一个很用心的家长，她的文化程度也高。很多家长可能没有那么高的文化程度，教育孩子的思想理念不是很好。我并不是说他们念的书少，而是他们不了解这些。他们本身有这样一个孩子，可能内心已经很难受了，就没有更多地去思考教育的问题。如果家长都没有办法用一个很平和的语气去和孩子说话，那任何的教育都是无效的。家长每天都带着情绪在说话，家长很痛苦，孩子也很痛苦。

所以说，学校作为一个专业教育孩子的地方，应该更加注重这些〔引导工作〕。家庭教育可能会使得孩子的教育慢慢走歪掉，家长可能想我的孩子只要会算加减法，那他就和正常孩子一样了。其实这是完全错误的，他的智商程度如果没到那里，你就不要去强求他。很多家长转变不过来，有时候你也能理解他的，他的想法是我努力想让我孩子跟一个普通的孩子一样。其实在我看来，我作为一个普通的孩子，也知道我妈妈对我的付出，那再去看咱们学校里的家长对孩子的付出，两者还是不一样的，是真的不一样的。

从他身上，你能看到家庭教育成功的例子是什么样的。你可能也会在学校里面看到家庭教育比较薄弱的孩子是什么样的，〔可能〕比较起来，〔某个学生〕他原来的情况要好很多，但是他现在都没有达到〔小 C〕他这样好的状态。这个方面我觉得一定要重视。

还有就是社会对他们的接纳。其实杭州这个城市，对于这些孩子的接纳程度已经非常高了。我是从北方过来的，北方对于特殊孩子的接纳程度并不是很高，而且这是中国的一个很普遍的现象，很多家长宁愿把孩子放在家里，也不要把他领出去。很多时候是因为这个社会不接纳孩子，你刚领着小孩出去，别人就会像参观猩猩一样去看他，很少有人能受得了这个的，心理再强大的孩子也不行。但是完整的教育不可能只发生在家里，你肯定要把这个孩子带出去的，所以社会环境其实更重要。如果我们现在可以把特殊孩子当作一个普通孩

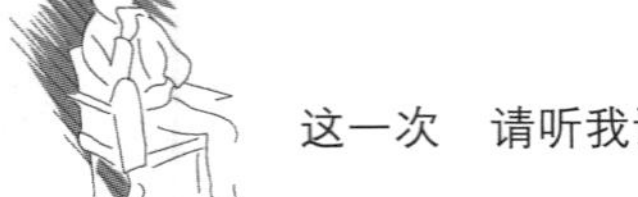

子，对普通孩子有什么反应就对他有什么反应，那就是对他们家长最大的帮助了。

问：老师对他的未来有什么样的期盼呢？

老师：他是一个很好的孩子了，对于我来说，最大的愿望就是他身体健康，不要再出现任何问题，多去参加活动；他的家长也能去影响更多的家长。

希望他以后不管是在家里帮忙也好，还是在学校这边帮忙也好，能够找到一份稳定的工作，和普通人一样去生活，这样就很好了。

我希望，这个学校的每一个孩子都是这样，希望他们能过普普通通的生活，参加社区的活动，一个人生活下来就很好了。

会画战术板——小C体育老师口述

口述者：体育老师
访谈者、撰稿者：李一方，浙江大学本科生
访谈时间：2018 年 5 月 21 日
访谈地点：杨绫子学校智慧树咖啡馆

问：老师，您好。我想问一下老师当时为什么挑中他参加比赛呢？

老师：原则上是人人都有机会。我们会选一些能力比较好的孩子。他自己还是比较喜欢运动的，而且在他这个年龄层里，他也刚好合适嘛。我们的目的也比较简单，小年龄段的孩子去锻炼的目的更多是康复，大一点的孩子就更注重运动协调性。

问：现在训练的内容一般有什么呢？

老师：最早的训练是肢体控制、感统、平衡啊这些。到后期，他们年龄大一点了以后，训练会带一点力量、灵活、奔跑这些的。至于要求，我们的宗旨，就是用尽可能专业的方法去训练他们，对于他们动作的要求没有那么高。虽然我们也希望他们尽可能达到〔要求〕，但如果他们真达不到，也不会强求，因为你强求的话，他们有时候是要受伤的。

问：在参加比赛的过程中，他们会有输赢的概念吗？

老师：一开始是没有的，比赛多了就会有。他们刚开始是只要去参加了，就很高兴，不管我是第几名。比如他们去踢球，只要进球了就会欢呼，最后有没有拿名次，他们也是没有概念的。现在大了，反而会有。因为大了以后，他们就会知道我要进多少个球我才会赢。

问：他现在的训练项目是什么？

老师：现在他在练两个项目：足球和篮球。中国明确规定唐氏综合征人士是不能参加足球比赛的，因为唐氏综合征人士的脊椎不稳，如果受到冲撞，撞到脊椎以后，是很容易导致瘫痪的，这个安全隐患太大了。但是篮球没有这个规定，所以他在足球上参加的是个人项目的比赛，在篮球项目上，他是可以参加集体比赛的，但是在防守上，我们不要求他去进行身体对抗，而是尽量打灵活的。

问：听说足球赛的个人项目会取消？

老师：不是的。现在是这样的情况，国际上在推行融合的比赛，就是希望我们出去比赛的时候，这一支队伍里面既有普通的孩子，也有我们这样的孩子。而且它有一些特殊的规定，是希望我们的孩子能更多地去参与这种项目，来拉近与社会的距离。

这一种有普通人参与的比赛的竞技水平会提高很多，像他这样的孩子，如果有老师带着他们玩，他的速度啊，跑位啊，都会做得好一些。因为老师会有指挥，比如喊“你跑那里，你跑那里”这样的指示，但他们之间就不太会有交流。虽然他自己判断慢，但他动作可以快起来，老师一帮他判断或者他那些正常的伙伴帮他判断的话，效果会好很多。

现在国际上在推崇这样的运动方式，我们也在响应，中国的很多比赛就会办融合比赛。办融合比赛的话，相对来说，个人技术赛就会不怎么办，这个还是要看主办方的。

这种融合赛在中国的推行，正儿八经来说，也是挺早的。因为在国内，大概零几年就有类似的比赛了。但是像现在这么频繁的赛事，也是前三四年才开始的。以前是中国会组队去参加国际上的融合比赛，现在是中国自己会主办一些这样的比赛。

问：孩子们在参加这种融合训练前后是不是会有很大不同？

老师：那肯定是有的。比如战术带动就会快很多。像篮球、足球都是会有特定位置的，他如果一直打那个位置他会习惯的。但是那些孩子现在训练的时候，没有别人带着他们，自己是很难有很快速反应的。

但是他很有意思，他因为语言说得不是很清楚，我们有时候也听不懂嘛。但是我们在讲战术的时候，老师也会拿着战术板告诉他，你该跑哪里哪里哪里。平时我们也不知道他到底有没有听懂，问他“你听懂了吗”，他会回答：“哦，听懂了。”其实我们心里是打问号的。

有一天，我们在比赛，比赛期间我们有休息的，休息的时候我们在看台北队和江苏队的比赛。他们打得很激烈，因为运动员水平很高，也融合得很好。那个时候他坐在旁边玩，他就拿老师的战术板，在画位置，这个是谁，那个是谁，然后画箭头，你跑这里，你跑那里。后来我们去看的时候，问他：“这个是谁？是不是要让他跑这里？”一圈问下来，我们发现老师平时说的，他居然都反映在这张板上，他其实是真的听懂了。那是我们第一次发现他这么大的进步，大概是去年 11 月，真的有点神奇。

问：在一个团队里面，他和其他队员的关系怎么样？

老师：队员之间的关系还好。但是他妈妈和我们说没有前两年好，因为有些队员会听不懂他的语言。

他现在更喜欢在网络上交流，而不喜欢在现实生活中交流。其实别人讲话，他是听懂了的，但是他要回话给别人，别人是听不懂他的。然后他就会急啊，我们有时候也急，急了就让他写。但是他们伙伴可能就不让他写了。有的时候，他要在我们在手上写好几遍，我们才看得懂，但他伙伴就不一定看得懂了。融合伙伴会好一点，去年去树人大学的那两个队友挺好的。他们队友之间，一般的交流是不大有问题的，但是日常的交流、游戏什么的就不大行。

其实他还是有交流需求的，但是语言障碍对他影响很大。总体来说，他还是朝着一个积极的方向在走。他的言语表达能力，目前来说，还没有对他达到一种伤害的程度。现在也只是说有一些困扰，让他出去做什么，他还是蛮自信的，跟他交代好去做什么，他还是愿意的。

小C生活观察日记

观察时间：2018年5月28日15:30—20:00

观察地点：杨绫子学校

观察者：李一方，浙江大学本科生

时 间	活动内容	备 注
15:30—15:40	放学。看到观察者后很热情地打招呼。遇到认识的家长也很有礼貌地说“阿姨好”。	班主任老师会让孩子们排成一列，等待家长来接孩子。
15:40—15:45	回家路上。走在靠马路的一侧。刚好有点下雨，会主动给观察者撑伞。	
15:45—15:50	回到家中。帮观察者倒了一杯水，还主动递上水果。	
15:50—16:00	返回杨绫子学校的室内篮球场。	主动帮忙按电梯，并请观察者先进去。
16:00—16:45	练习投篮。	如果投篮比较准，会很开心。
16:45—17:00	拉来网架，打羽毛球。	
17:00—17:30	重新练习投篮。	
17:30—17:53	领着观察者参观校园。	在走楼梯时，会按照楼梯上贴的脚印走，一级一级走。上楼梯时靠右边，下楼梯时靠左边。
17:53—18:00	在“智慧树”咖啡馆。	一看到小伙伴就很高兴。
18:00—18:10	回到家里。	拿出手机，给观察者听他唱的歌。
18:10—18:40	吃晚饭。	吃晚饭时会给别人夹菜。吃饭中途和家人视频通话，家庭气氛特别好。
18:40—19:30	放音乐，跟着跳舞。看了一集动画片。玩电子游戏。	很喜欢TFboys的歌。

做生活的奔跑者

——廖旭挺口述

廖旭挺，男，1990年生，浙江乐清人。独生子女。智力障碍三级。毕业于温州市特殊教育学校。现在温州市乐清市某塑料厂工作。

口述者：廖旭挺

访谈者、撰稿者：潘立川，温州医科大学老师

访谈时间：2017年9月8日、2018年11月11日

访谈地点：温州市特殊学校行政楼、乐清市虹桥镇新华书店

亲戚都很照顾我

问：请问，您是什么时候出生的？

廖：我是1990年出生，今年27岁。具体出生时的情况，可能要问我妈才会清楚。

问：您的父亲和母亲从事什么工作？

廖：我父亲是专门搞电路检修，现在在乐清供电所工作。他的工作内容主要是管理国家的电路，这些都是他一个人管。我妈妈现在家里休息，都没有上班。她以前有上班，是在虹桥电信邮局里负责管理电话卡、充值卡销售。有一次，贼进来偷东西，把我妈妈管理的卡都偷走了，我妈妈就因为这件事被开除了。从那以后，她就一直在家里休息，没有再去上班，平时就在家里做家务。

问：这事是什么时候发生，您还记得吗？

廖：这些我都忘了，很早之前的事情。我只记得我妈妈那时候开始就一直在家里。

问：您的爷爷奶奶和外公外婆都在吗？

廖：外公外婆还在，爷爷也还在，只有奶奶已经去世了。爷爷他虽然也住

在虹桥，但他没有和我们家住一起。他是住在虹桥时代广场附近，我们住在合新桥这边，离得有一点距离。爷爷以前也是做电路检修，跟我爸爸是一样的工作。后来我爷爷退休了，把我爸爸拉上去顶替他。我爷爷现在也在家里休息。我外公以前是木匠，是专门做沙发的，现在他也已经退休不干了。

问：您爸妈就您一个孩子吗？

廖：我家里就我一个儿子，没有兄弟姐妹。我家里还有其他亲戚，不过他们都在外地上班。表兄弟、堂兄弟，表姐妹是在绍兴柯桥那边上班。他们只有过年的时候回乐清，我才能和他们在一块玩。他们和我关系很好，都很照顾我，哪里不懂，都是他们来教我的。所以我也很喜欢和他们在一块玩。

问：您有去绍兴那边找他们玩吗？

廖：我到柯桥玩过一次，因为太远了，我过去也不方便。他们在柯桥是做衣服布料生意，工作也很忙。

问：和亲戚们出去玩，有没有什么印象深刻的事情？

廖：我记得我们出去玩都是去好玩的地方，像永嘉，还有杭州那些地方，风景很好看。

问：您从小到大都是住在虹桥吗？

廖：我一直住在乐清虹桥，没有搬到别的地方。在这边读书，在这边长大。后来我到温州读书了，就离开了虹桥。

问：您对隔壁邻居还有印象吗？他们对您好吗？

廖：他们对我还可以，但我没有和隔壁邻居的小孩一起玩、一起上学。我是和我自己的朋友一起出去玩，不过他们都不住在我家附近。小时候我也跟我那些哥哥、弟弟一起玩，很少和邻居的小孩一起玩。

问：您小时候知道自己和别的小孩有不一样的地方吗？

廖：没有，不知道。

问：小时候家里人带您去过医院吗？

廖：我只去过一次医院，就是我们这边的虹桥二医院。我小时候很少生病，都没去过医院。我现在也很少去医院。那次去医院我没什么印象，这些我都忘了。小时候印象深刻的事情，长大以后我都忘了，都过了这么多年。

哪里不懂，老师慢慢教

问：您小时候有没有上过幼儿园？

廖：我上过幼儿园，就在我自己家对面的幼儿园。现在这所幼儿园已经搬到别地方。幼儿园的老师、同学，我都不记得了。

问：您几岁上的幼儿园还记得吗？您小时候喜欢去幼儿园吗？

廖：我上幼儿园大概是在四五岁吧。那时候我不是很喜欢去幼儿园。我大班读完以后就没有继续读下去，就开始在家里休息。休息了好几年之后，家里人就把我送到小学。我大概是十岁左右就开始去读小学。我的小学是在虹桥一小，现在学校已经搬了，搬到一个新的地方，在东垟那边。新学校很大很漂亮，比老学校要好很多，老的学校现在已经拆掉建了新房子。

问：您在小学时的学习成绩怎么样？

廖：我的数学成绩有点差，其他课的成绩也是一般般。在班级里，我的成绩有时候也能跟得上其他小朋友，但也只能跟上一点点，有时候就跟不上了。小学的时候，我的体育课成绩最好，还有语文也还可以，其他的课都不好。

问：在小学，老师对您怎么样？您喜欢哪位老师？

廖：这些老师，我都很喜欢，他们也对我很好。就是在虹桥一小的时候，有一个教语文的老师对我不好。因为我成绩不好，他就把我的桌子抬到他的讲台上面。看到这种情况就不行了呗，我妈叫我搬走，就想把我弄到其他地方读书。

问：您在虹桥的学校读了几年？

廖：我在虹桥一小读了四年书。后来我的学习成绩下降，跟不上班里的其他同学，而且和学校里的同学也玩得不好。家里人看我在这边跟不上，与同学关系又不好，就把我转到温州的新码道学校读书，从二年级重新开始上小学。

问：新码道学校在哪里，您现在还记得吗？

廖：我知道，新码道学校是在温州市区江滨路的那个小区旁边。学校的房子现在还存在，只不过已经分给别人用。因为我们学校搬到瓯北，和其他学校

合并了①。

问：到了新码道学校，老师都对您很好吧？

廖：新学校的每个老师都对我很好。体育、语文、数学的老师，印象最深刻，我们关系也很好，这些人都对我很好。

问：您在新码道学校读书的时候和班上的同学玩得怎么样？

廖：可以，大家都是一起玩，放学了就一起打篮球。我在虹桥的学校很少打球。

问：您现在还和新码道学校的老师有联系吗？

廖：有啊，他们都搬到瓯北这里②来了。这些老师现在都还在这里教书。只是我离这里远，没有经常过来。

问：现在和同学们联系多吗？

廖：和同学好久都没有联系了。他们都在温州市区这边生活，我是在乐清那边，距离有点远，所以大家很少一起约出来玩。不过大家有加微信群和QQ群，只很少和他们联系。因为我自己上班忙，没有那么多联系。

问：到了新码道学校，您的哪门课成绩比较好？

廖：我的体育课成绩最好。体育课我天天去上，经常搞活动，都是我一个人过去。我的特长就是打篮球和跑步。

问：您是什么时候开始打篮球？

廖：我一开始上小学就打篮球。其他的运动不好玩了，我就打一会儿篮球。因为篮球打得多了，后来我就打得很好了呗，然后就开始和学校里的老师一起打，后来就去参加篮球比赛。

问：和哪些老师打？

廖：我的体育老师狄克老师。他好像现在也在这里教书。我都好久没来瓯北了，这边变化太大，有很多新的老师。除了和狄克老师打篮球，我还和另一个体育老师曾老师打球，他们也喜欢打篮球。我原来在虹桥一小没有和老师打过篮球。我也是到了新码道学校之后才开始学打篮球。

问：您的初中也是在新码道学校吗？

廖：我初中也是在新码道学校读的。但是到了上初中的时候，学校已经搬到瓯北这边成立温州市特殊教育学校。我读到初中三年级就没继续读下去，就

① 2009年，温州市新码道学校和温州市聋哑学校、永嘉县聋哑学校、温州市盲人学校合并为温州市特殊教育学校。

② 温州市特殊教育学校坐落于瓯北。

直接毕业出去工作。

问：您在新码道读书的时候是几岁？

廖：大概十二岁吧。我在新码道学校读小学，待了五年，在这读初中，待了三年。在新码道学校，我是二年级开始上到八年级。新学校建好了，我们就搬到那里读九年级，我是在九（2）班。我在温州这边一共读了八年的书。

问：那您是什么时候从学校毕业？

廖：我是 2010 年毕业，2010 年 7 月 20 日吧。本来我还想读职高的高一，学校说年龄超过二十岁了，不能再读。我就离开学校回家，去亲戚的厂里上班帮忙。

问：在新码道学校的时候，您最喜欢哪位老师？

廖：我最喜欢教体育的狄克老师，还有语文老师。语文老师她姓周，她现在也在温州特殊教育学校教书。周老师对我很关心，说话也很温柔。大家都很喜欢周老师。

问：周老师的语文课都教哪些内容？

廖：周老师教的主要是语文课本里的课文，有小故事、古诗，具体哪些课文，我都忘了。我只记得她教我们背过课文和古诗。

问：您在特校读书时，班级里的同学基本上都是来自哪里？

廖：有些同学是来自温州市区，有些是瓯北本地，还有些住得远一点，是来自瑞安。其中温州市区的同学比较多。

问：您当时在新码道和这边都是住学校里？

廖：大部分人都住在学校里，我也是住在学校，没有每天回家，一个星期回家一次。当时没有父母来接我回家，都是自己一个人回去，一个人坐车回虹桥。

问：那您很厉害，也没有直达的动车，年纪也很小，自己一个人坐一两个小时的车回家。当时您是坐什么车回家，路上要多久？

廖：在新码道的时候，我在市区走到江边的码头，再坐轮船到瓯北，然后坐从瓯北到虹桥的车，直接到虹桥，路上要花三个小时。后来到了瓯北的新学校读书，我就坐公交车去瓯北汽车站，然后坐客车回虹桥。

问：当时您到温州新码道读书，是住在学校的宿舍？

廖：也不是，我们住在学校旁边一个小区里。二十个人住一个大的房间，房间里面有很多床。我们不是温州市区的同学都是住在学校里。

问：你们晚上就待在寝室里？平时出去玩吗？

廖：平时没有出去，晚上做完作业以后，就是在寝室里面看电视。

问：都会看些什么电视节目？

廖：我们会看电视剧和体育比赛。

问：除了在寝室看电视，你们还有其他的活动吗？

廖：在寝室里不能打篮球，所以我们只能在寝室里聊聊天、看看电视。

问：看电视有时间限制吗？你们想看就看吗？

廖：我们一般就看到晚上八点，生活老师就叫我去睡觉，不让我们看到太晚。不过我们也没有那么早睡，都会继续聊天。

问：你们早上几点起来？

廖：早上六点半起来，然后去吃早饭，七点半就要去教室上早自习。上课前，我们还要先去操场做广播体操。广播体操做好之后，再开始上第一节课。

问：一节课几分钟？

廖：一节课好像是半个小时，和虹桥学校不一样。

问：学校里都有哪些课程呢？

廖：我们有语文课、音乐课、体育课和烹饪课。烹饪课就是自己学烧菜，像厨师一样。

问：当时你们年纪很小啊。是一、二年级就上烹饪课，还是后来才有了这门课？

廖：我们是读到七年级上初中时候，才开始有烹饪课了。老师在课上教我们做菜，我们在课上做了菜给自己吃。

问：在温州的学校读书和在虹桥读书，有没有什么不同？

廖：在温州这边学校读书，我的学习成绩会好一点；在虹桥，读书成绩差一点。除了成绩，其他就是老师有所不同。虹桥那些老师有点凶；这边老师温柔一点，哪里不懂就慢慢把我教会，而且学校的环境更好一点。老师对我们都很好，很细心，从来不会凶我们。

受伤也想训练

问：您是在新码道学校学会打篮球的吗？

廖：嗯，是的。我是来到新码道以后学会打篮球，我很喜欢打篮球。

问：除了篮球以外，您还玩其他运动吗？

廖：我还跳绳、跑步，还有打羽毛球。反正各种运动，我都挺喜欢。我就是喜欢上体育课，所以我的体育课成绩也是最好的。

问：您现在还玩这些运动项目吗？

廖：我现在都是自己一个人出去跑步。因为这边可以打球的地方少，人也不多，所以我去跑步。我每天早上五点钟起来跑步，晚上没有跑，就早上跑。慢慢跑，我能跑两个小时。

问：中间有没有休息？

廖：慢慢跑，累了就休息。

问：那您是在哪里跑步呢？

廖：我就在家里附近的公路的路边跑。

问：新码道学校里的老师是什么时候开始带你们去参加比赛？

廖：2005 年的时候，老师就带我们参加比赛。

问：2005 年是参加学校里的比赛，还是外面的？

廖：是外面的比赛。我们先在学校里练习，练好了才开始在外面参加比赛。

问：您是什么时候听到“特奥”这个词？

廖：这些我也不清楚，都是体育老师给我安排。我知道特奥就是各种体育运动，各种比赛，有很多人参加。

问：您都参加了哪些项目？

廖：我主要参加跑步、跳远这些项目。

问：跑步，当时是参加哪些类别？

廖：都是 800 米，长跑。1500 米好像也有，但是很少。

问：您 800 米的成绩一般是多少？

廖：800 米好像是两圈吧，我能三分钟跑完。

问：除了 800 米，还有参加其他项目吗？

廖：其他的，我就没参加了，就在家里休息，开始别的训练。

问：哪些别的训练？

廖：过年的时候，学校教练开始打电话过来，叫我去住学校，开始训练别的项目。跳远，还有跑步，还有一个是什么球放在这里。（手放在肩部示意）

问：哦，铅球。

廖：嗯，练这个铅球。

问：学校老师当时就专门让您练体育？

廖：嗯。当时每天放学以后，老师要是要求我们留下来训练，我就留下

来。有时候我是自己想留下来，就去玩一下，练一下。如果不去运动，我会有点难受。

问：一般训练都安排在什么时候？

廖：一般都是下午放学以后，没事情干了就去训练。

问：也就是说老师没有强制你们留下来，你们想留下来玩就留下来？

廖：嗯。

问：您觉得训练辛苦吗？

廖：不辛苦，就觉得很好玩。我喜欢训练，我还受过伤。

问：哪里，脚部、膝盖吗？

廖：在重庆那边参加比赛，我训练完了回去寝室，不小心摔倒在花坛上面，把膝盖磕破了，一大块肉全部翘起来。

问：这里留下疤了？

廖：嗯。骨头没有伤到，就是缝了五针。这个伤是我最严重的伤，后来就没受伤了。

问：后来还有去参加比赛吗？

廖：有。教练让我回去休息，我说我要坚持下去，所以就坚持呗。在重庆训练了三个月，我就是不想放弃。

问：训练的时候有没有想过太累了，不想练了？

廖：没有。我觉得训练很好玩，还能到各种地方去，还有很多新的朋友。

问：老师带你们训练的时候，都教些什么内容？

廖：就是训练这些跑步、跳远科目，还有足球。

问：老师有没有表扬您？

廖：有，老师一直表扬我们很优秀。

问：除了教练以外，爸妈有没有带过您训练？

廖：父母没有，我的训练都是教练带的。

问：您在新码道学校的五年都是狄克老师带着训练？

廖：都是狄克老师带的。

问：当时在重庆的训练是谁带的？也是狄克老师吗？

廖：是徐东老师，他是永嘉的老师。

问：在重庆训练的都是来自我们温州这边的吗？

廖：温州过去的只有两个人。温州这边的就我一个人，其他的都是乐清特校。我作为温州代表队去参加比赛。

问：当时的比赛都是老师带你们去，父母没有带你们去？

廖：他们都在家里，都是老师带我们出去。

问：老师和你们一起吃饭，一起住？

廖：我们是和队友一起住寝室，训练完了就去食堂吃饭，有时候是我们自己出去吃饭。

问：出去比赛回来后，您有和父母讲起比赛的情况吗？

廖：比赛的时候我都没有回去，都是在外面，在离家很远的地方，所以都是和家里打电话。

问：比赛结束了，有没有和父母说比赛成绩？

廖：他们说都没有看比赛，只是在电脑上查一下。

问：2007 年在上海的世界特奥会上，您是中国男子足球队一员，那次比赛还有印象吗？

廖：有一点印象。当时成绩还可以，我们获得了第三名，我还进了一个球。

问：在球队里，您是踢什么位置？

廖：我们好像是六个人。我是中锋，要负责进球。

问：和学校里的比赛相比，您觉得这次比赛有什么不一样吗？

廖：外面的比赛，我会想拿好一点的成绩回来。这次比赛在上海，来的人很多，还有外国人，我要争气一点。

问：拿了第三名，您对这个成绩满意吗？

廖：还可以，他们踢得很厉害，踢得比我好。在比赛前我想，就是想拿第一。

问：输给哪个队还记得吗？

廖：我们就只输过俄罗斯和意大利队，其他比赛都赢了。我们踢得很不错，赢了很多比赛。

问：在踢球的时候，我们和他们相比有什么差别？

廖：他们踢得太猛了，身体比我们壮。他们踢的和我们的脚的方向是不一样的。他们是左脚，他们踢的方式不一样，所以我们防起来有点难。因为脚的方向不一样，所以我们输了比赛。

问：出去参加特奥比赛，有没有认识一些好朋友？

廖：和足球队的一些队员还有联系，有些来自远的地方的队友没有联系了，近的地方的队员还加了 QQ。

悠闲的业余时光

问：除了体育运动以外，您平时还有哪些兴趣爱好？

廖：我以前偶尔有打牌，打斗地主，还有打游戏。拳皇，拳皇 98，我都是在电子游戏厅里玩这些游戏。

问：现在还去电子游戏厅吗？

廖：现在乐清那边还有。有时候想去玩，我就去玩一会。现在我一般都是在家里玩，手机上玩斗地主。

问：手机上还有玩别的游戏吗？

廖：还有玩王者荣耀。我玩得一般般，等级才十级，不算厉害。

问：您有没有和周围的亲戚朋友玩这个游戏？

廖：有时候我会和我弟弟一起匹配。我跟着他，他带我，跟他们一起打别人队。

问：除了玩游戏、打牌之外，您有没有别的爱好？

廖：其他爱好就是台球。十五球的斯诺克，还有八球，我都有打。

问：现在还有去台球厅打吗？

廖：现在都没有去了，以前经常去。我打得挺厉害，我家那边很多人都打不过我。他们都说我打台球很厉害，像那个丁俊晖。

问：在虹桥的时候，您是什么时候去游戏厅？

廖：就是十岁的时候开始去，那时候我天天晚上都出去打游戏。

问：在家休息的时候吗？

廖：休息的时候，我天天出去玩。白天都在家里看电视、睡觉，都没有起来。后来去温州读书了，我就很少去游戏厅，只有放假回乐清的时候去。

问：现在下班休息的时候，您都喜欢做什么事情来放松？

廖：现在休息的时候，我就是跑步。

问：平时您都和哪些人在一起玩？

廖：我就是和自己家楼下面、对面桥上那些人一起打牌。和他们斗地主。双扣很少打，就是斗地主最多。

问：打牌，您赢得多还是输得多？

廖：我输的时候很少，赢得有点多。

问：和他们打牌，和在手机网上打牌，有什么不同？

廖：网上打牌，牌摸起来都不好。和他们坐一块打牌，我的牌摸起来好一点。

问：一般都是什么时间去打牌？

廖：都是晚上，下班以后，我打到晚上七八点钟就回来了。

问：您觉得自己性格怎么样？

廖：我的脾气有点……可能有点不好。有时候做错了什么东西，我妈妈就批评我。有时候她说不好，我就发脾气。

问：您发完脾气，有没有找妈妈道歉？

廖：生气了以后，自己一个人直接出门想一想，自己哪里做错了，想一想再回来。不发脾气了，我就去道歉，两人就和好了。

问：除了家里人，最喜欢和谁在一块？

廖：老爸跟老妈。

问：和老爸老妈在家里，都干些什么？

廖：我们会看看电视，吃一些水果。

家里的衣服我来洗

问：您的妻子是家里介绍，还是自己找的？

廖：是我爸爸朋友亲戚介绍的，我们才认识。

问：她是您第一个女朋友吗？

廖：第一个。

问：亲戚是什么时候把她介绍给您的？

廖：我也不知道，那天我正好在上班。我老爸打电话给我，让我下班的时候，稍微打扮一下，弄得干净一点，去看一下别人介绍的女孩子。

问：你们那天在哪里见面的？

廖：就在她家里见的面。我们全家一起去，我爸爸开车带我们去。她的妈妈在家里招待我们，她爸爸那时候正好在外地。

问：她有兄弟姐妹吗？

廖：她还有妹妹和弟弟。她是最大的一个。她妹妹弟弟还在读书，妹妹读大学，弟弟读小学。

问：亲戚介绍了以后，你们就见面了？

廖：每天她下班以后，都是我去接她回家。两人见了面，都觉得不错，就

跟她谈来谈去，谈了以后嘛，就在一起准备结婚。

问：你们是在 2016 年结的婚？

廖：2016 年 8 月吧。我们两个慢慢一点点谈下来，我妈妈就决心定下来。

问：你们有没有办订婚？

廖：结婚和订婚连一起。我们在自己家里摆酒，一共摆了三十桌。我这边是十桌，她那边亲戚多一点，有二十桌。

问：她读书读到什么学历？

廖：她是高中毕业的。高中读完以后，她就开始出来在厂里做会计。她上学的具体情况我不知道。

问：她身体好吗？

廖：她身体可以的，挺健康。

问：她和您差不多高吗？

廖：我比她高一点，她有点矮。

问：她家里是做什么的？

廖：她爸爸是做衣服的，在杭州做衣服，帮亲戚做服装，西装。她自己是在厂里做会计，在虹桥马良村那里的厂里工作。她现在都在家里休息，没有去上班。因为她怀孕了，已经大概七个月。2017 年 10 月差不多就要生了。

问：您现在要当爸爸了，是什么心情？

廖：要当爸爸，我心里很高兴。

问：结婚以后，她的工作地点离你们家远吗？

廖：工作地方离她自己家里有点远，上班不是很方便。

问：你们是和父母住一块吗？

廖：我们和父母住在一起。她现在上班就近了，我每天去接她。骑电瓶车过去，到马良村大概要二十几分钟。

问：结婚以后，在您家里，由谁来做饭？

廖：有时候是我老妈做，有时候是我老婆做。我不会做，目前还没学。以前烹饪课学的东西都忘了，所以都是他们每天买菜做饭。

问：那您在家有做家务吗？

廖：我就是拖拖地，擦擦窗户，整理下房间，还有就是家里的衣服都是我来洗。

问：现在要有小孩了，家里有什么变化吗？

廖：就是生下来以后我们就有得忙了，要准备很多东西。

问：老婆怀孕了，做饭这些都是您妈来做？您有没有分担些家务？

廖：现在都是我妈来买菜做饭，有时候我会去买菜。老婆现在就是在家里休息。其他家务都是我来做，我妈照顾我老婆已经很辛苦。

工资全都给老婆

问：您是从2010年开始工作的？一开始就是去亲戚的厂里帮忙吗？

廖：毕业以后，我在家休息两个星期，然后才去工作了。我妈妈叫我先去我叔叔的厂里做事。

问：您叔叔的厂是做什么的？

廖：他的厂是生产塑料膜，就是做贴在塑料开关上的膜。

问：这家厂大吗？有多少人？

廖：不大，做模具四个人，打塑料机有六个，白班三个晚班三个，两班倒，一个星期换一次班。我是负责给塑料机做模具，比打塑料机器的要稍微轻松一点。有时候厂里的机器出问题了，也是由我来修。

问：厂里有几台机器？

廖：十台，今年刚买了两台新的机器。

问：您有上晚班吗？

廖：我上的都是白班，从早上七点四十开始上班，一直上到晚上五点下班。中午十一点以后下班，十二点上班。我中午都会回家吃饭。我回家的路不远，骑电瓶车十多分钟。但是我吃个饭就直接回去上班，中午没有怎么休息。

问：他们晚班上到几点？

廖：晚班要上到早上七点。晚上六点钟开始上班，另外三个人过来换班后，上到早上七点钟。累了，回家休息。他们上十二个小时，我上八个小时。

问：白班和晚班工资有差别吗？

廖：晚班就是有饭贴，晚上可以在厂里吃饭。中午都是他们自己出去吃午饭。

问：同事都是哪里人？

廖：都是安徽、湖北这些地方的人。

问：您和他们关系怎么样？

廖：还可以。

问：休息的话，你们就是一个月休息一次？

廖：每个月 1 号休息一天。有时候过节、活动啊，就放假两天。

问：最近有休息吗？

廖：最近都没有。我这一个月都没有休息，上到 1 号才休息。

问：今天请假的话，算不算休息？

廖：请假扣工资，扣 100 元。

问：哦，那今天请您出来接受采访，耽误您工作了。

廖：没事，亲戚是扣 50 元。

问：您的工资一般是多少？

廖：4 500 块。没有提成，就是一个月的固定工资，不计件。它是每个月发一次。

问：其他人呢？是做多少算多少，还是一个月就 4 500 元？

廖：一样。其他人，打塑料机的，不换班，再涨一点工资，有房贴等。

问：您老婆工资多少？

廖：她现在都在家休息，以前工资 6 000 多吧。

问：有了孩子以后，你们现在花钱的地方多吗？

廖：多，钱都花在宝宝身上，买衣服、买奶粉。我工资拿过来全都给我老婆，让她来买东西。

这是男人的责任

问：请问您的孩子是什么时候出生？

廖：我的孩子是 2017 年 10 月 5 日在乐清人民医院里出生，是个男孩。我老婆进入手术室的时候，我还在厂里上班，是我爸妈把她送到医院里。她爸爸妈妈也赶过去了。接到电话以后，我就急急忙忙坐车到乐成镇的医院里，等我老婆从手术室里出来。我老婆当时是剖腹产，生孩子还是比较顺利。

问：在手术室外面等候的时候，您是什么样的心情？

廖：我很感动。老婆为了我们生小孩，很辛苦很累，我心里有点激动。

问：您第一次见到自己孩子的时候，有什么感觉？

廖：孩子很可爱，也很健康。爸爸妈妈也很高兴，我老婆也很高兴。其他的想法，我也说不出来。

问：后来您看到妻子以后，又是怎样的心情？有什么话想对她说？

廖：老婆皮肤变白了，孩子在她身边。她对孩子很好，也离不开他。老婆很辛苦，很不容易，我要感谢她。

问：您家里人在孩子出生前后，做了哪些准备？

廖：他们准备了衣服、奶粉和床。这些孩子的东西都是由他们准备的。

问：您孩子的名字起了吗？

廖：孩子名叫廖俊琪。这个名字是我老爸花了 3 000 多块钱在他朋友那里找的，他们算了以后觉得这个名字很好。我爸他们在孩子没出生的时候就已经在找名字了，出生以后才把名字确定下来。

问：现在您在家里带孩子的时候，主要负责哪些方面？

廖：我主要是帮孩子洗澡、换尿不湿，给孩子喂奶粉。现在孩子可以吃饭，我就给孩子喂饭吃。

问：您觉得当爸爸辛苦吗？

廖：不辛苦，因为我老婆更辛苦，而且这些东西都是做丈夫的应该做的，是男人应该承担的责任。

问：孩子的健康状况怎么样？

廖：这些都挺好的，没什么问题。

问：您之前和我说要带孩子去上海的医院？

廖：那是因为孩子身上缺磷、缺钙，我们要带他去看看。我老婆就担心孩子的脚，怕将来会出问题。万一孩子的脚和残疾人一样，他长大以后就会很不方便。所以我们准备这段时间还去上海看病。

问：您对孩子的未来有什么期待吗？

廖：我就希望他健康，平平安安地成长，其他没什么想法。

问：做了父亲以后，您觉得自己有哪些方面的变化？

廖：我现在只要下班后休息，都是在家里。现在晚上都没有去玩游戏，也没有去打牌。我连跑步都很少去，都是在家里陪老婆孩子。下了班以后，我基本上都是直接回家。

问：您能说说有了孩子以后，您的作息安排吗？

廖：我早上五六点钟起床，有时候我会出去买点早餐带回来，和我老爸、老妈、老婆孩子一起吃。吃完饭后，我把孩子的脸洗了，衣服穿好，我就出门去上班了。我一般七点半就去上班，中午十一点多下班。下午是一点钟上班，五点钟下班。因为我们是做模具的，所以晚上不加班。不忙的时候，我就在厂里休息，忙的时候我就会在厂里修机器，因为厂里要赶货。

体育运动是康复的重要手段——狄克老师口述

口述者：狄克老师
访谈者、撰稿者：潘立川，温州医科大学老师
访谈时间：2017年9月8日
访谈地点：温州市特殊学校启智部

问：廖旭挺是什么时候开始参加特奥训练？

狄：不是在温州市特殊教育学校，廖旭挺在原来的新码道学校的时候已经参加特奥训练。我以前也是在新码道学校工作，担任体育老师。后来学校合并，我就到瓯北的温州市特殊教育学校工作。廖旭挺是我们学校比较早参加特奥训练、比赛的学生。

问：廖旭挺在校期间主要是参加哪些体育项目？

狄克：他主要是参加跳高、跑步项目，短跑、中长跑等。在省里的比赛，廖旭挺基本上参加了100米、200米、4×100米等短跑的各个分项。在2007年的上海世界特奥会，廖旭挺是作为足球队的一员参加比赛。现在离廖旭挺参加比赛已经过去了十年，有些具体内容可能记得不是很清楚，请你们谅解。廖旭挺以前参加比赛的记录，我们都是有资料存档。后来学校搬迁，办公室也搬了好几次，很多记录我可能要在电脑里找一找。你也知道，我们学校原先是在温州市区，后来几个学校合并、人员调整，变动也很多，又加上时间过去有点久。

问：您能给我们介绍廖旭挺参加历次特奥运动会的成绩吗？

狄：廖旭挺算是参加特奥的元老级运动员，他已经参加了好几届。因为特奥运动会的目的是参与、分享与快乐，所以每个人参加都会有收获，都会有得奖。100米、200米、400米他都是名列前茅，具体我要在电脑里查询。

问：廖旭挺他们外出参加特奥运动会，都是学校老师带队吗？

狄：参加省一级的比赛，都是由我们学校老师带队；国家级的比赛都是省里的教练带队。

问：你们当时是怎么发现廖旭挺的运动能力的？

狄：在我们特殊教育学校，大部分孩子在身体健康方面都存在偏差，行动力不方便的孩子较多。有一些孩子身体协调能力过得去，我们就让他来参加体育训练。你像廖旭挺现在已经参加工作，说明他的行为能力与认知能力没有严重缺失。而且他读书的时候体质还算不错，身高、体型都是比较出色。像现在我们二百多个学生中，适合参加体育运动比赛也就那么凤毛麟角几个。基本上一个孩子没有心脏方面的疾病，具备基础的行动能力，我们都会让他参加。现在唐氏综合征的孩子也能参加特奥运动会，当然，他的参赛运动级别会相对低一点。特奥运动员也分为不同的级别。特奥运动会最早是 2002 年进入中国，当初温州在这一领域是空白，所以当时我们参加特奥运动会，也都是挑选身体素质最好的孩子去参赛。到了现在，只要孩子没有心脏疾病、没有肢体残疾，都可以参加特奥运动会。

问：您说廖旭挺 2002 年就参加过特奥运动会？

狄：廖旭挺在新码道学校的时候，参加过三次大型〔比赛〕，一届省里的特奥会和一届全国特奥会，还有一次是 2007 年上海世界特奥会。以前还没有温州地区的特奥会，近几年才开始举办。因为我们学校场地条件好，也是在我们学校里举办。

问：您认为参加体育运动，对像廖旭挺这类的孩子有什么好处？

狄：首先，参加体育运动最重要的就是锻炼孩子们的身体。廖旭挺在学校的时候就经常和我们打篮球，这对他的身体发育很有帮助。像患有智力障碍的孩子，其中很多也伴随有不同程度的肢体残疾，多运动也能够促进他们的康复。所以我们学校也开设了很多运动健康类的课程，目的就是帮助他们进行一定的康复。其次，参加体育运动，也有助于孩子们培养自信、团结、乐观与进取精神。其实像廖旭挺这样的孩子，行为能力与生活适应能力和正常人没有什么大的区别，只不过很多人给他们贴上了标签。

廖旭挺生活工作观察日记

观察时间：2018 年 11 月 11 日 7:20—14:00

观察地点：温州市乐清市虹桥镇某塑料厂

观察者：潘立川，温州医科大学老师

时　间	活动内容	备　　注
7:20—7:40	在家吃过早饭以后，骑电动车到厂里上班。7:38，他打卡签到以后，到工位上准备上班。	工厂离廖旭挺家不远。廖旭挺骑车非常娴熟，车速很快。
7:50—8:30	廖旭挺去车间看下产品的出料情况，确认没有问题以后，他骑电动三轮车去虹桥镇上的模具店拿回加工的塑料机模具板。同时把前几天打好的模具给模具店加工。	廖旭挺在工厂里负责打模具。工厂接到客户的塑料要求以后，廖旭挺根据要求在模具板上打好，然后交给模具店批量制作。
8:30—9:00	廖旭挺带着观察者参观工厂的各个部门，介绍工艺、流程。	
9:00—9:15	廖旭挺把拿回的模具板安装到两台塑料机上，同时测试机器运转与出料情况。	
9:15—9:45	一台塑料机停止出料，廖旭挺上前检查。原来是料杆满了，出料口被堵住。清理出料口以后，塑料机正常运作。	廖旭挺说厂里的机器出现简单的故障以后，都是由他来搞定。
10:00—10:30	塑料机正常运作以后，廖旭挺离开车间回到模具房休息，与师傅交流模具制作。每隔 10 分钟，廖旭挺都要去车间检查料筒。料筒满了，他把料杆重新放置好。	
10:30—11:00	廖旭挺在模具房里打制新的模具。	
11:00—11:10	廖旭挺向观察者介绍他的电动车。这辆电动车是他堂哥送给他的，最高速度可以开到 60 公里/小时。厂里今年安装了充电插座，他可以在厂里免费给电动车充电。	

（续表）

时　间	活动内容	备　　注
11:10—11:20	廖旭挺带着观察者巡视机器等，他说今天事情不多，但是也不能提前下班。	
11:20—11:50	廖旭挺骑电动车载观察者去虹桥镇上的肯德基吃午饭。	
11:50—13:00	吃过午饭以后，廖旭挺在旁边的新华书店，接受第二次访谈。	
13:00—13:40	廖旭挺和厂里工人一起骑三轮车去虹桥镇上送货。	
14:00—14:30	廖旭挺骑车送观察者去东车站，然后回工厂继续上班。在去车站的路上，廖旭挺说电动车的电量不足，所以他放慢了车速。	在他回去路上，他发微信过来说，车子在半路没电了，好在离工厂不远，他可以推车去工厂充电。

图书在版编目(CIP)数据

这一次　请听我说.特奥运动会运动员卷/廖梅总主编;沈一民,赵文铎主编.—上海:上海人民出版社,2020
(特奥口述史)
ISBN 978-7-208-16378-2

Ⅰ.①这…　Ⅱ.①廖…　②沈…　③赵…　Ⅲ.①人物-访问记-中国-现代　Ⅳ.①K820.7

中国版本图书馆 CIP 数据核字(2020)第 043126 号

责任编辑　崔燕南
封面设计　陈酌工作室

特奥口述史
廖　梅　总主编
这一次　请听我说·特奥运动会运动员卷
沈一民　赵文铎　主编

出　　版　上海人民出版社
（200001　上海福建中路 193 号）
发　　行　上海人民出版社发行中心
印　　刷　上海商务联西印刷有限公司
开　　本　720×1000　1/16
印　　张　26
插　　页　2
字　　数　441,000
版　　次　2020 年 6 月第 1 版
印　　次　2020 年 6 月第 1 次印刷
ISBN 978-7-208-16378-2/K·2938
定　　价　98.00 元